Soziale Investitionen

Herausgegeben von

H. K. Anheier, Berlin, Deutschland

A. Schröer, Darmstadt, Deutschland

V. Then, Heidelberg, Deutschland

Bürgerschaftliches Engagement und Stiftungsförderung, Zeit und Geld für gemein-wohlorientierte Zwecke werden immer weniger konsumtiv als „Spende", sondern ihrer eigentlichen Funktion entsprechend als Investition verstanden.

Was sind Potenzial und Grenzen privater Beiträge für das Gemeinwohl? Welche Rolle nehmen Stiftungen, zivilgesellschaftliche Organisationen und Sozialunternehmen ein? Welchen Beitrag können Staat und Wirtschaft leisten? Diese und andere zentrale Fragen werden aus wirtschaftlicher, politischer, gesellschaftlicher, organisationaler und manage-mentrelevanter Sichtweise betrachtet.

Die Reihe richtet sich an Studierende, Kollegen aus unterschiedlichen Wissenschafts-disziplinen (Soziologie, VWL, BWL, Organisationstheorie, Politikwissenschaft, Pädago-gik, Recht) und an die Fachöffentlichkeit, einschließlich Führungskräfte im Dritten Sektor (in Stiftungen, Verbänden, Wohlfahrtsorganisationen, Sozialunternehmen, NGOs), in der Wirtschaft wie auch in der Politik.

Herausgegeben von

Helmut K. Anheier
Hertie School of Gouvernance,
Berlin

Volker Then
Centrum für Soziale Investitionen,
Heidelberg

Andreas Schröer
Evangelische Hochschule, Darmstadt

Andreas Langer

Professionell managen

Kompetenz, Wissen und Governance
im Sozialen Management

Andreas Langer
HAW Hamburg, Deutschland

ISBN 978-3-531-19290-1   ISBN 978-3-531-19291-8 (eBook)
DOI 10.1007/978-3-531-19291-8

Die Deutsche Nationalbibliothek verzeichnet diese Publikation in der Deutschen Nationalbibliografie;
detaillierte bibliografische Daten sind im Internet über http://dnb.d-nb.de abrufbar.

Springer VS
© Springer Fachmedien Wiesbaden 2013

Gedruckt auf säurefreiem und chlorfrei gebleichtem Papier

Springer VS ist eine Marke von Springer DE. Springer DE ist Teil der Fachverlagsgruppe Springer
Science+Business Media
www.springer-vs.de

für
Levi,
Emil und Jule

Vorwort

Das vorliegende Buch geht aus dem Forschungsprojekt „Professionelles Sozialmanagement zwischen Akademisierung und diakonischer Identität" hervor. Es ist das Ergebnis eines über zweijährigen Forschungsprozesses, der ohne die intensive Unterstützung und die vertrauensvolle Begleitung vieler Personen nicht möglich gewesen wäre. An erster Stelle soll hier die BruderhausDiakonie Stiftung Gustav Werner und Haus am Berg und hier vor allem Herr Pfarrer Bauer, Vorsitzender des Vorstandes und Frau Pfarrerin Schad, Bereichsleitung Stiftungsmanagement, Personalentwicklung und Bildung, Dank ausgesprochen werden, sowie den Dienststellen des Trägers, die sich nicht nur für Feldforschung geöffnet haben, sondern auch Ressourcen zur Verfügung gestellt haben, um die Studie verwirklichen zu können. Die Universität Heidelberg hat durch das Diakoniewissenschaftliche Institut der Universität Heidelberg (DWI) und die personelle Projektleitung durch Prof. Dr. Schmidt und Prof. Dr. Eurich hervorragende Rahmenbedingungen zur Verfügung gestellt und zusammen mit dem Centrum für Soziale Investitionen und Innovationen der Universität Heidelberg (CSI) eine Forschungskooperation gebildet, die wesentlich zur Reflexion und Sicherung des Forschungsprozesses beigetragen haben – hier seien insbesondere die Direktoren des CSI Prof. Dr. Helmut K. Anheier und Dr. Volker Then Dank ausgesprochen. Prof. Dr. Andreas Schröer, Leitung Forschungsabteilung jetzt Senior Fellow, hat durch seine Begleitung wesentlich zum Gelingen dieses Projektes beigetragen. Ebenso sei Prof. Dr. Werner Thole und Dr. Jürgen Glinka gedankt, die mich durch ihr Kasselaner Forschungs-Colloquium kollegial begleitet haben. Dr. Bettina Langfeld danke ich für die tatkräftige Unterstützung bei experimentellen Auswertungsversuchen, Laura Crcic für die unermüdliche Geduld bei den Formatierungsarbeiten.

Hamburg, im Sommer 2012

Andreas Langer

Inhaltsverzeichnis

Einleitung

Professionell managen – also das Zusammendenken von Profession(alität) und Management - kann eine begriffliche Provokation darstellen, eine Selbstverständlichkeit sein oder ein (nicht zu erreichender) Anspruch.

Eine Provokation ist diese These des professionell managen zweitens für diejenigen Vertreter der Bindestrich-Soziologie, die das Professionsideal (vertreten z.B. durch Mediziner, Juristen oder Theologen) als exklusiv für wenige Statusgruppen reklamieren und exklusive Kriterien definieren. Per Definitionem wäre demnach professionelles Management, Management in der Profession oder überhaupt ökonomisch oder organisational orientiertes Handeln niemals professionell. Für die Akteure und Praktiker in Führungspositionen ist es mittlerweile dagegen selbstverständlich, dass sie das, was sie tun, auch 'professionell' tun – also beruflich, mit Bezug zu bestimmten Qualifikations- und Leistungsprofilen. Dem Vergleich von verschiedenen Kontexten des Managements entspringt aber letztlich auch ein (kaum zu erfüllender) Anspruch an ein Leistungshandeln in Kontexten professionellen Handelns.

Folgt man der Verwendungskonjunktur des Begriffs professionell, so dürfte die Professionssoziologie schon längst kein Mauerblümchendasein mehr einnehmen (vgl. M. Pfadenhauer 2003: 11). Und lenkt man den Blick auf den anglo-amerikanischen Diskurs, so deutet sich mit dem Diskurs um 'professionalism'[1] eine neue Hochphase der Disziplin an. Der Bereich des professionellen Handelns differenziert sich immer weiter und selbst E. Freidson (2001) hat schon vor zehn Jahren auf die Binnendifferenzierung in den Wissensberufen hingewiesen. Vor diesem Hintergrund soll unter einem professionstheoretischen Fokus das Führungshandeln in einem ausgewählten Bereich wissensbasierter Berufe untersucht werden, den Sozialen Dienstleistungsberufen. Professionstheoretisch stellen sich dabei folgende Fragen: Welche Kompetenzen haben sich (bis heute) im Sozialmanagement herausgebildet? Oder, konkreter gefragt: Welches Wissen, Können, welche Fähigkeiten und Handlungsbefugnisse, welche Haltung charakterisiert das Handeln von Führungskräften sozialer Dienstleistungsorganisationen? Welches systematisierte, wissenschaftliche Wissen zeichnet Sozialmanagement aus und wird z.B. in akademischen Studiengängen zum Sozialmanagement vermittelt? Und was sagt der Vergleich dieser beiden Kompetenzphänomene über die Entwicklung der Profession Sozialer Arbeit aus?

Diese Fragestellungen leiten in dieses Buch ein und verlangen gleichzeitig erste Klärungen für ein exploratives Forschungsprojekt, welches im Weiteren dargestellt werden soll. Implizit wird in den Fragen eine Gewissheit über den zentralen Begriff behauptet, die nicht so einfach in Anspruch genommen werden kann: Sozialmanagement. Versucht man sich einen Überblick über die Zugänge zum Sozialmanagement zu verschaffen, bieten sich wohl drei vorläufige Skizzen eines schwierig zu greifenden Phänomens an.

Sozialmanagement meint zuerst einen funktionalen Begriff von Planungs-, Organisations- oder Kontrollhandlungen, der fast selbstverständlich in der Professionalität in der Sozialen Arbeit zu finden ist. Fragt man eine Sozialarbeiterin, wie viel Prozent der alltägli-

---

[1] Vgl. die Arbeiten von J. Evetts, die zu den meistzitierten Artikeln bei Routhledge zählen.

chen Arbeit die 'eigentliche' Sozialarbeit ist, und wie viel aus 'Organisatorischem' besteht, aus Berichten, Nachweisen, Planungen, Terminkoordination, Sitzungen usw., so wird man Antworten von 30 – 50 Prozent für das Letztere bekommen: So gut wie jede Sozialarbeiterin ist Mitglied einer formalen Organisation, übernimmt organisatorische Tätigkeiten und ist damit entweder streng genommen ein Teil des 'Sozialmanagement' oder selbst Managerin des eigenen sozialarbeiterischen Handelns. Es ist Geschmacksache, ob man diesen 'organisationsbezogenen' Anteil im Handeln einer Professionellen oder als bestimmte Funktion einer Organisation mit Sozialmanagement bezeichnen will, es passt auf jeden Fall in unsere Zeit.

Sozialmanagement kann aber auch zweitens auf bestimmte Personen zugeschnitten sein, die Führungskräfte in einer Organisation Sozialer Arbeit. Charakteristisch könnte hier sein, dass sie für die Leitung einer organisationalen Einheit zuständig sind, dass sie für die Finanzierung und Buchhaltung sorgen, dass sie Personal führen und dass sie keine – oder nicht mehr überwiegend - Soziale Arbeit mit Klienten machen – und das alles dient nur mehr oder weniger als Unterscheidungsmerkmal, weil die Ausnahmen zu dem eben Beschriebenen mehr oder minder groß sind. Die Studie, die jetzt gerade vor den Lesern liegt, hat auf jeden Fall genau diese Personen im Fokus, und bezeichnet diese Akteure als Professionelle. Dabei interessiert insbesondere, welches Wissen, welche Fähigkeiten, welche Haltung usw. diese Akteurgruppe herausgebildet hat.

Mit der dritten Begriffsbestimmung begeben wir uns weiter in die Verzweigungen unklarer Begriffe, wenn wir uns darauf einigen, 'Sozialmanagement' einerseits als eigene Disziplin zu betrachten, also als einen Teil der Wissenschaft Sozialer Arbeit, zu der systematisiertes, akademisches Wissen vorhanden ist, welches kontrolliert methodisch weitergeführt wird und welches der Ausbildung bestimmter Sozialarbeiterinnen zugrunde gelegt wird. Andererseits kann Sozialmanagement aber auch als Spezialdisziplin einer allgemeinen Managementlehre betrachtet werden, welche dann wiederum durch diverse 'Bezugswissenschaften' der Sozialen Arbeit ihr wissenschaftliches Fundament bekommt. Hier wird es allerdings begrifflich so undurchdringlich und verschwommen, weil im akademischwissenschaftlichen Diskurs so gar nicht klar ist, was die Wissenschaft eines Sozialmanagements eigentlich ausmachen kann oder soll. Ist es die Managementlehre, die Betriebswirtschaftlehre, Volkswirtschaft oder allgemeiner die Ökonomie, sollte es die Sozialwirtschaft sein oder doch eher Politologie, Soziologie oder Sozialarbeitswissenschaft, die leitend für das zuständig ist, was als 'Kerncurriculum' einer akademischen Ausbildung für Führungskräfte in der Sozialen Arbeit zu gelten hat? Das einzig Eindeutige hier ist: in den letzten zehn Jahren ist die Zahl der Studiengänge in diesem Bereich auf über 100 angestiegen – und die ersten sind schon wieder geschlossen.

Was Führungskräfte tun (zweite Skizze) und was in Studiengängen gelehrt wird (dritte Skizze) kann miteinander unter der Perspektive der Professionsentwicklung in Beziehung gesetzt werden. Die Behauptung, dass sich Soziale Arbeit – wie auch viele andere Berufe - mittlerweile als 'Profession' bezeichnet (und bezeichnen lässt) ist begründungsbedürftig. Dazu wird der Fokus der hier angelegten Professionsforschung an einem vielleicht ungewohnten Ort für eine wissenschaftliche Arbeit, nämlich in Teil D (Kapitel 20), geklärt. Die geneigte Leserin mag sich an dieser Stelle in die aktuelle Diskussion um Profession(alität) vertiefen.

Die zentrale These, die in diesem Buch dargelegt wird, lautet: Sozialmanager/innen entscheiden. Und diese Akteure handeln in diesem Sinne auf eine spezifische Art und Weise, nämliche professionell. Aus einer handlungstheoretischen Perspektive ist damit alles gesagt. Die nächsten Kapitel nehmen aber für sich in Anspruch, diese zentrale These noch auszuführen, und mehr zu dem ,Was' (erhandeln von Gestaltungsentscheidungen) und dem ,Wie' (dem professionellen managen) zu sagen – einleitend aber das Wichtigste in Kurzform. Professionell managen bedeutet erstens Strukturen sozialer (Dienst)Leistungen, Sozialer Arbeit und deren Elemente zu erhandeln, genauer zu gestalten. Die wesentlichen Strukturelemente sind die (Dienstleistungs)Organisation, Kooperation diverser Organisationen und Träger, (lokale) Sozialmärkte, organisationsübergreifende Prozesse bis hin zu einer spezifischen professionellen Expertise und professionellen Identität. Professionelles Management referiert somit nicht (ausschließlich) auf eine bestimmte Berufsgruppe oder Organisation, sondern handelt als Governance bezogen auf ein ,Mehr': Es ist Bestandteil der Gestaltung, Sicherung und Entwicklung spezifischer Strukturen eines professionellen Expertensystems in der modernen Gesellschaft. Professionell managen bedeutet unterschiedliche Berufe, Organisationen und Organisationsformen in einer lokalen Dienstleistungsstruktur zu integrieren. Das Handeln der professionell Managenden ist nur denkbar mit der ,Ausstattung' der Akteure mit einer spezifischen Kompetenz, einem Experten-Wissen und als Governance, also dem Er-Handeln von Kooperation verschiedenster Akteure.

Im Mittelpunkt der Kompetenzforschung (Teil A) der Sozialmanagerinnen stehen die Gestaltungsentscheidungen. Kompetenz ist zu begreifen als ein Potential, welches der Leistung des Entscheidens zugrunde liegt. Genauer gesagt ist Kompetenz eine Kombination

* von Wissen auf verschiedenen Ebenen, Instrumenten, Methoden, Techniken und Prozessen, strategischem und reflexivem Agieren
* um Entscheidungen zu ermöglichen, vorzubereiten, die Voraussetzungen und Rahmenbedingungen dafür zu schaffen, zu verändern und sie zu bewerten
* als Grundlage der Erreichung gemeinsamer Ziele

Die Führungskräfte mittleren Sozialmanagements verfügen über ein spezifisches (Experten)-**Wissen** und über ein **Verstehen** der relevanten Handlungskontexte und den darin entscheidenden Akteuren, Prozessen, Netzwerken. Darüber hinaus verfügen sie über die Fähigkeit (**Können**) und Legitimation, Entscheidungsmacht, Beauftragung und Ausstattung (**Dürfen**), adäquate Instrumente und Techniken einzusetzen und Prozesse, Strukturen und Expertise zu gestalten. Dieses Wissen, Dürfen und Können ist begleitet von dem Kompetenzaspekt des **Verantwortens**, denn die Folgen des jeweiligen Handelns werden den Akteuren zugerechnet. Grundlegend für die Entscheidungskompetenz ist jedoch die Beurteilung und **Bewertung** jeweiliger Situationen. Diese Kompetenz als Wissen, Können, Dürfen, Verantworten und Beurteilen ist deshalb professionell, weil sie immer mit der professionellen Expertise eines bestimmten Hilfebereichs verknüpft ist. Die Entscheidungskompetenz von Führungskräften in der Behindertenhilfe, der Jugendhilfe oder der Sozialpsychiatrie unterscheidet sich also an einem wesentlichen Punkt: der zugrunde liegenden Expertise bezüglich der sozialen und individuellen Problemlagen der Klienten, der Methoden, des Leistungsspektrums und den sozialpolitischen Rahmenbedingungen im jeweiligen Hilfebereich.

Durch die empirische Untersuchung des beruflichen Alltagshandelns der Führungskräfte durch teilnehmende Beobachtung und narrativ-biografische Interviews hat sich gezeigt, dass die vielfach verwendete Unterscheidung in Sozial-, Fach-, Methoden- und Persönlichkeitskompetenz nur schwer verwendet werden kann. So lässt sich etwa ein kommu-
nikatives Handeln der Führungskräfte (z.B. in Gesprächssituationen) nicht in fachliches
Wissen, bestimmte Gesprächstechniken, Empathie und Vertrauen in die Person trennen.
Stattdessen ist es sinnvoller **Teilkompetenzen** – idealtypisch - zu unterscheiden, durch die
das Potential, also das zugrunde liegende Wissen, Können, Dürfen, Verantworten und Beurteilen deutlich wird.

Für die Führungspersonen zeichnet sich konkret ein Kompetenzprofil ab, welches sich
aus neun ‚Teilkompetenzen' zusammensetzt:
1. Kompetente Rollenwahrnehmung und -übernahme zwischen Strukturgestaltung, Führungsstil und Eigenverantwortung (Kap. 2.2)
2. Leitung der Organisation Sozialer Arbeit (Kap. 4)
3. Ressourceneinsatz und Führung von Professionalität (Kap. 5)
4. Programmkompetenz als fachliche Konzeption, Implementierung und Entwicklung professioneller Leistung (Kap. 6)
5. Planen als fachpolitische (An-)Passungskompetenz (Kap. 7)
6. Policy-Making: Lokale Governance und die politische Kompetenz (Kap. 8)
7. Die Kontextualisierung der Finanzierung: lokale Erfahrungsökonomie (Kap. 9)
8. Steuerung und Kontrolle als technische Rationalitätskompetenz (Kap. 10)
9. Ethisch-strategisches Management als Abwägungskompetenz (Kap. 12)

Natürlich kann im Rahmen einer Einleitung nicht näher auf diese Teilkompetenzen eingegangen werden, es sollen jedoch einige Kernaussagen hervorgehoben werden, um ein wesentliches Ergebnis zu verdeutlichen: Professionell managen beinhaltet die Kompetenz, in
die Steuerung der Organisation die adäquaten Umwelt, das organisationale Feld, einzube-
ziehen. Die Wertorientierungen sind grundlegend für das Beurteilen und Bewerten jeweiliger Wissensbestände, Instrumente, Techniken, die für das Handeln der Führungskräfte
relevant sind. Aus unterschiedlichen Wertorientierungen entstehen aber auch regelmäßig
Konflikte und Dilemmata, die von den Akteuren entschieden werden müssen. Die professionelle Identität der Führungskräfte und die Instrumente des Entscheidungshandelns sind der
Schlüssel zur ‚richtigen' und ‚guten' Anwendung von Kompetenzen im Spannungsfeld von
gegensätzlichen Wertorientierungen und offenen Entscheidungssituationen. Die diakonische Identität ist dabei eine Konkretisierung der ‚professionellen' Identität. Sie zeichnet
sich dadurch aus, dass die Handlungsorientierungen deutlich in fachlich-professioneller
Expertise begründet sind. Im Gegensatz zu den Fachkräften richtet sich das Handeln jedoch
in stärkerem Maße auf die Rahmenbedingungen Sozialer Dienstleistungen: auf fachliches
Handeln, die Organisation als Medium der Strukturierung und Kommunikation, gegenseitig
anerkennende Führung, fachliche Entwicklung, Planung, Governance-Gestaltung, Finanzierung. Die professionelle Identität der Führungskräfte ist ein wesentlicher Faktor zur ‚richtigen' und ‚guten' Anwendung von Kompetenzen im Spannungsfeld von gegensätzlichen
Wertorientierungen und offenen Entscheidungssituationen. In der Identität fließen personale und kollektive Orientierungsmuster zusammen. Sozialmanagerinnen verstehen sich je-

doch nicht als eigene Profession, sondern aufgrund ihrer Fachlichkeit und ihrer Berufsbio-grafie sehen sie sich als ‚Gleiche unter Gleichen'. Die Interaktionen in den strukturell hie-rarchisch angelegten Führungsbeziehungen gründen auf gegenseitige Anerkennung und Vertrauen. Die Vorbereitung und Ermöglichung von Gestaltungsentscheidungen wird in Deutungs- und Wertegemeinschaften rückverlagert, Leitungsteams spielen hier eine ent-scheidende Rolle bei der Integration unterschiedlich professionellem Fachwissen und der Partizipation weiterer Führungs- und Fachkräfte.

Das ‚Arbeitswissen' der Sozialmanagerinnen ist durch eine ‚Wissensebene' charakte-risiert. Gegenüber dem professionellen Wissen der Fachkräfte verfügen die Führungskräfte über Sonderwissen bezüglich der Rahmenbedingungen professionellen Handelns: Ressour-ceneinsatz, übergreifendes Organisationswissen, politisch-ökonomisches Fachprogramm-wissen. Mit ihrem Wissen wird die professionelle Expertise ergänzt, nicht kontrastiert. Das Arbeitswissen entspricht den veränderten Rahmenbedingungen sozialer Dienstleistungser-bringung. Deren Steuerung wird verstärkt an die kommunale Umsetzungsebene der Sozial-politik delegiert. Die Dynamik der sich schneller verändernden Bedürfnisse der Adressaten der Dienstleistungen, sowie die Heterogenität lokaler/regionaler Lösungen für die Daseins-vorsorge der Bürger, münden in zunehmenden Gestaltungs- und Entscheidungsmöglichkei-ten im Sozialmanagement. Der Binnendifferenzierung in der Profession Sozialer Arbeit folgt die Kompetenzspezialisierung in der Praxis.

Teil B handelt über die zweite Seite der Professionalisierung im und durch Sozialmanage-ment, die Akademisierung und Systematisierung wissenschaftlichen Wissens. Der ‚bundes-deutschen Professionalisierungsstrategie' folgend wird hier der Zugang über die Etablie-rung von sozialmanagerialen Studiengängen gewählt. Parallel zur Entwicklung in der Pra-xis des Sozialmanagements hat sich in der deutschsprachigen Hochschullandschaft eine flächendeckende Versorgung mit Studiengängen und Aus- bzw. Weiterbildungsmöglichkei-ten etabliert, welche in einem eindeutigen Bezug zum Handlungsfeld Führungskraft in sozialen Dienstleistungsorganisationen steht. Mitte 2008 gab es im deutschsprachigen Raum ca. 132 akademisch orientierte Qualifikationsmöglichkeiten für Führungskräfte im Nonprofit-Bereich, die mehr oder minder das Management Sozialer Dienste fokussieren. Hinter den Bezeichnungen wie etwa ‚Sozialmanagement', ‚Sozialwirtschaft', ‚Public Ma-nagement', ‚Public Administration' oder ‚Nonprofit-Management' – um nur einige zu nen-nen – verbergen sich jeweils ausgefeilte und gut entwickelte akademisch orientierte Quali-fikationsmöglichkeiten, die auf die Professionalisierung von Wissen, Können und der Hal-tung abzielen. Es ist also in den letzten zehn Jahren ein Aus- und Weiterbildungsmarkt um Nonprofit-Management entstanden. Die Qualität der Angebote, die Art der ‚Produkte' so-wie das Nachfrageverhalten in diesem (Wachstums-)Markt ist jedoch ein wenig reflektier-tes Problem. Obwohl ‚Bildung' immer noch hinter verschlossenen Türen stattfindet, lassen sich durch die Modularisierung von Studiengängen im Zuge des Bologna-Prozesses die Inhalte, Ziele und Konzeptionen vergleichen, die in den Modulhandbüchern abgebildet sind.

Durch die Rekonstruktion von 82 einschlägigen Bachelor- und Master-Studiengängen kommt das Projekt zu dem Ergebnis, dass ein Schwerpunkt der Studiengänge auf Wirt-schaftswissenschaften – vor allem BWL - liegt. Der Begriff ‚Sozialmanagement' muss also aus der Perspektive der Qualifikationsangebote für Führungskräfte im Sozialbereich mit deutlichem Bezug zu wirtschaftswissenschaftlichen Wissensbestandteilen definiert werden. Diesem Bezug liegt eine implizite Systematisierung dieses Sonderwissens zugrunde. Das erste Erkenntnisziel der Studie, ein Kerncurriculum ‚Sozialmanagement' zu rekonstruieren, stellt sich also in der Gesamtauswertung so dar, dass Bachelor- und Masterstudiengänge als Qualifikationsangebote zu rekonstruieren sind, welche als einen wesentlichen Schwerpunkt wirtschaftswissenschaftliche Inhalte thematisieren. Wenig dürfte auch erstaunen, dass Politik und Organisationstheorie zum Grundbestand der curricular konstruierten Managementkompetenz zählt. Durch den Einbezug der 'Verrechnungsgrößen' Credits- und Workloadangaben zu den Lehrinhalten in Modulen konnte jeweils eine Gewichtung der Inhalte innerhalb der Modulhandbücher und Modulübersichten der Studiengänge rekonstruiert werden, die dann als relative Werte in die Gesamtauswertung einfließen. Mit dieser Auswertungsmethode konnte weiterhin die qualitative Rekonstruktion in eine quantitative Analyse überführt werden.

Vor dem Hintergrund der Handlungskompetenzen im Management kann nun der Blick auf die Curricula-Inhalte geschärft werden. Es zeigen sich Elemente, die im konkreten Handeln von hoher Bedeutung sind, jedoch in den Studiengänge nicht oder nur deutlich unterrepräsentiert abgebildet werden. Aus der Analyse der Studiengänge im Sozialmanagement-Bereich lässt sich eine vorläufige Thesen formulieren: Die Bewältigung der zukünftigen Steuerungsherausforderungen sozialer Dienste scheint aus Sicht der Akademisierung in der Ausstattung der (zukünftigen) Führungskräfte mit (betriebs-)wirtschaftlichem Wissen und Können zu liegen. Die Transformation dieses relativ unspezifischen ökonomischen Wissens für die spezifischen Eigenarten und Logiken im Sozialmanagement wird aber anscheinend zurück in die Biografie, Erfahrung oder Sozialisation – also in das ‚learning by doing' - der Managerinnen verlegt. Im (Alltags)Handeln der Führungskräfte spielt die (betriebs-)wirtschaftliche Kompetenz jedoch keine dominante Rolle, gehört aber zum unverzichtbaren Potential für eine Managementperformanz.

In Teil C werden die Passung, Interdependenzen bzw. Widersprüchlichkeiten beider Professionalisierungsstränge, die Kompetenzentwicklung (Teil A) und die Akademisierung (Teil B) unter dem Konzept der Governance zusammengeführt und zu einer Bewertung weitergeführt. Sozialmanagement kann vor dem Hintergrund der beiden empirischen Zugänge in einer doppelten Weise interpretiert werden. Auf der Ebene des abstrakten wissenschaftlichen Wissens und der Akademisierung wird dem Komplex der Sozialarbeitswissenschaft ein (mehr oder minder) systematisiertes Sonderwissen beigefügt und in Form von Ausbildungsgängen in Qualifikationsprofile integriert. Eine deutliche Trennung von einem profit-orientierten Management ist hier durch die Dominanz betriebswirtschaftlicher Inhalte nicht zu erkennen. Stattdessen scheint es hier immer noch dominant um die Adaption wirtschaftswissenschaftlichen Wissens auf den Bereich Sozialer Arbeit zu gehen. Auf der Ebene des ‚praktischen' Arbeits-Wissens und der Kompetenzen wird die Profession der Sozialen Arbeit durch eine spezifische Professionalität erweitert: Sozialmanagement bedeutet aus dieser Perspektive, die institutionellen Rahmenbedingungen als Gegenstand professionellen Handelns in den Komplex professioneller Leistungserstellung zu integrieren.

Professionelles Sozialmanagement macht einen neuen Ansatz sozialer Schließung, Organisiertheit und Strukturierung sichtbar. Professionelles Sozialmanagement hebt sich von rein (betriebswirtschaftlich) organisationbezogenem Management dadurch ab, dass es organisationsübergreifende Strukturen generiert, sichert und entwickelt. Es unterscheidet sich vom professionellen Idealtypus dadurch, dass die formale Organisation einerseits in Dienst genommen wird und andererseits das Handeln in besonderer Weise organisiert ist. Dieses ‚Mehr' kann zusammenfassend durch fünf Elemente charakterisiert werden, zu denen professionelles Management beiträgt: Die professionellen Organisationen sind erstens als solche zu verstehen, die sich an Legitimationsanforderungen relevanter Umwelten anpassen. Dieser Prozess der Institutionalisierung findet ebenso seinen Ausdruck in der Etablierung professionellen Managements, wie er auch gleichzeitig durch das professionelle Management vorangetrieben wird. Professionelle Organisationen werden an den Anforderungen professioneller Leistungserbringungen sowie an relevanten Legitimationserwartungen entlang gestaltet. Zweitens trägt die Funktion Management entscheidend zur Reproduktion professioneller Expertise und Identität, also zur Integration von Organisationen und Berufsgruppen zur (kooperativen) professionellen Leistungserstellung bei. Soziale Dienstleistungen sind drittens aus professioneller Perspektive verstärkt eingebettet in organisationsübergreifende Prozesse und Strukturen, in Governance, die aufwändig installiert und betrieben werden müssen. Professionelles Sozialmanagement beeinflusst viertens entscheidend die Gestaltung und soziale Schließung sogenannter ‚Sozialmärkte' oder ‚Quasi-Märkte' durch den Einsatz von Vertrauen und Bildung von Netzwerken. Neue politische Einflussmöglichkeiten in Prozessen der Planung und Definition professioneller Leistungen in lokalen Policy-Strukturen stellen fünftens eine zentrale Herausforderung für professionelles Sozialmanagement dar.

In Anbetracht der Transformation der Rahmenbedingungen und auch der Trägerorganisationen sind es die Akteure des mittleren Managements, die die neuen fachlichen, ökonomischen bzw. politischen Bedingungen umsetzen und die für Effektivität bzw. Effizienz sorgen. Die Managementakteure können nicht ohne die Professionalität der Fachkräfte (Practitioner)-Ebene verstanden werden. Denn es sind die Führungskräfte, die die adäquaten Rahmenbedingungen setzen, unter denen klientenzentrierte Professionalität erst als möglich erscheint. In diesem Paradigmenwechsel ist die eigentliche Transformation des professionellen Handelns zu erkennen. Während das idealtypische professionelle Handeln im Abstand zu hierarchischen Positionen erklärt wurde, die Professionalität sich also selbstgesteuert und dominant gegenüber externer Führung darstellt, ist die professionelle Leistungsfähigkeit nun auf die Gestaltung der institutionellen Rahmenbedingungen ‚angewiesen'. Zu diesen gestaltbaren Rahmenbedingungen gehört auch, dass wichtige Einflussfaktoren mehr und mehr in die Hände neuer ‚Experten' gelegt werden. Die Sicherung der Kooperation in professionellen Teams, die Organisation wertgebundener Entscheidungen, die Sicherung von Innovation und Qualität, die Einflussnahme auf die politische Problemdefinition und die fachpolitischen Verteilungsentscheidungen sowie das Spielen mit den Bedingungen sozialer Finanzierung.

Auch die Genese der Managementkompetenz verweist zurück auf die professionelle Praxis und die Einsozialisierung in professionelle Rollen. Die akademischen Qualifizierungsmöglichkeiten können nur abstraktes Reflexionswissen vermitteln. Das praktische

Wissen ist jedoch auf die lokalen und überaus heterogenen Bedingungen der jeweiligen Policy-Verhältnisse verwiesen. Die Transformation eines relativ unspezifischen ökonomischen Wissens für die Heterogenität lokaler Anforderungen wird anscheinend zurück in die Biografie, Erfahrung oder Sozialisation – also in das ‚learning by doing' der Manager/innen verlegt. Aus dieser Perspektive bleibt es bei einem Missfit von Studium und Praxis, der jedoch aus der Debatte um Theorie und Praxis bekannt sein dürfte.

Der offensichtliche ‚Missfit' zwischen wissenschaftlicher ‚Expertise' und praxis- bzw. erfahrungsbezogenem ‚Arbeitswissen' lässt sich mit A. Abbott als typisch professionell deuten. Die systematisierte, gegebenenfalls auch exklusiv verwaltete und mittels Ausbildung zugangsbeschränkte ‚professional expertise' ist funktional zu der Praxis der Professionellen zu verstehen (vgl. A. Abbott 1988: 54ff.). Die Expertise dient vor allem der Legitimation professionellen Handelns, denn dadurch werden ihre Grundlagen geklärt und sie schafft die Verbundenheit mit wesentlichen gesellschaftlichen Werten. Dieser Legitimationsaspekt ist für die Wissensbasis des sozialen Managements nicht zu unterschätzen. Insbesondere die wirtschaftswissenschaftliche Ausrichtung der Akademisierung in Konjunkturphase der Studiengänge will Legitimation dadurch schaffen, dass systematisiertes Wissen über die Verwendung von Mitteln in ökonomisierten Zusammenhängen demonstriert wird. Sozialmanagement trägt dazu bei, im System des wissenschaftlichen Sonderwissens neue Diagnosen, Behandlungs- und Interventionsmöglichkeiten, Methoden, Verfahren usw. zu entwickeln. Insbesondere die jüngeren Veröffentlichungen im politisch-ökonomischen Bereich deuten darauf hin, dass hier die professionelle Expertise durch wissenschaftliches Wissen gestärkt wird. Die Entwicklung der jüngeren Studiengänge zur bereichsspezifischen Konzentration lässt einen steigenden Reflexionsanteil der Expertise für die Neuordnung des Arbeitswissens vermuten. Ob die wissenschaftliche Expertise die Deutungs- und Definitionsmacht der Profession zu stärken vermag bleibt eine offene Frage. Dass auf Dauer die Positionen der Führungskräfte im mittleren Management sozialer Dienste nicht ohne eine (Zusatz-)Qualifikation bekleidet werden können, zeichnet sich aber deutlich ab. In der Praxis deutet sich an, dass vermehrt die Positionen auch nicht mehr ohne fundiertes Fachwissen der je spezifischen Dienstleistungslogiken wahrgenommen werden können. Hier spielt das strukturelle Arbeitswissen die entscheidende Rolle. Dieses Wissen ist ein Teil einer abstrakten Kompetenz: Das Wissen, Können, die Haltung bezüglich den (fach-)politisch ökonomischen Rahmenbedingungen in lokalen Dienstleistungs- und Trägerstrukturen, welches in jeweils unterschiedliche Fachbereiche konkretisiert werden kann.

Zusammenfassend betrachtet ist professionelles Sozialmanagement Ausdruck, Ergebnis und Gestaltung einer modernen Form der Professionalität und kann als ein Teil der Konstitution professioneller Expertensysteme konzipiert werden. An den Sozialmanagementakteuren wurden wesentliche Kennzeichen dieser Professionalität herausgearbeitet. Die soziale Dienstleistungsstruktur konstituiert sich nicht mehr an einem bestimmten Beruf, sondern an spezifischem Arbeitswissen und wissenschaftlichem Wissen. Sozialmanagement schafft dabei Zugangspunkte und ist ein zentraler Akteur in der Generierung, Sicherung und Entwicklung der institutionellen Rahmenbedingungen sozialer Dienstleistungserbringung als professioneller Interaktion. Die Struktur sozialer Dienstleistungen wird dabei aber nicht mehr nur in persönlichen Krisensituationen aktiviert, vielmehr schafft es die wesentliche

Voraussetzung für die Entbettung traditioneller Vergesellschaftung und die Rückbettung moderner Lebensformen in alltägliche Bezüge. Dabei übernehmen die Sozialmanagement-akteure z.B. auch die Funktion, Methoden, Routinen, Formen professioneller Dienstleis-tungserbringung und damit das System in seiner institutionellen Gestalt weiterzuentwi-ckeln. Durch die Gestaltung professioneller Dienstleistungsorganisation integriert das Sozi-almanagement die verschiedensten Berufsgruppen durch ihre Rückbindung an die professi-onelle Expertise, die das System konstituiert.

In Teil D werden die analytischen und methodologischen Grundlagen der Studie geklärt, das Forschungsdesign dargestellt und ein Überblick über die erhobenen und analysierten Daten gegeben. Hervorzuheben ist dabei, dass die professionstheoretische Perspektive durch eine management- und organisationssoziologische Metatheorie neo-institutionalis-tischer Provenienz flankiert wird.

Teil A: Kompetenzen der Sozialmanagementakteure

Managerinnen und Manager bzw. Führungskräfte in sozialen Dienstleistungsunternehmen sind durch spezifische Aufgaben, Verantwortungen und Kompetenzen gekennzeichnet. Bei aller Unbestimmtheit wird Sozialmanagement damit auf bestimmte Personen zugeschnitten: Diese sind z.B. für die Leitung einer organisationalen Einheit zuständig, für die Finanzen, dafür, Personal zu führen. Diese Personen zeichnet auch aus, dass sie keine – oder nicht mehr vorwiegend - Soziale Arbeit im Interaktionsgeschehen mit Klienten/innen und Klienten machen – und das alles dient nur mehr oder weniger als Unterscheidungsmerkmal, weil die Ausnahmen zu dem eben Beschriebenen die Regel bestätigen.

Der folgende Abschnitt A der Studie hat genau diese Personen im Fokus und behandelt / bezeichnet diese Akteure als Professionelle.[2] Dabei interessiert insbesondere, welches Wissen, welche Fähigkeiten, welche Haltung usw. diese ‚Akteurgruppe' (innerhalb der Profession Sozialer Arbeit) erkennbar herausgebildet hat. Der Fokus ist durch die erste Fragestellung (Fragestellung A) vorgegeben, welche explorativ das Problem zentraler Managementkompetenzen in Unternehmen sozialer Dienste aus der Perspektive der handelnden Subjekte erforschen will: Welches professionelle (Arbeits-)Wissen also, welche Handlungskompetenzen und welche wertorientierte Haltung lässt sich beim Sozialmanagement in professionellen bzw. diakonischen Einrichtungen rekonstruieren?

Aus dem hier eingenommenen professionsgeleiteten Blickwinkel[3] wird empirisch orientiert gefragt, welche Wissensbestände und Kompetenzen, also welches professionelle Expertentum als ein ‚erfolgreiches' Sozialmanagement betrachtet werden kann. Erfolgreich deshalb, weil als Feldzugang jeweils solche Organisationen und Akteure ausgewählt wurden, die in der Interpretation im Zusammenhang der Trägerstruktur als solche gedeutet wurden, die sich durch ein, den Herausforderungen, angemessenes und bewältes Management auszeichnen. Der gewählte Blickwinkel, nach Kompetenzen und Professionalität zu fragen, bleibt aus der Perspektive einer reinen Managementlehre, der Betriebswirtschaft, der Sozialwirtschaft derjenigen Theoretiker, die Sozialmanagement durch die Adaption

---

[2] Diese Setzung bestimmt erstens den Fokus der wissenschaftlichen Beobachtung, lässt aber gleichzeitig die Frage offen, ob die Position, Funktion oder Tätigkeit ‚Managerin' oder ‚Führungskraft' nun als ein eigener Beruf bezeichnet werden könnte. H. Mintzberg kommt in der Neuauflage seiner Managementstudie zu dem Ergebnis, dass sie es nicht sind (vgl. H. Mintzberg 2010: 25 f.).

[3] Der Teil A der Studie ist vor allem professionstheoretisch ‚fundiert'. Wie an anderen Stellen ausführlicher dargestellt wird, kann eine Fokussierung auf Leitungs- und Führungsakteure in sozialen Unternehmen aber nicht ohne die Flankierung durch management- und organisationstheoretische Zugänge geleistet werden. Insofern folge ich der managementsoziologischen Einsicht, dass Managementsoziologie auch jeweils durch ein einschlägiges Verständnis von Organisation angereichert sein muss. Diesem Hinweis wurde in der vorliegenden Studie durch Bezug auf Konzepte der prozesshaften Organisation, losen Koppelung oder neo-institutionalistische Ansätze Rechnung getragen (siehe hier vor allem Kapitel 21).

eben genannter Konzepte bestimmen, wohl heillos unterdifferenziert. Denn wie zu sehen sein wird, werden die Ergebnisse nicht in die dort gegebenen Unterkategorien geordnet, wie z.B. den Führungsaspekt dominieren zu lassen, die Strategie, ein bestimmtes Management wie das normative, strategische oder operationale oder aber Aufteilung in Bindestrich-Managerialien wie z.B. Personal-, Dienstleistungs-, Projekt-, Finanzierungsmanagement usw. Diese Konzepte werden sicherlich exemplarisch skizziert bzw. aufgegriffen und als mögliche Vertiefungen der beschriebenen Kompetenzen genannt. Wie H. Mintzberg komme ich zu dem Ergebnis, dass es nicht um „eine dieser Tätigkeiten" geht, „sondern um alle gleichzeitig: um Lenkung und Kontrolle, Handeln, Denken, Führen, Entscheiden und vieles mehr" (H. Mintzberg 2010: 65). Der Fokus auf die professionelle Kompetenz gibt dieser Studie jedoch eine andere Richtung als das Unternehmen des berühmten und eben zitierten Managementforschers. Im Folgenden soll kein Managementmodell erarbeitet werden, welches zu einer allgemeinen Theorie des Managements gelangt. Vielmehr wird die Frage nach der Professionalisierung, also der Weiterentwicklung des beruflichen Handelns und der dazu relevanten Strukturen im Rahmen einer Profession beantwortet. Besonders auffällig – und als hier herauszuhebende Antwort auf diese Frage – ist die Feststellung, dass sich das Entscheidungshandeln in der Profession differenziert hat, neben einer allgemeinen Aufgabendifferenzierung zwischen den klassischen Professionellen, die durch ihre Arbeit mit Klienten gekennzeichnet sind, und eben den Managementakteuren.

Der Teil A gliedert sich in fünf Abschnitte. Zur besseren Lesbarkeit wurde die Klärung und Diskussion wesentlicher Begriffe und der Methodologie empirischen Arbeitens in den Teil D verlegt. Unter dem Begriff der ‚professionellen Kompetenzen' wird in Kapitel 1 in den Forschungsfokus eingeführt. Die Ergebnisdarstellung (ab Kapitel 2) versammelt unter einem Spannungsbogen die Erkenntnisse über die professionelle Fachkompetenz von Entscheidungsakteuren mit ethischen und strategischen Herausforderungen. Die Figur ‚Entscheidungsakteur' wird in ihrer Charakterisierung durch Gestaltungsentscheidungen in Kapitel 2 empirisch hergeleitet und theoretisch weitergeführt. In Kapitel 3-11 wird die Kompetenz dieser Entscheidungsakteure als das ‚Was' und das ‚Wie' des Entscheidens in Teilkompetenzen aufgefaltet. Nur vor diesem Hintergrund wird die ethische und strategische (Problemlösungs-)Kompetenz analysierbar, die im Abschnitt 12 als zentrale These diskutiert wird. Professionelles Management wägt bei Gestaltungsentscheidungen jeweils zwei – nicht ineinander aufhebbare – Orientierungen ab: Das vertretbare Klientenwohl und den Organisationserhalt. Kapitel 13 problematisiert die professionelle Identität als Selbstbild der Akteure innerhalb einer ‚moralischen Landkarte' zur Verfügung stehender Deutungs-, Wertungs- und Orientierungsmuster.

1   Professionelle (Handlungs-)Kompetenzen als eingebettetes Wissen und Können

Um Kompetenzen aus subjektorientierter Perspektive rekonstruieren zu können ist es notwendig, ein offenes Kompetenzkonzept als Heuristik anzulegen. Dazu wird das soziologische Kompetenzkonzept in Anlehnung an A. Giddens und weiter orientiert an Organisationsmodelle neoinstitutionalistischer Provenienz (vgl. P. DiMaggio / W. Powell 1983; J. Meyer / B. Rowan 1991; W. Scott 2001; L. Zucker 1977) unterlegt. Kompetenz wird dabei nicht als abgeleitet aus – oder determiniert von - gesellschaftlichen Strukturen verstanden.

Stattdessen lege ich die Giddensche Strukturationsthese zugrunde, mit der der Gegensatz zwischen Struktur und Handeln integriert wird: „We create society at the same time as we are created by it" (A. Giddens 2001b: 6). Aus der organisationssoziologischen Blickrichtung stellen damit ‚institutionalisierte' Organisationen ein reproduziertes Handlungsfeld dar: „Durch das ständige Praktizieren bestimmter Regeln und Verfahren bilden sich auch entsprechende gemeinsame Werte, Deutungsschemata und Ideologien heraus, die ebenfalls zur Stabilisierung, Legitimation und Verbreitung ähnlicher Strukturen und Handlungsmuster beitragen. Diese lösen sich zunehmend von den Akteuren und den Organisationen, werden für sie zu allgemein akzeptierten, unhinterfragt gültigen Problemlösungsmustern, zu gesellschaftlichen Institutionen in der Umwelt der Akteure." (U. Wilkens et.al. 2003: 204ff.) A. Giddens folgend, ist den Akteuren diese Struktur und Institutionalisierung ‚eingeschrieben' und kann durch die Exploration ihrer Kompetenz sichtbar gemacht werden. Dementsprechend ist nun erstens zu klären, was mit Kompetenz gemeint ist und zweitens werden die fokussierten Akteure beschrieben.

1.1 Die soziologische Konstitution und Konstruktion von Kompetenz des mittleren Managements: Dienststellen- und Bereichsleitung

Kompetenz ist zweifelsohne ein Zentralbegriff der Bildungsforschung wie auch in den Sozialwissenschaften. Auch im Alltag ist viel von ‚Kompetenz' die Rede, bestimmtes Handeln wird damit bewertet und durch Komposita abgegrenzt (Handlungskompetenz, Sprachkompetenz, Medienkompetenz usw.).

Im Folgenden soll hier weder eine Sichtung noch eine endgültige Bestimmung von ‚Kompetenz' als Fähigkeit, Wissen, Können oder Haltung geleistet werden. Vielmehr wird ein kurzer heuristischer Hinweis zu dem Fokus gegeben, der unter der Perspektive der ‚Kompetenz' die Datenerhebung und Auswertung des Sozialmanagements anleitet.

1.1.1 Konstruktion und Konstitution von Kompetenz

Aus sprachwissenschaftlicher (Chomsky) und konstruktivistisch / strukturalistischer (Piaget) Perspektive lässt sich in der Literatur ein gewisser Konsens darüber feststellen, was mit ‚Kompetenz' gemeint ist. Es geht mithin bei Kompetenzforschung um Erkenntnisse über die (soziale) Konstruktion, Genese und Richtung bestimmter Fähigkeiten. Der Erziehungswissenschaftler Louis Henri Seukwa fasst die strukturtheoretische Sicht folgendermaßen zusammen: „Aus ontologischer Sicht (...) kann die Kompetenz als eine ein Aktionspotential hervorbringende menschliche Fähigkeit (Sprachfähigkeit, höhere geistige Fähigkeiten oder kognitive Strukturen etc.) aufgefasst werden, die sich in der Form einer Performanz auf einem bestimmten Betätigungsfeld in eindeutigen Situationen aktualisiert" (L.H. Seukwa 2005: 102f.)

Kompetenz an sich ist also ein offenes Konzept, welches an spezifischen Handlungskontexten konkretisiert werden muss. „Ihre Genese und ihr Erwerb sind (...) das Ergebnis eines ständigen, das heißt, niemals völlig abgeschlossenen Konstruktionsprozesses, der sich zwischen dem Individuum und seiner soziokulturellen Umwelt abspielt" (ebd.: 103). Die Kompetenz ist insofern ein sozial lokalisiertes und damit konstruiertes wie konstituiertes Phänomen. Das heißt, sie ist jeweils eingebettet in einen sozialen Kontext. Das Soziale hat eine doppelte Bedeutung bei der Bestimmung dessen was Kompetenzen sind. „Zunächst als

Ausgangspunkt und Ressource für die Ausbildung der Fähigkeit, welche Kompetenz begründet, dann als Raum oder Rahmen der Produktion des Sinnes, des Wertes und der Legitimationsstrategien, dank derer sich die Kompetenz in eine ökonomische Gut oder Kapital verwandelt" (ebd.)

In diesem Kontext erhält eine Kompetenz erst ihren spezifischen Wert durch die Bewertung einer bestimmten Fähigkeit und Leistung (Performanz). Den sozialen Charakter jeder Kompetenzbestimmung offenbart die Konzeption der Kompetenz als soziale Konstruktion und als soziale Konstitution: „Die Kompetenz ist ein lokalisiertes Phänomen, das heißt eingebettet in den sozialen Kontext." Sie muss jeweils „in Beziehung zu dem soziokulturellen Kontext ihrer *Konstruktion* als Leistungen generierender Fähigkeit und ihrer *Konstitution* als einen sozialen Wert darstellende (das heißt als Kapital) gesetzt werden." (ebd.)

- *Soziale Konstruktion:* Kompetenz steht in Beziehung zu dem soziokulturellen Kontext als Leistungen generierende Fähigkeit (Performanzkontexte). Nur in diesen Anerkennungs- und Konstruktionskontexten wird das eine Leistung generierende Potential als Kompetenz konstruiert.
- *Soziale Konstitution:* Kompetenz wird als einen sozialen Wert darstellende Fähigkeit (das heißt als Kapital) konstituiert (legitimiertes Wissen, Können, Haltung). Was in bestimmten Kontexten als Humankapital verstanden wird, ist in anderen Kontexten ‚wertlos' und trägt nicht zu einem verwertbaren Humanvermögen bei.

1.1.2 Kompetenz als Heuristik
Vor diesem Hintergrund muss Kompetenz als Allgemeinbegriff gehandelt werden, er verweist empirische gesehen auf nichts Spezielles. Tatsächlich muss Kompetenz einem bestimmen Tätigkeitsbereich zugeordnet werden und wird dann auch jeweils mit Prädikaten versehen. Kompetenz dient aber als Unterscheidungskriterium: Einige Arten etwas zu tun, können dem untergeordnet werden, andere nicht. „Aus dieser Perspektive betrachtet, ist der Begriff nicht nur eine Unterscheidung und Klassifizierung menschlicher Tätigkeiten dienende Kategorie, sondern zugleich ein Organisationsprinzip des Realen." (L.H. Seukwa 2005: 57). Betrachtet man den Kompetenzbegriff in seiner Offenheit als eine methodische Anleitung des Forschens, als Heuristik, sind zwei Blickrichtungen implizit gegeben: Erstens erfordert das Zurückgehen auf diese grundsätzliche Bestimmung die Sozialisation und die Bildung außerhalb des augenblicklichen Tätigkeitsfeldes mit zu betrachten (Daten aus einer biografischen Perspektive). Zweitens müssen Rückschlüsse auf professionelle Kompetenzen mit dem jeweiligen beruflichen Kontext abgeglichen sein und können nicht einfach aus kontextfremden Diskussionen übernommen werden (Daten aus einer beobachtenden Perspektive).

1.2 Kompetenz im Sozialmanagement: Kontexte, Begegnungen, Ent- und Rückbettung
Die zentrale Forschungsperspektive bezüglich professionellen Handelns im Sozialmanagement ist das Wissen der Akteure sowie ihre Kompetenzen. In einer zweischrittigen Hinführung wurde bereits aufgezeigt, dass Kompetenzen nur bezüglich einer kontextbezogenen Performanz verstanden werden können. Die Entstehung und Reproduktion der Kompetenzen steht jeweils in einem gegenseitigen Verhältnis zu Kontexten der Anwendung (Perfor-

manz) und erneuten (Heraus-)Bildung eben dieser Kompetenzen. Professionalität dagegen, und das ist der zweite Ansatz, ist gekennzeichnet durch ein Sonderwissen von spezifischen Experten.

Die Referenz auf die ‚Einbettung' jeder Kompetenz bei dem eben referierten erziehungswissenschaftlichen Konzept findet keine explizite gesellschaftstheoretische Reflexion. In neueren soziologischen Studien zum Management wird die Einordnung individueller Kompetenz zu in eine Kategorisierung nach geistigen, instrumentellen, kommunikativen und reflexiven Handlungsformen (Fach-, Methoden-, Sozial- und Selbstkompetenz) abgelehnt. M. Pfadenhauer (2008) kommt zu dem Ergebnis, dass hier zwar jeder menschliche Handlungsbereich durch eine Klassifikation von Kompetenz abgedeckt werden soll, jedoch wird diese stereotypische Kategorisierung der sinnhaften und komplexen Aufschichtung dessen, was führende und in Leitungsrollen handelnde Akteure erleben, kaum gerecht. Eine solche Komplexitätsreduktion würde nur zur Verdeckung wesentlicher Bereiche der Bewältigung komplexen Entscheidungssituationen im Sozialmanagement führen und ist daher als Grundlage für ein exploratives Forschungsvorhaben nicht geeignet.[4]

Stattdessen soll Kompetenz im Sozialmanagement in einer ersten Heuristik näher im Anschluss an die jüngsten Veröffentlichungen zum Organisieren gefasst werden, die ihr Kompetenzkonzept vor dem Hintergrund gesellschaftstheoretischer Arbeiten (Oevermann, Habermas, Beck) entwickeln. Kompetenz in Organisation und Management „erscheint aus der subjektiven Perspektive" der fokussierten Akteure „als ein Kompetenzbündel, das sich aus spezifischen Elementen zusammensetzt. Kompetenz (...) erweist sich hier als eine Kombination von Wissensbestandteilen, Techniken und Verfahren, Strategien und Reflexionen dafür, Aktivitäten im Hinblick auf ein zu erreichendes Ziel vorzubereiten, hierfür Voraussetzungen bereitzustellen, sie zu beeinflussen und zu bewerten" (M. Pfadenhauer 2008: 221). Diese Analyse des Projektmanagements aus subjektiver Perspektive bündelt die Grundlagen der Kompetenzforschung in einem Handlungsfeld ‚temporären' Organisierens, denn die Organisationsstrukturen sind gekoppelt an die ‚Vergänglichkeit' des beobachteten Events. Für das Sozialmanagement ist eine stabilere Struktur und Strukturiertheit des Handelns durch Organisation sowie durch sozialpolitische Rahmenbedingungen anzunehmen – Sozialmanagement ist als ‚eingebettet' oder ‚rückgebettet' zu verstehen. Die theoretische Fundierung für die (handlungs-)kontextuelle ‚Einbettung' soll hier in der Strukturationstheorie Anthony Giddens gegeben werden.

1.2.1 Eingebettete Kompetenzen: Anthony Giddens und die ‚Agency'
Geht man nun mit dieser Heuristik an die Interpretation empirischen Materials ist es notwendig zu verdeutlichen, wie das wechselseitige Verhältnis zwischen Handeln und Struktur gedacht wird. Hier stellt sich die entscheidende Frage einer grundsätzlichen Aussagekraft

---

[4] So werden verstärkt spezifische Kompetenzbündel konzeptioniert, was am Beispiel der Medienkompetenz deutlich gemacht werden kann. D. Baake (1999) faltet diese Kompetenzbündel in die vier Dimensionen Medienkunde, Medienkritik, Mediennutzung und Mediengestaltung. Bezogen auf Jugendliche und deren Nutzung von ‚Pocketfilmen' bedeutet dies, dass sie „wissen, welche Arten von Handyvideos es gibt (Medienkunde), wie man diese Handyvideos beschaffen, einsetzen und nutzen kann (aktive Mediennutzung), wie man sie filmen, inszenieren und bearbeiten kann (Mediengestaltung) und sie machen sich offensichtlich auch kritische Gedanken über die Botschaft solcher Handyvideos und entwickeln Kriterien, um fiktive/gestellte Szenen von realen zu unterscheiden (Medienkritik)." (P. Grimm/ S. Rhein 2007: 187)

des Materials. Gibt man der gesellschaftlichen Struktur als ‚Objekt' die zentrale Bedeutung, so geht es darum, durch die Interpretation des empirischen Materials diejenigen – dem individuellen Akteur unbewussten - Strukturmomente herauszuarbeiten, die jeder Handlung vorgelagert sind. Geht man den Weg einer rein interpretativen Sozialforschung, so besteht die Gefahr, dass alleinig Handeln und Sinn den Primat in der Erklärung menschlichen Verhaltens haben, strukturelle Momente werden vernachlässigt, von Zwang ist nicht die Rede. Beide Aspekte werden je unterschiedlich im passenden Rollenmodell aufgenommen. Die Konzeption der Reflexivität, des Wissens der Akteure und ihrer Kompetenzen, wie sie Anthony Giddens in seinem Ansatz der Strukturierung vorlegt, gibt fruchtbare Ansätze, um die eben angedeutete Dualität von Objektivismus und Subjektivismus alternativ zu konzipieren. Alternativ zum Rollenmodell entwirft Giddens ein Modell der ‚Agency'.

Die ‚Theorie der Strukturierung' Anthony Giddens (1997a) beschäftigt sich in seinem Hauptwerk weder mit Aspekten der ‚Arbeitsgesellschaften' noch mit der Bedeutung von Berufen bzw. Professionen für die Integration und Steuerung der Gesellschaft(en). Statt dessen scheint sich Giddens Analyse allokativer und autoritativer Ressourcen eher an Organisationen – für Weber ein zentrales Mittel moderner Herrschaft und Rationalität – zu orientieren, um die Bündelung und Verteilung von Zurechnung darüber deutlich zu machen, wie Probleme definiert werden, wem Letztentscheidungsbefugnisse zukommen, was als Ressource gilt, wie diese verteilt und wie Regeln und deren Geltung gesetzt werden. Giddens bewegt sich zwischen den Polen des Strukturalismus und der interpretativen Soziologie und will die Trennung zwischen Handeln und Struktur überwinden. „Das zentrale Forschungsfeld der Sozialwissenschaften besteht – der Theorie der Strukturierung zufolge – weder in der Erfahrung des individuellen Akteurs noch in der Existenz irgendeiner gesellschaftlichen Totalität, sondern in den über Zeit und Raum geregelten gesellschaftlichen Praktiken" (ebd.: 52). Dabei nimmt Giddens an, dass jede menschliche soziale Handlung rekursiv ist. „Das bedeutet, dass sie nicht durch die sozialen Akteure hervorgebracht werden, sondern von ihnen mit Hilfe eben jener Mittel fortwährend reproduziert werden, durch die sie sich als Akteure ausdrücken. In und durch ihre Handlungen reproduzieren die Handelnden die Bedingungen, die ihr Handeln ermöglichen." (ebd.: 40). Die Akteure werden dabei durchweg als zweckgerichtete Handelnde konstituiert, es gibt Gründe für Handlungen und ein Akteur ist auch fähig dazu, die Gründe diskursiv darzulegen. Giddens nennt es den Prozess der Rationalisierung von Handeln, dass sich ein fortwährender Prozess der Intentionalität vollzieht. „Die Rationalisierung des Handelns in den verschiedensten Interaktionszusammenhängen bildet die grundlegende Basis für die wechselseitige Beurteilung ihrer generalisierten „Kompetenz" seitens der Akteure" (ebd.: 54). Des Weiteren stellt sich Giddens die Frage, welches Wissen den Akteuren eigentlich – in ihrem diskursiven Bewusstsein - zugänglich ist. „Die große Masse des „Wissensvorrates" (Schütz) bzw. dessen, was ich lieber das in Begegnungen inkorporierte gemeinsame Wissen nenne, ist dem Bewusstsein der Akteure nicht direkt zugänglich. Das meiste derartige Wissen ist seinem Wesen nach praktisch: es gründet in dem Vermögen der Akteure, sich innerhalb der Routinen des gesellschaftlichen Lebens zurechtzufinden" (ebd.: 54-55). Damit wird den Akteuren konstitutiv ein Wissen unterstellt, nämlich ein Wissen über die entsprechenden Handlungsgründe und ihre Handlungen, welches in der Form eines praktischen Bewusstseins präsent ist. „Dieses praktische Bewusstsein (practical consciousness) umfasst all das, was

Handelnde stillschweigend darüber wissen, wie in den Kontexten des gesellschaftlichen Lebens zu verfahren ist, ohne dass sie in der Lage sein müssten, all dem einen direkten diskursiven Ausdruck zu verleihen" (ebd.: 34).

Der Zusammenhang zwischen ‚agency' und ‚structure' ist damit bei Giddens ein zirkulärer, reflektierter – wie dies auch die Grundannahmen der kulturell-kognitiven Richtung des soziologischen Neoinstitutionalismus sind (vgl. Scott 2001, der diese Richtung vom normativen bzw. regulativen Institutionalismus unterscheidet). Handeln und Struktur kann nicht getrennt voneinander analysiert werden, weil Strukturen durch Handlungen generiert, gesteuert und verändert werden, während Handlungen nur vor dem Hintergrund der rahmengebenden Struktur sinnvoll zu verstehen sind. Die Kausalität ist in beide Richtungen anzunehmen, deswegen erscheint es als unmöglich eine irgendwie gerichtete Determination zu unterstellen. Die Fähigkeit der Akteure zu handeln kommt in ihrer Agency zum Ausdruck. Sie ist durch Prozesshaftigkeit gekennzeichnet, wird für Giddens durch gesellschaftliche Praktiken in Raum und Zeit bestimmt, unterliegt aber einer ständigen reflexiven Steuerung. Voraussetzungen dafür sind für Giddens ein Selbstbild (Identität) und Körperlichkeit – also „das menschliche Subjekt insgesamt (1997a: 101). Die grundlegende Fähigkeit immer in der Lage zu sein Handlungen zu vollziehen unterstellt menschlichen Akteuren damit einen Eigensinn, eine Kreativität und ein ‚Potential' in reflexiver Weise darauf zurückzugreifen, „."was" seinem Handeln zugrunde liegt" (ebd.). Diese oft kritisierte optimistische Vorannahme menschlichen Handelns revidierte A. Giddens in seinen jüngeren Schriften leicht im Sinne einer Strukturdeterminiertheit. Dennoch bleibt die Theorie der Strukturierung im Kern die Grundlage des hier vorausgesetzten Kompetenzkonzeptes.

1.2.2 Das Wissen der Professionellen

Die Entdeckung, dass sich moderne Gesellschaften als Wissensgesellschaften weiter entwickeln und dass die Erstellung von Dienstleistungen jeweils im Wesentlichen Wissensarbeit darstellt, hat schon die EU angeregt, Dienstleistungsmärkte ins Visier ihrer nationenübergreifenden Regulierungspolitik zu machen. Deswegen wird hier A. Giddens zum Anlass genommen, das Wissen und die Kompetenz bezüglich jeglicher gesellschaftlicher Akteure näher zu betrachten. „Das Wissen über gesellschaftliche Konventionen, über sich selbst oder über andere menschliche Wesen, das in der Fähigkeit steckt, in der Vielfalt gesellschaftlicher Lebenskontexte sich „zurechtzufinden" zu können, ist detailliert und verblüffend. Alle kompetenten Gesellschaftsmitglieder sind in der praktischen Durchführung sozialer Aktivitäten beträchtlich qualifiziert und „soziologische" Experten. Ihr Wissen bleibt der fortwährenden Strukturierung des sozialen Lebens nicht äußerlich, sondern fließt integral darin ein" (ebd.: 78). Diese unterstellte Kompetenz betrifft nicht nur das Wissen und die Lebensvollzüge, sondern auch die Intention(alität) des Handelns. „Kompetente Akteure erwarten jedoch voneinander – und damit ist das grundlegende Kriterium für die Beurteilung von Handlungskompetenz im Alltag ausgesprochen -, dass sie normalerweise dazu in der Lage sind, für ihr Handeln in aller Regel eine Erklärung abzugeben, wenn sie danach gefragt werden" (ebd.: 56). Diese Reflexivität setzt voraus, dass Akteure die Wahl haben auch anders zu handeln, es geht also um eine Intention(alität), „von der der entsprechende Akteur weiß oder glaubt, dass sie eine besondere Eigenschaft oder Wirkung hat und wo solches Wissen von ihm in Anschlag gebracht wird, um eben diese Eigenschaft oder

Wirkung hervorzubringen." (ebd.: 61). Im Wissen der Professionellen kommt also – der Annahme Giddens folgend – zweierlei zum Vorschein. Erstens wird im Wissen der professionellen Akteure das „Arbeitswissen" sichtbar und erfassbar, welches ihnen ermöglicht in den beruflichen Alltagsvollzügen kompetent zu handeln. Zweitens werden im wissensbezogenen Handeln die Strukturen deutlich, die durch dieses handeln reproduziert werden und die das Handeln hervorbringen.

Mit der Strukturierungstheorie wird damit die Sichtweise auf Kompetenz nochmals konkretisiert und gesellschaftstheoretisch verankert. Es geht einerseits um eine subjektorientierte Sicht auf die Akteure in bestimmten Expertensystemen, bezüglich derer eine bestimmte Kompetenz und ein bestimmtes Wissen bezüglich ihrer Handlungsvollzüge angenommen wird. Andererseits werden im Handeln gesellschaftliche Strukturen reproduziert und konstituiert. „Bei der Reproduktion von Stukturmomenten (...) reproduzieren die Akteure auch die Bedingungen, die ein entsprechendes Handeln ermöglichen. Struktur besitzt keine Existenz unabhängig von dem Wissen, das die Akteure von ihrem Alltagsleben haben." (A. Giddens 1997a: 79)

Dieses Alltagswissen ist untrennbar mit der Kompetenz der Sozialmanagementakteure verbunden. Professionelles Sonderwissen besteht jedoch nicht nur in diesem „Arbeitswissen", wie es A. Abbotts (1988) beschreibt, sondern auch im systematisierten wissenschaftlichen Wissen. Die systematisierte, gegebenenfalls auch exklusiv verwaltete und mittels Ausbildung zugangsbeschränkte ‚professional expertise' ist funktional zu der Praxis der Professionellen zu verstehen.[5] Zuerst dient die Expertise der Legitimation professionellen Handelns. Zweitens werden im System des wissenschaftlichen Sonderwissens neue Diagnosen, Behandlungs- und Interventionsmöglichkeiten, Methoden, Verfahren usw. entwickelt. Drittens dient das wissenschaftliche Wissen der Reflexion und dem „reshaping of practical knowledge" (A. Abbott 1988: 55). Viertens dient es entscheidend der Delegation von individueller Verantwortungszuschreibung auf die Verantwortung der professionellen Selbstorganisation. Fünftens werden durch das wissenschaftliche Wissen nicht zuletzt auch Zuständigkeitsregelungen vorgenommen, vor allem in der Abgrenzung gegenüber anderen Professionen.

Aus den Ausführungen wird deutlich, dass Teil A dieser Studie vor allem auf die Rekonstruktion des praktischen Wissen zielt, wenn es um das professionelle Sonderwissen als Teil der sozialmanagerialen Kompetenz geht. Teil B widmet sich dem systematisierten Wissensanteil der ‚professional expertise'.

1.2.3   Sozialmanagement im Kontext eines Wohlfahrtsverbandes

Das in dieser Studie untersuchte Sozialmanagement ist rückgebettetes professionelles Handeln. Es findet nicht nur als Management eines Trägers der Wohlfahrtspflege statt, sondern im Kontext eines diakonischen Wohlfahrtsverbandes. Nach Giddens müssen insbesondere die Managementakteure auf den mittleren und unteren Ebenen fokussiert werden, die im Gefüge eines Trägers die relevanten Strukturen durch ihr Handeln reproduzieren. Dies leitet sich aus der hierarchischen Position der Akteure her, es handelt sich beim Forschungsfokus um die Führungsebene zwei und drei, also angesiedelt unter der Ebene des Vorstandes. Im Folgenden sollen einige relevante Aspekte dieses spezifischen Kontextes dargestellt wer-

---

[5] Ich folge hier vor allem A. Abbott (1988: 52ff.)

den. Es ist zu beachten, dass die empirische Studie ganz bewusst nicht zum Ziel hat, die Unternehmensstruktur bzw. –kultur des Trägers zu erforschen. Vielmehr ist davon auszugehen, dass die Kultur der managementbezogenen Organisationen sich innerhalb des Trägers stark unterscheidet.

Das untersuchte Management ist in dem Träger der Wohlfahrtspflege „BruderhausDiakonie. Stiftung Gustav Werner und Haus am Berg" verortet. Diese Stiftung geht zurück auf den Gründungsvater Gustav Werner, dessen 200ster Jahrestag im Jahre 2009 gefeiert wurde. Auf diesen Gründungsvater gehen zwei Organisationen zurück, die fusioniert wurden: Die „Gustav Werner Stiftung zum Bruderhaus" und „Haus am Berg". Zu der Unternehmensphilosophie gehört, dass für den Vikar Gustav Werner ‚sozial' und ‚wirtschaftlich' nie ein Widerspruch war: Einerseits nutzte er seine ökonomische Kompetenz, um mit den Gewinnen seiner ersten Fabrik soziale Projekte zu fördern. Andererseits verstehen sich die Werke, die auf das Engagement Gustav Werners zurückgehen, bis heute als „Partner für Industrie, Gewerbe und Wirtschaft" (BruderhausDiakonie 2006a). Gustav Werner ist – aus heutiger Perspektive betrachtet - also nicht nur der Gründervater der „BruderhausDiakonie. Stiftung Gustav Werner und Haus am Berg". Gustav Werner ist also ein Sozialmanagementakteur, der unter den spezifisch historisch gegebenen Bedingungen Soziale Arbeit und wirtschaftliches Denken und Handeln miteinander verbunden hat. Gerade für die BruderhausDiakonie dürften die wirtschaftlichen Problemstellungen im dritten Sektor und die – sozialwirtschaftliche - Professionalität ihrer Führungskräfte von besonderem Interesse sein. Denn die BruderhausDiakonie hatte von Anfang eine sozialwirtschaftliche Ausrichtung, nicht nur in der Verbindung zwischen Sozialer Arbeit und Wirtschaft, sondern auch in dem „gemeinsamen diakonischen Auftrag – den Menschen nah, fachlich kompetent und wirtschaftlich." (BruderhausDiakonie 2006b). So wurde auch das eigene Motto: „Es liegt in der Tradition der BruderhausDiakonie, soziale Arbeit sowie wirtschaftliches Denken und Handeln zu verbinden" (BruderhausDiakonie 2006c) besonders in den Jubiläumsfeierlichkeiten aufgenommen.

Die Organisationsstruktur des Trägers kann als Quasi-Matrixorganisation beschrieben werden. Auf der Ebene des normativen Managements – der Verbandsführung - findet sich die TOP Führungsebene mit Vorstand (Führungsebene 1), der aus den drei Vorstandmitgliedern besteht, Stiftungsrat und Stiftungsversammlung. Die Vorstände teilen unter sich einerseits regionale Zuständigkeiten auf, andererseits gibt es eine funktionale Aufgabenteilung in den kaufmännischen Vorstand, Vorstandsvorsitz und fachlicher Vorstand. Unter dem Vorstand sind in einer Linienorganisation die regional unterteilten Dienststellen dem Verantwortungsbereich des jeweiligen Vorstandes zugeordnet (insgesamt 15 Dienststellen/, jeder 5). Quer zu dieser Linienorganisation liegen die Querschnittsaufgaben des Stiftungsmanagements und der Dienstleistungszentren, die zuständig sind für die dementsprechenden Aufgaben aller Dienststellen (vgl. Dokumente 2007: D_12): (Informationstechnologie; Gebäudemanagement/Planen und Bauen; Personal; Rechnungswesen / Leistungsabrechnung; Gemeinschaftsküche sowie andererseits die Bereichsleitungen Jugendhilfe, Behindertenhilfe, Sozialpsychiatrie, Altenhilfe, Betriebswirtschaft, Theologie / Ethik, Personalentwicklung / Bildung, Kommunikation, Qualitätsmanagement, Innenrevision, Immobilien- / Liegenschaftsmanagement, Recht und Vertragswesen, Leitender Arzt/Ärztlicher Dienst).

Die untersuchten Führungskräfte handeln im Kontext ihrer Dienststellen. Eine Dienststelle ist einerseits eine anerkannte Einrichtung innerhalb des Trägers. Die untersuchten
Dienststellen sind andererseits teilautonome organisatorische Teileinheiten, mit 100 bis ca.
250 Mitarbeitenden und sind jeweils in Bereiche unterteilt, die sich durch die Zuordnung
von Mitarbeitenden beschreiben lassen. Die Leitung der kompletten Dienststelle obliegt der
Dienststellenleitung als Führungsebene 2. Die Leitung der einzelnen (Fach-)Bereiche liegt
in den Händen der Führungsebene 3. Je nach Fachbereich ist auch noch eine vierte Füh-
rungsebene (Gruppenleitung) vorzufinden. In der Dienststellenleitung sind Fach- und
Dienstverantwortung vereint, die Dienststellenleitung fungiert z.B. nach dem Gesetz als
Heimleitung. Die Leitung einer Dienststelle kann jedoch als teilautonom – gemäß dem
Geschäftsführermodell im Träger - beschrieben werden. Die Führungsebene 2 hat jeweils
die Entscheidungshoheit über Personalentscheidungen, was jedoch für die Auswahl und
Förderung der Führungsebene 3 bereits teilweise in Absprache mit dem zentralen Personalmanagement geschieht. Die komplette Buchhaltung einer Dienststelle ist in das zentrale
Controlling ausgelagert. Den Dienststellen ist ein Budget zugeordnet, aber nicht die komplette Entscheidungsfreiheit über finanzielle Entscheidungen liegt bei der Dienststellenleitung. So werden Investitionen über eine bestimmte Größenordnung hinaus zur Entscheidung bis in den Stiftungsrat gegeben, aber es werden zum Teil auch Kosten und Aufwände
des Gesamt-Trägers auf die Dienststellen umgelegt, zum Teil auch ohne Einverständnis der
Dienststellenleitungen. Die Auswahl der Dienststellenleitungen oder strukturelle Entwicklungen (wie z.B. die Fusion oder Trennung von Dienststellen) werden auf der Ebene des
Stiftungsrates entschieden.

Die Organisationseinheit ‚Dienststelle' weist also eine Teilautonomie auf. Obwohl der
Wohlfahrtsverein im Rahmen der politischen Veränderungen (hier vor allem die Abkehr
vom Kostendeckungsprinzip und Korporatismus) zu einer Stiftung weiterentwickelt wurde,
wurde der Schritt zu einer vollkommenen Autonomisierung der Dienststellen, z.B. als
selbstständige GmbH innerhalb einer Holding, nicht gegangen. Die Verantwortungen der
Dienststellen sind über die Geschäftsordnung geregelt.

Dieser Teil A der Studie ist explorativ angelegt und will neue Erkenntnisse hervorbringen und nicht Hypothesen testen. Der Form der Ergebnisdarstellung entsprechend wird
exemplarisch eine ausführliche Darstellung des methodischen Vorgehens wie auch auf die
exemplarische Begründung durch Zitationen des empirischen Datenmaterials dargestellt.
Das Forschungsdesign, Feldzugang und methodisches Vorgehen werden in Abschnitt D
ausführlich geklärt.

2   Bezahlt um zu entscheiden: Sozialmanagement als organisationale
       Entscheidungsakteure und ihre Rollenkompetenz als Leistung

Die biografischen Zugänge, aber auch die teilnehmende Beobachtung zeigen, dass sich der
Weg in die Führungspositionen als Qualifikationsalternative zur fachlichen Spezialisierung
darstellt. Mit diesem Berufsweg verändert sich neben der Fachlichkeit jedoch der Gegenstand beruflicher Tätigkeit (von Hilfe zur Entscheidung; von Klientenzentriertheit zur Or-
ganisationszentriertheit) sowie das Rollenverständnis der Berufspraktikerinnen. Diese empirischen Hinweise werden durch das Spannungsfeld ‚Rollenkompetenz' gewürdigt. Sozi-

almanagerinnen werden demnach als ‚Entscheidungsakteure' im organisationalen Kontext rekonstruiert. Ihre Rollenwahrnehmung ist als Performanz einerseits und als (bestimmtes) Wissen und (personengebundene / professionelle) Haltung andererseits zu verstehen. Managementhandeln wird in diesem Kapitel immer wieder zurück in die soziologische Organisationstheorie geordnet, hier vor allem die Systemtheorie aber als Komplementär auch neoinstitutionelle Ansätze oder Konzepte ‚loser Kopplung'.

Als Ergebnis der o.g. ersten Fragestellung lässt sich kompetentes Sozialmanagement als ein Kompetenzbündel aus sich gegenseitig ergänzenden Teilkompetenzen und deren Elementen beschreiben. Im Mittelpunkt der Handlungskompetenz der Sozialmanagerinnen stehen die Gestaltungsentscheidungen. Kompetenz ist zu begreifen als ein Potential, welches der Leistung des Entscheidens zugrunde liegt. Genauer gesagt ist Kompetenz eine Kombination

- von Wissen auf verschiedenen Ebenen, Instrumenten, Methoden, Techniken und Prozessen, strategischem und reflexivem Agieren
- um Entscheidungen zu ermöglichen, vorzubereiten, die Voraussetzungen und Rahmenbedingungen dafür zu schaffen, zu verändert und auch die Entscheidungen und zielbezogenen Handlungen zu beeinflussen oder diese zu bewerten
- als Grundlage der Erreichung gemeinsamer Ziele.[6]

Die Führungskräfte mittleren Sozialmanagements verfügen über ein spezifisches (Experten)-**Wissen** und über ein **Verstehen** der relevanten Handlungskontexte und den darin entscheidenden Akteuren, wesentlichen Prozessen und Netzwerken. Darüber hinaus verfügen sie über die Fähigkeit (**Können**) und Legitimation, Entscheidungsmacht, Beauftragung und Ausstattung (**Dürfen**), adäquate Instrumente und Techniken einzusetzen und in Prozesse einzugreifen. Dieses Wissen, Dürfen und Können ist begleitet von dem Kompetenzaspekt des **Verantwortens**, denn die Folgen des jeweiligen Handelns werden den Akteuren zugerechnet. Grundlegend für die Entscheidungskompetenz ist jedoch die Beurteilung und **Bewertung** jeweiliger Situationen.

Für die Führungspersonen zeichnet sich konkret ein Kompetenzprofil ab, welches sich aus neun ‚Teilkompetenzen' zusammensetzt:

1. Rollenkompetenz: kompetente Rollenwahrnehmung und -übernahme zwischen Strukturgestaltung, Führungsstil und Eigenverantwortung
2. Organisationsgestaltungskompetenz: Leitung und Gestaltung der Organisation Sozialer Arbeit
3. Ressourcenkompetenz: Professionalität als personelle Ressourcen führen und Ressourceneinsatz
4. Programmkompetenz als fachbezogene Beratung, Konzeption, Innovation, Implementierung und Entwicklung professioneller Leistung
5. Planungskompetenz als fachpolitische (An-)Passungskompetenz
6. Politikkompetenz: Policy-Making und lokale Governance
7. Finanzierungskompetenz: Kontextualisierung der Finanzierung in einer lokalen Er-

---

[6] Ich beziehe mich hier explizit auf die Arbeiten von M. Pfadenhauer / Th. Kurtz, z.B. M. Pfadenhauer 2008: 221.

fahrungsökonomie und Mittelbewirtschaftung
8.   Steuerungs- und Kontrollkompetenz als ‚technische' Rationalitätskompetenz
9.   Abwägungskompetenz als ethisches Management

In den nun folgenden Kapiteln 3-12 werden – nachdem in 3 die Handlungsform ‚Entscheidung' skizziert wird - die Teilkompetenzen jeweils exemplarisch dargelegt. Es ist dem Zwang der schrittweisen Darstellung geschuldet, dass die ethisch-strategische Abwägungskompetenz erst nach der Darstellung der Teilkompetenzen erörtert wird; ohne dieses vorangehende Wissen bliebe die Darstellung des Abwägungshandeln erläuterungsbedürftig. Die Rollenwahrnehmung als Kompetenz der Entscheidungsakteure wird konkreter, wenn nach dem ‚wie' des Entscheidungshandelns in der Rolle gefragt wird. Aus empirischer Perspektive besteht das Entscheidungshandeln aus drei wesentlichen Elementen: der adäquaten hierarchischen Strukturgestaltung, dem partizipativen/zielorientierten Führungsstil und der Implementierung des Wertes der Eigenverantwortung der Mitarbeiterinnen.
    Zuerst soll jedoch die Besonderheit des professionellen Handelns in Leitungs- und Führungspositionen in der Konzeption der ‚Entscheidungsakteure' empirisch hergeleitet und verdichtet werden. Der Begriff des Entscheidungsakteurs beinhaltet dabei spezifische Rollenaspekte aber auch den Gegenstand professioneller Leistung (2.1). Des Weiteren wird über das ‚Wie' der Entscheidungsfindung (2.2) sowie über personell-biografische Aspekte (2.3) die Kompetenz der Führungskräfte aufgeschlossen.

2.1   Sozialmanagement als das Handeln professioneller Entscheidungsakteure: Zur Charakteristik der Gestaltungsentscheidungen in ‚eng und lose verkoppelten' Organisationsstrukturen

Im Mittelpunkt der Teilkompetenzen eines Sozialen Managements steht die Fähigkeit der Handelnden, die Rolle von Führungskräften als Entscheidungsträger und Vorgesetzte einzunehmen und diese auszufüllen. Der Rekurs auf das Rollenkonzept ist aber nicht nur als theoretische Konzeptionalisierung der Rekonstruktionsergebnisse zu sehen. Vielmehr wird aus dem empirischen Material deutlich, dass die Sozialmanagementakteure sich selbst in einer Situation der Rollenwahrnehmung und -übernahme zwischen Strukturgestaltung, Führungsstil und Eigenverantwortung sehen. Rollenidentität und Rollenhandeln erscheint insofern als eine ‚Leistung', weil die Entscheidungsakteure einerseits jeweils aus anderen Rollenbestimmungen (wie z.B. der Fachkraft-Rolle) in die Führungsrolle wechseln. Andererseits stehen den Akteuren durch massive sozialpolitische Veränderungen, neue Anforderungsprofile und neue Aufgabenzuschnitte kaum mehr ‚Rollenvorbilder' zur Verfügung, also gesellschaftliche determinierte Rollenvorgaben, die jeweils übernommen werden könnten (‚role taking'). Vielmehr sind die Entscheidungsakteure gefordert, ihre Rollenwahrnehmung selbst zu definieren und das, was ‚Sozialmanagement' ist und zu sein hat, selbst zu definieren (‚role making').

2.1.1   Zum Handlungsgegenstand der Entscheidungsakteure: Gestaltungsentscheidungen

Führungskräfte in der Sozialen Arbeit sind professionell handelnde ‚Entscheidungsakteure'. Ihre Aufgabe und Professionalität bestimmt sich dadurch, dass sie Entscheidungen treffen, getroffene Entscheidungen konkretisieren und weiter entscheiden, Entscheidungen herbeiführen und auch Ressourcen und Macht verteilen, um Entscheidungen zu treffen. Diese Entwicklung steht auch gleichzeitig für den Versuch, einerseits eine „engere Verkopplung der organisatorischen Elemente" (S. Wolff 2010: 290) der Dienstleistungsorganisation durch zentrale Akteure zu erreichen. Die Soziale Organisation wird mehr und mehr unter den Rationalitätskriterien der Effektivität und Effizienz gedeutet und gestaltet. Organisation als formgebende Struktur für gesellschaftliche Funktion (vgl. T. Drepper / V. Tacke 2010) ist dabei eine mögliche Interpretation sozialer Organisation. Daneben ist auch die ‚lose Koppelung' zu bedenken. Im Folgenden wird die Lesart der soziologischen Systemtheorie als Protagonist struktureller Organisationstheorien bemüht, um die Rationalisierungsbestrebungen die auch das Sozialmanagement ergreifen zu analysieren. Die Verfahren und Instrumente enger Koppelung (wie z.B. Aufbau- und Ablauforganisation, Zielvereinbarungen, Mitarbeitergespräche, Prozess- und Projektverfahren, Arbeitsplatzbeschreibungen, Qualitätshandbücher usw.) – die aus der betriebswirtschaftlichen Literatur wohl bekannt sind – „sind darauf ausgerichtet, das organisatorische System enger Kopplung an den vorgegebenen Zwecken bzw. Bedingungen auszurichten und so Ungewissheiten möglichst gering zu halten, diffuse Situationen in überschaubare Entscheidungsalternativen zu überführen und Mechanismen einzubauen, die eine zeitnahe Korrektur von auftretenden Zielabweichungen erlauben." (S. Wolff 2010: 290) Allerdings sind diese ‚Verkoppelungsversuchen' letztlich als Legitimierungshandlungen zu deuten. Denn die organisationale Strukturgestaltung führt nicht nur zu Effektivität und Effizienz, sondern ebenso zu neuen Widersprüchlichkeiten und Mehrdeutigkeiten (U. Wilkens et.al. 2003: 232), die dann nur durch Entkoppelung und „vertrauensbildende Maßnahmen" (ebd.) kompensiert werden müssen.

Der Begriff des ‚Entscheidungsakteurs' ist dabei nicht zufällig gewählt. Nach der Rekonstruktion narrativ-biografischer Interviews sowie der Daten aus dem ethnografischen Zugang (teilnehmende Beobachtungen/Feldforschung) wird diese theoretische Konzeption als adäquate Einbettung der Erkenntnisse in die soziologische Theorie gewählt. Uwe Schimank grenzt das hier gemeinte Entscheidungshandeln durch Gestaltungsentscheidungen von ‚einfachen', ‚alltäglichen' Entscheidungen ab, die nicht den „Spielraum weiteren Handelns bzw. Entscheidens, bisweilen weit in die Zukunft hinein und sehr restriktiv" (U. Schimank 2005b: 30) bestimmen. „Eine Gestaltungsentscheidung setzt Handlungs- und oftmals auch Entscheidungsprämissen. Häufig sind diese durch Entscheidung gesetzten Prämissen weiteren Handelns oder Entscheidens soziale Strukturen. Es geht also um Entscheidungen, die Strukturgestaltung betreiben" (ebd.: 30f.). Jedoch ist die Strukturgestaltung nicht das einzige Abgrenzungskriterium der im Weiteren fokussierten Entscheidungen. Als auszeichnendes Merkmal nennt Schimank auch Entscheidungen über die Zwecke rationalen Handelns: „Gestaltungsentscheidungen liegen ebenfalls vor, wenn soziale Prozesse an einem Scheideweg angekommen sind und es darum geht, welcher Weg zukünftig genommen wird." (ebd.: 31).

Diese komprimierte Charakterisierung wird im Folgenden kurz durch biografische und empirisch-beobachtende Daten hergeleitet (2.1.1.1-2). Danach wird der spezifische Charakter des Entscheidungshandelns durch einen Exkurs in die Arbeiten von Niklas Luhmann theoretisch begründet, auf welche auch die Konzeption einer ‚Entscheidungsgesellschaft' von Uwe Schimank aufbaut (2.1.2).

2.1.1.1 Der Charakter des Entscheidungshandelns

Im Zentrum des Managementhandeln steht das „Entscheiden können", als Aufgabe und Option einer Position, aber auch als ‚Gehalt' und ‚Anreiz' dafür, diese Position auszufüllen. Dies lässt sich übergreifend aus den narrativen Interviews, aus biografischen Mustern aber auch aus den teilnehmenden Beobachtungen rekonstruieren. Im Folgenden wird eine Passage aus dem dritten Analyseschritt der empirischen Arbeit an einem biografischen Interview herausgenommen, in dem (noch einmal) eine globalere Perspektive eingenommen wird und einzelne Theoriekategorien durch kontrastive Vergleiche innerhalb der unterschiedlichen Segmente eines Interviews, aber auch übergreifend über die Interviews hinweg herausgearbeitet werden. Die theoretische Kategorie des Entscheiden-Könnens hat dabei mehrere Aspekte, die im Weiteren noch differenziert ausgeführt werden, die aber hier kurz Erwähnung finden sollen, um einen Aspekt durch eine Interviewpassage zu illustrieren. Beides, das Entscheiden und Rollenhandeln, sind als Kernkompetenzen zu verstehen, denn über diese Leistungen, über das dementsprechende Wissen, bestimmt sich nicht nur ‚richtiges', ‚zweckgemäßes' Handeln, sondern auch die Legitimation als Entscheidungshandelnde.

Dies ist das erste zentrale Ergebnis, welches sich aus den berufsbiografischen Zugängen zu den Führungskräften herausarbeiten lässt. Ein etwas längerer Interviewabschnitt illustriert dies. Die folgende Interview-Passage stammt aus dem Nachfrageteil eines der zwei Kerninterviews. Der Interviewpartner wird gefragt, ob er die Aufgaben in der Position als Führungskraft konkretisieren könne.

```
13        S: naja i war i war bis dato Fachbereichsleitung in in für für Landkreise mit
14   bestimmte
15        I: mmh
16        S: äh inhaltlichen Bereich und sollte dann nur konzeptionell Zuarbeiten als
17   Referent und da fühl ich mich net/dafür bin i net wirklich geeignet
18        I: mmh
19        S: also reine
20   zuarbeitende Funktion des ka (lacht beim Sprechen) des kann i mir überhaupt net
21   vorstelle (:) so
22        I: aha okay
23        S: da muss ich sage Leut da muss ich passe das geht net
24    (lautes Geräusch) und dann mh wars aber ganz klar dass man mir da was
25   anderes anbietet des so
26        I: mh mh (.) okay das heißt Führungsposition für sie heißt auch ganz
27   klar da da muss was mit dabei sein (Stimme rauf) genau
28        S: ja also des war denn nach diesen
29   Jahren klar wär auch jetzt klar i kann (holt Luft) i kann ko Referentenstellung
30   habe(?0:17:29) da bin ich net anpassungsfähig genug
31        I: mh
32        S: das geht net sondern da i muss äh auf
33   a bestimmte Ebene entscheide könne (holt Luft) eingebettet w egal wie eingebettet
34        I: mh
1        S: des isch
2   für mich überhaupt kein Problem da (holt Luft) da jede Menge institutionelle Regeln und und
```

```
3    äh äh Linien zu beachte
4              I: mh
5              S: und einzubeziehe um des gehts überhaupt net
6                        I: mh
7    S:                              (holt Luft) aber
8    erschtens amal nur inhaltlich zu arbeite und net auch in diesem äh (holt Luft) in dem Bereich
9    der Vertretung nach Auße und dem politische Gesprächsbereich (holt Luft) äh nur das
10   inhaltliche am Schreibtisch da würd ich wieder sage des isch mir zu langweilig (:) ja
11                              I: mh okay
12   S: des wär mir zu einseitig
13              I: mh
14              S: und ich schätz äh schlichtweg hier (holt Luft) die
15   Zusammenhänge von konzeptioneller Arbeit der Umgang mit dem Personal
16   Menschenführung und eben (holt Luft) das inhaltliche und wenn man die drei die drei
17   Poschten (Tür auf?) und die Außenvertretung das sind ja dann vier (lautes Geräusch
18   Staubsauger) äh des isch einfach find i das macht die Sache interessant (Geräusch weg)
(IS_11,4-12,18)
```

Der Ereignisträger grenzt die Tätigkeit als Führungskraft deutlich von anderen beruflichen Möglichkeiten ab, wie hier z.B. von der Position eines Referenten. Im Mittelpunkt steht die Aussage, entscheiden zu können: *„sondern da i muss äh auf a bestimmte Ebene entscheide könne"*. Aber dieses Entscheiden-Können bezieht sich eben nicht einfach nur auf fachliche oder auf fallbezogene Aspekte im Klientenkontakt. Im kontrastierenden Vergleich innerhalb des Interviews aber auch zwischen den Interviews lässt sich ein Kern des spezifischen Entscheiden-Könnens herausarbeiten. Es müssen dabei bestimmte Rahmenbedingung gegeben sein in denen es möglich ist, Strukturen zu gestalten, dem Unternehmen einen eigenen Stempel aufzudrücken bzw. es nach außen zu vertreten, Personal zu führen, Innovation und fachliche Ideen durchzusetzen. Es geht um die Möglichkeit spezifische Entscheidungen zu treffen, wie sie an keiner anderen Position im Unternehmen gegeben ist, eben nicht in der Position der Fachkraft, nicht in der Position eines Referenten – interessanter Weise aber auch nicht in der Position eines Vorstandes. Durch den Vergleich der unterschiedlichen Positionen im Unternehmen wird ein konstitutives Element der Charakterisierung von Entscheidungsakteuren deutlich: Sie verfügen über die Kompetenz als Fähigkeit und Letztentscheidungsmacht Strukturen zu gestalten, in denen sie auch Führungskultur definieren und Wertorientierungen implementieren.

2.1.1.2 Biografische Wege und die Unterscheidung einer spezifischen Handlungsart als Sozialmanagerinnen

Das ,Entscheiden-Können' ist jeweils eingebettet in die biografische Entwicklung einer Vorstellung von Arbeit, die die befragten Akteure ausfüllen wollen. Das Handeln der Einen unterscheidet sich dabei vom Handeln der Anderen durch den spezifischen Charakter der Entscheidungen, die die Managementakteure zu treffen haben und durch die Rolle, die sie einnehmen. Die subjektive Vorstellung der Rolle der Führungskraft entwickelt sich dabei nicht erst beim Einnehmen der Position, sondern bereits vorher und stellt sich als entscheidender Punkt bei biografischen Wegentscheidungen dar. Die Folgende Interviewpassage illustriert den Aspekt der Orientierungsmuster in biografischen Wegentscheidungen.

4   S: *äh das war aber n ganz*
5   *kurzer Ausflug (:) (:)*
6   I: *aha aha*
7   S: *ein sehr kurzer Ausflug weil dann äh (holt Luft) günschtiger Weise*
8   *oder für die dort ungünschtiger Weise hier die Position ausgeschrieben war und (.......*
9   *Auslassung auf Wunsch des Interviewpartners)*
10   I: *(:)(3 sec)*
11   *(.) und*
12   *hier wars auch ziemlich schnell klar (:) aber s äh es ist halt so f ganz aus meiner Sicht des hat*
13   *sich dann auch beschtätigt so äh meinem Profil denn auch entsproche (holt Luft) dass es sehr*
14   *sehr gut gepasst hat (IS_4,4-14)*

In dem Interviewabschnitt ist aus der subjektiven Perspektive eine biografische Wegentscheidung thematisiert, die darüber Aufschluss gibt, dass sich in der Berufstätigkeit des Akteurs ein deutliches Bild von Führungsposition und –rolle im sozialen Bereich herausgebildet hat. Durch eine berufliche Veränderung wird dem Akteur im beruflichen Weg deutlich, welche Art des Arbeitens, welche Position aus subjektiver Perspektive die geeignete ist.

Das exemplarisch gegebene Segment wird mit einem einleitenden Erzählsatz als zeitliche Veränderung eingeführt. Die Einführung ist auch gleichzeitig eine präambelartige Kernerzählung, die mit zwei Detaillierungen konkretisiert wird: Der erste Aspekt der beruflichen Umorientierung wird kommentiert (7-8) und begründet. Nur im Nachhinein lässt sich die Umorientierung hin zum Berufsfeld, welches hier aus Datenschutzgründen nicht genannt wird, als Ausflug bezeichnen, der eine kurze Episode bezeichnet.

Mit einem kommentierenden Zusatz verbündet sich der Ereignisträger mit dem Zuhörer und nimmt ihn mit hinein in ein exklusiv geteiltes „Geheimwissen", welches hier auch aus Anonymitätsgründen ausgelassen wird. Das erste Mal in diesem Interview wählt der Interviewpartner das Stilmittel der direkten Rede und kehrt aus seiner Erzählung in die Realzeit zurück. Er setzt damit einen Aufmerksamkeitsmarkierer. Das, was jetzt kommt, würde er nie offiziell sagen. Wiederum – wie auch in anderen Interviews - taucht hier ein ‚Erwählungsmotiv' auf, nun aber in umgekehrter Form, der Ereignisträger sieht sich selbst als erwählt für einen Kontext an. In seiner Rekonstruktion sind Entscheidungen vorweggenommen und es wird in der Rückschau eine Passung zwischen Qualifikation, Person und Position konstruiert. Als Ergebnissicherung fasst der Erzähler die Dinge aus einer Metaposition zusammen und schließt das Segment mit einem überleitenden „gut" ab „aber s äh es ist halt so f ganz aus meiner Sicht des hat sich dann auch beschtätigt so äh meinem Profil denn auch entsproche (holt Luft) dass es sehr sehr gut gepasst hat I: mmh S: (schluckt) gut" Bevor er also das Ergebnis sichert, gibt er nochmals in einer Argumentation eine Begründung für seine Vorsehung ab. Er wechselt zuerst wieder die Erzählzeit in die Jetzt-Perspektive und räumt einen scheinbaren Widerspruch mit einem einführenden „aber" aus,

„aber (...) es ist halt so. Die Begründung seiner Klarheit liegt in der Bestätigung durch das tatsächliche Empfinden und Tun: aus der heutigen Sicht des Sozialmanagementakteurs ist es ‚halt' so, dass die Stelle dem gewachsenen Profil entspricht und dass es gut gepasst hat. Rückwirkend hat sich seine ‚Vorsehung' durch die faktische Passung bestätigt.

Mit diesem Segment wird ein zentraler Theoriegehalt der Erzählung sichtbar und erzählanalytisch begründbar: durch die Berufsbiografie hat sich eine berufliche Rolle als Führungskraft entwickelt, die nun in der eingenommenen Position – nach Such- und Findungserfahrungen – ihre Entsprechung findet. Begründet ist diese berufliche Rolle und Position als Führungskraft noch nicht inhaltlich, sondern in der Bewertung ihrer Passung in der neuen und eingebundenen Position. Zentral dürfte hier die im Interview einmalige Nutzung der Jetzt-Perspektive sein. Es hat sich ein Arbeitsprofil entwickelt, welches in seiner Konkretion in dieser kurzen und knappen Erzählung weitestgehend offen bleibt und nun durch zwei analytische Schritte der Erzählanalyse konkretisiert und theoretisch generalisiert werden kann.

In einem weiteren Schritt der Abstraktion von den konkreten Interviews hin zu einer übergreifenden Theoriebildung werden einige theoretische Dimensionen durch interviewimmanente und interviewübergreifende Vergleiche verdichtet und generalisiert. Beide Schritte sollen exemplarisch im Folgenden ausgeführt werden.

2.1.1.3 Biografische Muster
Übergreifend werden die biografischen Verläufe aus den Erzählungen zusammengeführt und geordnet. Dabei zeigen sich durch die Interviews mit den Führungskräften jeweils Übereinstimmungen, die als Elemente der Positions- und Rollendefinition relevant sind.

- Die Berufsbiografien der Entscheidungsakteure sind jeweils durch einen Aspekt der ständigen Weiterentwicklung, des Strebens gekennzeichnet. Zwei Punkte sind dabei hervorzuheben: Die Entscheidung für den Weg in eine Führungsposition besteht jeweils erstens vor dem Hintergrund der Alternative einer klientenorientierten Weiterqualifikation und zweitens spielt jeweils bei einem Entscheidungsgeschehen auch Erwählungsgedanke eine Rolle. Begleitet sind die Einstiege und ersten Jahre der Berufstätigkeit auch jeweils von Weiterbildungen im ökonomischen Bereich.
Die Akteure stehen jeweils vor der Möglichkeit, sich therapie- oder klientenorientiert weiterzuentwickeln, etwa in Form von Familientherapie oder systemischen Ansätzen. Aus der Bewertung heraus, sich für die manageriale Karriere zu entscheiden, folgen nun die Konsequenzen, die darin münden, dass sie in eine Führungsausgabe gehoben wird. Die Ereignisträger schildern den Karriereweg als eine Berufungs- oder Erwählungsgeschichte, die ihren Anfang in unterschiedlichen Situationen nimmt. Entweder kommunizieren die Ereignisträger ihre Entwicklungsperspektiven und –wünsche gegenüber einschlägigen Positionen in den Organisationen oder aber die Entscheidung für den Weg in eine Managementposition fällt mit der ‚Erwählung' in eine Vorgesetztenposition zusammen.
- Meist nachdem die erste Führungsposition eingenommen wird, beginnen die Ereignisträger mit Weiterbildungen im ökonomischen Bereich, z.B. Sozialwirt, Qualitätsmanagement, Sozialmanagement usw. Mit dem Bestreiten der Ausbildung setzen sie sich

von ihrer Umwelt ab: für sie gehört es dazu, sich auch in der Arbeitszeit, in der Sozialen Arbeit mit Fragen der Ökonomie auseinanderzusetzen – Sozialwirtschaft und vor allem VWL, BWL und Rechnungswesen gehören zu etwas wie dem Allgemeinwissen, den Hintergrundkenntnissen in der Führungstätigkeit. Die Ereignisträger haben ein Bild des notwendigen Wissens und Könnens im Hinterkopf und zeigen, dass der ökonomische Teil noch notwendig war, um ihre „Normalitätsvorstellung" eines Bildungs-Mosaiks zu vervollständigen. Sozialwirtschaft fügt sich in ein Gesamtbild ein. Deshalb scheint es weniger auf die einzelnen Inhalte der Ausbildung anzukommen, sondern auf das Grundsätzliche: ökonomisches Denken. Bei Sozialwirtschaft geht es aber nicht nur ums Lernen, es geht um Legitimation. Sozialwirtschaft stellt eine Passage auf dem Weg zu ihrer jetzigen Tätigkeit dar.

- In dem beruflichen Werdegang bis zu der beruflichen Umorientierung hat sich für die Führungskräfte ein deutliches Bild einer Führungskraft geformt und dessen, was ihr dabei wichtig ist: Gestalten können und die Rolle von Vorgesetzten. Gleichzeitig greifen sie aber auf berufliche Erfahrungen zurück, durch die sich ein klares Bild von Aufgaben und Verantwortungen in jeweiligen Positionen und Handlungskontexten gebildet hat. Führungstätigkeit bedeutet, auf einer bestimmten Ebene Entscheidungen treffen können und dabei eingebettet zu sein in institutionelle Regeln und Linien. Das enge Zusammenspiel zwischen konzeptioneller Arbeit, Umgang mit Personal, Menschenführung, fachlichem Wissen und Innovation sowie Außenvertretung scheint für die Akteure den Kern des Entscheidungshandelns darzustellen. Entscheidungen werden aber jeweils in einen Deutungs- und Wertungszusammenhang verlegt, der in der Organisation vorzufinden ist oder nach und nach aufgebaut wird.

Der Weg in eine Führungsposition hat also insofern eine Bedeutung für das Entscheidungshandeln, weil es um die Alternative bestimmter Entscheidungen geht. Dieser Weg ist auch dadurch gekennzeichnet, dass er nicht mit dem Ziel beginnt, in eine Führungsposition zu gehen, sondern sich die gangbaren Alternativen erst im Laufe der Berufserfahrung und unter Begleitung und Ermutigung herauszubilden scheinen. Übergreifend werden Perspektiven der Legitimierung (ökonomisches Denken) und Dimensionen des Entscheidungshandelns sichtbar.

Die Verknüpfung biografischer Merkmale einer Person mit dem Charakteristikum des Entscheidungshandelns ist vor dem Hintergrund der Organisationsanalyse nicht zufällig. Auch professionelles Managementhandeln in sozialen Dienstleistungsorganisationen ist mit großen Unsicherheiten und Risiken für die Akteure aber auch für die Führungskontexte verbunden. Die Legitimation von Führungshandeln ist in höchstem Maße an die Konstruktion von Effizienz und Effektivität in einem organisatorischen Feld gebunden. Die Vertrauenswürdigkeit einer Führungskraft in sozialen Dienstleistungsorganisationen stellt insofern ein Substitut für die ökonomische Effizienz in For-Profit-Unternehmen dar. Denn soziale Dienstleistungsunternehmen sind nach wie vor durch ein ‚Technologie- Effizienz- bzw. Effektivitätsdefizit' (vgl. T. Drepper 2010: 144; Y. Hasenfeld 1983: 10f.) gekennzeichnet.

2.1.2 Entscheiden als (systemische) Operation in modernen Gesellschaften

SozialmanagerInnen sind also als Entscheidungsakteure zu betrachten, die sich einerseits durch eine spezifische Rollenwahrnehmung charakterisieren lassen und andererseits durch die Differenzierung der ‚Operation' Entscheidung im System Organisation gekennzeichnet sind. Wie ist aber nun die Handlung ‚Entscheidung' zu verstehen? Die folgenden Ausführungen sollen, ausgehend von dem vorliegenden empirischen Material, den Gegenstand professionellen Managements näher bestimmen.

Die Leistung der professionellen Sozialmanagerinnen besteht einerseits darin, in Bezug auf bestimmte Entscheidungen zu handeln, nämlich jene, die arbeitsteilig, hierarchisch im organisationalen Kontext auf die spezifische Rolle einer Führungskraft verteilt sind. Andererseits besteht die Leistung darin, die Entscheidungen zu legitimieren bzw. entsprechend einem Deutungs- und (Be-)Wertungskontext so zu gestalten, dass die Entscheidungen die legitime Zustimmung der beteiligten Akteure erhalten können. Die Leistung der Entscheidung lenkt den Blick auf die speziellen Akteure, ihre Handlungen, was sie tun und lassen, die Erwartungen, die an die Rolle gerichtet sind, aber auch ihre Performanz diese Rolle auszufüllen. Mit der Handlung ‚Entscheidung' werden Leistungen fokussiert, die in einem sozialen Kontext bewertet werden. Ebenso werden aber auch die Wirkungen und Ergebnisse dieser Performanz fokussiert, also Konsequenzen, die eine Entscheidung nach sich zieht. Es geht also auch um die Konsequenzen einer Entscheidungsleistung „wenn sie als solche sichtbar, d.h. „erkennbar" und als solche „bedeutsam" erachtet und öffentlich anerkannt wird" (M. Pfadenhauer 2003: 104).

Mit der ‚Operation' Entscheiden sind die fokussierten Akteure nicht eingebettet in einen Kontext der organisierten Klienten-Interaktion, sondern in das System formaler Organisation. Nur diese Lesart der Einbettung von Entscheiden-Könnens ist vor dem Hintergrund der berufsbiografischen Wege der Sozialmanagerinnen zulässig. Es geht eben nicht um die Erweiterung des Organisationsbegriffes auf eine Organisiertheit. Was mit der fehlenden Perspektive der ‚Organisiertheit' N. Luhmann als Schwäche vorgeworfen wurde, wird hier als Abgrenzung der ‚Operation' Entscheiden gegenüber dem weiten funktionalen Managementbegriff genutzt. Sozialmanagerinnen sind professionelle Akteure, deren Entscheidungen sich auf einen anderen Gegenstand als den der ‚Practitioner' beziehen, deren Entscheidungen aber auch eine andere Qualität haben. Diese Qualität wird im Folgenden als Gestaltungsentscheidung konkretisiert.

Organisation besteht operativ aus Entscheidung (N. Luhmann 1995c: 54). Obwohl mit dieser Studie ein explizit handlungstheoretischer Ansatz verfolgt wird, wird hier kurz auf die Erkenntnisse der systemtheoretischen Organisationsforschung eingegangen. Wenn man die Beziehung zwischen sozietalen Funktionssystemen und Entscheidungsakteuren beleuchten will, werden die in Beziehung gesetzten Untersuchungsgegenstände in einen theoretischen Kontext eingefasst, in Gesellschaft, die nach der Systemtheorie Luhmanns differenziert ist in sozietale Funktionssysteme und Entscheidungsakteure, womit Individuen, handelnde Personen, beschrieben sind als Entscheider/innen, was sie als Teilhabende an dem Systemtyp Organisation definiert.[7] Eingerahmt von beiden Untersuchungsobjekten ist

---

[7] Die nachfolgenden Ausführungen dieses Kapitels rezipieren die Diskussion um die Systemtheorie, wie sie mit folgenden Werken abgebildet ist: C. Baraldi et al. 1997; N. Luhmann 1975; 1981a; 1981b; 1982; 1983; 1984;

das kleine Wort „und", welches letztendlich auf das Problem hinweist, wie Akteure und Kommunikationssysteme zusammenhängen, zusammenwirken und ob oder wie z.B. Steuerung von oder in Funktionssystemen durch Individuen denkbar oder möglich ist oder welche Bedeutung Individuen bei Steuerungsprozessen haben.

2.1.2.1 Die Rolle von Entscheidung in Organisationen

Mit der Operation ‚Entscheidung' nehmen die folgenden Ausführungen ihren Anknüpfungspunkt in der soziologischen Systemtheorie. Soziale Dienstleistungsorganisationen, wie die hier untersuchten, sind damit im Rahmen der systemtheoretischen Betrachtung Sozialer Arbeit zu verstehen, die an anderer Stelle ausführlich behandelt wurde (vgl. D. Baecker 1994; M. Bommes/A. Scherr 1996; 2000; C. Lahusen/C. Stark 2010; T. Drepper; V. Tacke 2010). Der Ertrag der systemtheoretischen Interpretation Sozialer Arbeit ist, dass ein Massenphänomen auf die Komplexitätsverarbeitung durch Organisation verwiesen wird. Mittels der ‚Form' Organisation wird die ‚Funktion' – Inklusion und Exklusion(sbearbeitung) – in individuelle Strukturentscheidungen (Mitgliedschaft, Programme, Kommunikationswege, Personal) transformiert. Soziale Dienstleistungsorganisation gewährleistet auf diese Weise die „Vermittlung von Zugängen" sowie die „Befähigung von Personen" (T. Drepper/V. Tacke 2010: 275). Die Kritik an der Systemtheorie (die implizite Normativität des Inklusionskonzeptes, die formgebende Rolle von Profession, der Kategorienfehler im Medium der gesellschaftlichen Kommunikation, die Einschränkung der Organisation auf formale Organisation, die kontrafaktische Unterstellung von Funktionalität) wird an dieser Stelle nicht weitergeführt, ist jedoch durch die Flankierung durch moderne Organisationstheorien und der Konzeptionalisierung sozialer Dienstleistung als ‚professionelles Expertensystem (vgl. Kap. 18) an anderer Stelle behandelt. Der Begriff ‚Entscheidungsakteur' ist im systemtheoretischen Verständnis eigentlich ein Paradoxon. Akteur bezeichnet eine Person, der Handlungen zugeschrieben werden - die also handelt - diesem Verständnis liegt ein handlungstheoretischer Ansatz zugrunde. Entscheidung in der Luhmannschen Systemtheorie deutet dagegen auf den Systemtyp Organisation hin, beide Ansätze lassen sich allerdings nicht zusammen denken, sondern sind zwei zu unterscheidende Erklärungsversuche von Gesellschaft. Um nun einem Verständnis des Konstrukts Entscheidungsakteur anzunähern, müsste auf Luhmanns Kritik der Handlungstheorie, speziell der Max Webers, nachgegangen werden. Da dies an anderer Stelle bereits ausführlich geleistet wurde, konzentriere ich mich auf Luhmanns Ausführungen zur Organisation.

Luhmann denkt in seiner Theorie der sozialen Systeme in drei Systemreferenzen, er definiert drei Systemtypen: Funktionssysteme, Organisationen und Interaktionen. Dabei sind Organisationssysteme solche sozialen Systeme, die aus Entscheidungen bestehen und Entscheidung wechselseitig miteinander verknüpfen. Entscheidungen sind die Form der als Letztelemente in der Organisation fungierenden Kommunikationen. Entscheidungen sind außerdem bestimmt durch ihre Vorgabe, eine Einheit zu sein, sie können in ihrer Selektivität, wie oben gesehen, immer Mitgliedern der Organisation zugerechnet werden. Entscheidungen sind also nicht ohne Entscheidenden zu denken. Personen, die entscheiden, sind Teilnehmer an Organisationen. Diese Teilnehmerschaft wird z.B. durch Anerkennungsre-

1987a/b; 1988a/b; 1995a; 1989; 1995b; 1995c; 1997; R. Mayntz 1971; G. Ortmann 1988; U. Schimank 1996; G. Teubner 1989; H. Willke 1993; 1996; 1998.

geln, Mitgliedschaft und Mitgliedschaftsregeln, durch Rekrutierung und Rollenspezifikation festgelegt.

Den Anfang nehmen Organisationen in der Planung eben dieser, in der Setzung *konstitutiver* Unterscheidungen, die als Entscheidungsprämissen festgelegt werden (hier vor allem Programme, Kommunikationswege, Personen). Sie begrenzen den Alternativbereich der Entscheidungsmöglichkeiten. Entscheidungsakteure sind als ‚Programmierer' zu verstehen, auch über die Gründung hinaus. Auf dreifache Weise können Entscheidungsprämissen festgelegt werden: Festlegung von Programmen der Organisation, Festlegung von Stellen/Personaleinsatz und damit der Größe der Organisation und Festlegen der Kommunikationswege. Bei bereits bestehenden Organisationen kann unterschieden werden zwischen 1) Entscheidungen, die erneut Entscheidungsprämissen festlegen, die man auch programmierende Entscheidungen nennen könnte und 2) Entscheidungen, die nach den bestehenden Entscheidungsprämissen gefällt werden.

(1) Beim ersten legt dann die Organisation (a) Programme fest, aufgrund derer die Richtigkeit von Entscheidungen bewertet werden kann. Mit ‚Zweckprogrammen' wird die Mittelwahl für bestimmte Zwecke bezeichnet, mit ‚Konditionalprogramm' Entscheidungsdeterminanten im Sinne eines wenn/dann (T. Drepper/V. Tacke 2010: 265 ff.). So werden auch die Kommunikationsmöglichkeiten begrenzt durch in der Zukunft zu erreichende Zwecke oder Setzung von Bedingungen, die zur Entscheidung erfüllt sein müssen. (b) Auch werden Entscheidungsmöglichkeiten durch die Einrichtung von Kommunikationswegen begrenzt und (c) durch den Personaleinsatz, den Mitgliedern der Organisationen.

(2) Entscheidungen, die nach bestehenden Prämissen gefällt werden, die auch programmierte Entscheidungen genannt werden können, orientieren sich nach den drei genannten Prämissen. Teilnahme an Organisationen findet hauptsächlich in der Form von individuell motivierter *Mitgliedschaft* statt. Organisationen weisen einzelnen Personen über Stellen Aufgaben zu, die Erreichung dieser Stellen geschieht dabei über Auswahl/Wahl/Rekrutierung, Karriere oder Zuweisung. (vgl. N. Luhmann 1995c: 166)

Diese sehr fragmentarisch gehaltenen Ausführungen zu Niklas Luhmann grenzen die Operation ‚Entscheiden' auf den Bereich funktionaler Organisationen ein und setzen erste wesentliche Merkmale von Entscheidung, nämlich als Unterscheidung von programmierenden Entscheidungen (Entscheidungsprämissen), den Mitgliedschaftsregeln und der Zuschreibung von Entscheidungen. Dass Luhmann die Setzung von Entscheidungsprämissen vor allem in die Phase der Unternehmensgründung einordnet, ist seiner pessimistischen Sicht auf die Steuerungsmöglichkeiten von Akteuren geschuldet. Diese Schwerpunktsetzung ließe eine Rezeption betriebswirtschaftlicher Ansätze vermuten, in denen von „konstitutiven Entscheidungen" oder auch „Metaentscheidungen" (M. Steiner 1993: 117) gesprochen wird. Für Unternehmungen wird mit diesen Entscheidungen „ein grundlegender Handlungsrahmen, überwiegend auf längere Sicht, vorgegeben", es handelt sich beispielsweise um Wahl der Rechtsform, des Standortes, des Leistungsprogrammes aber auch strukturelle Entscheidungen über das Organisations- und Informationssystem." (ebd.) Um die eingeschränkte systemtheoretische Sicht zu erweitern, erweist sich die neuere Akteurtheorie als eher anschlussfähig.

2.1.2.2   Entscheidungsakteure in der neuen Akteurtheorie

Bei neueren akteurtheoretischen Herangehensweisen kann die Luhmannsche Position, wie der Name auch schon andeutet, in dieser Ausformung und Pronounzierung nicht vertreten werden. Ich möchte hier insbesondere nach Uwe Schimank (1996) auf die deutsche Auseinandersetzung mit Niklas Luhmann eingehen, die seiner rein systemtheoretischen Sicht gesellschaftlicher Differenzierung den Ansatz des „akteurzentrierten Institutionalismus" und gesellschaftliche Differenzierung (ebd.: 241) gegenüberstellt. Unter den Ansätzen akteurtheoretischer Sicht gesellschaftlicher Differenzierung bezieht sich dieser auf Uwe Schimank und Renate Mayntz zurückgehende Ansatz zum einen auf die Systemtheorie Luhmanns und zum anderen auf die akteurtheoretische Revision von Parsons Differenzierungstheorie durch die amerikanischen ‚Neofunktionalisten'.

Luhmann konstruiert einen Entscheidungsakteur, dessen Handeln durch eine vorgegebene, zum Teil auch selbst geschaffene Struktur determiniert ist, immer abhängig von der Sicht der jeweils gewählten Systemreferenz. Die akteurtheoretische Sichtweise setzt diese Person in der systemtheoretischen Fassung in einen doppelten Bezugsrahmen: zum einen wird die systemtheoretische Herangehensweise gesellschaftlicher Differenzierung akteurtheoretisch rekonstruiert. Ich verstehe dies als einen Perspektivenwechsel. Das Modell gesellschaftlicher Differenzierung Luhmanns wird unter der Annahme eines handlungsfähigen Akteurs, der ein Wollen, ein Sollen und ein Können hat, betrachtet, also noch mal konstruiert. Der zweite Bezugsrahmen ist ein am Kölner Max-Plank-Institut für Gesellschaftsforschung entwickelter „akteurzentrierter Institutionalismus". Im Bezugsrahmen der Rekonstruktion ist ein Akteur in drei gesellschaftlichen Strukturdimensionen zu sehen, die in einem generellen Modell von Akteur-Struktur-Dynamiken aufeinander bezogen sind.

Die erste Dimension ist die der gesellschaftlichen Teilsysteme, welche abgegrenzte Zusammenhänge sinnhafter Orientierungen sind, die dem Akteur als reduzierte Komplexität der Welt erscheinen. Aufgrund seiner Zugehörigkeit zu teilsystemischen Orientierungshorizonten weiß ein Akteur, was er „wollen" kann oder soll und welches wollen keinen Sinn hat. So geht es im Wirtschaftssystem eben um Zahlungsfähigkeit und nicht um die Trefferquote im Fußballspiel.

Die zweite Dimension sind die zahllosen Akteurkonstellationen innerhalb gesellschaftlicher Teilsysteme. Hier erhält der Akteur Informationen darüber, was von ihm erwartet wird, wie andere zu beeinflussen sind und welche Auswirkungen sein und deren Handeln auf die Realisierung seiner Intentionen hat. Es geht hier um das „Können" des Akteurs.

Die dritte Dimension beschreibt die gesellschaftlichen Vorgaben des „Sollens" eines Akteurs, es geht um die institutionellen Ordnungen, erscheinen sie nun als Gesetze, Sitten Umgangsformen oder eben Mitgliedschaftserwartungen von Organisationen.

Gesellschaftliche Differenzierung ist nun durch die teilsystemische oder institutionelle Dimension zu erklären. Außerdem werden jetzt hier die verschiedenen Akteurinteressen als wichtige Triebkräfte der gesellschaftlichen Differenzierung hervorgehoben. Weitere Akteurinteressen die zu Triebkräften gesellschaftlicher Differenzierung werden können sind in Übereinstimmung mit den amerikanischen ‚Neofunktionalisten' teilsystemische Leistungsdefizite, also eine akteurabhängige Verhinderung von Differenzierung und das Zu-Ende-Denken kultureller Leitideen. Im Bezug auf den Entscheidungsakteur zeigt sich die Interessenverfolgung zum Beispiel als Streben, die eigene Interessenrealisierung durch

Ausweitung der Entscheidungsautonomie zu erweitern: die Akteurinteressen sind dann Wachstum, Monopolisierung, Autonomie, Kontrolle. Auf dem Weg von einer akteurtheoretischen Rekonstruktion systemtheoretisch gefasster gesellschaftlicher Differenzierung zu einer theoretischen Fassung akteurtheoretischer gesellschaftlicher Differenzierung formuliert R. Mayntz (vgl. U. Schimank 1996: 263) den Ansatz intersystemischer Politiknetzwerke. Besonders am Beispiel der politischen Gesellschaftssteuerung wird deutlich, dass mit Steuerungsobjekten verhandelt werden muss. Diese Verhandlungen sind oft dauerhaft, zeitlich wie thematisch, und konstituieren Netzwerke, die eine Mehrzahl von korporativen Akteuren auf Seiten von Steuerungsobjekten wie Steuerungssubjekten mit einbeziehen. Netzwerke finden sich in verschiedenen Teilsystemen der Politik und sind institutionell fixierte Akteurkonstellationen.

Die akteurtheoretische Herangehensweise widerspricht also der sehr pessimistischen Ansicht Luhmanns, dass bei der Frage des Entscheidungsakteurs in Bezug auf Funktionssysteme das Individuum keine Rolle spiele. Ob die Kommunikation in Netzwerken zu Steuerungsprozessen taugt, die ähnliche Bedeutung wie Steuerungsprozesse durch organisierte Kommunikation hat, ist wohl mehr von einer Theorieentscheidung als von empirischer Verifizierbarkeit abhängig. Der bloße Verweis auf das ,Technologiedefizit' im Erziehungssystem oder im System sozialer Hilfen reicht allerdings nicht aus, um die besondere Bedeutung der Lösungsstrategien „Routinen und persönlicher Stil" (T. Drepper/V. Tacke 2010: 270) zu erklären. Vielmehr wird an der Komplexität sozialer Dienstleistungsorganisationen deutlich, wo die Grenzen der deterministisch angelegten Systemtheorie liegen. Hier ist eine dringende Ergänzung durch weitere Organisations- und Managementansätze erforderlich, wie im Folgenden skizziert wird.

2.1.2.3 Rationalitätsdimensionen in der Entscheidungsgesellschaft

Vor diesem Hintergrund ist es Uwe Schimank (2005b), der mit seinem Nachdenken über die „Entscheidungsgesellschaft" die Weberschen Handlungsrationalitäten zurück in die Luhmannsche Organisationstheorie bringt. So ist Entscheidungshandeln gegenüber gefühlsgeleitetem, traditionellem und routinisiertem Handeln ein „Alternativen bedenkendes Handeln" (ebd.: 48). Konstitutiv für Entscheidungshandeln ist demnach erstens ein „Sondieren des Alternativspektrums" (ebd.: 49), zweitens ein „Relativieren der gewählten Alternative im Hinblick auf die nicht gewählten Alternativen" (ebd.), drittens dass der Handlungssituation weder ein anarchischer, noch ein vollkommen determinierter Zustand zugrunde liegt und viertens, dass Entscheidungen „sich konsequent der Zukunft" (ebd.: 50) zuwenden.

Schimank konzentriert sich viel mehr als Luhmann auf Gestaltungsentscheidungen, als ein wesentlicher Teil managerialen Handelns. Welchen Inhalt Gestaltungsentscheidungen haben, lässt Schimank jedoch offener als Luhmann und die Betriebswirtschaft mit ihren konstitutiven Entscheidungen (vgl. M. Steiner 1993). Die verhaltenswissenschaftliche Entscheidungstheorie befasst sich dagegen eher mit dem Prozess des Entscheidens (vgl. U. Berger / I. Bernhard-Mehlich 2002). Der Hauptvertreter dieses Ansatzes unterscheidet Entscheidungen ,in' Organisationen von denen ,außerhalb' der Organisationen, sie legen jedoch keinen besonderen Focus auf Gestaltungsentscheidungen.

Im Entscheidungshandeln wird die prinzipielle Unbestimmtheit einer Situation – ihre Kontingenz – durch Bezug auf Rationalität als Entscheidungsprinzip bearbeitet. „Nur die Handlungsform des Entscheidens geht von Rationalität aus. Sie kann Rationalität zwar nicht garantieren, aber doch gezielt befördern" (U. Schimank 2005b: 55). Und mit der Orientierung am Rationalitätsprinzip meint Schimank die Orientierung an Effizienz, Effektivität und die Rationalität der Zwecke an sich. Damit reflektiert Schimank auf eine Entscheidungstheorie jenseits der Prämissen einer ökonomischen Rationalität und ihren Vorannahmen rationaler Wahlhandlungen, die sich nur begrenzt empirisch halten lassen (vollkommene Information, konsistente Präferenzordnungen, Individuen als Entscheidungsträger zur Verwirklichung von Zielen; vgl. D. v. Eckardstein / R. Simsa 2002). So leitet sich vor allem in wirtschaftlichen Zusammenhängen die Rationalität als Effizienz aus dem Problem der Knappheit der Mittel her. Es geht um das Bestreben, einen gegebenen Zweck möglichst wirksam unter kleinstmöglichem Mittelaufwand zu erreichen oder umgekehrt, knappe Mittel zu einem maximalen Zweckerfolg zu führen. Effektivität verdeutlicht Schimank am Beispiel politischer Entscheidungen. „Ein Bemühen um Effektivität ist darauf ausgerichtet, einen gegebenen Zweck in einem vorher festgelegten Maß zu erreichen – unter ausdrücklicher Relativierung von Effizienzgesichtspunkten bis hin zur Maßregel des ‚Koste es, was es wolle'." (U. Schimank 2005b: 58f.) Damit trennt U. Schimank Effektivität von Effizienz, was für die ökonomische Theorie undenkbar ist, und stellt stattdessen „die technische Konsistenz und Brillanz der Mittel zur Erreichung der Zwecke" (T. Drepper 2010: 155) in den Mittelpunkt.

Mit den Rationalitätsprinzipien Effizienz und Effektivität ist die Rationalität der Zwecke an sich wie selbstverständlich vorgegeben. Schimank arbeitet hier aber heraus, dass sich Akteure jedoch auch über „ihre Zwecke auf rationale Weise klar werden können" (ebd.: 60), ebenso wie die Orientierung an Rollen, Normen und Werten eine rationale und gewählte Entscheidung sein kann. So führt seine Argumentation um die Rationalität der Zwecke letztlich zur Zurückweisung von „dogmatisch verabsolutierter Zwecke und dahinter stehender Werthaltungen" (ebd.: 62). Stattdessen geht es in der diskursiven Einigung über Zwecke eben nicht um die umfassende und allgemeingültige Einigung „über die einzig richtige Priorität verschiedener Zwecke, die in einer Entscheidungssituation relevant" sein sollen. Sondern „es geht genau umgekehrt darum, dass jede Seite erkennt, dass auch die anderen, aus deren jeweiliger Perspektive betrachtet, durchaus gute Gründe für ihre andersartige Prioritätensetzungen haben und nicht bloß Hirngespinsten und Egoismen verfallen sind." (ebd.: 63). Das letzte Rationalitätsprinzip referiert auf die Entscheidung über die Zwecke selbst: „Nicht eine allgemein anerkannte Rangordnung der Zwecke, sondern vielmehr die Einsicht in die Irreduzibilität, weil rationale Berechtigung eines je situativen Pluralismus der Zwecke und ihrer Gewichtung wäre dann das Ergebnis rationaler Auseinandersetzungen" (ebd. 63).

Entscheidungsakteure handeln also, wenn sie entscheiden, situationssensibel und zukunftsorientiert. Sie versuchen, die Unbestimmtheit der Situation durch den Rückgriff auf Rationalitätsprinzipien zu bearbeiten, bis dahingehend, dass sie als maßgebliche Organisationsmitglieder für die Rationalität der organisationalen Zwecksetzungen zu sorgen haben.

Ausgehend von exemplarischen Interviewpassagen sind bis hierher wesentliche Aspekte der Entscheidungsakteure beleuchtet worden. Die biografischen Verläufe der Interviewpartner verweisen explizit auf Führungskarrieren und –positionen und deshalb auf den Typus Gestaltungsentscheidungen. Mit Luhmann geht es um die Operation Entscheidung der Organisation und weitergeführt mit Schimank um einen spezifischen Handlungstypus und die Rationalität von Handlungen. Damit ist jedoch noch nichts über die Gegenstände des Entscheidungshandelns gesagt. Einen ersten Eindruck verleiht hier die letzte Passage des exemplarischen Interviews:

„S: und ich schätz äh schlichtweg hier (holt Luft) die Zusammenhänge von konzeptioneller Arbeit der Umgang mit dem Personal Menschenführung und eben (holt Luft) das inhaltliche und wenn man die drei die drei Poschten (Tür auf) und die Außenvertretung das sind ja dann vier (lautes Geräusch Staubsauger?) äh des isch einfach find i das macht die Sache interessant (Geräusch weg) (IS_12,14-18)

Die Dimensionen der Entscheidungsgegenstände werden durch einen Zugang zu den Protokollen der teilnehmenden Beobachtung geleistet. Jedoch steht diese Interviewpassage exemplarisch für zwei Ergebnisse, die an dieser Stelle nochmals hervorgehoben werden sollen. Der Ereignisträger deutet erstens eine Dimension von Entscheidung im organisationalen Kontext an, der bislang noch nicht beleuchtet worden ist, nämlich die Außenkommunikation der Organisation selbst, oder anders gesagt, die Frage danach, ob eine Organisation selbst ein Entscheidungsakteur sein kann. Damit verbunden stellt sich zweitens die Frage nach der Rollenübernahme der Sozialmanagerinnen. Hier soll nochmals die These Schimanks festgehalten werden, dass nämlich rollen- bzw. normkonformes Handeln selbst als Entscheidung aufgefasst werden müsse: „Dass sich aber Normkonformität nicht immer ganz einfach traditional oder routineförmig vollzieht, wird meist übersehen. Doch schon viele Rollenkonflikte (...) belehren eines Besseren. Erst recht treten Entscheidungsprobleme auf, wenn eine Person gegenüber sozialem Druck – z.B. auf Normkonformität – ihre Identität behaupten muss, wie viele Gewissenskonflikte zeigen." (ebd.: 61f). So interpretiert Schimank das ‚role making' im interpretativen Paradigma bis hin zum ‚role following' als entscheidungsförmige Normenkonformität. Auf diesen Aspekt der Rollengestaltung als Performanz wird im nächsten Kapitel eingegangen. Zuerst soll jedoch noch der Entscheidungs-Aspekt der „Außenvertretung" beleuchtet werden.

2.1.2.4 Organisation als Entscheidungsakteur und Gestaltungsentscheidungen

Ein bisher noch nicht ausführlich behandelter Blickwinkel im Zusammenhang zwischen Funktionssystemen und Entscheidungsakteur ist das Phänomen der kollektiven Akteure, der kollektiven Handlung. Helmut Willke bezieht sich in seinen Ausführungen über „Das System als Akteur" (H. Willke 1996: 178ff.) hauptsächlich auf Luhmann und hier auf Soziale Systeme (N. Luhmann 1987b), jedoch nimmt er im Verlaufe eine von ihm abgehobene Position ein, bei der er die sozialen Systeme Organisationen als Entscheidungsakteur (vgl. H. Willke 1996a: 183) bezeichnet. Er kommt zu dieser Position über seine Definition des kollektiven Handelns, welches einem System eine spezifische Unabhängigkeit von individuellem Handeln verleiht. Kollektiven Handlungen, Systemen als Akteuren, wird sodann eine korporative Identität zugeschrieben, also eine über-individuelle kollektive Einheit, wie die Fähigkeit zur systematischen Interaktion, was Etzioni (vgl. H. Willke 1996: 181) als „eine über den institutionellen oder organisatorischen Apparat der korporativen Akteure geregelte Kommunikation, welche dem korporativen System insgesamt, nicht aber individuellen Akteuren zugerechnet wird" beschreibt. Als Entscheidungsakteure erscheinen hier nun also Systeme völlig abgehoben von Individuen, wobei Personen als Repräsentanten des Systems die systemische Kommunikation und Interaktion mittragen, die Repräsentativität und gesellschaftliche Wirkung wird allerdings ausschließlich dem korporativen Sozialsystem zugerechnet.

In der Diskussion mit Autoren der neueren Akteurtheorie schreibt Willke dem Menschen als psychisches System eine spezifische Autonomie zu, die ihm Handlungsspielraum und operative Freiheitsgrade ermöglicht. Damit begegnet er dem Vorwurf des „mangelnden Akteursbezug" der systemtheoretischen Herangehensweise und folgt damit den neueren Handlungstheoretikern. Mit einem zweiten Argument versucht er den Vorwurf zu entkräften: soziale Systeme müssen als „systemisch konstituierte soziale Tatsachen analysiert und begriffen werden" (ebd.: 191). Willke kann damit behaupten, dass selbst sozietale Funktionssysteme handlungsfähig sind (ebd.: 192). Mit dieser Argumentationslinie schreibt er Organisationen die Funktion der Gliederung eines „ganzheitlichen pulsierenden Kommunikationszusammenhanges" (ebd.: 197) zu. Diese These stellt einen Kern des Neoinstitutionalismus dar, nach dem auch Organisationen als Kollektivakteure verstanden werden können. Allerdings leiten die Autoren dieser Forschungsrichtung ihre Erkenntnisse aus der Analyse organisationaler Felder und sozialer Sektoren ab, sie sind als organizional agency zu verstehen: „Finally, human service organizations form coalitions that regularly lobby for policies. Programs and regulations to legitimize practices that they view as protacting and enhancing their interests" (Y. Hasenfeld 1992: 41). Nicht geklärt ist dabei jedoch, wie die sozialen Unternehmen die Umwelt gestalten, also als Agenten ihrer Interessen auftreten.

Zusammenfassend bezeichnet die Operation ‚Entscheidung' zwar in der systemtheoretischen Verwendung das Grundelement der Organisation. Die akteurfokussierte Weiterführung der Systemtheorie arbeitet jedoch besondere Entscheidungen als relevant für die Führungskräfte Sozialer Dienstleistungen heraus: die Gestaltungsentscheidungen.

Sozialmanagerinnen zeichnen sich dadurch aus, dass sie Gestaltungsentscheidungen er-handeln. Sie Treffen also Entscheidungen, die sich von ‚einfachen', ‚alltäglichen' Entscheidungen dadurch unterscheiden, dass sie

- den „Spielraum weiteren Handelns bzw. Entscheidens, bisweilen weit in die Zukunft hinein und sehr restriktiv" (U. Schimank 2005b: 30) bestimmen,
- Handlungs- und oftmals auch Entscheidungsprämissen setzen,
- durch die gesetzten Prämissen weiteren Handelns oder Entscheidens soziale Strukturen definieren,
- über Zwecke rationalen Handelns bestimmen und
- bestimmte Akteure (Führungskräfte) über Positionen in Organisationen und Prozessen von anderen Akteuren unterscheiden.

Durch Gestaltungentscheidungen wird die Position, Funktion und Rolle der zentralen Akteure dieser Studie eingegrenzt. In welche Handlungsbereichen Gestaltungsentscheidungen getroffen werden ist damit jedoch noch offen, und wird im Verlauf durch die Darstellung der wesentlichen Kompetenzaspekte konkretisiert. Im Weiteren wird die Rollenkompetenz der Führungskräfte fokussiert.

2.2 Rollenwahrnehmung und -übernahme zwischen Strukturgestaltung, Führungsstil und Eigenverantwortung. Rollenhandeln als Kompetenz und Performanz

Henry Mintzberg beschreibt in seiner Studie „Managen" (2010) die Unmöglichkeit die Position einer Führungskraft gelingend auszufüllen: Für ihn bedeutet es, sich ‚durchzuwursteln', zwischen Unerwartbarem, Ungewissheiten und Unklarheiten. Mit großem Abstand zu den Erwartungen an ein ‚überlegenes', ‚technisches' Management (siehe Kap. 21) bestehe das „Distanzierungsdilemma" der Führungskräfte darin, dass sie beim Wechsel von der Fachkraft ins Management anscheinend die Informationsbasis für ihre Entscheidungen verlieren – sie näherten sich statt dessen der Grenze der Inkompetenz (vgl. Mintzberg 2010: 205ff.).

Für die beobachteten Führungskräfte war das Distanzierungsdilemma auch von Bedeutung, wenn auch mit anderen Facetten. Ein entscheidender Faktor in der Leistung der Führungskräfte ist die Kompetenz, die Rolle und Position einer Führungskraft zu übernehmen, auszufüllen und zu gestalten. Mit diesem Abschnitt wird die Übernahme bzw. Gestaltung der Position der Führungskraft – hier als Rolle - als Performanz rekonstruiert.

2.2.1 Die Rollenübernahme als Kompetenz

Der Begriff der Rolle dient den Führungskräften als Selbstkonzept ihrer Positionierung in der Organisation. Exemplarisch soll an der personenorientierten Führung die Rollenübernahme und das Rollenverständnis aufgezeigt werden. Die Rahmenbedingungen des professionellen Handelns sind so eingerichtet, dass die Rolle der Führungskräfte geklärt ist und die Aufgaben-, Kompetenz- und Verantwortungsaufteilung in den Strukturen verankert ist. Die gegenseitige Anerkennung der Rollen, Positionen und Kompetenzen stellt sich als Charakteristikum des Führungsgeschehens dar. Die Führungskräfte legen Wert auf die gegenseitige Anerkennung von Professionalität, in diesem Rahmen expliziert eine Führungskraft, was er unter seiner Rolle versteht:

„äh trotzdem (..) wird reschpektiert dass eben einer der Chef isch und dass (holt Luft) äh gewisse äh Grenzziehung durch mich erfolgt da sag ich ja immer werb ich dafür nimmt das doch als Chance dass äh ihr könnt ja in den Teams sage der XXX ist halt ein Seggel oder äh irgendwie können mir des ja so kommuniziere da könnt ihr mich ja auch in der Rolle benützen" (IZ_23, 2-6)

Die unterschiedliche Rollenteilung wird von den Führungskräften als Chance gesehen und interpretiert – sie wird den Mitarbeitern, in diesem exemplarischen Fall den Führungskräften auf einer weiteren Hierarchiestufe, angeboten. Kompetent Sozialmanagement betreiben also diejenigen, die die Leistung vollbringen, eine spezifische Organisationsrolle einzunehmen, zu verstetigen und immer neu zu ‚definieren'. Organisationsrollen in diakonischen

Unternehmen können sich sehr unterschiedlich darstellen. Zuerst soll ein kurzer Exkurs in das grundlegende Verständnis des Rollenkonzeptes einführen.

2.2.1.1   Rollenübernahme oder Rollengestaltung?

Die Operation ‚Entscheidung' bringt die spezifischen Leistungsanforderungen an die SozialmanagerInnen bereits im theoretischen Zugang deutlich hervor. Denn die Führungskräfte erweisen sich weder durch die Aufgaben, die in der Sozialen Arbeit üblicher Weise als ‚Hilfe-Handeln' bezeichnet werden noch durch den Handlungsrahmen, die ‚Rolle' professionellen Handelns, die in der Sozialarbeit selbstverständlicher Weise in Verbindung mit Interaktionshandeln mit Klienten verstanden wird. So ist auch in neueren Veröffentlichungen selbstverständlich, dass sich der Fokus z.B. auf unterschiedliche Kompetenzen richtet, die „im Hilfeprozess für den Klienten miteinander zur sozialprofessionellen Hilfe" (F. Maus et.al 2008: 11) zu verknüpfen sind.

In der Sozialen Arbeit spielte jedoch die Einbettung des professionellen Handelns in den Rahmen formaler Organisation immer schon eine größere Rolle als in den traditionellen Professionen (vgl. auch A. Abbott 1988: 150), dieser Bedeutung wurde durch die spezifische Betrachtung der sich daraus resultierenden Rollen allerdings nicht nachgegangen. Dabei wurde auch nicht bedacht, dass das Ausfüllen einer Führungsrolle in der Organisation selbst als Kompetenz gelten könnte, an der sich Professionalität materialisiert. Die Rollenwahrnehmung und Rollenübernahme kann aber vor dem Hintergrund der Berufsbiografien nicht als gegeben vorausgesetzt werden, sie stellt sich vielmehr als Leistung dar. Ebenso gilt es zu beleuchten, welche Art der Entscheidung von Führungsrollen erwartet wird.

Als das dominierende Rollenmodell in der Soziologie kann immer noch das der funktionalistischen Provenienz angesehen werden. Trotz ihrer wissenssoziologischen Rekonzeptionalisierung nähert sich auch Michaela Pfadenhauer aus dieser Richtung dem Phänomen der Rollen-‚Theorie'. „Als „Gelenk, mit welchem ein Individuum gesellschaftliche Bewegungen ausführt" (nach Plessner), stellt die soziale Rolle als Verbindungsstück dar zwischen sozialen Situationen, den Erwartungen von Akteuren über deren ‚reale' Konsequenzen und ihrem daraus resultierenden tatsächlichen Handeln" (M. Pfadenhauer 2003: 105). Obwohl auch in dieser Spielart der Professionssoziologie zunächst auf das Konzept des ‚role taking' (U. Schimank 2000: 55ff.) Bezug genommen wird, werden Professionelle im Sinne des ‚role making' betrachtet. „Die Rolle, d.h. das an eine soziale Position geknüpfte Erwartungsbündel, determiniert eben nicht die tatsächlichen Verhaltensweisen des Positionsinhabers. Die Rolle gibt zwar den Handlungsrahmen vor; wie dieser gefüllt wird, liegt jedoch wesentlich im Ermessen bzw. in der situativen Kompetenz des Akteurs." (M. Pfadenhauer 2003: 109).

2.2.1.2   Rollenkompetenz als Handlungspotential in einem lokalen Kontext

Obwohl die beobachteten Sozialmanagerinnen sich selbst durch den Rollenbegriff in Ihren Aufgaben von den Fachkräften absetzen, zeigt die Begriffsgeschichte in der Soziologie eine nie aufgegebene Trennung zwischen Individuum und Struktur. Giddens hebt dagegen mit seiner ‚agency'-Konzeption die Trennung zwischen Individuum und Struktur auf. Zentral für ihn ist die „Dualität von Struktur" (A. Giddens 1997a: 34). „Die Strukturmomente sozialer Systeme existieren nur insofern, als Formen sozialen Verhaltens über Raum und Zeit hinweg permanent reproduziert werden." (ebd.). Die handelnden Akteure haben in diesem Prozess der Produktion und Reproduktion die „Fähigkeit, zu verstehen, was sie tun, während sie es tun. Die reflexiven Fähigkeiten des menschlichen Akteurs sind auf charakteristische Weise kontinuierlich mit dem Strom des Alltagslebens in den Kontexten sozialen Handelns verbunden" (ebd., 36).

Für Giddens ist in der beobachtbaren Kompetenz des bewältigten Alltags eben das Wissen, die Fähigkeiten, das Können der Akteure inkorporiert. Der untersuchte Managementalltag ist gekennzeichnet 1) von der vorangeschrittenen Binnendifferenzierung im professionellen Handeln (vgl. Kap. 21), 2) vom Distanzierungsdilemma, da es sich im Forschungssetting jeweils um Fachkräfte handelte, die in die Führungsposition gewechselt waren und 3) gekennzeichnet durch die Sandwich-Position, der sich die Führungskräfte mittleren Managements in dem Wohlfahrtskonzern ausgesetzt sehen. H.-J. Puch / K. Westermeyer (1999: 214) konzeptionalisieren die unterschiedlichen Erwartungen – von ihren Mitarbeiterinnen sowie von ihren Vorgesetzen in der Linienorganisation - speziell in dieser Position als „Dilemma der Führung" (ebd.: 215, zit. nach Neuberger 1990: 90), denn die konfligierenden Erwartungen münden in Konflikten, Widersprüchen und unauflöslichen Zielparadoxien.

Ein erster Zugang zu der Rollenkompetenz eröffnet sich in dem Bewältigungshandeln der Führungskräfte, diese Konflikte, Paradoxien und Widersprüche auszuhalten bzw. zu bearbeiten. Puch/Westermeyer sprechen hier von Rollenmanagement: Es geht um die Kompetenz der

- Rollendistanz: Fremd- und Selbsterwartungen kritisch und reflektiert betrachten
- Empathie: sich in die beteiligten Akteure hineinversetzen können
- Ambiguitätstoleranz: Widersprüche aushalten können (ebd.: 216).

Aus Sicht einer Strukturierungstheorie (Giddens) nimmt diese Art der Rollenkompetenz jedoch nur einen Teil der Entscheidungs-Performanz der Führungskräfte auf. Es wird nämlich nicht thematisiert, wie die Führungskräfte ihren Alltag strukturieren, um in ihrer Position angemessen handeln zu können. Unter diesem Aspekt wird im Weiteren mit dem Konzept der Organisationspädagogik ‚Rollenkompetenz' in seinen Grundelementen der Strukturgestaltung, Führungsstil und Eigenverantwortung rekonstruiert und durch die Rekonstruktion des ‚wie' des Entscheidens in wesentliche Kompetenzaspekte eingeführt.

2.2.2 Die Bausteine der Rollengestaltung: Strukturgestaltung, Führungsstil, Eigenverantwortung

Im Folgenden wird die spezifische Organisationsrolle des Sozialmanagements als eine solche charakterisiert, die sich durch Interaktionen und strukturelle Gegebenheiten mit anderen Organisationsrollen-Trägern immer neu konstituiert. Das Management- und Führungshandeln ist also nur im Zusammenspiel mit den jeweils anderen Akteuren in der Strukturgestaltung zu verstehen (2.2.2.1). Die Position, die rollenbestimmende Struktur sowie die differenzierte Zuständigkeitsdefinition ‚von oben' kann jedoch das Rollenhandeln weder vollkommen beschreiben noch determinieren. Vielmehr ist die Rollendefinition der entscheidenden Akteure in Veränderungs-, Aushandlungs- und Nachjustierungssituationen zu verstehen. Zu der kompetenten Rollenwahrnehmung zählt die Etablierung eines identifizierbaren Führungsstiles, der insofern nicht nur individuell sondern institutionalisiert zu verstehen ist, weil er eingepasst ist in die jeweilige Struktur (2.2.2.2) und direkt korrespondiert mit dem Wert der Eigenverantwortung (2.2.2.3).

2.2.2.1 Organisationspädagogik als theoretisches Konzept der Bewältigung organisatorischer Gestaltung

Der organisationspädagogische Ansatz behandelt vor allem die Beziehung von Organisationslernen und Führung, genauer geht es um Lernen in und von Organisationen und warum, „wie Organisationsmitglieder durch Lernen, d.h. durch gemeinsame Erkenntnissuche die Bedingungen ihrer Organisation verbessern können" (H. Geißler 2000: 45). Geißler selbst unterscheidet dabei die beiden Ebenen des Lernens in und von Organisationen, indem er ersteres als individuelles und gemeinschaftliches Lernen einzelner Individuen im Rahmen der Organisation, welches aber auf die Organisation ausgerichtet ist, bezeichnet. Beim Lernen von Organisationen wird eben diese letztlich „als ein lernbedürftiges und lernfähiges Subjekt" (ebd.: 48) konstruiert, wobei die Veränderung von Organisation als eine Form sozialer „Regeln und Interaktionsstruktur" (ebd.: 57) gemeint ist. Mit dem Konzept des Lernens der Organisation ist „ein individuelles Lernen" gemeint, „das die einzelnen Organisationsmitglieder untereinander so abstimmen, dass es möglich wird, gemeinsam die sozialen Regeln und Interaktionsstrukturen, die ihrem Arbeiten und Kooperieren zugrunde liegen, zu verbessern" (ebd.: 50). Implizit setzt Geißler damit voraus, dass die Gestaltung sozialer Regeln und Strukturen im Entscheidungsbereich der von Regeln und Strukturen betroffener organisationaler Akteure liegen. Das ist in Wirtschaftsorganisationen, aber auch in sozialen Organisationen, nicht unbedingt der Fall, sondern muss entweder hergestellt werden oder man bezieht das Konzept der Organisationspädagogik auf die Akteure, die ohnehin mit der Gestaltung von Regeln und Strukturen – oder wie es die soziologische Entscheidungstheorie nennt – mit Gestaltungsentscheidungen befasst sind.

2.2.2.2 Strukturgestaltung als Verteilung, Aushandlung und Reklamation von Zuständigkeiten

Die spezifische ‚Agency' der Entscheidungsakteure im Sozialmanagement beruht auf der gegenseitigen Anerkennung hierarchischer Verhältnisse im professionellen Handlungskontext. Dies bedeutet einerseits die Anerkennung der eigenen Position (durch andere kontextuell verbundene Akteure) und den damit verbundenen Letztentscheidungsbefugnisse, Aufgaben, Pflichten sowie die Anerkennung anderer Positionen. Andererseits beruht die Rollenwahrnehmung aber auch auf der Anerkennung einer spezifischen Professionalität bzw. den mit der jeweiligen Position verbundenen Aufgaben und Verantwortungen (siehe dazu auch den Haltungsaspekt Punkt 4.4). Dieses gegenseitige Anerkennungsverhältnis stellt einen Orientierungsrahmen scheinbar vorgängiger, strukturell gefestigter Kompetenzzuweisung als Ausstattung mit Handlungsmacht und Zuständigkeit dar, der in einer spezifischen Rollenwahrnehmung seine Entsprechung findet: Die Positionen der Führungskräfte werden als funktional notwendig angesehen, als Aufgabenbündel, welches für eine ‚funktionierende' Soziale Arbeit wahrgenommen werden müssen. Sie werden weniger für jeden erstrebenswerte Karrieremöglichkeit angesehen, vielmehr stehen sie als gangbare Alternative neben anderen Karrierewegen.

Die Strukturen sind jedoch nicht gegeben, sondern werden von den beobachteten Führungskräften – zumeist begleitet durch einen Diskussionsprozess – gestaltet. Kompetentes Sozialmanagement gestaltet organisationale Strukturen derartig, dass bestimmte abgegrenzte Aufgabenbereiche entstehen, in denen Kompetenzen als Verantwortungsbereiche eindeutig definiert sind, in denen die Gesamtaufgabe der Organisation in handhabbare, zu beherrschende und zu den Fähigkeiten der verantwortlichen Personen passende Teilelemente aufgeteilt sind. Auf diese Weise werden normative und kognitive Erwartungen ausgehandelt und auf die jeweiligen Personen in ihren Positionen zugeschnitten. Die Lernbereitschaft drückt sich hier bis in eine Fähigkeit aus, sogar eigene Erwartungen im Konfliktfall zu reflektieren und zu korrigieren (vgl. J. Aderhold 2003: 183ff). „Die Struktur der Organisation bildet einen Rahmen, der es ermöglicht, im diskontinuierlichen Raum wechselnder Verhältnisse Orientierung und Handlungsfähigkeit aufzubauen." (ebd.: 185).

Zur Rollenkompetenz des Sozialmanagements gehört es nicht nur, diese hierarchische Ordnung passend zu gestalten, die Teilbereiche und Fähigkeiten der verantwortlichen Personen bewerten zu können, sondern auch jeweils die Aufgabenbereiche mit ihren zu erbringenden Leistungen anzuerkennen. Mit der Definition von Verantwortungsbereichen und der partizipativen Definition der Aufgaben und zu erreichender Ziele wird gleichzeitig ein implizites Anreizsystem eingerichtet, welches im Idealfall Führung, Steuerung und Kontrolle über Strukturen ermöglicht – denn es ermöglicht führungsrelevante Interaktionskontexte. Es wird also durch die Strukturgestaltung eine implizite Moral und Unternehmenskultur in die Strukturen hineininstitutionalisiert – man könnte auch von der Professionalisierung der Strukturen sprechen.

Die Kunst der Strukturgestaltung besteht einerseits darin, die Führungsaufgaben bis hin zu Vorgesetztenrollen in weiteren Bereichen – als ,handhabbare' und ,verantwortbare' Aufgabenbündel und Zuständigkeiten - zuzuschneiden. Diese Differenzierung folgt dabei einerseits funktionalen Notwendigkeiten (wie z.B. die sinnvolle Zusammenfassung bestimmter Arbeitsbereiche). Andererseits wird durch die weitere Zuständigkeitsverteilung eine Passung zwischen (personenbezogenem) Führungsstil, einzusetzenden Führungsinstrumenten und der gewünschten Ordnung hergestellt. Die andere Seite der Rollenkompetenz wird durch die Leistung deutlich, die geschaffenen Strukturen durch und in fortwährende(n) Interaktionshandlungen zu konkretisieren, inhaltlich zu füllen, zu verändern oder ,nachzujustieren'. So besteht das Interaktionshandeln mit den genannten ,rahmenden' Akteursgruppen auf den verschiedenen Entscheidungs- und Handlungsebenen eben darin, die Rolle in den Akteurkonstellationen immer neu auszuhandeln. Dieses Aushandeln findet sich in den unterschiedlichsten Interaktionssettings. Es kann zum einen in einer mehr oder minder konflikthaften Auseinandersetzung um Definitionsmacht und Reklamation gegenüber externen Ansprüchen oder Beanspruchungen bestehen. Es kann zum zweiten in der gemeinsamen Suche nach einer sinnvollen und – an Überforderung grenzenden – zu leistenden (Neu-)Definition des positionsgebundenen Aufgabenbündels bestehen. Zum dritten kann es in beratungsähnlichen Interaktionen bestehen, in denen nach und nach Akteure – zum Teil gegen ihre Rollenselbstzuschreibung – zu einem rollenkonformen Handeln befähigt und ermutigt werden.

Wie im Weiteren noch gezeigt wird, spielt hier die Befähigung zu Eigenverantwortung eine entscheidende Rolle, ebenso wie ein sich übergreifend abzeichnender zielorientierter / partizipativer Führungsstil.

2.2.2.3   Führungsstil und gegenseitige Anerkennung

Korrespondierend zum Prozess und der Kompetenz der Organisationsgestaltung entwickeln die Führungskräfte einen adäquaten Führungsstil, der sich deutlich von patriarchalen Leitungsauffassungen unterscheidet. Der Führungsstil ist dabei als ein Konzept der Personalführung zu verstehen, als ein Handeln der Führungskraft, welches das Verhalten von Mitarbeiter/innen beeinflussen will. Führungsverhalten ist charakterisiert als „alle Verhaltensweisen, die auf eine zielorientierte Einflussnahme zur Erfüllung gemeinsamer Aufgaben in oder mit einer strukturierten Arbeitssituation ausgerichtet sind" (R. Wunderer 2003: 204). Der Führungsstil dagegen ist zu verstehen als „ein innerhalb von Bandbreiten und Führungskontexten konsistentes, typisiertes und wiederkehrendes Führungsverhalten" (ebd.). Unter dem Konzept Führungsstil werden also beständige Verhaltensmuster der Führungskräften subsumiert, die unter vergleichbaren Bedingungen gegenüber den ‚zu Führenden' beobachtbar werden. Dies betrifft eine Grundausrichtung bei einer Beziehungsgestaltung sowie die Verdichtung zu Führungsgrundsätzen (vgl. J. Hentze et al. 2005: 60). Der Führungsstil stellt für Mitarbeiter ein vorhersehbares Verhaltensmuster dar. Dieser Führungsstil zeichnet sich durch die Prinzipien der a) zielorientierten/partizipativen Aufgabenabgrenzung, b)der gegenseitigen Anerkennung der Positionen aus und ist c) auf die Kompetenz der eigenverantwortlichen Aufgabenwahrnehmung der beteiligten Akteure angewiesen (vgl. folgendes Kapitel).

Zu a) Die zentralen Elemente des Führungsstils sind *erstens die Aufgaben- und Zieldefinition* für die Arbeitsbereiche, die unter Mitbestimmung und Integration der verantwortlichen Führungskräfte und Mitarbeiterinnen vorgenommen wird. Damit festigt sich allerdings nicht unbedingt gleichberechtigtes Kooperationsverhältnis, sondern eine hierarchische Arbeitsteilung als Herrschaftsverhältnis (mehr dazu Teilkompetenz Ressourceneinsatz). Dieser Führungsstil mit seinen Prinzipien der zielorientierten / partizipativen Aufgabenabgrenzung und der eigenverantwortlichen Aufgabenwahrnehmung der beteiligten Akteure ist vor allem in der Abgrenzung von einem autoritär- / patriarchalen Führungsstil zu beschreiben.

Das dominierende Prinzip dieses ‚Hausvatermodells' war z.B. als ‚Prinzip Rücksprache'. Die Letztentscheidungsmacht aller relevanten Entscheidungen in einer Organisationseinheit wird (idealtypisch gesehen) in einer Person / Position z.B. der Leitung der Dienststelle vereint. Diese Entscheidungskonzentration hat mehrere Konsequenzen zur Folge: Die Entscheidungskriterien liegen in der Person, es ist ein gewisses Maß an Willkür angelegt. Entscheidungen sind von personellen Faktoren abhängig. Die Mitarbeitenden haben keine abgegrenzten Entscheidungsspielräume, sie müssen selbst bei Marginalien Rücksprache halten. Entscheidungsprozesse brauchen eine relativ lange Zeit. Dieses Modell des ‚Hausvaters' bringt aber auch eine große Nähe der Führungskraft an die Mitarbeitenden und sogar Klienten mit sich, oftmals übernimmt die höchste Leitungsebene selbst noch die Leitung eines bestimmten Arbeitsbereiches. Die Organisationsstruktur spiegelt diesen Führungsstil in einer sehr flachen Hierarchie und der Differenzierung in sehr viele kleine Arbeitsbereiche wider. Die Bereichsleitungen sind in diesem Führungsmodell verantwortlich für einen relativ kleinen Arbeitsbereich, haben aber faktisch kaum Letztentscheidungsmacht.

Als Alternative zu diesem (idealtypisch dargestellten) Führungsstil, dem eine Führungs- und Unternehmenskultur zugrunde liegt, war im Anschluss an den Aspekt der Strukturgestaltung ein zielorientiert / partizipativer Führungsstil zu erkennen. Dieser Führungsstil ist eingebettet in eine Ordnung und Struktur, in der Aufgaben und Verantwortungen verteilt werden (können). Es entstehen durch diese Verteilung in der Struktur jeweils definierte Zuständigkeiten und das Gesamtaufgabenbündel wird auf kleinere Einheiten ‚zugeschnitten'. Aufgaben- und Verantwortungsbereiche werden zusammengefasst, die dann mit definierten Verantwortlichkeiten nach Zielvorgaben geleitet werden. Die Verantwortungsbündel werden mit den jeweils dafür zuständigen Personen gemeinsam gestaltet, in einem partizipativen – oftmals auf Versuch und Irrtum beruhenden – Prozess finden Anpassungen statt: Das Bündel wird mit den Kompetenzen der Person oder des Teams abgeglichen; in einer mikropolitischen Strategieabwägung werden Personen durch die Verantwortungszuteilung gefördert oder in ihrem Spielraum eingeschränkt; mit dem Bündel werden auch Risiken weitergegeben, die nicht überschaubar sind, wie z.B. die Budgetverantwortung für bestimmte Hilfebereiche.

Zu b) In der oben eingeführten organisationspädagogischen Sichtweise gehört zu dem Führungsstil ein doppelter personaler Lernprozess. Erstens geht es um die Befähigung der organisationalen Akteure als Initiierung organisationaler Lernprozesse. Die Führungskräfte und Mitarbeiterinnen müssen für ihre Aufgaben qualifiziert sein oder werden. Diese Qualifikationsbedingungen erstrecken sich bis auf die Mitarbeitendenebene, wenn z.B. selbststeuernde Teams etabliert werden.

Die Etablierung einer auf Vertrauen und Anerkennung[8] beruhenden Beziehung zwischen den Akteuren ist das zweite organisationspädagogische Merkmal des Führungsstils. Die Positionierung der Führungskräfte und die Akzeptanz des Führungsstils sind nicht allein durch äußerliche (strukturelle) Setzungen zu verstehen, sondern „auf der Basis von Zuweisungs- und Zurechnungsprozessen auf Seiten der Mitarbeiter wachsen ihnen in den Unternehmen privilegierte Macht-, Herrschafts- und Autoritätschancen zu." (M. Pohlmann 2007; 15) Gelungene Führung ist also insofern keine ausschließliche Frage der Position im Unternehmen oder der formalen Machtverteilung. Vielmehr sind gelungene Führungsprozesse als Ergebnis einer adäquaten – und in unserem Fall auf Vertrauen und gegenseitiger Anerkennung beruhenden – Beziehung und damit einem wechselseitigen Lernprozess zwischen Führungskraft und Untergebenem zu verstehen.[9] In der Ausgestaltung der Beziehung spiegeln sich die professionellen Identitäten bis hin zu gesellschaftlichen Vorstellungen darüber, worauf sich Machtverteilung und Herrschaft legitimer Weise stützen kann: War es beim Hausvatermodell die Autorität der Vaterähnlichen Figur, so beruht die Autorität moderner Führung sozialen Managements auf Einsicht, Partizipation, gegenseitiger Anerkennung von Professionalität, notwendiger Arbeitsteilung und spezifischer Kompetenz. Dies erstreckt sich bis hinein in den immer kritischen Aspekt der Kontrolle: Die ‚Messung' und ‚Bewertung' der jeweiligen Leistung an gemeinsam erarbeiteten und auf Erfahrungswerten

---

[8] Näheres zum Anerkennungsbegriff in Führungskontexten in Kapitel 5.
[9] Die Vorarbeiten zum Vertrauen finden sich in Langer 2004; 2006a; b; c.

beruhenden Zielen ist verbunden mit der Etablierung von Kontroll-, Bewertungs- und Feedbackarenen bzw. -instrumenten, wie z.B. Mitarbeitergesprächen, adäquater Finanzberichterstattung bis hin zu einer angepassten Kommunikations- und Gremienstruktur.

2.2.2.4 Eigenverantwortung

Im Mittelpunkt des Führungsstiles steht der Wert der Eigenverantwortung der Aufgabenwahrnehmenden. Gerade der Begriff der Eigenverantwortlichkeit stellt in der Managementliteratur und Teamreflexion den am meisten theoretisch diskutierten aber in der Praxis am wenigsten umgesetzten Begriff dar. So kommt auch Schubert (2005) in seinen Konsequenzen für ein modernes Management selbstverständlich zum Ergebnis, dass es um die „Stärkung des individuellen Verantwortungsbewusstseins und Urteilsvermögens", um Selbststeuerung nach Zielsetzung des Unternehmens bis hin zur Zusammenfassung von Fach- und Ressourcenverantwortung gehen müsse, alles eine Konkretion der Eigenverantwortung. Dass die Umsetzung von Eigenverantwortung in Führungsinteraktionen höchst anspruchsvoll ist, zeigt die Realität des Managements.

Der Begriff der Eigenverantwortung ist gleichzeitig besonders im Rahmen der Diskussion um den ‚aktivierenden Sozialstaat' und Konzepten wie ‚Fördern und Fordern' sehr umstritten (vgl. A. Brink et.al. 2006; I. Dingeldey 2006; T. Olk 2010). In dem hier vorliegenden Zusammenhang soll ‚Eigenverantwortung' jedoch als ein Konzept der Gleichzeitigkeit von enger und loser Koppelung eingeführt werden. Das Konzept der ‚Entkoppelung' in den neoinstitutionalen Organisationsentwürfen steht für das Problem sozialer Institutionen, ihre formale Struktur nicht mit den notwendig durchzuführenden Aktivitäten in Einklang zu bringen. Entkoppelung bedeutet zum Beispiel Strategie und Ziele uneindeutig und vage zu halten, grundlegende Zwecke umzudeuten oder auch formale Strukturen vor der Überprüfung ihrer tatsächlichen Leistungsfähigkeit zu schützen. Auch ist es ein Merkmal von Entkoppelung, dass trotz formaler Strukturen die Koordination mittels wechselseitiger Abstimmung und Anpassung auf informellem Weg aufrecht erhalten wird. (vgl. T. Drepper 2010: 153) Die Installierung von eigenverantwortlich handelnden Positionen stellt eine Gemengelage dieser Entkopplungsstrategien dar. Die enge Verkoppelung durch Strukturen wird z.B. ab der 3. Ebene des Managements (Bereichsleitung) abgeschnitten und dadurch ersetzt, dass hier Personen, handeln, bei denen ein hohes Maß an Vertrauen, Fähigkeiten, Kulturangepasstheit und Loyalität vorhanden ist.

Eigenverantwortung setzt damit erstens die adäquate Qualifikation der Mitarbeitenden voraus, um zielgerecht bestimmte, hierarchisch und partizipativ definierte und dennoch offene Aufgabenbereiche zu bearbeiten – bis hin zum Arbeiten in ‚selbststeuernden' Teams auf der operationalen Ebene. Der Wert der Eigenverantwortung kommt aber zweitens auch dort zum Tragen, wo die fachliche, fachpolitische und leistungsbezogene Expertise einzelner Teilbereiche der Sozialleistungen sich in einem solchen Maße spezialisiert und differenziert, dass die Führungsebenen auf das Spezialwissen der einzelnen Leistungsbereiche angewiesen sind – selbst aber ‚nur' noch auf generalisiertes Wissen zurückgreifen können. Die Performanz des Entscheidungshandelns in diesen differenzierten, hochspezialisierten und komplexen Politikbereichen ist auf eine möglichst breite und umfassende, aber auch fachspezifisch gründliche Expertise angewiesen. Diese Expertise wird im Sozialmanagement dadurch aktiviert bzw. gesichert, dass Entscheidungen jeweils in Leitungsteams (siehe nächste Abschnitte) reflektiert bzw. getroffen werden. Eigenverantwortliche Mitarbeiterinnen können hier ihre Expertise einbringen, Entscheidungen fundieren und zu einer höheren Reflexion beitragen. Umgekehrt sichert sich die Führungskraft durch diese partizipationsorientierte Entscheidungsfindung ein erhöhtes Kommitment zu den Entscheidungen und aktiviert zusätzliche Motivationsquellen. Drittens wird aber durch den Wert der Eigenverantwortung auch das unternehmerische Risiko einer Sozialeinrichtung individualisiert. Denn die Zielvereinbarung muss auch in solchen Bereichen greifen, wo legitimer Weise keine Ziele vereinbart werden können, weil z.B. der Einfluss externer Faktoren unvermeidbar ist. Eigenverantwortung wird an dieser Grenze zum Mythos und zu einer uneinlösbaren Risikoübernahme. In der Eigenverantwortung materialisieren sich die Inkonsistenzen der sozialen Organisation zur Gleichzeitigkeit von engerer und loser Kopplung. Die Gestaltung der Organisationsstrukturen symbolisiert eine erhöhte Steuerung der organisationalen Einheiten und ermöglicht die Zurechenbarkeit von Ergebnissen und Entscheidungen auf handelnde Akteure. Gleichzeitig werden parallel neben diesen eng verkoppelten Strukturen die losen Verkoppelungen weiterentwickelt und initiiert.

2.2.3 Die ,lose Koppelung' des Entscheidungshandelns und das ,Wie' des Entscheidens: Rationalitätssubstitute sozialer Dienstleistungsorganisation

Das Entscheidungshandeln ist zwar einerseits durchsetzt von der Anwendung und dem ,Zur-Rate-Ziehen' diverser Instrumente ,enger Kopplung', wie einführend in dieses Kapitel beschrieben. Die Rationalitätssteigerung scheint aber nicht in der Adaption der Instrumente zu liegen, sondern vielmehr in den ,Erfindungen' der Führungskräfte, den spezifischen Bedingungen und Anforderungen sozialer Dienstleistungserbringung zu entsprechen. So deuten die Aspekte der ,gegenseitigen Anerkennung' des ,Aushandelns von Zielen' der ,Eigenverantwortung professioneller Akteure' schon an, dass Effektivitäts- und Effizienzgewinnen nicht nur in einem höheren Grad struktureller Rationalität liegen können, sondern dass die enge Anbindung organisatorischer Elemente ebenso Nachteile haben können. Die Analyseperspektive der ,losen Koppelung' (vgl. Weick 1976; 1985) vertreten die These, dass auch ,organisierte Anarchie' ein Organisation leistungsfähig machen kann. „Organisationen verdanken ihre Existenz ja gerade auch dem Umstand, dass sie *nicht* schnell und konsequent reagieren, *nicht* bereitwillig die >notwendigen< Konsequenzen ziehen, *nicht* sofort die aktuellen Moden und Meinungen hinterherlaufen, nicht so spezialisiert und in arbeitsteilige Programme eingebunden sind" (S. Wolff 2010: 290). Lose Koppelung als Konzept meint dabei, dass Interaktionen innerhalb einer Organisation z.B. in ihren „Auswirkungen wenig intensiv sind (statt bedeutsam), plötzlich (statt kontinuierlich) und unregelmäßig (statt konstant) eintreten, auf Umwegen und über Zwischenschritte (statt direkt erfolgen und zeitverzögert (statt unmittelbar) einsetzen." (S. Wolff 2010: 288, nach Weick 1976) Lose Koppelung erweitert die managementsoziologische Forschungsperspektive um den Aspekt der Organisation und komplettiert in gewisser Weise die organisationsanalytische Perspektive um das Element der Intuition, Flexibilität, Spontaneität oder kalkulierter Irrationalität (vgl. Baecker 1994).

Mit der organisationspädagogischen Fragestellung lässt sich ein wesentliches Element ,loser Koppelung' als das ,wie' des Entscheidens fokussieren. Wie im Folgenden gezeigt wird, kann die Leistung des Entscheidens als ein Ergebnis organisatorischen Lernprozesses interpretiert werden. Mit Göhlichs Verständnis kommt Führung dabei die Rolle des „Lernen unterstützens" (2003) zu. Göhlich setzt den Lernbegriff ein, „um die Vorwärtsbewegung der aktualen Muster, welche einerseits das soziale System, andererseits das individuelle Handeln ausmachen (...) zu bezeichnen" (ebd.: 241). Wie schon ausgeführt lässt sich die ‚Agency', also die Ausgestaltung sozialer Organisationen, in den untersuchten Organisationen aus empirischer Sicht als die Gestaltung organisationaler Strukturen zur Freisetzung von Lernpotentialen, als die Zuschreibung und Ermöglichung eigenverantwortlichem Handeln und eines adäquaten Führungsstiles interpretieren. Damit ist jedoch noch nicht geklärt, wie Entscheidungsprozesse organisiert werden, wie die Partizipation und Anerkennung, also eine einvernehmliche Herrschaftsstruktur hergestellt und legitimiert wird. Zentral hierfür sind die Entwicklung von Entscheidungsgremien zur Verortung des Entscheidungslernens und –handelns (siehe nächstes Kapitel) und letztlich als die Bewältigungsstrategie des externen Managements. Aus empirischer Perspektive handeln die Führungskräfte zur Ermöglichung und Absicherung einer adäquaten Entscheidungsperformanz als Organisationspädagoginnen. Ich referiere und interpretiere weiter die empirischen Ergebnisse.

2.2.3.1 Das Leitungsteam als ‚innerer Zirkel' der Entscheidungsfindung
Die Entscheidungsfindung der Führungskräfte findet ‚eingebettet' oder ‚rückverlagert' in einer bestimmten Deutungs- und Wertegemeinschaft – dem Leitungsteam – statt. Hier werden Entscheidungen vorbereitet, Kriterien, Risiken, Handlungsalternativen besprochen, gegeneinander abgewogen. Diese Deutungs- und Wertgemeinschaft stellt sich jeweils als ein konsensorientierter Kontext, als eine bestimmte Personenkonstellation dar. Hier wird die Trennung zwischen Entscheidungsvorbereitung und Umsetzung der Entscheidungen durchgeführt, wird der Raum für (kritische) Diskussion von Kriterien gegeben, hier werden interne Begründungen offen gelegt. Die Leitungsteams dienen zur Herstellung einer größeren und breiteren Zustimmung und Multiplikatorenschaft bzw. der Integration der praxisbezogenen Fachlichkeit und stellen somit auch ein Instrument der Aktivierung lokaler Ressourcen dar.
     Der Begriff Leitungs-‚Team' ist aus dem Praxisfeld entnommen und insofern irreführend, als es sich nicht um ein selbstgesteuertes Team als bestimmte (moderne) Art der Arbeitskoordination handelt. Stattdessen besteht die Aufgabe des Leitungsteams darin, Kommunikation zu ermöglichen und Entscheidungen vorzubereiten, zu treffen oder zu unterstützen. „Teamarbeit beschreibt die Zusammenarbeit in einer Gruppe, in der unter Einsatz unterschiedlicher fachlicher und persönlicher Möglichkeiten der Mitglieder und bewusster Beachtung bestimmter Regeln auf ein gemeinsames Ziel hingearbeitet wird." (I. Stahmer 2005: 962)
     Der Begriff des ‚Leitungsteams' in den beobachteten Einrichtungen steht für eine Deutungs- und Wertegemeinschaft und für die Institutionalisierung der unternehmensspezifischen Werte, Standards der Professionalität und Fachlichkeit, Dimensionen der Entscheidungen, für einen Orientierungsrahmen des Entscheidungshandelns. Mit der Einrichtung und Weiterentwicklung der Entscheidungsteams initiieren Führungskräfte hier die entscheidenden Lernprozesse, die die Entwicklung des eingebetteten Entscheidungshandelns unterstützen

- Die Führungskräfte definieren die Akteurkonstellationen der Leitungsteams und ermöglichen dabei die individuellen Lernprozesse. Zum einen bilden jeweils die Dienststellenleitungen und ihre Stellvertretungen einen ersten ‚inneren Zirkel' in dem Zuständigkeiten aufgeteilt werden, gegenseitig Informationen bewertet und getauscht werden und grundlegende, oftmals strategische Entscheidungen getroffen oder vorbereitet werden. Die inkludierten Bereiche sind zweitens fachlich so ausgewählt, dass im Leitungsteam eine Entscheidungskonstellation gegeben ist, in der jeder entscheidungsrelevante fachliche Schwerpunkt und damit eine für notwendig zu integrierende Kompetenz berücksichtigt und integriert ist.
- Im Leitungsteam werden nicht bestimmte Aufgaben arbeitsteilig bearbeitet, sondern es wird die komplexe Aufgabe der Entscheidungsfindung unter Risiko und Kontingenz kooperativ bewältigt. Dadurch entledigen sich die höheren Ebenen nicht von ihrer Letztverantwortung, sondern sie integrieren die notwendigen Aspekte jeweiliger Teilkompetenz, d.h. einer jeweiligen Expertise aus sich immer weiter differenzierenden Dienstleistungsbereichen (dazu auch der nächste Punkt).
- Im fortwährenden Entscheidungshandeln in einem stabilen Leitungsteam wird im Reflektieren der Alternative multiperspektivisches Wissen aus unterschiedlichen Bereichen und Hierarchieebenen der Organisation eingespeist.
- Im Leitungsteam werden Verfahren und Regeln des Entscheidens etabliert, begründet, legitimiert und kommuniziert. Die Führungskräfte sozialer Organisation schaffen dadurch nicht nur Transparenz, sondern sichern sich die Gefolgschaft der Beteiligten und generieren Motivation.
- Zusammenfassend muss die pfadabhängige Einbettung von Entscheidungen in konsensorientierte Deutungs- und Wertegemeinschaften als ein Substitut zum Einsatz objektiv ‚messbarer' Kriterien der Entscheidungsfindung gedeutet werden. Denn wie im nächsten Kapitel gezeigt wird, besteht die Kompetenz des Sozialmanagements nicht nur darin, scheinbar objektivierbare Kriterien zu benennen, sondern diese wiederum zu bewerten. So erscheinen Wirtschaftlichkeitsergebnisse oder auch Fachlichkeit auf den ersten Blick als ‚harte' Kriterien. Beide Faktoren werden jedoch (auch) einerseits im Blick auf ihren Beitrag zur Erreichung bestimmter Ziele hin bewertet und andererseits im Blick auf die Vereinbarkeit mit bestimmten zugrunde liegenden Wertvorstellungen.

2.2.3.2 Sandwichpositionen als mikropolitische Interessensvertretung organisierter
        Anarchien

Die fokussierten Führungskräfte befinden sich allesamt in Positionen, die wiederum einen direkten Vorgesetzten haben, es sind sogenannte ‚Sandwichpositionen'. Diese Positionen sind bekannter Weise durch eine Problemanzeige gekennzeichnet: Sie befinden sich in einer ‚Befehlskette', sie haben die Aufgabe einerseits hierarchische Entscheidungen weiterzugeben, auf der anderen Seite sich für ihre Mitarbeiterinnen gegen Durch- und Übergriffe durch hierarchische Entscheidungsebenen einzusetzen. Durch diese Positionierung der Akteure bekommen Entscheidungen insbesondere dann eine besondere mikropolitische Relevanz, wenn die Führungskräfte ihre eigenen ‚organisierten Anarchien' im Blick haben. Organisierte Anarchien sind „eine besondere Klasse von Entscheidungssituationen, nämlich solche, in denen viele und wechselnde Präferenzen gegeben sind, in denen die verfügbaren

Mittel zur Zielerreichung von den Mitspielern kaum verstanden werden, wo fluktuierende Anwesenheiten und wechselnde Engagements herrschen, sodass die Grenzen der Organisation unscharf sind und die Rollen der Beteiligten changieren." (S. Wolff 2010: 302) Diese kurze Beschreibung skizziert kurz und knapp die Situation zwischen der Vorstandsebene des untersuchten Wohlfahrtsträgers und seinen Dienststellen. Die Vorstände sind jeweils auf die Informationen aus den Dienststellen angewiesen, weil nicht nur die Bereichslogiken stark differieren (z.B. von Jugend- zur Behindertenhilfe), sondern die jeweiligen regionalen und lokalen Entscheidungsrationalitäten höchst unterschiedlich sind (z.B. die kommunalpolitischen Konstellationen). Durch diese Konstellation müssen die einzelnen Verantwortungsbereiche der Führungskräfte als Kontexte betrachtet werden, die sich der Information und der Steuerung durch die höchste Managementinstanz (den Vorständen) entziehen. Gleichzeitig werden diese Bereiche in bestimmten Aufgabenbereichen vom Träger ‚entkoppelt': Sie erhalten einerseits eine größere Handlungsfreiheit z.B. in fachpolitischen Fragen, andererseits werden aber auch Risiken ungemindert an die organisatorischen Untereinheiten des Trägers abgegeben, wie z.B. das Finanzierungsrisiko durch abgegrenzte (kaufmännische) Kostenrechnung. Die organisatorische Anarchie kommt an zwei Stellen besonders zum Ausdruck:

Erstens wird deutlich, dass die Gesamtorganisation ‚Wohlfahrtsträger' andere Interessen und Ziele verfolgt als die Suborganisation ‚Dienststelle'. Die Führungskräfte beider Einheiten sind die mikropolitischen Repräsentanten, die dann nicht nur um die funktionale Steuerung bedacht sind, sondern ebenso um die Generierung von Macht und Einfluss zur Wahrung von Handlungsoptionen im Gesamtgefüge. Typisch ist dann, dass die Vertreter der Einheiten jeweils beteiligt sein müssen oder Verwerfungen bei der Nicht-Partizipation entstehen, obwohl dann im Prozess das „Recht zur Teilnahme" zwar „heiß erkämpft" wurde, „um später dann gar nicht wahrgenommen zu werden" (S. Wolff 2010: 307). Informationen sind auf immer mehr Positionen verteilt, es wird ständig der Forderung nach gegenseitiger Informiertheit nachgegangen, was eine Unzahl an Gremien, Sitzungen und Workshops erzeugt – genutzt werden diese Informationen dann allerdings in den Entscheidungen nicht. Es werden aufwändige Stabstellen zur Wissenskonzentration einzelner Bereiche eingeführt und ausgestattet (z.B. Alten-, Behinderten- Kinder- bzw. Jugendhilfe), in der Steuerung einzelner Dienststellen werden diese Abteilungen kaum zur Rate gezogen.

Zweitens entstehen insbesondere zwischen Gesamtorganisation und Dienststellen, aber auch Dienststellen und Bereichen nicht intendierte Nebenfolgen, (diese sind an anderer Stelle ausführlich beschrieben vgl. Punkt 12.2) bis dahin, dass produktive Unterkomplexität zerstört wird: „Insoweit eigentlich >irrationale< Entscheidungen zumindest den Prozess am Laufen halten, führen sie paradoxerweise oft zu besseren Resultaten als das konsequente Beharren auf den Prinzipien rationaler Entscheidungsfindung" (S. Wolff 2010: 306)

Diese Grenze ist jedoch auch durch eine Chance begleitet: Bestimmte – vor allem richtungweisende oder folgenschwere Entscheidungen (zumeist Personal- oder Investitionsentscheidungen) erfahren durch die Rückverlagerung auf die ‚Chef-Chef-Ebene' eine höhere Legitimation. Die Entscheidung selber wird abgesichert, aber es wird abermals ein ebenenübergreifender Entscheidungskonsens hergestellt, der damit auch eine Anbindung an zentrale Strategien und Wertentscheidungen der größeren organisationalen Einheit bekommt. Dieser Prozess steht allerdings auch für eine weitere Variante der ‚sozialen Schließung'. Die Dienststellen werden durch diese Entscheidungsallokation aus ihrer Verantwortung für Folgen der Entscheidung entlassen. Am Ende steht eine Rechtsperson für professionelle Entscheidungen.

2.2.3.3 Externe Führung und Papierkörbe: ‚Kultivierung des passenden Zeitpunkts'

Die kompetente Rollenübernahme im Sozialmanagement zeichnet sich viertens durch die Leistung aus, Entscheidungen unter Kontingenz, Risiko und Nichtwissen treffen zu können. Diese Bedingung erscheint im Sozialmanagement als weit aus ausgeprägter als in anderen Bereichen des Managements. Das Entscheidungshandeln und somit die Rollenübernahme der Entscheidungsakteure ist gekennzeichnet von Informationsasymmetrien, dem Einfluss externer Faktoren sowie einer an Überforderung grenzenden Autonomie. Diese Bedingungen sollen kurz eingehender erläutert werden, bevor auf die Aspekte der Bewältigungsstrategien eingegangen wird.

Die Finanzierungsbedingungen sowie sozialpolitischen Rahmenbedingungen stellen für das Sozialmanagement einen großen Einfluss externer Faktoren dar, die vom Entscheidungshandeln nur äußerst begrenzt beeinflusst werden können. Dies betrifft die Preisbildung der Leistungen, die (relativ kurzfristige) politische Umsteuerung auf veränderte Leistungsformen, die Abhängigkeit von regionalen/lokalen Speziallösungen der jeweiligen (kommunalen) Sozialpolitik, bis hin zu der Unkontrollierbarkeit der Fallentwicklung(en). Die Notwendigkeiten und Begründbarkeiten von Handlungen und Entscheidungen sind durch diese Umwelteinflüsse beeinflusst.

Die Führungskräfte bewegen sich bei der Gestaltung jeweiliger Strukturen, Entscheidungen, bis hin zur Konsistenz ihres Führungsstiles in einem Spannungsfeld zwischen der Wirkungsmacht der Kontingenz externer Faktoren und einer gleichzeitig großen Handlungsmacht und einem ständigen Eindruck der Überforderung. Es scheint nicht mehr den ‚besten' Weg zu geben und Entscheidungen, die ‚heute' gut funktioniert haben, können schon ‚morgen' nicht mehr angemessen sein. Dazu kommen latente Informationsasymmetrien zwischen den umweltdefinierenden Akteuren (öffentliche Träger und politische Entscheidungsträger), zwischen den Leistungsnutzern, den Mitarbeitenden und den Entscheidungsträgern.

Zur Rollenkompetenz gehört es nun, in dieser Risikosituation dennoch entscheidungsfähig zu bleiben. Ein zentrales Bewältigungsmuster deutet sich hier in der Trennung zwischen Entscheidungsvorbereitung und Entscheidungsumsetzung zu sein – es werden also (ein Überhang an) Entscheidungen produziert und in einem ‚(vorläufigen) Papierkorb' (vgl. S. Wolff 2010: 302) deponiert. „In Organisationen wären dies Probleme, Lösungen und Teilnehmer, die durchaus unterschiedliche Nähe zu den gerade anstehenden Problemen aufweisen und sich bestimmten Lösungsformen mehr oder minder verschrieben haben." (ebd.) Entscheidungen werden dadurch vorbereitet, dass ein jeweiliger Rahmen gesetzt wird, dass Kriterien der Entscheidung festgelegt werden, dass die Entscheidung getroffen wird, ohne jedoch die Entscheidung durch die kontingenten Faktoren in Aktion umsetzen zu können. Ob es zu dem gewünschten Weg kommt, ob sich die Ziele realisieren lassen, ist jeweils von dem Zusammenkommen mit den externen Bedingungen abhängig, sei es als personelle oder institutionelle Konstellation. Es ist durchaus nachvollziehbar, dass S. Wolff hier zwischen Versuchen der Lenkung organisationaler Teileinheiten und der „Pflege des

Systems" (2010: 319 Hwg.) unterscheidet. „Die Pflege des Systems bezieht sich zunächst darauf, es trotz aller Inkonsistenzen, Interessengegensätze, Auffassungsunterschiede und Schnittstellen *arbeitsfähig* zu halten, d.h. Konflikt einzugrenzen, Konsistenzanforderungen richtig zu kalibrieren und genügend Grenzobjekte vorzusehen, auf die sich alle Seiten beziehen können, ohne in ihren jeweiligen Perspektiven völlig übereinstimmen zu müssen." (ebd.) Man könnte also von Entscheidungsvorbereitungen als ‚Aktionspotential' sprechen. Als ein stark vereinfachendes Beispiel kann hier die Beantragung öffentlicher Mittel zum Umsetzen neuer Leistungsformen dienen. Hier müssen sogar durch eine Vorlage konzeptioneller Überlegungen konkrete Entscheidungen als Aktionspotential verschriftlicht werden um Innovationskapital zur Umsetzung der Entscheidungen zu erhalten. Die Inkraftsetzung der vorbereiteten Entscheidung liegt in diesem Fall in einer externen, nicht zu beeinflussenden Entscheidung beim Geldgeber. Diese Situation ist jedoch ebenso in komplexeren Situationen vorzufinden. Bei den Bewältigungsstrategien geht es um die ‚Kultivierung des passenden Zeitpunkts', aber um die Zielverfolgung über lange Zeiträume, es geht um die Akzeptanz und Integration einer - so zu umschreibenden - ‚externen Führung', aber auch um die ‚Haltung' eines reflektierten Selbstschutzes in Entwicklungsprozessen.

2.3 Die Leistungsfähigkeit ‚lose gekoppelter' Organisation durch die individuell-personelle Entsprechung der Leistungsträger als Rollenkompetenz

Effizienz- und effektivitätssteigernd in lose gekoppelten Systemen wirken auch Kollegialität, Selbstbindung der Akteure, Beziehungen von Commitments, persönlichen Freundschaften über Vertrauen bis hin zu stabilen impliziten Kontrakten, bis hin zur Kultivierung des Zufalls. Diese Fähigkeiten in der Rollenkompetenz der Führungskräfte zu verorten bedeutet damit eine konzeptionelle Abkehr von der These des ‚Technologiedefizits' sozialer Organisation in systemtheoretischer Sichtweise, hin zur analytischen Erfassung der Fähigkeiten und Mechanismen einer Verbindung zwischen der losen Verkoppelung von organisationalen Einheiten. Damit tritt die Rollenkompetenz förmlich heraus aus der Lückenbüßerfunktion, die durch persönlichen Stil und Routinen kompensiert wird (vgl. T. Drepper/V. Tacke 2010: 270). Es ist also im Weiteren zu fragen, welche Erwartungen die Motivation, das individuelle Verhalten, das Handlungs- und Entwicklungspotential der Managementakteure gestellt werden und welche Handlungsweisen eine höhere Legitimation als Managementakteur erwarten lassen? Wie füllen also Entscheidungsakteure ihre Rolle so aus, dass es ihnen gelingt, lose verkoppelte Systeme effektiv und effizient zu verbinden?

Es wird an dieser Stelle ganz bewusst auf individuell-personelle Faktoren eingegangen, die für die Entstehung und die Ausprägung der Führungsrolle von Bedeutung sind. Denn eine erst kürzlich erschienene Studie der Akademie für Führungskräfte (2009) zeigt für Führungskräfte allgemein in diese Richtung. In der Studie wurde unter anderem gefragt, wie man die Führungsrolle lernen kann. „ Knapp die Hälfte, 49,7 Prozent, geben an, dass sie durch Lern- und Lebenserfahrung außerhalb des Unternehmens auf ihre jetzige Führungsrolle vorbereitet worden sind – also in ihren Rollen als Mütter, Väter, Kinder, Vereinspräsidenten, Mannschaftskapitäne, Musiker und Hobbyschauspieler. 68,2 Prozent geben zudem an, durch „Training on the Job", also durch Lernerfahrung auf und in anderen Positionen, vorbereitet worden zu sein." (ebd.: 21) Die biografischen Erfahrungen spielen also eine große Rolle bei dem Prozess eine Führungsrolle einnehmen zu können.

2.3.1 Vorbereitung und Einsetzung von Führungskräften

Managementkarrieren sind vorbereitete - aber in gewisser Weise auch immer zufällige - Berufswege. In dieser Ambivalenz scheint sich die Kontingenz des gesamten Handlungs-feldes in individuellen Berufs-Biografien zu spiegeln. Wie schon oben dargestellt (2.2.3.3) ist jedes Entscheidungshandeln im Einfluss von externen Faktoren zu sehen. Dieses struktu-relle Merkmal findet sich in den Berufskarrieren der Führungskräfte als das Zusammenspiel von ‚Vorbereitung' und ‚Einsetzung' wieder. Dem Einnehmen einer Führungsposition geht wie in anderen Berufszweigen eine Qualifikationsphase voraus, die bestimmte Qualifikati-ons- und Erfahrungsbestandteile enthält. Auch geht der Besetzung einer Führungsposition ein – in irgendeiner Weise geartetes - Bewerbungsverfahren voraus, sei es, dass ein Akteur signalisiert, dass er für eine Führungsposition zur Verfügung steht oder dass auf eine Stel-lenausschreibung reagiert wird. Aber neben dem Qualifikations- und Bewerbungsgesche-hen beinhalten die Positionseinnahmen auch immer noch einen passiven Teil eines ‚Sich-erwählen-lassens', eines ‚Sich-berufen-lassens' oder eines ‚Berufungs- bzw. Einsetzungs-aktes'. Dieses passive Geschehen ist einerseits ein hierarchisches Geschehen. Ein Akteur wird durch die Einsetzung ‚bemächtigt' – sei es durch einen Vorgesetzen oder durch eine Dienstgemeinschaft. Andererseits wohnt diesem Geschehen über das ‚Ausgewählt-werden' auch ein ‚Bestimmt-werden' als externes Geschehen inne: Es geht nicht nur darum eine Stelle zu bekommen, sondern gleichzeitig für die Tätigkeit ‚von oben' legitimiert zu wer-den.

2.3.2 Das doppelte Managementgehalt - Gestaltungsmacht

Die Managementakteure sind durch eine eigene Motivation gekennzeichnet, die hier als ‚doppeltes Managergehalt' umschrieben werden soll. Natürlich bedeutet die Wahrnehmung der Position auf der einen Seite, in Besoldungsstufen zu gelangen, die sonst kaum erreich-bar wären. Dies liegt in der Tarifstruktur des TVöD/TVL und den daran angelehnten Tarif-vereinbarungen begründet, sowie in der Gemeinnützigkeit der sozialen Unternehmen, die auch auf die Gehaltsstruktur Einfluss haben. Doch die ‚Gehaltssprünge' erscheinen den Akteuren im Vergleich zu den eine andere Verantwortung tragenden Kolleginnen (jenseits von Managementpositionen) oder zu vergleichbaren Positionen in Profit-Unternehmen nicht als entscheidend. Es ist vielmehr die mit der Rolle und Position verbundene Gestal-tungsmacht und Gestaltungsfreiheit, die als zweites ‚Managementgehalt' den eigentlichen Anreiz und die wesentliche Motivation ausmacht, die zentralen Rollen als Entscheidungs-akteur anzustreben. Hier erscheint es als möglich, Visionen zu verwirklichen, fachliche Richtungsentscheidungen zu treffen und nachhaltig Motivation zu erfahren.

2.3.3 Der alternative Horizont – Orientierung jenseits des Status Quo

Ein Handeln und Entscheiden, welches sich nicht nur an dem vorzufindenden Status Quo orientiert, wird besondere Legitimation im Sozialmanagement zugeschrieben. Diese Orien-tierung am ‚alternativen Horizont' – auch am Innovativen - hat zwei Facetten.

Erstens wählen sich die Entscheidungsakteure in ihrer Berufskarriere Personen oder fachliche Kontexte (aus), die ihnen jeweils als Beispiel dienen, die von ihnen als ein Modell für ihr eigenes Verhalten und Handeln genommen werden. Im Gegensatz zum Mentoring (2.3.5) können dies Positionen eines theoretisch-wissenschaftlichen Diskurses sein, die an

einem berufsbiografischen Zeitpunkt bedeutungsvoll geworden sind, es können Handlungs-
ansätze sein, die (auch nur kurz) miterlebt wurden oder auch Orientierungen an einer bestimmten Deutungs- und Wertegemeinschaft. Diese Orientierung eröffnet den Sozialmanagementakteuren ein Entscheidungsrepertoire und Handlungsalternativen auch gegen die
Erwartungen in den konkreten Kontexten. Im Anschluss daran verstehen sich Sozialmanager auch als Trendsetter.

Zweitens stellt der ‚alternative Horizont' ein immer wieder hervortretendes Streben
nach Fortschritt, nach Weiterentwicklung dar. Dies äußert sich zum Beispiel dadurch, dass
die Sozialmanagementakteure eine hohe Bereitschaft besitzen sich fortzubilden oder weitere Qualifikationen zu erlangen.

2.3.4   Das symbolische Entscheidungshandeln

Es sind die kleinen Unterschiede, die als fünfter Aspekt die Rollenübernahme-Performanz
der Führungskräfte im symbolischen Handeln markieren.

Es sind die offenen aber auch geschlossenen Türen, die das Territorium und den
Machtbereich der Führungskräfte auf ihrer zentralen Büroetage abstecken. Während in der
gemeinsamen Organisationstätigkeit, in der Schreibtischarbeit eine Kultur der offenen Türen gepflegt wird, sind die Türen in Abwesenheit der Führungskraft zumeist geschlossen
und verschlossen. Hier lagern Informationen, die eben nicht jedermann zugänglich sein
sollten, hier sind Interaktionsorte, die nur für bestimmte Zwecke genutzt werden können.
Mit dem ‚Spiel' zwischen offenen und verschlossenen Türen werden bestimmte Entschei-
dungsräume und damit auch die Bedeutung der Entscheidungen definiert und auf die Rollenträger zugeschnitten, die diese Räume hoheitlich ‚verwalten'. Zu dieser hoheitlichen
Verwaltung gehört auch die Definition der Sitzordnung durch die Führungskraft.

In diesen definierten Räumen sind die Führungskräfte die Gastgeber(innen). Ihre Res-
sourcenmacht drückt sich durch die Art der Bewirtung bzw. durch die Legitimation eben
dieser aus. Ist ‚man' bei der Führungskraft zu Gast oder lädt ‚man' sie als Gast ein, so wird
ein bestimmter Standard der Bewirtung geboten: Es werden kalte und warme Getränke zur
Verfügung gestellt, die Situation ist zumeist vorbereitet, nicht selten werden zur Tageszeit
passende kleine Speisen gereicht. Führungstätigkeit zeigt sich hier im Kleinen als Ressour-
cenbeherrschung bei omnipräsent kommunizierter Knappheit.

Eine andere Art der Knappheit ist die Knappheit an Zeit. Diese wird deutlich in der
Reklamation von Zeiteffizienz: Führungskräfte sind die Wächter über die zur Verfügung
stehende Zeit und über die Verwendung der Zeit. Es gehört zu den Aufgaben der Führungskraft, Zeit zu definieren und zu strukturieren. Dass es keine Zeit zu vergeuden gilt,
zeigt sich einerseits an der jeweils vorbereiteten Situationen, wenn zum Gespräch geladen
wird. Andererseits signalisieren die Führungskräfte durch den Zeitpunkt ihres Eintreffens
die Knappheit der Zeit, ‚man' erwartet ihr Erscheinen auf der Grenze am 'Zu-spät-kommen'
und ihr Verlassen in Eile unter Erwartung eines Anschlusstermins.

Der Kleidungscode der Führungskräfte dagegen lässt kaum Rückschlüsse auf ihre Rolle zu. Im Gegenteil inszenieren oder verstehen sie sich durch den ununterscheidbaren Klei-
dercode über die Führungs- und Hierarchieebenen hinweg als ‚Gleiche unter Gleichen'.

2.3.5   In die Rolle ‚hineinwachsen' – Aspekte der Rollengenese

Vor allem in den biografischen Narrationen der Führungskräfte gab es auffallende Parallelen der berufsgeschichtlichen Entwicklung, die im Folgenden als Facetten der Rollengenese dargestellt werden sollen.

Zunächst verbindet die Führungskräfte die biografische Herkunft aus bestimmten Deutungs- und Wertegemeinschaften. Die Führungskräfte zeichnen gemeinsam geteilte Erfahrungen in religiös-wertorientierten Lebenskontexten aus. Dies betrifft einerseits zum Teil die familiäre Herkunft aber auch und vor allem andererseits ehrenamtliches und zivilgesellschaftliches Engagement in kirchlichen oder/und politischen Kontexten während der Jugend- und Ausbildungszeit.

Einen nicht unwesentlichen Legitimationsaspekt des Managementhandelns stellt die Erfahrung der Entscheidungsakteure in fachlichen Handlungskontexten der Sozialen Arbeit dar. Die Bewährung in der klientenorientierten Sozialen Arbeit wird als Grundvoraussetzung dafür gesehen, eine Führungsrolle ausfüllen zu können. Insofern ist die Spezialisierung in Richtung einer Managementfunktion jeweils als ‚Anschlussspezialisierung' zu verstehen. Dieser Karrierealternative geht die Erfahrung in einem Bereich der Sozialen Arbeit voraus und stellt eine Alternative zu einer fachlichen Spezialisierung (z.B. einer therapeutischen Spezialisierung und Weiterbildung) dar (im Gegensatz zu einer grundständigen Qualifikation für Leitungspositionen).

Des Weiteren scheinen ihnen Umbruchsbiografien zu einer besonderen biografiebedingten Offenheit zu verhelfen. Der Karriereweg der Führungskräfte ist jeweils begleitet durch biografische Brüche. Die Akteure sind jeweils an biografische Schaltstellen gekommen, an denen Entscheidungen revidiert werden, durch Ereignisse alternative Berufskarrieren eingeschlagen werden oder durch veränderte Wertorientierungen eine Neuwahl vollzogen wird. In den jeweiligen Karrieren spiegelt sich damit die Unplanbarkeit, die Unwegsamkeit oder auch die Unvorhersehbarkeit der Entwicklung des Handlungskontextes wieder.

Darüber hinaus ist ein Mentoring als Karrierebegleitung als Charakteristikum anzusehen. Als ein entscheidender Faktor der Begleitung im Qualifikations- und Karriereweg der Sozialmanagementakteure zeichnet sich die Begleitung durch einen Mentor, eine Mentorin – also einer berufserfahrenen Person - ab. An bestimmten, entscheidenden Abschnitten der Berufskarriere wurden die Führungskräfte von berufserfahrenen, meistens vorgesetzten, Berufs-Praktikerinnen in ihrer Entwicklung begleitet. Konkret wurde die Begleitung zum Beispiel als die Eröffnung von Strukturen und Handlungsfeldern, die Ermutigung einen eingeschlagenen Weg zu gehen oder überhaupt wieder zurück in den Beruf zu kommen, bis hin zur individuellen fachfremden ‚Lebensbegleitung'.

Die bisherigen Ergebnisse der Datenanalysen sollen die These stützen, dass für die Managementakteure in den untersuchten sozialen Organisationen die Rollenkompetenz als eine zentrale Fähigkeit und Performanz der Entscheidungsakteure aufzufassen ist. Organisationsrollen haben für sie die Funktion der Komplexitätsreduktion – aber auch die Funktion die Irrationalität ihres organisationalen Systems gestaltbar zu halten. Durch strukturelle Definitionsprozesse und Aushandlungsprozesse begrenzen und eröffnen sie einen Gestaltungs- und Erwartungsraum für die beteiligten Akteure. Die Rollenträger fühlen sich eingebettet (im Sinne von Giddens ‚rückgebettet') in einen zum Teil ‚handhabbaren' und zum anderen Teil nur zufällig ‚beherrschbaren' Handlungskontext, gleichzeitig wissen die Interaktionspartner, woran sie sind, wenn kompetente Rollenhandelnde ihre Rollen deutlich zu definieren, auszufüllen und situationsübergreifend zu stabilisieren und ‚zu leben' vermögen.

Die spezifische Rollenwahrnehmung und Rolleninterpretation als Position der Führungskräfte in der Organisation wird legitimiert und begründet durch ein bestimmtes Entscheidungshandeln: kompetente Rollenakteure betten ihre Entscheidungen in Deutungs- und Wertegemeinschaften ein, konsensorientiert und pfadabhängig werden Entscheidungen unter Risiko (ver)objektiviert und abgesichert. Die individuelle Entsprechung des Rollenhandelns zeigen bestimmte personelle Verhaltensweisen, die legitimationsrelevant sind. Als Voraussetzung der Rollenwahrnehmung zeichnen sich bestimmte biografisch-personengebundene Faktoren ab.

2.4 Zwischenfazit: Motivation, Kommunikation und Kontrolle als Ergebnis der Beziehung zwischen Führungskräften und Untergebenen

Zusammenfassend werden die Erkenntnisse um die ‚Agency' der Führungskräfte nochmals aus der Perspektive der Führung interpretiert. Denn bei den drei genannten Faktoren - Strukturgestaltung, Führungsstil und Eigenverantwortung - stehen implizit immer drei Hauptfragen des Managements im Zentrum, nämlich die Art und Weise wie es den Führungskräften gelingt, Entscheidungen und Vorgaben nicht nur zu produzieren, sondern diese auch zu kommunizieren, die Mitarbeitenden zur Verfolgung des eingeschlagenen Weges zu motivieren und sich ihre ‚Gefolgschaft' oder auch ‚Loyalität' zu sichern.

Diese Fragen mit der Theorie des ‚role making' zu verbinden ergibt sich aus dem empirischen Material selbst sowie aus dem dazugehörigen Theoriezusammenhang der Normkonformität, die anscheinend eben nicht mehr einfach traditional oder routineförmig (schon gar nicht emotionsgebunden) erlangt wird. Allerdings eröffnen sich in der Gestaltung von Rollen auch die Potentiale von Kreativität und Widerständigkeit, die ein Funktionieren der sozialen Dienstleistungserbringung erst ermöglichen. Es ist also eher von der ‚agency' zu sprechen, weil Strukturgestaltung und organisatorisches Lernen wesentliche Elemente der Führungskompetenz darstellen.

Eine Trennung der Dimensionen Entscheidungshandeln, Kommunikation, Motivation und Kontrolle sind aus der Perspektive des untersuchten Sozialmanagements nicht möglich. Auch ist die analytische Differenzierung in Führungsstil, Strukturgestaltung und Eigenverantwortung trügerisch, scheint sie doch die Möglichkeit zu eröffnen das Eine vom Anderen separieren zu können. Vielmehr gründen sich die (Gestaltungs-)Entscheidungen des Managements auf die Professionalität, die sich in den einzelnen Arbeitsbereichen entwickelt hat. Gleichzeitig ist das Entscheidungshandeln auf die Legitimation – also die Zuerkennung von Macht, Einflusspotential und Autorität - der Untergebenen bzw. Mitarbeitenden angewiesen ist. Die fachpolitische Dynamik der Hilfefelder und die fachliche Flexibilität und Spezialisierung angesichts eines sich durchsetzenden Subjektbezugs in den sozialen Dienstleistungen lassen eine Entscheidungskonzentration auf eine individuelle (Führungs-)Person nicht mehr zu (dazu auch 2.2.2). Das Entscheidungshandeln in einem Teamkontext (insbesondere das Leitungsteam) integriert diese fachlichen Kriterien der Professionalität, auf die sich

Entscheidungen gründen, verstetigt jedoch gleichzeitig einen Kommunikationsprozess und einen fortwährenden Motivationsprozess. Die beteiligten Sozialmanager werden zu den Problemträgern der Führungsherausforderungen der übergeordneten Ebene.

Gleichzeitig resultiert aus den genannten Prozessen ein kritisches Kontroll-Potential. Je mehr die Führungskräfte auf die Professionalität ihrer Untergebenen angewiesen sind, umso mehr verschieben sich die Machtverhältnisse in Richtung der Ressource Information. Führung ist hier mehr denn je auf Vertrauen angewiesen. Die Kontrolle wird einerseits durch die Strukturgestaltung in bestimmten Maße auf die Ebene der Selbststeuerung ,verschoben', durch den Einsatz von Führungsinstrumenten wie etwa Verhandlung und partizipativen Definition von Zielen und Feedback. Andererseits basiert Kontrolle auf der beziehungsgebundenen Loyalität zwischen den Akteuren. Das kritische Ereignis ist der Vertrauensbruch – nicht notwendiger Weise der einmalige Fehler. Mit zu diesem Beziehungsaspekt gehört die Rekrutierung und Begleitung der Führungskräfte. Das gemeinsame Wissen um die Bedeutung der Fehlbarkeit von Entscheidungen, der biografischen Brüche und der Begleitung von Menschen in Abhängigkeitssituationen – die Anerkennung der Abhängigkeit – scheint eine eigene sozialintegrative Kraft zu entwickeln.

Der Unterschied zum oben genannten Hausvater-Prinzip bringt ambivalente Konsequenzen hervor. Dies lässt sich gut an der Sandwich-Position ,Dienststellenleitung' illustrieren, die als Führungsposition im untersuchten Beispiel dem Vorstand und der Stiftungsleitung untergeordnet ist, den Bereichsleitungen und der Mitarbeiterschaft übergeordnet ist. Sie ist gleichzeitig autonom und abhängig.

Autonom sind die Dienststellen als Leistungsorganisationen in unterschiedlichen Policy-Kontexten deshalb, weil sie eine bestimmte Entscheidungsfreiheit und ein Wissensmonopol gegenüber zentralen Steuerungsanforderungen behalten – und diese sogar unter Umständen aufgrund von fachlicher Spezialisierungen ausbauen. Ein etwaiger Kontrollanspruch scheint verstärkt auf Informationen zu beruhen, deren Wert von der kontrollierenden Position aus immer schlechter beurteilt werden kann. Die Dienststellenleitungen sind in ihrer teilautonomen Performanz selbstverständlich in die unterschiedlichsten Regelwerke, Verfahren, Vorgaben und Zielvereinbarungen des Trägers eingebunden. Dennoch können sie sich im unternehmenspolitischen und lokal-sozialpolitischen Geschehen als gewichtige Akteure positionieren. Unternehmenspolitisch scheint die Gestaltung der Organisation immer noch auf die Faktoren Persönlichkeit und Leistungsbereich fokussiert zu sein. Steuernde Durchgriffsversuche werden unternehmenspolitisch abgewehrt oder uminterpretiert. Die Dienststellenleitungen können in gewisser Weise ihre Mitarbeiterschaft schützen und abschirmen – unter Verweis auf die Eigenlogik des Leistungsbereiches, seiner Tradition in der lokalen Trägerlandschaft, seinen zur Verfügung stehenden professionellen Ressourcen, seiner Innovationskraft usw.

Abhängig sind die Dienststellenleitungen, und das erscheint als maßgeblicher Unterschied zum Hausvatermodell, weil die Leitung der Organisation nicht mehr ohne die Integration und Partizipation der Mitarbeiterschaft möglich erscheint. Entscheidungen werden zwar letztlich auf die Verantwortung einer Position – der Dienststelle – zugerechnet. Dennoch ist die Entscheidungsfindung sowie die Führungs- und Leitungsperformanz in Abhängigkeit zu den Untergebenen zu verstehen:

- Die Kriterien für die Entscheidungsfindung stehen der individuellen Person nicht mehr zur Verfügung, weil die Teilbereiche der Hilfen hoch spezialisiert sind.
- Die Professionalität, die im Sinne der Führung zu beeinflussen ist, ist durch die voranschreitende Subjektorientierung als verstärkt personenzentrierte Professionalität zu verstehen, die sich standardisierten Führungstechniken entzieht.
- Die Entscheidungen sind nicht mehr gegenüber der Mitarbeiterschaft legitimierbar, wenn diese nicht in den Entscheidungsprozess integriert werden.
- Die Motivation der Untergebenen ist nicht mehr zu halten, wenn Informationen nicht transparent kommuniziert werden, wenn professionelle Anforderungen unterlaufen werden.

Diese Faktoren begründen eine Abhängigkeit der Führungskraft von den Untergebenen, oder besser gesagt die Gleichzeitigkeit von ‚Führung von oben' und ‚Führung von unten'. Die dargestellten Elemente der ‚Agency' zeigen deutlich Legitimationsaspekte für Führungskräfte auf: Es sind die Verfahren und Instrumente in Kombination mit den biografischen Hintergründen der Führungskräfte, die ein Beziehungsgeschehen konstituieren, dessen Ergebnis gelungenes Führungshandeln ist.

3   (Teil)Kompetenzen als Dimensionen der Sozialmanagementkompetenz: Potentialaspekte der Performanz im Entscheidungshandeln

Mit dem Kapitel 2 wurde ein übergreifender Kompetenzaspekt skizziert: die Fähigkeit, die ‚Rolle' einer Führungskraft einzunehmen, auszufüllen und zu gestalten. Mit dazu gehört auch, dass sich die professionellen Akteure als Entscheidungshandelnde verstehen. Welche Fähigkeiten und welches Wissen zeichnet aber nun dieses Entscheiden konkret aus? Welche Leistung (Performanz) (er-)bringen die Akteure, wenn sie entscheiden? Und welche Haltung, welche Zielvorstellungen und welche professionellen Wissensbestände (als Arbeitswissen) verbergen sich hinter der ständig zu vollbringenden Entscheidungs-Performanz. Oder anders gefragt, welche Kompetenz kann als das Potential beschrieben werden, welches zu einem Entscheidungshandeln im Sozialmanagement befähigt?

Um diese Fragen aus einer subjektorientierten Sicht zu beantworten, muss in verschiedenen Schritten vorgegangen werden. Der Anfang besteht darin, auf adäquates empirisches Material zurückgreifen zu können, was mit den Dokumenten aus den teilnehmenden Beobachtungen sowie den narrativen Interviews gegeben ist. Die Analyse des Materials folgte dem subjektorientierten, explorativen Forschungsansatz. Es bestehen keine grundsätzlichen Bestimmungen darüber, ob ‚Sozialmanagement' nun ökonomischen, politischen oder professionell-fachlichen Kriterien folgt und vorzustrukturieren ist. Stattdessen wurden die Daten ‚vorurteilsfrei', aber fokussiert ausgewertet, unter der Annahme, dass es sich jeweils um Performanzkontexte und um biografische Verläufe handelt, die das Alltagshandeln in den definierten Positionen orientieren.

Im Folgenden wird die Handlungskompetenz im Sozialmanagement als Kompetenzbündel aus neun ‚idealtypischen' Teilkompetenzen konkretisiert. Die folgt auf die Einführung der Figur ‚Entscheidungsakteur' (Kap. 2). In Kapitel 3-11 wird die Kompetenz dieser Entscheidungsakteure als das ‚Was' und das ‚Wie' des Entscheidens in Teilkompetenzen aufgefaltet. Damit wird die Grundlage rekonstruiert, auf der eine ethische und strategische (Problemlösungs-)Kompetenz im Abschnitt 12 herausgearbeitet wird.

Das Konzept der Teilkompetenzen ist in Abgrenzung gegen holistische Kompetenzmodelle zu verstehen (vgl. Kap. 1). Während die Rollenkompetenz die Person der Führungskraft fokussiert, werden durch die Teilkompetenzen Handlungsbereiche des Managementhandelns idealtypisch getrennt und in ihrer eigenen Ausprägung beschrieben. Dabei setzt sich der Typus jeweils aus vier Elementen zusammen, erstens dem Focus auf typische Handlungs- und Interaktionskontexte, zweitens den Handlungsrationalitäten und –zwecken, drittens Aspekten der professionellen Haltung und viertens spezifischen Wissensbeständen als Expertise. Diese Charakterisierung wird in Kapitel 12 zusammengeführt und tabellarisch zusammengefasst. Bei der Darstellung wird jeweils mit empirischem Material illustriert, welches Einblick gibt in bestimmte Performanzkontexte und darin inkorporierte Kompetenzaspekte.

4 Die soziale (Dienstleistungs-)Organisation gestalten und leiten

Eine soziale Organisation zu gestalten ist mehr als Organisationsentwicklung, Design der Ablauforganisation oder Strukturgestaltung – als ein wesentlicher Aspekt der Sozialmanagementrolle. Es geht um die Organisation als Ganzes und seine Teileinheiten, es geht aber auch um formale und informelle Kommunikation, darum Informationen zu verarbeiten, bis zum alltäglichen ‚workflow' und der Terminorganisation. Die Handlungskompetenz der Führungskräfte ist bezogen auf die Leistung, Entscheidung bezüglich des Unternehmens - der organisationalen Einheit - zu treffen. Es gehört zu ihrer Aufgabe, die Organisation und ihre Einrichtungen zu lenken, die organisationalen Strukturen zu gestalten, seien es hierarchische Strukturen oder standardisierte Prozesse, bis hin zur Strategie, der Unternehmenskultur, der Geschäftsordnung und den Mitgliedern der Organisation, also den Beschäftigten. *Im Fokus dieser ersten professionellen Teilkompetenz steht also die Gestaltung der Organisation und ihrer Teileinheiten als soziale Institution oder soziales Gebilde.*

Nach der allgemein getroffenen Definition von Organisationen im Rahmen des Entscheidungshandelns sind Dienstleistungsorganisationen einerseits „in modernen Gesellschaften ein soziales System, das rechtlich konstituiert ist" (T. Klatetzki 2010; 9) zu verstehen. Die hier behandelten Dienstleistungsorganisationen sind andererseits nach Y. Hasenfeld (1983) als „people changing" human service organizations zu verstehen (vgl. T. Klatetzki 2010: 9f.).

Es ist kein Zufall, dass die Kompetenzen, die bezüglich dieser Performanz als Potential angelegt sind, in der Aufzählung der Teilkompetenzen zuerst beschrieben werden sollen. Das hat zwei Gründe. Erstens markiert jeweils der Gegenstand ‚Organisation', ‚Struktur' ja sogar ‚Prozess' und vor allem ‚Organisationsmitglied' den professionellen Aufgabenbereich vom Sozialmanagement wohl am deutlichsten von dem der professionellen Fachkraft in der Klienteninteraktion. Zweitens fällt in der Sozialmanagementliteratur auf, dass ‚Organisation' zumeist als etwas Gegebenes, Selbstverständliches, fast Naturgegebenes vorausgesetzt wird, ohne jedoch den zweifachen Herrschaftscharakter zu problematisieren, der ‚Organisation' innewohnt: „Zum einen sind die konkreten Einzelorganisationen herrschaftliche Konfigurationen von Kooperationen und Menschen („Subjekten"), in dem sie Orte der

Bündelung allokativer und autoritativer Ressourcen (Giddens 1997a) sind, zum anderen besitzt Organisation als Dispositiv selbst insofern Herrschaftsqualität, als sie andere Formen der Regierung von Kooperationen und Menschen verdrängt, also eine hegemoniale Form der Führung von Führungen (geworden) ist." (M. Bruch / K. Türk 2005: 91)

Die beobachteten Sozialmanagementakteure sind gleichzeitig zentrale ‚Spieler' und auch ‚Betroffene' dieser doppelten Herrschaftsausübung. Sie bündeln und teilen Macht, aber sie finden sich auch in einer latenten Situation zwischen Autonomie und Überforderung in der Gestaltung von Organisation. Mit dazu gehört die Anpassung und Gestaltung von Organisationsstruktur, -kommunikation und –kultur bis hin zur impliziten Gestaltung einer Institutionsethik – aber auch die Steuerung der Organisation und seiner Untereinheiten als Akteur in seiner Umwelt. Aber auch neben der Herrschaftsausführung in herausragenden Entscheidungssituationen besteht das Organisieren in einer ständigen, fortlaufenden Aktivität der Sozialmanagerinnen, Aufgaben in solche (Teil-)Aktivitäten zu zerlegen, dass sie handhabbar, bewältigbar, nach Zielen konkretisierbar und gemäß den Zielen auch bewertbar sind und diese Aufgaben auf die beteiligten Akteure zu verteilen. In einem noch alltagsbezogeneren Zugang sind die täglichen Erledigungen, die Schreibtischarbeit, das Bewerten und Verteilen von Informationen, die Anpassung von Prozessen auch ‚zwischen Tür und Angel', die schnellen Absprachen, ‚ad-hoc' Erledigungen bis hin zu Telefonaten und delegieren administrativer Aufgaben an die Verwaltungsmitarbeiter zu diesem Organisationsgeschehen zu zählen.

Kompetente Organisationsleitung ist auf drei maßgebliche Leistungen bezogen. Erstens verstehen es die handelnden Akteure, die vorgefundene Struktur aufzunehmen und an die rollengemäße Verantwortungs- und Zuständigkeitsverteilung anzupassen (Geschäftsordnung, Verfahrensabläufe, zielgerechte Ausstattung und zeitliche Einrichtung von Gremien, Besprechungen, Teams, Ausstattung mit personellen (Verwaltungs-)Ressourcen für diese Aufgabe (4.1)). Zweitens können sie Kommunikation effektiv organisieren, so dass Informationen bewertet werden, zielgerecht weitergegeben, in der Organisation verarbeitet werden können und Wissen damit organisiert wird (4.2). Drittens sind sie in einem fortwährenden Prozess der Kompetenzzuteilung (als Zuständigkeit), zielgerechte Aufgabendelegation und Kontrolle und Unterstützung der personellen Entwicklung. Dieser Prozess soll hier als (institutions-)ethischer Prozess interpretiert werden, weil die Ziele in die Organisationsstruktur inkorporiert werden (4.3).

4.1 Die Aufgaben- und Organisationsstruktur der Sozialen Arbeit gestalten
Kompetentes Sozialmanagement zeichnet Zuständigkeit und die Fähigkeit aus, die Organisationsstrukturen zu setzen und zu verändern. Die Strukturierung folgt dem Ziel eindeutig und nachvollziehbar festzulegen, wer dauerhaft was, wann, in welcher Reihenfolge und wie zu erledigen hat. Kompetent organisiert, wer Aufgaben in solche Teilpakte zerlegen kann, dass sie Personen und/oder Teams eindeutig zuzuordnen sind und jeweils mit Zielvereinbarungen, Zielformulierungen oder Zielvorstellungen verbunden und konkretisiert werden können. Die Grundlage einer Struktur des Organisierens stellt die Geschäftsordnung dar.

Im Folgenden wird exemplarisch an einem Teil eines Beobachtungsprotokolls eben dieser Performanzaspekt entfaltet.

Herr Schmidt begrüßt die Kindergartenleitung und lässt sie am Besprechungstisch in seinem Büro Platz nehmen. Sie tauschen einige Vorinformationen aus und stimmen sich ab. Kurz darauf kommt der Rechtsreferent, der von Herrn Schmidt förmlich begrüßt wird und an einem Stirnende des Besprechungstisches Platz nimmt. Er hat einen Aktenordner und eine Aktentasche dabei. Nachdem er sich gesetzt hat schlägt er den Aktenordner auf und nimmt einen Notizblock aus seiner Aktentasche. Herr Schmidt sitzt an der Längsseite des Tisches weit zurückgelehnt in einem Stuhl, hat keine Unterlagen vor sich. (BP 22_1,20-26)
(...)
R: Also gab es schon auswärtige Kinder von Mitarbeitern... ich kann also festhalten: der Träger hat die Kosten übernommen auf Ihre Kostenstelle?
S: Nein.. die Kostenstelle bleibt bei Herrn XX. Ich führe die Kostenstelle, aber unsere Einrichtung zahlt das nicht.
R: Sie entscheiden das also.
S: Nein, so kann man das nicht formulieren, ich bereite den Wirtschaftsplan vor, entschieden wird das immer noch vom Stiftungsrat.
R: Ah, es geht also darum, dass die Kosten anders verbucht werden.
S: Nein, darum geht es nicht.. oder doch.. man kann es doch so sehen. Die jeweilige Abteilung, die den Mitarbeiter anstellt, sollte die Kosten für die Kinderbetreuung übernehmen, das sind dann betriebliche Interessen und eben nicht private.
R: Ok.. das habe ich jetzt verstanden. Ich werde das also mit dem Vorstand besprechen und dann der MAV vorlegen
S: genau das würde ich empfehlen, denn dann ist bei anderen Nachfragen danach eine transparente Grundlage geschaffen. (BP 22_4,19-33)

In der latent konflikthaften Auseinandersetzung um einen strittigen Fall der Organisation des Betriebskindergartens, wird die Organisationskompetenz der Führungskraft an mehreren Punkten deutlich. Erstens ist sie bestens informiert und markiert sehr deutlich, was die Abgrenzung ihres Aufgaben- und Verantwortungsbereiches angeht. Herr Schmidt kann deutlich die Konstruktion von Kostenstelle, Verantwortung und Entscheidungsmacht differenzieren, der Gesprächspartner hat sichtlich Schwierigkeiten, diese Struktur zu durchblicken. Zweitens hat der Entscheidungsakteur durch sein Verständnis – wahrscheinlich auch durch die Gestaltung eben dieser Struktur - dafür gesorgt, dass er nicht für etwas zur Verantwortung gezogen werden kann, was er nicht selber zu beeinflussen vermag. Der Entscheidungsakteur verschafft sich so die Möglichkeit, ganz bestimmte Zurechnungen von sich zu weisen und in eine definierte Struktur zurück zu geben. Drittens sind die Aufgaben auch in einer hierarchischen Struktur eindeutig verteilt und zugewiesen.

Trotz der damit entstandenen Festlegungen besteht im Strukturieren der Organisiertheit eine ständige Aufgabe, die zwei Dimensionen umfasst, die der Organisationsentwicklung und die der Verhandlung.

4.1.1 Organisationsentwicklung als ständige Aufgabe

Erstens verstehen es die handelnden Akteure, die vorgefundene Struktur aufzunehmen und an die rollengemäße Verantwortungs- und Zuständigkeitsverteilung – aber auch an ihren Führungsstil – anzupassen. So hat in der beobachteten Struktur keine Dienststellenleitung operationale Aufgaben, also hier Arbeit mit einer Klientengruppe. Die beobachtete Führungsriege scheint aber die erste Führungsgeneration zu sein, die eben dies konsequent umsetzt: die Organisationsstruktur wurde also systematisch verändert, was im Folgenden idealtypisch dargestellt wird.

Die Führungsakteure berichten, dass sie die Aufgabe hatten, die Organisationsstruktur nach ihrer Positionsübernahme hierarchisch neu zu gestalten. Die wesentliche Veränderung lässt sich durch den Rückgriff auf die Visualisierungsform 'Organigramm' darstellen. Bei etwa gleicher Organisationsgröße zeigen die beiden folgende Organigramme die hierarchische Veränderung, aber auch die führungsstiladäquate Gestaltung. Abbildung 1 zeigt eine Organisationsstruktur, die auf eine einzige Person zugeschnitten ist und gibt damit die Strukturen des 'Hausvatermodells' wieder.

Abbildung 1:   exemplarisches Organigramm: personaler Zuschnitt der Organisations-

struktur

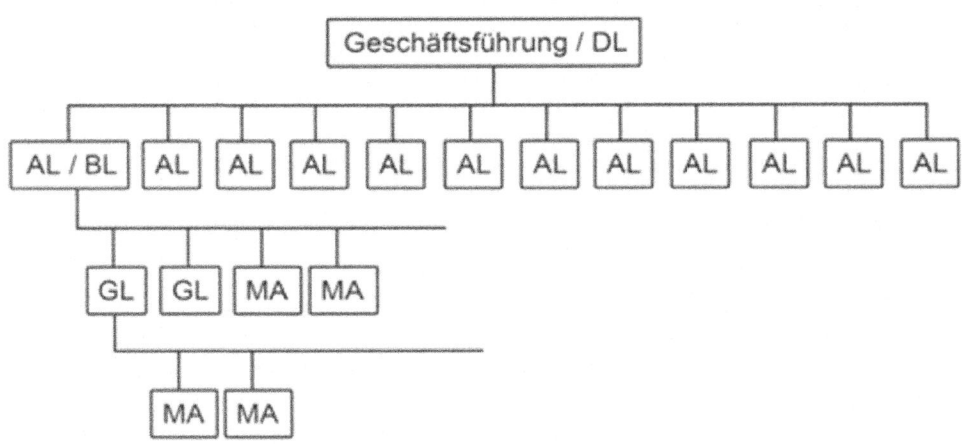

Quelle: Eigene

Kompetenz und Verantwortung (Personal, Budget, Innovation) sind in dieser Struktur bei der Geschäftsführung / Dienststellenleitung (DL) konzentriert. Alle Ebenen, so auch die Abteilungs-, Bereichs- und Gruppenleitungen (AL, BL und GL) sind ebenso wie die Mitarbeitenden (MA) mit operationalen Aufgaben befasst. Die Fachkompetenz und Letztentscheidungsmacht liegt jeweils bei der Geschäftsführung. Bei allen Entscheidungen muss also der Geschäftsführer gehört werden. Es herrscht eine Personalisierung von Entscheidungskriterien, in der Willkür und Intransparenz angelegt sein können. Es wird von einer Unmündigkeit der Mitarbeitenden ausgegangen und es gibt faktisch keine zweite Führungsebene (vgl. Hausvatermodell 2.2.2).

Die durchgeführte Organisationsentwicklung resultiert in einem veränderten Zuschnitt von Aufgaben und Verantwortung. Das hier ausgewählte Beispiel zeigt allerdings eher die Ausnahmesituation von Organisationsentwicklung, weil massiv in die Aufbauorganisation der Dienststelle eingegriffen wurde. Das Ziel war die Implementierung einer zweiten Führungsebene.

Abbildung 2: exemplarisches Organigramm als Zuschnitt der Organisationsstruktur

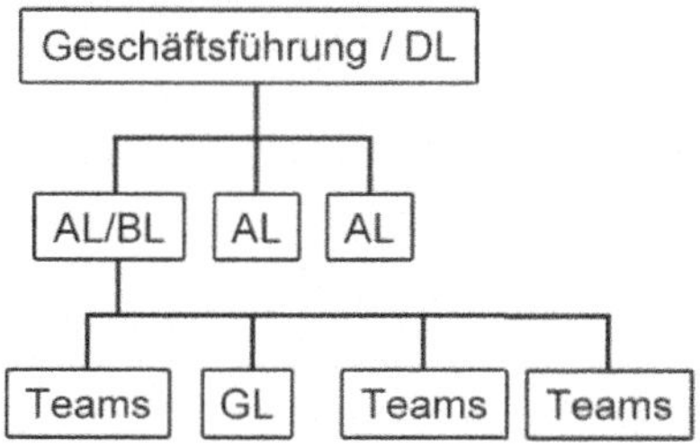

Quelle: Eigene

Dieses Organigramm zeigt eine Struktur, in der eine faktische Ausstattung der jeweiligen Positionen mit adäquater Verantwortung und Aufgabe besteht sowie die Einrichtung von zwei bis drei Führungsebenen (Dienststellenleistung: DL / Abteilungs- oder Bereichsleitung: AL / ggf. Gruppenleitung: GL) mit Übernahme und Ausfüllen der Vorgesetztenrolle und Budgetverantwortung. In vielen Fällen wird jedoch die Verantwortung und Aufgabenwahrnehmung der Gruppenleitung (GL) in selbstorganisierte Teams übergeben. Teamarbeit wird erst ermöglicht durch institutionalisierte Aufgabendifferenzierung.

Der Übergang von der ‚flachen' Hierarchie zur neuen Ordnung mit echten Führungspositionen stellt die eigentliche Performanz der Strukturgestaltung dar. Gleichzeitig wird Anreizsetzung und Differenzierung der Entscheidungsbereiche durch Ziele und Strukturen unterlegt, es werden Regelentscheidungen durch die Aushandlung von Aufgaben getroffen und Feedback- und Monitoringschleifen eingerichtet. Die Strukturgestaltung ist aber gleichzeitig auch ein Prozess der Aktivierung der Fachkompetenz der Bereiche, eine Qualifikationsstrategie der Mitarbeiterschaft auf allen Eben sowie ein Prozess organisationalen Lernens. Aus betriebswirtschaftlicher Sicht stellt die neue Struktur die nähere Anbindung der Organisation an Prinzipien der ‚Neuen Steuerung' und des ‚scientific managements' dar. M. Böwer und S. Wolff (2011) beobachten ähnliche Entwicklungen im Jugendamt und sprechen von dem Übergang von loser zu enger Kopplung. Dies würde aber unterstellen, dass es tatsächlich zu einer verstärkten Steuerung organisationaler Einheiten an linienmäßiger Organisation kommt. Die neo-institutionalistische Theorie legt hier eine andere Interpretation zu. Die Veränderung der Organisationsstruktur bedeutet eine Anpassung, eine Isomorphie zu einer Organisationsumwelt, die vor allem nach veränderten Zuständigkeiten und Kommunikationen verlangt. Durch das Einrichten zusätzlicher Managementpositionen wird die Organisation mit kompetenten und fachlich spezialisierten Positionen versehen, die der Legitimationsanforderung gegenüber den Organisationsumwelten weitaus besser gerecht werden können, als die zentralistische Geschäftsführungsposition im Hausvatermodell. Mit der veränderten Organisationsstruktur wird also einerseits ein „Rationalitätsmythos" (J. Meyer / B. Rowan 1977) der effektiveren und effizienteren Ausgabenbewältigung errichtet. Andererseits passt sich die Organisation den gesteigerten Kommunikations-, Beobachtungs- und Veränderungsbedarfen an, sie institutionalisiert sich also (vgl. ebd.: 344f.).

4.1.2   Verhandlung von Zuständigkeiten

Zweitens ist die Abgrenzung von Eigenverantwortungsregeln, die Definition von Stopp-Regeln und Delegation von Zuständigkeiten und Letztverantwortungen ein dauerhafter Gegenstand von Verhandlungen. Die scheinbar strukturell klar geregelte Aufteilung von Kompetenz und Verantwortung bleibt in der Innensicht doch Gegenstand laufender Verhandlungen. Dies lässt sich durch einen Ausschnitt aus einem weiteren Beobachtungsprotokoll beispielhaft zeigen:

Herr Manner und Herr Dröger treffen sich am Anfang der Woche zu einem Jour fix, als Absprache der laufenden Aktivitäten und Termine. Es geht diesmal um Sanierungsplanterminierung, es werden konkrete Termine abgesprochen. Darüber hinaus geht es um Termininformationen über die Tätigkeit der beiden in der kommenden Woche. Die beiden Führungskräfte tauschen sich über einige Neuigkeiten aus und über Dinge, die in der letzten Zeit gelaufen sind. (BP43_1,7-11)

M: Ah ok, es gibt da die Anfrage von der Sozialplanung durch Herr K. in Stadt E
D: Er macht die Sozialplanung mit den Daten aus der Sozialverwaltung.
M: Gut, da gibt es ja auch nichts anderes Konkretes. Herr K. hat mich außerdem zum Thema Entlassungspraktik angesprochen, das soll morgen Thema werden, er würde gerne von dir eine Stellungnahme zu dem Thema haben.
D: Da gibt es zwei Punkte zu besprechen. Zum einen den Verbesserungsbedarf beim Entlassungsmanagement innerhalb des HPK und zum anderen die Effektivität der Entlassungen von der Klinik in das betreute Wohnen zu optimieren. Er wollte auch eine Rückmeldung für die Hilfeplankonferenz, letztlich die Hilfeplankonferenz abspecken.
M: Was hältst du davon?
D: Ich sehe da zwei Punkte. Da ist zum einen das Problem, dass die HPK sehr ausführlich und langwierig ist. Muss denn jeder Fall tatsächlich immer wieder in der HPK durchgekaut werden? Vor allem auch die Altfälle? Das Ergebnis rechtfertigt den Zeitaufwand nicht, vor allem bei den schon lang bekannten Fällen. Bei Neufällen dagegen auf jeden Fall, da muss die HPK sein, wenn ein Mensch neu in das Hilfesystem eintritt. Herr L. hat natürlich da seine eigenen Interessen. Sein Sozialdienst ist ungewohnt die IBRPs auszufüllen, die wollen die HPK durch eine Helferkonferenz ersetzen bzw. die Entscheidungen vorbereiten. Müssen wir denn auf jeden Fall durch das langwierige Verfahren? Von Seiten des Entlassungsmanagement ist aber klar, dass jemand auch kurzfristig entlassen werden kann, auch ohne HPK.
M: Wer soll denn überhaupt dabei sein, dann bei einer Helferkonferenz?
D: Das ist genau der Punkt, der würde uns als nachsorgende Institution aussondern, wir wären da nicht dabei.
M: IBRP und Helferkonferenz, das wären ja die Verhältnisse vor der Hilfeplankonferenz.
D: Das ist halt das, was die Klinik will.
M: Das ist also das eine Thema, und was ist das andere?
D: Beim anderen geht es darum, was er auch in der Email angehängt hat. Die Änderungen im Bundessozialgesetz. Der Sozialhilfeträger muss gegebenenfalls die Klinikkosten übernehmen. Hier ist für uns die Frage, was die Nachsorgeträger anbieten können, um schnelle Entlassungen möglich machen zu können. Die Trägergemeinschaft soll sich also darüber einigen.
M: Jetzt will er also wissen, mit welcher Haltung wir dahin gehen.
D: Ja, weil da müssten bestimmte Verhandlungspartner schon da sein.
M: Willst du das nicht machen? Du bist viel näher dran an dem Thema.
D: Ja. Ob Herr K das beides miteinander verknüpft das kann auch sein, aber es sind doch schon zwei verschiedene Dinge. (BP 43_2,6-3,7)

Dieser kollegiale Austausch erfüllt mehrere Funktionen. Es werden Verfahrensabläufe definiert, in der zielgerechten Ausstattung und zeitlichen Abfolge von Gremien werden Entscheidungs- und Kommunikationsorte geschaffen. Diese Orte werden durch die Fähigkeit gefüllt, Besprechungen, Teams oder Arbeitsgruppen zielgerecht, effektiv zu leiten. Die Führungskräfte sind unterschiedlich mit personellen (Verwaltungs-)Ressourcen für ihre Aufgabenwahrnehmung ausgestattet. Eine besondere Rolle spielen die Leitungsteams, wie bereits unter Punkt 2.2.3 ausgeführt wurde.

Die Kompetenz, die als Potential die Aufgaben der Strukturgestaltung ermöglichen, lassen sich als *Strukturgestaltungskompetenz* zusammenfassen. Die Akteure verstehen es, Aufgaben und Zuständigkeiten zu erkennen, zu bewerten, aufzuteilen und strukturell zu verankern, konkrete Arbeitsaufteilung und –verteilung in der Aufbau- bzw. Ablauforganisation zu verankern, Vereinbarungen und Festlegungen von Zielformulierungen und –vorstellungen zu realisieren, und eine angepasste Organisationsstruktur weiterzuentwickeln.

4.2 Alltagsorganisation: Information, Kommunikation, Delegation
4.2.1 Die Kommunikation und Tagesaktivitäten organisieren

Kompetentes Organisieren besteht in der Fähigkeit, Kommunikation so zu gestalten, so dass Informationen zielgerecht weitergegeben und in der Organisation verarbeitet werden können. Denn der Verteilung und Organisation von Kommunikation liegt die Fähigkeit der Bewertung von Informationen zugrunde. Auf diese Kompetenz gründet sich die Performanz der Vorstrukturierung von Information und Entscheidung über die Organisation an Kommunikation. Es geht um die Entscheidung darüber, wer, wann in welcher Form informiert wird, an weiteren Entscheidungen beteiligt werden soll oder welche Konsequenzen aus den Informationen folgen (müssen).

Ein Teilaspekt des Kommunikationsmanagements ist die administrative Tätigkeit der Sozialmanagementakteure, die sich auf alle Performanzaspekte erstreckt, aber die immer wieder in Bürokommunikation endet. Die ‚Schreibtischarbeit' der Entscheidungsakteure besteht zu einem nicht geringen Teil im Vorbereiten, Delegieren oder Nachbereiten interner oder externer Informationen bzw. des dementsprechenden Informationsflusses und der Kommunikation und auch des Terminierens von Aufgaben. Auf diesen Aspekt soll im Weiteren nicht ausführlich eingegangen werden, sondern einige Besonderheiten der Kommunikationsorganisation hervorgehoben werden.

4.2.2 Die informelle Organisation

Kompetente Kommunikationsorganisation besteht dabei nicht nur in Aufgaben des Wissensmanagements und aus Bewertungsprozessen, sondern schafft auch Kommunikationsarenen zum schnellen und informellen Austausch wichtiger Informationen, Ereignisse und aktueller Entwicklungen. Dazu wird wiederum eine Zuständigkeitsaufteilung zu Grunde gelegt, die nicht nur Prinzipien der Arbeitsteilung folgt, sondern auch nach Kriterien der Fachlichkeit und Spezialisierung durchgeführt wird. Dieser Aspekt der *formellen Kommunikation*[10] muss ergänzt werden durch den der *informellen Kommunikation*[11], die als „...ein

---

[10] Kühn (2006: 352) versteht unter formeller Kommunikation den Informationsaustausch nach bestimmten Regeln wie schriftlichen Anweisungen, offiziell geplanten und festgelegten Ordnungsgefügen usw.

nicht vorgeschriebener, spontaner, ungesteuerter Informationsaustausch, der jeweils von der Initiative und dem Wollen der Kommunikationspartner abhängt" (D. Kühn 2006: 351) bezeichnet wird. Aus subjektiver Sicht der Sozialmanagementakteure zählt zu den wesentlichen Kompetenzen, die informelle Kommunikation aber auch die informelle Organisation[12] in ihren Vor- und Nachteilen (z.B. Kontakte zwischen Kollegen oder verkürzte Dienstwege aber auch ungeplante Handlungen) erkennen, bewerten und steuern zu können. Der Ausschnitt des folgenden Beobachtungsprotokolls bildet eine solche informelle Kommunikationsarena ab.

8.25 Uhr: Dienststellenleitung (Herr Schmidt) kommt im Büro an. Eine Mitarbeiterin hat ihn von zu Hause abgeholt. Herr Schmidt trägt einen Verband an der rechten Hand und ist in seiner Bewegungsfreiheit sichtlich eingeschränkt. Er bringt Blumen mit, die einer neuen Mitarbeiterin übergeben werden. Die neue Mitarbeiterin wird kurz begrüßt, die Blumen werden übergeben.

8.30-8.40 Uhr: Auf dem Flur der Verwaltungsetage werden Absprachen getroffen. Es sind die drei Bereichsleitungen anwesend, die mit Herrn Schmidt den Bereich Jugendhilfe leiten. Auf dem Flur werden Informationen über den Vormittag und den kommenden Tag ausgetauscht, es werden Absprachen getroffen, Tätigkeiten koordiniert. Den Mittelpunkt der ausgetauschten Informationen bildet Herr Schmidt. Er wird von den Bereichsleitern über das Vormittags- und Tagesgeschäft informiert. Ebenso holen sich die Bereichsleiter die Zustimmung über einige Punkte ein, die spontan entschieden werden müssen, die der Einwilligung von Herrn Schmidt bedürfen oder die gemeinsam koordiniert sein müssen. Herr Schmidt teilt der neuen Mitarbeiterin eine Verwaltungskraft zu, die eine erste Einführung in die Arbeitsabläufe leisten soll, bei der neuen Mitarbeiterin scheint es sich um eine Verwaltungsangestellte zu handeln.

8.45-9.15 Uhr: Nach dem ersten Koordinationszusammentreffen auf dem Flur des Verwaltungstraktes wenden sich die Mitarbeiter den Aufgaben zu. Zwei der Bereichsleiter verlassen das Haus, sie hatten erst gar nicht ihre Überbekleidung abgelegt. Die Verwaltungskräfte sitzen an ihren Arbeitsplätzen. Herr Schmidt sitzt in seinem Büro (BP 1_2,5-25).

Die Kultur der offenen Bürotüren, der informellen Meetings an der Kaffeemaschine und der ‚Auf-Zuruf-Organisation' ist eine grundlegende Voraussetzung für eine Verbreitung von Information mit der Herstellung einer breiten Wissensbasis. Neben dieser ‚informellen' Kommunikation konnten strukturierte Kommunikationsprozesse beobachtet werden. Die Einrichtung einer Gremien- und Arbeitskreisstruktur, die zeitlich, inhaltlich und personell aufeinander bezogen ist, schafft die Voraussetzung dafür, dass Informationen unter den Mitarbeitenden auf den verschiedenen hierarchischen Ebenen oder in verschiedenen Arbeitsbereichen verbreitet werden können.

---

[11] Dabei vertritt Kühn (2006: 352) die Auffassung, dass informelle Kommunikation ebenso gestaltbar sei, weil sie als abhängig von günstigen Arbeitsplatzbedingungen und persönlichen Kontakten der Mitarbeiter anzusehen sei.
[12] „Die Organisationsmitglieder schaffen sich oft eigene Regelungen, sei es dass formale Regelungen fehlen, sei es dass formale Regelungen nicht praktikabel erscheinen. Dieses Bündel an Regelungen nennt man ‚informale Organisation'" (J. Bödege-Wolf / K. Schellberg 2010: 42).

Mit *Informations- und Kommunikationskompetenz* verbindet sich die Leistung der Differenzierung der Informationsverarbeitung, Bewertung von Informationen und Einrichten einer Kommunikationsstruktur in der Organisation, wobei nicht deutlich zwischen 'informell' und 'formell' unterschieden werden kann. Als wesentlich erscheint die Bewertung und transparente Kommunikation von relevanten Informationen durch Schreibtischarbeit, Verwaltungskommunikation, die Einrichtung einer dementsprechenden Gremien- und Arbeitskreisstruktur, das Bearbeiten der Schnittstellenproblematik zwischen Personen und Arbeitsbereichen adäquater Kommunikationsorte.

4.3 Die (Institutionen-)Ethik der Macht-Struktur
Die Gestaltung und Entwicklung von Organisation, deren Strukturen und Prozesse, beinhaltet den Aspekt der Organisation der Machtverhältnisse. Dieser Aspekt soll hier als Institutionenethik der Macht- und Herrschaftsstruktur konzipiert werden. „Über die Strukturgebung wird das Verhalten der Abhängigen selbst gesteuert und gelenkt, ohne dass die Person oder die Personen, die solche Festlegungen treffen, in Erscheinung treten (strukturelle Macht). Die Setzung von Strukturbedingungen kann gezielt als Kontrollfunktion geplant sein (…) oder weniger offenkundig durch die Standardisierung und Normierung von Prozeduren (…)" (W. Neubauer 2006: 43). Zu einer ethischen Perspektive ist dies weiterzuführen, wenn die Führungskraft die Potentiale hat, um die zur Verfügung gestellten 'Machtbasen' (vgl. N. Saam 2001; 2002) situativ einzusetzen oder dies zu unterlassen. Exemplarisch zeigt ein Interviewabschnitt die Konzentration der Letztentscheidungsmacht im Sozialmanagement.

19 *aber so seh ich des Team [mh] für mich natürlich scho ganz elementar*
20 *[mh] also wei weil ich äh des isch praktisch wirklich s äh des Gremium wo ähm (.) entschiede*
21 *entscheide isch falsch gsagt wo eben die Dinge feschtgezurrt werden ja [mh] (..) im Vergleich*
22 *jetzt zu Demokratie (schluckt) zur Kommunalverwaltung isch des scho gnadenlos*
23 *hierarchisch hier (.) [mh] der der ge die ganze Geschäfte sind so angeordnet dass nur ich*
24 *eigentlich das wirkliche Sagen habe oder der Dienschtstellenleiter jetzt gehen wir mal auf*
25 *Funktionen (holt Luft) während des äh ähm in der kommunale Geschichte da isch immer eine*
26 *Mehrheit im Gremium zu holen [mh] ohs und dann unterliegt ich immer mal wieder und*
27 *häufig gewinn ich aber (holt Luft) des isch scho Demokratie isch scho was anderes wie des*
28 *was wir hier henn [mh] henn einfach spitze Hierarchien [mh] fertig aus [mh][mh]*
(IZ_22,19-28)

Sehr deutlich ist hier, dass sich der Akteur über die Verteilung von Macht und die Machtverhältnisse bewusst ist. Die erste Perspektive einer ethischen Seite dieser Machtstruktur zeichnet sich im Bewusstsein der Funktionsfähigkeit hierarchischer oder demokratischer Strukturen ab. Die Entscheidung über Machtverteilungen hat für den Akteur mit einer Funktion zu tun, die nicht auf allen Ebenen zu den gewünschten Ergebnissen führt. Zentral für die Führungskraft ist die Kontrollfunktion über Strukturen und ihre Machtbasis, durch die sie die grundlegende Ordnung hergestellt sieht. Dass der Dienststellenleitung die Letztentscheidungsmacht zukommt bedeutet jedoch nicht die Überlegenheit des übergeordneten Managements, wie durch den folgenden Interviewabschnitt verdeutlicht wird.

6   *die Konschtruktion machts eben*
7   *da einfach weil weil hier so viel durchläuft aufgrund der Grundkonschtruktion (holt Luft) ähm*
8   *(.) ansonschte (.) weiß ich auch vieles nicht und muss ich auch vieles net wissen wenn mir ich*
9   *find also mir henn so a glasklar Struktur (Stimme rauf) mit dene Bereichsleiter (Stimme rauf)*
10   *und die müsst ihren Lade in Ordnung halte und die kriegens eigentlich mit mir immer nur zu*
11   *tun wenn eklatente Mängel auftreten oder wenn net belegt isch (.) [mh] und die henns mit mir*
12   *zu tun oder die kommen auf mich zu wenn se mehr Personal wollen (.)*
(...)
17   *ja (..) des würd i sage (schluckt) (Summen im Hintergrund) die Kunscht des*
18   *Führens hier ischt net der allgegenwärtige Tausendsassa aller Hausvater zu sein sondern die*
19   *Kompetenz der äh äh Leitungsfigure voll zum Trage komme zu lasse des isch die Kunscht*
(IZ_23,6-19)

Der Führungsstil wurde vom patriarchalen, personenbezogenen ‚Absprachestil' zum struktur-bezogenen, eigenverantwortungsorientierten Führungsstil verändert, was gleichzeitig für die Bereichsleitungsebene von Bedeutung ist. Die Gestaltung von Strukturen adäquat zum Führungsstil und die Verantwortungsübernahme der beteiligen Personen ist ein fortwähren-der Prozess, in dem die Wertvorstellungen eigenverantwortlicher Zielverfolgung der Mitar-beitenden und Führungskräfte bis zu einem bestimmten, zieladäquaten Punkt in die Struktur inkorporiert wird. Dieser Prozess bewegt sich zwischen den ‚Polen' der Kompetenzzutei-lung (als Zuständigkeit), zielgerechter Aufgabendelegation und der eingebauten Kontroll-funktion.

Dieser Prozess soll in einer zweiten Perspektive als (institutions-)ethischer Prozess in-terpretiert werden, weil die Organisation immer weiter in die Richtung verändert wird, dass sie eine adäquate Anreizstruktur für eigenverantwortliches Handeln darstellt. Die Zuord-nung von Aufgaben zu Zielvereinbarungen in einer adäquaten Struktur soll die Kontrolle und Bewertung der Aufgabenerledigung ermöglichen. Gleichzeitig verlagert die Kombina-tion aus enger und loser Kopplung (vgl. Kap 2) die Kontroll- und Steuerungsaktivitäten in den Bereich des guten Glaubens, des Vertrauens und der Persönlichkeitsinszenierung. Durch ihre Gestaltungskompetenz und Ressourcenkontrolle haben die Führungskräfte einen besonderen Machtzugriff auf sinnbildende, legitimatorische bzw. allokative und autoritative (Herrschaft) Ressourcen (vgl. A. Giddens 1995: 81).

Die *Kompetenz der Machtverteilung* äußert sich in der Aufgabe und Fähigkeit, eine - adäquat zu jeweiligen Zielvorstellungen - Verteilung der Entscheidungsmacht einzurichten. Zentrale Instrumente sind hier die Objektivierung von Entscheidungen und Zielsetzungen durch eine unsichtbare ‚Selbststeuerung', realisiert durch anreizadäquate Strukturge-staltung. Die Implementierung leitender Prinzipien oder Wertvorstellung in eine Anreizstruktur erfolgt dabei erfahrungsbasiert durch Versuch und Irrtum.

4.4 Haltungsaspekte: Zwecke, Ziele und Werte des Organisierens
U. Schimank (2005b) weist in seinen Ausführungen zum Entscheidungshandeln darauf hin, dass sich Entscheidungen nicht nur an einer Effizienz- oder Effektivitätsrationalität orien-tieren, sondern dass die Zwecksetzung des Handelns selbst ein wesentlicher Gegenstand des Entscheidungshandelns ist. Entscheidungsakteure stellen also Zweckrationalität her. „Die Bedeutung des Rationalitätsprinzips nicht nur für kognitive Fragen der Wahl des ge-

eignetsten Mittels zur Verfolgung eines gegebenen Zwecks, sondern auch für evaluative und normative Fragen der Setzung von Zwecken ist (...) nicht zu leugnen." (U. Schimank 2005b: 64) Ebenso ist deutlich, dass hinter Zwecksetzungen auch immer Wertvorstellungen zu finden sind. „Entsprechend muss ein umfassender, nicht auf Effizienz reduzierter oder höchstens noch Effektivität einbeziehender Rationalitätsbegriff beschaffen sein." (ebd.) Rationalität wird von den Akteuren bezüglich bestimmter Anforderungen durch Situationen hergestellt. Diese Leistung ist nicht in jeder Entscheidungssituation zu leisten. Jedoch ist zu vermuten, dass auch jenseits von traditionalem, routinisiertem oder emotionalem Handeln (welches jeweils auf „mehr oder weniger drastisch simplifizierten, vereindeutigten Situationsdeutungen" (ebd.: 65) basiert) bereits getroffene Rationalitätsentscheidungen auf ihre Passung zu den Situationen geprüft werden. „Rationalität liegt in dem Maße vor, wie eine Entscheidung der jeweiligen Situation und den von ihr gestellten Problemen gerecht wird. Das wiederum bedeutet, dass die Entscheidung die Vielfalt von Situationsaspekten und Perspektiven auf die Situation in Betracht zieht und sich gegenüber dieser Vielfalt zu begründen vermag." (ebd.) Rationales Entscheidungshandeln hat es also immer mit vorgängigen Wert- und Zwecksetzungen zu tun – aber auch mit nachträglichen Umdeutungsprozessen des rationalen Handelns an die Handlungsergebnisse.

4.4.1 Zum Begriff Haltung

Der Begriff der ‚Haltung' der in Protokollen und Interviews immer wieder genannt wird („*M: Jetzt will er also wissen, mit welcher Haltung wir dahin gehen.* BP 43_3,3) deutet auf die personale Entsprechung einer wertgebundenen Handlung hin. Der Begriff der Haltung kann dabei aus ethischer und soziologischer Perspektive interpretiert werden. Bei beiden inhaltlichen Auslegungen geht es um die Einstellung und Motivation der Handelnden.

In ethischer Interpretation meint Haltung die Gesinnung einer Person, also eine durch Werte und Moral orientierte Grundüberzeugung oder Denkweise eines Akteurs. Einer Handlung wird durch den Begriff der Haltung so etwas wie ein Motiv und ein Ursprung zugeordnet. In der ethischen Theorie ist der Begriff der (Grund-)Haltung im gesinnungsethischen Denken verortet. Max Weber (1987) hat als erster deutlich herausgearbeitet, das die Gesinnungsethik immer das Motiv oder die Absicht einer Handlung als zentrale Bewertungsgröße heranzieht - im Gegensatz zur Verantwortungsethik bei der die Handlungsfolgen der zentrale Maßstab sind. Aus soziologisch/psychologischer Sicht wird mit Haltung eine Einstellung verbunden, eine persönliche Meinung zu einem Tatbestand. Durch die Haltung kommt aber insbesondere eine Gesamtbewertung von Situationen, Personen oder Objekten durch einen Akteur in den Fokus. H. Triandis (1975: 3ff.) nimmt an, dass durch die Haltung in einer bestimmten Situation ein Akteur für spezifische Handlungsweisen voreingestellt (prädisponiert) ist.

Die Verwendung von Haltung in den empirischen Daten weist vor dem Hintergrund dieser Diskussion auf zwei Aspekte hin. Erstens spielt für die Akteure eine wertgebundene Haltung für das Entscheidungshandeln eine bestimmte Rolle. Schon der Rückgriff auf und das Einrichten von bestimmten Deutungs- und Wertungsgemeinschaften nimmt eben auf diesen Aspekt Bezug. Zweitens kann jedoch nicht davon ausgegangen werden, dass eine feste, vorgeformte Einstellung von Personen in beruflichen Situationen vorauszusetzen ist, sondern dass der Haltungsaspekt zumindest in wesentlichem Maße auch eine Frage der Entscheidung, Findung und Prüfung ist.

4.4.2 Effektivität und Autonomie als Haltung der Professionellen zur Organisationsgestaltung

Vor dem Hintergrund dieser Begriffsabgrenzung kann nun eine Interpretation leitender Zwecksetzungen, denen Wertaspekte zugrunde liegen, vorgenommen werden. In Situationen des Organisierens mit ihren Aspekten der Strukturgestaltung, Kommunikation und Machtverteilung geht es den Managementakteuren um zweierlei, wenn sie sich auf Effektivität beziehen. Einerseits geht es um die effektive Bearbeitung von Aufgaben und Weitergabe von Informationen. Dieser Wertvorstellung scheint die Gestaltung der Organisationsstruktur untergeordnet zu sein und die Machtverteilung bzw. auch Begrenzung der Eigenverantwortung scheint sich ebenso nach diesem leitenden Wert zu richten. Andererseits ist aber den neoinstitutionalen Ansätzen Recht zu geben, dass Effektivität getrennt von Effizienz als Wert legitimationsrelevant ist. Effektivität wird keineswegs nur durch engere Verkoppelung herbeigeführt, vielmehr werden Gestaltungselemente und –instrumente unter dem Wert der Effektivität bewertet. Die Akteure sind beziehen sich nicht nur auf ‚objektive' Effektivitätsmerkmale oder –nachweise, vielmehr konstruieren sie Effektivität und nehmen auf Effektivitätsanforderungen ihrer Umwelt Bezug. Insofern muss Rationalität im Gegensatz zur ökonomischen Lesart hier umgedeutet werden; „die rationale Handlung dient im Gegensatz zur effizienten Handlung nicht der optimalen Aufgabenbewältigung, sondern der Legitimation der Organisation nach innen und außen." (U. Wilkens 2003: 193) Die empirischen Ergebnisse deuten jedoch darauf hin, dass die Ausschließlichkeit der Neoinstitutionalisten nicht gehalten werden kann.

Bezüglich der Haltung der professionellen Entscheidungsakteure in Organisationssituationen schwanken die Akteure zwischen Autonomie und Allzuständigkeit bei gleichzeitiger Überforderung. Entscheidungen treffen zu können ist einerseits als relative Gestaltungsfreiheit das angestrebte ‚Managementgehalt', auf der anderen Seite spüren die Akteure die ständige Last der Entscheidungen. Die Führungskräfte sind also vor dem Hintergrund ihre Verantwortungsübernahme im lokal definierten Handlungskontext fast autonome Letztentscheidungsakteure, sie unterliegen aber gleichzeitig einer strukturellen Überforderung. In diesem Spannungsfeld zeichnet sich eine Haltung des reflektierten Selbstschutzes ab.

4.5 Wissen der professionellen Akteure über die Organisation als Regierungsdispositiv

Einer der charakteristischen Gegenstände professionellen Sozialmanagementhandelns ist die Organisation als Institution und deren Untereinheiten. Wie die exemplarisch dargestellten Kompetenzdimensionen in den organisationsbezogenen Performanzkontexten zeigen, sind die Entscheidungsakteure befähigt und teilen ein spezifisches Sonderwissen über diesen Gegenstand, ihre Organisation. Die Handelnden teilen ein gemeinsames Wissen über Organisationsmanagement (R. Bokranz / L. Kasten 2003). Dieses Managementkonzept fokussiert die Institutionen, die „Dienstleistungen, Verwaltungsleistungen oder warenwirtschaftliche Leistungen erstellen. (...) Die Empfänger dieser Leistungen werden mit vier Leistungsaspekten konfrontiert, dem Produkt, dem (Erstellungs-)Prozess, und der sie umgebenden Kontaktsphäre, aus denen sich in Summe Dienst- oder Verwaltungsleistungen zusammensetzen. Der Schwerpunkt des Organisations-Managements liegt bei der Einfluss-nahme auf die Prozesse und die Kontaktsphäre." (ebd.: 33) Nach Auffassung von Bokranz/Kasten bestehen die wesentlichen Aufgaben des Organisationsmanagements darin, organisatorische Aktivitäten (z.B. Beschreibung, Erklärung, Prognose, Gestaltung und Beratung der Dienstleistungen, Geschäftsprozesse und Kontaktsphäre) in organisatorischen Lösungsfeldern zu behandeln (z.B. Hierarchiestrukturen, Prozess-Management, Produktivi-täts-Management, Qualitäts-Management) (ebd.). Damit bleibt dieses Managementver-ständnis jedoch insbesondere bei den Punkten der technologischen Machbarkeit und der Wertfreiheit der mythischen Verklärung des traditionellen Managementbegriffs verhaftet (vgl. M. Pohlmann 2002; 2007; D. Baecker 1994). Denn Organisations-Management in der eben dargestellten Form geht davon aus, dass gewünschtes Verhalten durch die Auswahl und den Einsatz der geeigneten Instrumente herbeigeführt werden kann, also dass Vorstel-lungen linear durchgesetzt werden könnten. Wie schon in den Ausführungen zur Führungs-rolle gezeigt wurde, spielt die gegenseitige Zuerkennung von Deutungsmacht, Autorität und Entscheidungshoheit eine entscheidende Rolle. Ebenso wenig lässt sich Organisations-Management auf die Bewältigung operationaler Führungsaufgaben begrenzen, sondern allein in der Setzung von Strukturen und Prozessen kommen Wertentscheidungen zum Ausdruck. Organisationen als Gebilde sind also nicht grundsätzlich steuerbar, sondern als Systeme beeinflussbar. Dies wird an dem Sonderwissen aus der subjektorientierten Per-spektive der Gruppe der Sozialmanagementakteure in drei Dimensionen deutlich.

Erstens geht es um das Wissen über die Organisation als „Regierungsdispositiv", die auf Formen der Machtausübung zurückgreift, die „wie etwa die juridische Form, zentral für die staatliche Machtausübung sind" (M. Bruch/ K. Türk 2005: 97). Diese institutio-nell/funktionale Perspektive bestimmte auch die Luhmannsche Analyse in der Ebenenunterscheidung Interaktion – Organisation – (Teil-)System und kann kurz mit „for-maler Organisation" umschrieben werden. Organisation und vor allem die jeweiligen „Vo-raussetzungen der Genese, der Existenz und der Reproduktion von Organisationen" (ebd.: 91) müsste nach Ansicht der Autoren ein Untersuchungsfeld sein. Das Wissen der professi-onellen Managementakteure um die Organisation als Dispositiv bedeutet, dass sie Wissen darüber haben, „welche Vorstellungen und welches Wissen von Ordnung Organisationen implizieren und welche Machteffekte die Anwendung dieser Organisation produziert" (ebd.: 97); und auch welche Bedeutung die Gestaltungsmöglichkeiten von Organisation als Regierungsdispositv hat. „Das Organisationsdispositiv spannt einen Wissens- und Hand-lungsraum auf (extensionale Dimension), der aus Diskursen, Institutionen, architektoni-schen Einrichtungen, Verhaltensweisen und –anforderungen besteht." (ebd.: 98). Es geht also nicht nur darum, mit den geeigneten Instrumenten die Gesamtheit der Aufgaben adä-quat zu bearbeiten, sondern es geht immer auch darum, die Macht- und Einflusssphäre bestimmter Personen oder Personengruppen zu bestimmen, die (Teil-)Aufgaben nach Macht und Einfluss zu bewerten und mit den relevanten Personen in Einklang zu bringen und für die jeweilige Verteilung von Aufgabe, Kompetenz (Macht und Einfluss) und Ver-antwortung gegenseitige Anerkennung zu erlangen.

Zweitens teilen die Führungskräfte die Auffassung, dass die Funktion der Organisation nur jenseits wertfreier Erklärungen angemessen beschrieben werden kann. Dieses Ergebnis lässt sich erstaunlicher Weise übereinstimmend mit Vertretern eines regulativen Institutionalismus (W. Scott 2001) sowie des kulturell-kognitiven Ansatzes konzeptionieren. Finis Siegler (2001c) mit Frank Schulz-Nieswandt (1993: 59) (als Vertreter der Neuen Institutionenökonomik) vertreten vor dem Hintergrund der Auseinandersetzung um Effizienzorientierungen und Transaktionskostenanalyse für NPO die These, dass zur Erklärung von Nonprofit-Organisationen auch eine historisch-genetische Theorie angesetzt werden sollte, eine rein funktionalistische Erklärung von NPO genüge nicht. „Die Wahl einer institutionellen Struktur folgt aber nicht nur ökonomischen Effizienzüberlegungen, sondern bringt auch Wertentscheidungen zum Ausdruck" (B. Finis Siegler 2001c: 25). „So betrachtet sind NPOs kollektive Antworten auf soziale Probleme, deren konkrete Ausgestaltung sowohl von den historisch jeweils gegebenen Rahmenbedingungen abhängt als auch von den gemeinsam geteilten Überzeugungen der Akteure" (ebd.: 26). Zur Erklärung der Genese und Entwicklung sind demnach ökonomische, politische, soziale und kulturelle Hintergründe der Entstehung von NPO sowie ihre „internen und externen Entwicklungsbedingungen" (ebd.) zu integrieren. Diese Wertentscheidungen sind aber nicht als gegeben anzusehen. Vielmehr zeigt sich durch das ,Wie' der Entscheidungsfindung (z.B. durch die Entwicklung und Sicherstellung einer Deutungs- und Wertungsgemeinschaft ,Leitungsrunde') dass diese Wertentscheidungen immer neu herbeigeführt oder angepasst werden müssen. Die Rekonstruktion der NPO als ,wertorientierte' Organisation ist weniger eine Beschreibung und Erklärung eines organisatorischen Gebildes, sondern vielmehr einer fortwährenden Aufgabe bzw. eines organisationalen Prozesses. Die Vertreter des ökonomischen Ansatzes gehen allerdings nicht so weit, den Effizienzbegriff selbst zu rekonzeptionalisieren als einen, der sozialkonstruiert nur von den Umwelterwartungen des jeweiligen organisationalen Feldes zu verstehen ist. Im neoinstitutionalen Verständnis wäre Effizienz selbst als gesellschaftliche Norm zu verstehen, die gesellschaftlich kommuniziert und anerkannt werden muss (vgl. U. Wilkens 2003: 215).

Drittens geht es um die Dimensionen eines Wissens um die Organisiertheit von Gesellschaft und Handeln, also einer Organisation jenseits jeder juridischen, strukturellen oder dispositiven Form. Oder besser gesagt, im Fokus sind unter dem Begriff der Organisiertheit die „anderen Formen der Regulierung menschlicher Kooperation" (M. Bruch/ K. Türk 2005: 96), die sich eben von Organisation(en) unterscheiden, aber dennoch unter ein Konzept des Organisationswissens fallen. Das Sozialmanagement teilt das Sonderwissen darüber, welche Art und welche Orte der Entscheidungsfindung als anerkennungswürdig gelten und welche Prozesse und Orte der Kommunikation und Information angemessen sind, um das anerkennungswürdige Maß an Partizipation der Mitarbeitenden zu erlangen. Informations- und Kommunikationsmanagement sowie Entscheidungsfindung sind also wiederum keine Fragen des operativen Managements, sondern ebenso des normativ-strategischen Handelns in der Beeinflussung des Systems Organisation.

Die Gestaltung von Organisation als Regierungs- und Regulierungsdispositiv setzt das Potential von Wissen und Haltung im Führungskonzept voraus. Die Organisationsgestalter leiten somit Organisation als ein Regulierungsdispositiv, in welchem allokative und autoritative Ressourcen gebündelt und miteinander verknüpft werden. „Es werden somit nicht nur Orte der Ordnung und des kontrollierten legitimen Zugriffs auf Arbeit hervorgebracht, sondern auch Zentren der Ansammlung von Produktionsmitteln (materieller wie immaterieller Art) und disparitärer Verfügungsrechte über diese" (M. Bruch / K. Türk 2005: 115).

Das Wissen über arbeitsteilige Aufteilung dieser Machtbasen zwischen den professionellen Fachkräften und professionellen ManagerInnen sowie die Strategien der Legitimierung dieser Ressourcenbündelung bei gleichzeitiger sozialer Ungleichheit zwischen den Organisationsmitgliedern ist dabei einer der Kerne der professionellen Sonderwissensbestände – also das Wissen über die Legitimierung der Herrschaft als Ressourcenbündelung und als „eine hegemoniale Form der Führung von Führungen" (ebd.: 91).

Zusammenfassend können vier Sonderwissensbereiche herausgestellt werden:
- Wissen um die Partizipation der Mitglieder und Transparenz der Entscheidungen; Legitimation von Herrschaft durch Partizipation an der Macht und hierarchische Differenzierung der Ressourcenkontrolle. Eigenverantwortung als Gestaltungsmacht und Instrumente der Aufgaben- und Entscheidungsdelegation.
- Gemeinsam geteiltes Wissen um die Spezialisierung der Aufgaben und die Qualitätssteigerung durch Spezialisierung verbunden mit der fortwährenden Aufgabe der Wertorientierung. Strukturgestaltung als Führungsinstrument (Ziele und Organisationsrollen) und als Kompetenzverteilung (Aufgaben und –Verantwortungszuweisung).
- Wissen um das Wissens- und Informationsmanagement um Instrumente, Prozesse und Orte der Kommunikationsorganisation und Kriterien der Informationsbewertung.
- Wissen um die Balance zwischen flexibler Organisation und der Selbststeuerung durch Strukturen institutioneller Ethik.

5 Ressourceneinsatz und Führung von Professionalität

Personelle und materielle Ressourcen zu führen und einzusetzen gehört zu einer zentralen Aufgabe an der die manageriale Kompetenz deutlich wird. *Im Fokus dieser zweiten professionellen Teilkompetenz steht der Ressourceneinsatz in sozialen Organisationen bzw. Dienstleistungen und hier vor allem personaler Ressourcen als Trägerin personengebundener Professionalität und die daraus hervorgehende Führungsaufgabe.* Die Organisation sowie Führung professioneller Ressourcen stellt eine zentrale Kompetenz des Sozialmanagements dar. Es geht unter anderem um Handlungen bezogen auf die sozialen Kontexte und Interaktionen in denen das Handeln von Personen geplant, gesteuert, beeinflusst und kontrolliert wird (dies als klassische Aufgaben von Personalmanagement).

Zu unterschiedlichen Anteilen sind die Führungskräfte auch damit betraut die Liegenschaften zu entwickeln und zu betreuen, Material und Ausrüstung zu organisieren, also allgemein gesprochen, Produktionsfaktoren jenseits des Personals zur Verfügung zu stellen. Es geht um die Beschaffung und Bewirtschaftung derjenigen Produktionsfaktoren, die die Organisation zur Erfüllung ihrer Sachziele benötigt aber nicht selber herstellt (vgl. H. Corsten 1997: 54). K. Schellberg (2008: 126) definiert diese Aufgabe auch als die Bereitstellung der adäquaten Produktionsfaktoren zur richtigen Zeit am geeigneten Ort.

Jenseits allgemeiner Adaptionen zum Personalmanagement in der Sozialen Arbeit erscheint die Fähigkeit, personengebundene Professionalität bewerten zu können, als zentral. Um es noch deutlicher zu sagen. Es spielt eine maßgebliche Rolle, von *wem* eine Position besetz wird, Mitarbeitende sind nicht beliebig austauschbar, wie es die eher betriebswirtschaftlich orientierte Managementlehre glauben machen will (vgl. Kap. 21). Diese Kompetenz stellt die unersetzbare Basis jeder Führung und Organisation professioneller Ressourcen dar. Darüber hinaus hat Ressourcenmanagement, Führung und Professionalitätsorganisation in der Vorgesetztenrolle sowie in einer professionellen Dienstgemeinschaft mehrere Facetten. Es geht einerseits um Führung über Hierarchieebenen hinweg aber andererseits auch um Dienstgemeinschaften mit Führung unter ‚Gleichen'. Es geht um (Team-)Führung als Befähigung von Personen aber auch die Einrichtung und Begleitung von selbstgesteuerten Teams. Kompetent organisiert dabei die Professionalität als personelle Ressource, wer nicht auf Beeinflussung von Personen durch Bezug auf offene Gewalt oder auf Überredungskünste rekurriert, sondern auf die Einsicht, Plausibilität und Überzeugung setzt, offene oder versteckte Drohungen einsetzt oder beziehungs- und konsensorientiert Vereinbarungen trifft. Eine große Rolle spielen hier die Vereinbarung von zustimmungsfähigen Zielen und die Bewertung der jeweiligen Aktivitäten an Zielerreichung.

Dass sich Personalmanagement und Personalentwicklung auf professionelle Mitarbeiter bezieht, die jeweils zumeist mit personenbezogenen sozialen Dienstleistungen befasst sind, wird jedoch kaum reflektiert. Insbesondere der Aspekt der ‚Person' scheint auch in den Dienstleistungsdebatten zum größten Teil vergessen zu werden. Hier ist im professionellen Sonderwissen des Sozialmanagements aber bereits verankert, dass es beim Personalmanagement auch darum geht, dass in dreifacher Hinsicht bei Personalentscheidungen auch Beziehungsgeschehen mit gestaltet werden. Es geht um die Beziehung zwischen der Führungskraft und dem Untergebenen, es geht um die Beziehung der jeweilige Professionellen (ggf. auch im Team) und es geht um die Beziehung zwischen den Klienten und jeweiligen professionellen Fachkräften.

5.1 Vertrauensorientierte Personalführung als Performanzkontexte
Für die erste Beziehungsebene scheint die gegenseitige Anerkennung von entscheidender Bedeutung zu sein. Professionelles Management ist in einer doppelten Form auf die gegenseitige Anerkennung und das gegenseitige Vertrauen angewiesen. Die Anerkennung der Position der Führungskraft impliziert auch die Arbeitsteilung und damit Legitimation der managerialen Position im Zusammenspiel der unterschiedlichen professionellen Akteure. Die Führungskraft bleibt allerdings umgekehrt auf das Vertrauen auf die Kompetenz und adäquate Leistung der Fachkräfte angewiesen, denn es handelt sich um Vertrauensgüter (vgl. Langer 2006e), deren Qualität letztlich niemals mit ‚harten' Kriterien überprüft werden kann. Personalentscheidungen gründen also Vertrauensbeziehungen zwischen Führungskräften und Fachkräften.

Die zweite Beziehungsebene bezieht sich im Weitesten auf die Zusammenarbeit im Team, auch wenn keine reale Teamarbeit eingerichtet ist. Bei der Personalauswahl oder allgemein bei Personalentscheidungen hat die jeweilige Teamkonstellation eine nicht zu unterschätzende Bedeutung. Die Managementakteure teilen das Wissen, dass eine falsche Teamzusammensetzung in einer Außenwohngruppe der Jugendhilfe zu wesentlichen Einbrüchen in Qualität, Finanzierung, Fachlichkeit bis hin zu Organisierbarkeit führen kann. Eine falsche Personalentscheidung kann zu erhöhten Aufwänden und Kosten führen, die einen Arbeitsbereich über Jahre bestimmen können. Personalentscheidungen begründen also Kooperationsbeziehungen in Teamentwicklungsprozessen.

Die dritte Beziehungsebene setzt an der Personenkonstellation zwischen Fachkraft und Klienten an. So ist es nicht automatisch vorgegeben, dass jede Personenkonstellation dieser Gruppe zu einem ‚professionellen Arbeitsbündnis' (U. Oevermann) oder zu einer vertrauensvollen Arbeitsbeziehung (F. Schütze) führen kann. Das professionelle Sonderwissen der Sozialmanagementakteure bezieht sich hier also auf die Beziehungsfähigkeit und die Bedingung der Möglichkeit von Beziehungen bestimmter Personen.

5.1.1   Die Bewertung von Professionalität durch Führungskräfte

Eine zentrale Voraussetzung für Führung gerade von professionellen Fachkräften ist die Kompetenz Professionalität bewerten zu können. Es müssen also Aussagen darüber möglich sein, ob sich die Leistung und das Verhalten bestimmter Mitarbeiterinnen zielgerecht und den Wertvorstellungen entsprechend darstellt.

Ein zentrales Problem stellen die Besonderheiten der personengebundenen sozialen Dienstleistungen als Vertrauensgüter dar: Die Qualität der Dienstleistung kann letztlich kaum mit Bezug auf objektive Kriterien bewertet werden, sondern die Ergebnisse selbst müssen immer noch interpretiert werden. Die Fachkräfte im Klientenkontakt arbeiten mehr oder minder immer ‚hinter verschlossener Tür'. Aus dieser Tatsache, dass die eigentliche Arbeit der Fachkräfte kaum für die Führungskräfte zu beobachten ist, müssen die Vorgesetzten ‚sekundäre' Kriterien zur Beurteilung heranziehen. Besonders schwierig wird diese Aufgabe dann, wenn zwischen der Ebene der Personalverantwortung (in den beobachteten Fällen die Bereichsleitung) noch eine Führungsebene der Gruppenleitung eingeschoben ist.

Die Führungskräfte greifen hier auf unterschiedliche Kriterien und Instrumente zurück. Einerseits bewerten sie das Handeln der Fachkräfte mit dem Rückbezug auf die eigene Praxis, mit der Perspektive *„wie hätte ich in der Situation gehandelt?"* (BP 101). Auch orientiert sich ihre Beurteilung an der Wahrnehmung übergreifender Situationen. Es werden z.B. Schlüsse daraus gezogen, wie Führungskräfte eine Wohngruppe vorfinden, die gerade von bestimmten Mitarbeitern begleitet wird, oder die gerade von der einen zur anderen Fachkraft übergeben wird. Auch spielt das spezielle beobachtbare Problemlösungshandeln von Fachkräften eine Rolle. Ein Mitarbeiter zeichnet zum Beispiel die Leistung aus, stark fremdaggressives Verhalten bei einem Menschen mit geistiger Behinderung dadurch ‚zu beherrschen' und zu kanalisieren, dass er den Menschen mit Behinderung bei einem Gang durch die Einrichtung die Hand auf die Schulter des Mitarbeiters legen lässt, wodurch keine aggressive Verhaltensweisen mehr auftreten.

Neben diesen Beobachtungen spielen zweitens ‚Sekundärtugenden' und die Beobachtung bei der Aufgabenwahrnehmung eine Rolle. Neben der Frage der Pünktlichkeit, Verlässlichkeit und Ehrlichkeit aktivieren die Führungskräfte das zielorientierte Delegieren von Aufgaben und dazu die dementsprechenden Erfolgskontrollen der Eigenverantwortung. Welche Ergebnisse sind also zu erwarten, wenn eine mehr oder minder komplexe Aufgabe an eine Mitarbeiterin weitergegeben wird? (Wenn z.B. ein Auftrag vergeben wird, erste Recherchen über die Betreuung einer neuen Klientengruppierung mit Behinderung anzustellen und den aktuellen Stand der Fachdiskussion dafür herauszuarbeiten und zu präsentieren). Oder andererseits wird die Frage danach gestellt, wie fortlaufend im Team delegierte Aufgaben erledigt werden? Erst der Anspruch der Eigenverantwortung gibt die Möglich-

keit, die Kompetenzen und die Qualität der Professionalität von Fachkräften beurteilungs-
fähig zu machen.

Drittens spielt bei der Beurteilung von Professionalität die Einbindung individuellen
Handelns in eine Wertgemeinschaft eine bedeutende Rolle. So ist das Team nicht nur eine
Gruppe, in der Arbeit geteilt wird, sondern auch eine relevante Bezugsgruppe für die Genese und Stabilität eines Vertrauenskontextes, in dem implizite Verhaltensnormen und Standards bewusst gesetzt werden. Es entsteht also durch diese Bezugsgruppe eine Art der sozialen Kontrolle in der die Orientierung und die Einhaltung professioneller Standards und
bestimmter Verhaltensweisen durch die Gruppenmitglieder beobachtet und sanktioniert
werden. Ebenso ermöglicht die gegenseitige Beobachtung und das vertrauensvolle Verhältnis auch zu der jeweiligen Führungskraft auch die Weitergabe eher vertrauensvoller Informationen, wenn bestimmte Verhalten den vorgegebenen Werten und Normen nicht entsprechen.

Die Bewertungen von Professionalität durch die Führungskräfte stützen sich auf eine
Gemengelage dieser unterschiedlichen Faktoren. Es wird deutlich, dass sie sich dabei auch
auf Intuition und Menschenkenntnis stützen. Sie müssen sich aber auch eingestehen, dass
diese diffizile Aufgabe auch jahrelang misslingen kann.

5.1.2   Vertrauensorientierte Gesprächsführung

Kompetente Personalführung versteht es, Vertrauen in Interaktionsbeziehungen, insbesondere in Führungskraft-Mitarbeitenden-Konstellationen, aufzubauen, zu sichern und zu nutzen. Als Vorgesetzte sind die Führungskräfte fähig, Vertrauensinvestitionen in Form von
Anerkennung der jeweils individuellen Professionalität zu leisten, die Professionalität zu
würdigen sowie transparent mit der Beurteilung und Bewertung von Leistung umzugehen.
Der o.g. Führungsstil bedient sich einerseits der fortwährenden Würdigung der professionellen Kompetenzen der jeweiligen Mitarbeiter und bettet andererseits die Problemlösungen in die (selbst geschaffenen) organisatorischen Strukturen sowie politisch-
ökonomischen Rahmenbedingungen ein. Die hier benannte ‚vertrauensvolle Einbettung'
nutzt damit die professionellen Problemlösungskompetenzen, Informationen und Wissensbestände der Mitarbeiter, schafft aber auch jederzeit Transparenz über die institutionellen
Rahmenbedingungen und die Handlungsbedingungen, die gegeben sind. Kompetente Personalführung kann hier auf ein Repertoire von – bewusst trainierter und erarbeiteter oder
erfahrungsbezogen gelernten (Gesprächs)Führungstechniken zurückgreifen.

Das besondere an den beobachteten Gesprächstechniken ist die Rückbettung der Themen und Gesprächsinhalte in den organisationalen bzw. sozialpolitischen Kontext sowie
die Aktivierung eigener, professioneller Lösungsmöglichkeiten. Im Folgenden werden die
beobachteten Mitarbeitergespräche in einer idealtypischen Art in fünf Phasen strukturiert.
Durch die fünf Phasen wird das Besondere des vertrauensbasierten Mitarbeitergesprächs
deutlich, nämlich die zugrunde liegende Vorannahme der Professionalität. Die Führungskräfte versuchen durch die charakterisierte Gesprächsführung die Besonderheiten des professionellen Personals zu integrieren.

Zu bemerken ist, dass in der dritten Spalte nur ausschnitthaft und exemplarisch eine
mögliche Auswahl von Instrumenten benannt werden, mit denen die jeweilige Performanz
konzeptionalisiert werden könnte. So führen beispielsweise K. Grunwald / E. Steinbacher

(2007) explizit die Instrumente des ‚active listening' und ‚Feedbacks' an (ebd.: 156 ff.), zwei Methoden, die in Supervision, Beratung und Coaching zum Grundbestand und Allgemeinwissen gehören.

Tabelle 1: die fünf Phasen vertrauensorientierter Gesprächsführung

Phase	Aktivität / Interaktion	Instrumente
1. Aktives Verstehen	Zuhören Nachfragen Rückmeldung geben Problem identifizieren Vertrauen schaffen	**z.B. Gewaltfreie Kommunikation** Active Listening Paraphrasieren Pacing / Leading
2. Strukturieren/ Diskutieren	Weitere Meinungen einholen Das Team aktivieren Professionalität würdigen Informationen sättigen Haltung finden	**z.B. Führen durch Personen** - beziehungsorientiert - Moderieren Teamentwicklung Kollegiale Beratung
3. Einbetten / Bündeln	Identifizierung des Themas Konzeptionalisierung des Problems Einordnen in ➧ Professionelle Verfahren ➧ Politische Rahmenbedingungen ➧ Ökonomische Trägerstruktur	**z.B. Führen durch Strukturen** - sach- und strukturorientiert – Strukturen schaffen Organisations-Realität und politisch-rechtliche Meso-Strukturen Prozesse und Strukturen
4. Weiterführen / Entscheiden	Weitere Verfahrensweise klären Entscheidung vorbereiten Entscheidungswege klären Aufgabe delegieren Verantwortung und Konsequenzen klären	**z.B. Management by Objectives** - lösungs- und zielorientiert - Zielformulierung Professionelles Wissen und Können integrieren Kompetenz aktivieren
5. Zusammenfassen / Commitment	Ergebnis darstellen Einverständnis einholen Commitment betonen	**z.B. Sandwich Feedback** Annerkennungskommunikation

Quelle: Eigene

Durch die Inhalte der Spalte ‚Interaktion' deutet sich an, dass die Phasen in sehr unterschiedlichen Gesprächssituationen zu identifizieren waren, wie etwa Jahres-, Entwicklungs- oder Zielvereinbarungsgesprächen bis hin zu Personalauswahl-, Teamreflexions- oder auch Konfliktgesprächen. Wichtig ist aber, dass die einzelnen Elemente immer wieder zu erkennen waren.

Phase 1: Entscheidend für den Aufbau und Erhalt einer Vertrauensbeziehung erscheint dabei die Phase 1 als ein Element, um die Mitarbeitenden in der jeweiligen Situation anzuerkennen und zu verstehen. Die Interaktionselemente dieser Phase dienen dazu, eine vertrauensvolle Beziehung gegenseitiger Anerkennung herzustellen und zu erhalten. Die Phasen 2 bis 4 stellen die Umsetzung der drei Elemente der Führungsrolle dar.

Phase 2: Der Beziehungsaufbau aus Phase eins wird hier weitergeführt und das Gespräch wird von den Interaktionspartnern gemeinsam strukturiert. Die Führungskräfte weiten hier die Perspektive durch eine erste Kontextualisierung der Gesprächsinhalte. Dabei wird zum Beispiel auf alternative Meinungen oder Sichtweisen zurückgegriffen, in Teamkontexten werden die Sichtweisen anderer Teammitglieder eingeholt. Es werden übergreifende Deutungen und Wertungen aufgenommen und in eine Diskussion weitergeführt. Für die Gesprächsinhalte wird auf diese moderierende Weise Information gesammelt und gesättigt und der Versuch unternommen, erste Bewertungen einzubinden. Wesentlich ist auch hier, dass die jeweilige Professionalität eine Würdigung erfährt.

Phase 3: Insbesondere wird in Phase 3 auf Strukturen zurückgegriffen, die durch die Strukturgestaltung geschaffen wurden oder die durch professionelle, organisatorische oder sozialpolitische Rahmenbedingungen als gegeben vorausgesetzt werden müssen. Unter den Führungskräften erscheint diese Phase als besonders wichtig, denn hier wird das Gespräch förmlich ‚in die Realität' eingebettet. Die ‚realitätsbezogene' Gesprächsführung korrespondiert gezielt auf rahmende Strukturen und interpretiert damit die angesprochenen Themen und/oder Probleme im relevanten Kontext. In dieser Phase werden Themen und Probleme identifiziert und entschieden, welche weiter behandelt werden sollen.

Phase 4: Der nächste Schritt besteht in der Weiterführung des Gesprächs zu Lösungsoptionen. Es werden weitere Verfahrensweisen geklärt und vereinbart, Entscheidung vorbereitet, Verfahrens- und Entscheidungswege geklärt und Aufgaben unter der Reflexion von Verantwortungen und Konsequenzen delegiert. Die Eigenverantwortung und Entscheidungsmachtdelegation spielt eine große Rolle, denn in der Klärung von Themen, Problemen, Handlungsalternativen und Lösungsmöglichkeiten wird auf Zielvereinbarungen und abgegrenzte Verantwortungsbereiche Bezug genommen.

Phase 5: Abschießend kommt der Führungskraft die Rolle zu, das Gespräch abzuschließen und den Beteiligten Raum für ein Feedback zu öffnen.

Grundlegend für die *Gesprächsführungskompetenz* bezüglich professioneller Mitarbeiter sind Kenntnis und Einsatz von diversen Techniken der Gesprächsführung, Anerkennung und Beurteilung von Professionalität, Klarheit und Eindeutigkeit der Kommunikation und des Handelns unter dem Aspekt der Vertrauensbeziehungen. Die Führungskräfte zeichnet die Fähigkeit aus, das Handeln der Gesprächspartner reflektierend in den größeren Horizont der Rahmenbedingungen einzubetten, seien es professionelle Standards, organisatorische oder sozio-ökonomische Bedingungen.

5.2 Anerkennungsverhältnisse in der Personalführung

Anstatt bei Führungskräften eine grundlegende strukturbedingte Autorität grundsätzlich vorauszusetzen, ist – wie es die Managementsoziologie auch thematisiert - von einer Autorität auszugehen, die in einem Beziehungsgeschehen zugewiesen wird und „als Zurechnung von Weisungs- und Beratungskompetenz auf eine Person verstanden werden" (M. Pohlmann 2002: 237) kann. Unter dem Herrschaftsbegriff kann auch die gegenseitige Anerkennung von Professionalität zwischen Führungskraft und Fachkraft konzeptionalisiert werden, aus der „die freiwillige Anerkennung und die Einsicht in die (begründbare) Geltung einer Ordnung – in die Über-, Unterordnung und Weisungsbefugnis des Managements – " (M. Pohlmann 2002: 236) hervorgeht. Kompetente Personalführung zeichnet sich dadurch aus, das Vorgesetztenverhältnis in ein gegenseitiges Anerkennungsverhältnis zu überführen.[13] Die Strukturvorgaben ‚enger' Koppelung, repräsentiert durch die verschärfte hierarchische Aufgabenteilung, das ‚Schneiden' neuer Kompetenzbereiche, die Einführung von Mitarbeitergesprächen, Zielvorgaben, Monitoring- und Feedbacksysteme wird durch die Einfassung in Beziehung, Anerkennung und Vertrauen wiederum in Mechanismen ‚loser' Koppelung.

5.2.1 Die Bewährung der Führungskraft an Personalentscheidungen

Eine kompetente Personalführung besteht darin, die Bedeutung von Personalentscheidungen für die Rolle des Sozialmanagements zu erkennen, und die Entscheidungen rollenbewusst, konfliktbereit und mit Durchsetzungsvermögen zu entscheiden. Obwohl unter den folgenden zwei Punkten die Führung und Steuerung von Professionalität und Professionellen in Kontexten der Anerkennung und des Vertrauens betonenswert ist, muss es jedoch zuerst um konflikthafte, konfrontative und durchsetzungsfordernde Entscheidungskontexte gehen, die vor allem am Personalmanagement aufbrechen. Personalentscheidungen sind die schwerwiegendsten und am schwierigsten zu treffenden Entscheidungen.

Der folgende Interviewausschnitt illustriert diesen Aspekt des Entscheidungshandelns.

24   *Z: ja der (.) a*
25   *Problemfall war hier im Haus (.) der aber hier scho fünfundzwanzig Jahr war also mal ab*
26   *zweitausend rückgerechnet (holt Luft) der war im Grunde genomme hätte der auch gerne*
27   *Dienschtstellenleiter werde wollen (Stimme hoch) aber des hat ihm der Vorstand von*
28   *vornerein hat gsagt dich wollen wir nicht (.) und dann war äh auch in meinem Gespräch ob*
29   *ich das hier mach Dienschtstellenleitung (holt Luft) auch die zentrale Frage . was machen wir*
30   *mit dem HERRN W so hieß der (.) (schnalzt) dann hat der VORSTAND gsagt ich kann des*
31   *Problem nicht lösen des müssen sie lösen (..) und da hab i gsagt okay das trau ich mir zu .*
(IZ_17,24-31)

Auf die Frage, was die schwierigste Situation in der Zeit als Führungskraft war, erzählen die Entscheidungshandelnden zum überwiegenden Teil von Personalentscheidungen und meistens von Konflikten um die Anerkennung als Führungskraft, um die Anerkennung der Position bis hin zu Machtkämpfen und Entscheidungen um Entlassungen, die letztlich vor dem Arbeitsgericht landen. In diesem Fall geht es um eine Konkurrenzsituation mit einem Mitbewerber, der letztlich nicht bedacht wird. In dieser Situation muss sich der Entscheidungsakteur bewähren und bekommt hier von der hierarchischen Ebene die Absicherung und Kompetenz diesen Problemfall zu lösen.

Dabei stellen sich Personalentscheidungen im Führungskontext als ein besonderer Orientierungsrahmen dar. Entscheidungen in diesem Bereich fungieren implizit als Bewährung der Führungskraft und sind oftmals durch konflikthafte Auseinandersetzungen gekennzeichnet. An den Personalentscheidungen entstehen beobachtbare ‚Bewährungssituationen', an denen die Durchsetzungskraft, die Führungsrolle und die Anerkennung als Führungskraft hergestellt aber auch öffentlich gemacht wird. Kompetent entscheidet hier, wer

---

[13] Zum Anerkennungsbegriff siehe Kapitel 5.3.

eine adäquate Rollenstabilität entwickeln und einbringen kann. Die Führungskräfte sind in diesem Rahmen fähig und gewillt, die personenbezogene Professionalität zu beurteilen und zu bewerten.

Als *Konfliktmanagementkompetenz* kann die Fähigkeit bezeichnet werden, Bewertung von Entscheidungssituationen vornehmen zu können, in Personalentscheidungssituationen Durchsetzungsvermögen und Konfliktmanagement aufzuweisen und mit Rollenbewusstsein zu stabilisieren.

5.2.2 Team- und Personalführung als Entwicklungskonzept

Kompetente Personalführung zeichnet sich durch die Fähigkeit aus, Personen und Teams mit dem Ziel der eigenverantwortlichen Aufgabenwahrnehmung zu entwickeln, ihr Handeln zu steuern und ihre Professionalität zu beurteilen und zu bewerten. Teams werden als der entscheidende Faktor angesehen, dass Soziale Arbeit unter den Bedingungen der Ressourcenknappheit dennoch leistungsfähig und qualitativ hochwertig möglich ist. Teamführung bedeutet, drei wesentliche Funktionen von Teams sicherzustellen: die Fachlichkeit durch das Team, (fachbezogene Teamarbeit), die Funktion der Teamarbeit und seiner Methoden, Regeln und Moderation (Teamorganisation) sowie der Teamentwicklung. Die Kompetenz der Teamführung zeigt sich an mehreren Problemen: die klare hierarchische Ordnung im Team, dem effektiven Arbeiten sowie die Realisierung von Rückhalt und Beratung im Team.

Erstens ist die Teamzusammenstellung ein entscheidender Faktor der Befähigung zum effektiven, arbeitsteiligen Arbeiten sowie des Ausbalancierens der latent vorhandenen Spannung zwischen Autonomiegewährung und Effizienz. „Im Team gehts in erschter Linie drum dass es der Arbeit gut geht net dass es euch gut geht" (IZ_21, 28). Die gelungene Personalauswahl für Teamarbeit sowie die Zusammenstellung von Teams zwischen Partizipation der Mitarbeitenden und strukturellen Gegebenheiten und Zwängen ist ein Prozess, der auf Menschenkenntnis, Erfahrung, Beurteilung von Professionalität sowie Risikobereitschaft beruht. Ein andauernder Konflikt in einem selbstgesteuerten Team führt nicht nur zu Ineffizienz, sondern zu Gefährdungssituationen für Klienten bis hin zur Rufschädigung im Außenkontakt (etwa zu den Kostenträgern) und negativen Außenwirkung in der Finanzierung und Belegung.

Zweitens lässt sich die Vision von Rückhalt der Führung im Team bei fachlich hochkompetenten Teams und wenig Bürokratie umsetzen. Diese Befähigungsprozesse zum eigenverantwortlichen Arbeiten unterliegen der Spannung der Verlangsamung von Entscheidungsprozessen durch Partizipation und gruppendynamischen Prozessen und der Notwendigkeit der Entwicklung einer personenübergreifenden Fachlichkeit. Nur durch die Investition in die Teamentwicklung kann das Sozialmanagement den Nutzen eigenverantwortlicher Teams generieren, nämlich die der individuellen Professionalität Rückhalt zu bieten, effektives Arbeiten und Innovation zu generieren, nachhaltige Entscheidungen und deren Fortführung zu gewähren.

Die *Führungskompetenz als Entwicklungskonzept für professionelles Personal und Teams* konkretisiert sich in der gegenseitigen Anerkennung von Professionalität auf den verschiedenen Positionen. Die Führungskräfte zeichnet die Fähigkeit aus, Professionalität zu bewerten und durch die Anwendung von Partizipation, Menschenkenntnis, aber auch

Beratung Teams zusammenzustellen, Personen und Kompetenzen weiterzuentwickeln. Die Entwicklung von Teams wird in der Abwägung von Autonomie und Weisungsbefugnis, von Befähigung zu Selbstorganisation, schlanker Bürokratie und Begrenzung der Entscheidungsbefugnisse vorgenommen.

5.3 Haltungsaspekte und Sonderwissen: Anerkennung und Entwicklung von Professionalität und Vertrauen

Im Zentrum der professionellen Haltungsaspekte lässt sich aus den Kontexten des Organisierens von Professionalität als personaler Ressource die (gegenseitige) Anerkennung und Wertschätzung jeweiliger bereichs- und positionsspezifischer Professionalität rekonstruieren. Diese Einstellung und Gesinnung macht auch erst eine Bewertung der spezifischen Professionalität möglich. Das Fehlen gegenseitiger Anerkennung ist ein wesentlicher Indikator dafür, strukturelle Macht und hierarchische Führungsbeziehung zur Konfliktbearbeitung einzusetzen. A. Honneth sowie A. Margalit nähern sich dem Anerkennungskonzept ja von negativen Phänomenen der Missachtung bzw. Entwürdigung. Für Honneth basieren soziale Beziehungen auf der Grundlage sozialer Anerkennung. Für die vorliegende Studie ist neben der körperlichen Demütigung, der Entrechtung bzw. des sozialen Ausschlusses die dritte Dimension, die Entwertung einer Lebensform (vgl. A. Honneth 1990: 1045) von besonderer Bedeutung: Diese liegt dann vor, wenn die Lebensform einer Person als minderwertig oder mangelhaft bewertet wird. „Die betroffene Person kann nun nicht mehr solche Erfahrungen machen, durch welche sie ihren eigenen Fähigkeiten einen sozialen Wert beizumessen vermag. Diese Art der Demütigung ist Folge der gesellschaftlichen Wertehierarchie und kann durch institutionelle Mechanismen hervorgerufen werden" (J. Eurich 2008: 101).

Diese Anerkennungs- bzw. Demütigungskonzeption wird jedoch mit Blick auf A. Margalit (1999; 2000) noch schärfer, denn die Vermeidung von *institutionalisierter* Demütigung als Kennzeichen anständiger gesellschaftlicher Verhältnisse ist seine Pointe, die die Anerkennungsverhältnisse im Sozialmanagement deutlich werden lässt. Es ist eben nicht das demütigende Handeln an sich, sondern das institutionell verankerte Handeln, ja mehr noch das handeln, in dem demütigende institutionelle Verhältnisse zwangsweise zum Vorschein kommen müssen, das der Anerkennung widerspricht. Anerkennung ist also mehr als eine individuelle Haltung, sondern der Ausdruck einer institutionalisierten Personalführungsstruktur und -kultur. Die gegenseitige Anerkennung der professionellen Akteure – also die Anerkennung der Managementpraxis durch die Practitioner, aber auch die Anerkennung der Fachkräfte-Praxis durch die Managementakteure – ist ein Schlüssel des gelingenden Ressourceneinsatzes im Sozialmanagement. Als Zwecksetzung ist die Zielvorstellung leitend, für den optimalen Einsatz von Professionalität als personenbezogene Ressource, und für die Genese und Erhalt von Vertrauen als knapper Ressource zu sorgen.

Neben diesen Haltungsaspekten hat sich im Sozialmanagement ein ‚Expertenwissen' in der Praxis des Ressourceneinsatzes entwickelt. Dieses Wissen besteht nicht in der Adaption verschiedener Ansätze des hoch ausdifferenzierten Bereichsmanagements Human-Ressource-Management, Personalmanagement oder Ressourcenmanagement im Allgemeinen. Vielmehr stellt sich das ‚agency'-Wissen der Entscheidungsakteure im Professionalitätsmanagement als eine Kombination von Qualitäts- und Personalentwicklung dar (5.3.1) und enthält Ansätze von Vertrauensmanagement (5.3.2).

5.3.1 Professionalitätsmanagement als Qualitätsentwicklung und Personalentwicklung
Das professionelle Sonderwissen – welches die Teilkompetenz Ressourcenmanagement ausmacht - besteht (nicht ausschließlich) im Wissen um die Organisation, Steuerung und Kontrolle des professionellen Personals und damit der Professionalität. Die Führungskräfte teilen das Wissen, dass sowohl eine planmäßige Verbesserung der Qualität als auch eine Professionalisierung insgesamt mit dem Einsatz und der Steuerung des Personals erreicht werden kann. Aus der subjektiven Perspektive der Sozialmanagementakteure weisen die Konzepte Qualitäts-[14] sowie Personalmanagement[15] eine hohe Spezialisierung auf so dass die Problematik und Notwendigkeit eines Profession(alität)smanagements marginalisiert zu werden droht.[16]
Professionalitätsmanagement materialisiert sich jeweils in einem Beziehungsgeschehen. Die individuelle Perspektive auf Professionalität übersieht dabei mindestens zwei, für professionelle Leistung in sozialen Diensten wesentliche Faktoren: a) das Zusammenspiel der professionellen Fachkräfte in Teamkontexten, deren gegenseitige Reflexions- und Weiterentwicklungspotentiale sowie b) die Wirkung personeller Faktoren und Rahmenbedingungen auf das Beziehungsgeschehen in der Klienteninteraktion. Hier ist ein erster Kern professioneller Sonderwissensbestände zu finden.
Was ist vor diesem Hintergrund nun unter Personalentwicklung zu verstehen? Es kann nicht nur um die „termingerechte Besetzung frei werdender Stellen mit qualifiziertem Personal" (G. Gehrmann / K. Müller 2006: 51) gehen. F. Freund / R. Knobloch / D. Eisele u.a. (2003) verstehen unter Personalentwicklung eine Zusammenstellung von Programmen und Systemen, „die sich mit Personalförderungsmaßnahmen sowie Methoden der Aus-, Fortund Weiterbildung im Unternehmen befassen" (ebd.: 154), unter der Zielvorstellung, die Mitarbeiterinnen für die Bewältigung der Arbeitsanforderungen zu qualifizieren. Wie jedoch die Qualitätsentwicklung und Weiterentwicklung des Wissens sichergestellt werden kann, wird in der einschlägigen Literatur kaum thematisiert. Im Sozialmanagementhandeln wird deutlich, dass Impulse zur Selbstentwicklung ebenso bedeutsam sind (vgl. C. Hölzle 2006: 31), wie auch „Abwehrhaltungen, Widerstände und Versagensängste" zu bearbeitet und „die Möglichkeit von Fehlern" (ebd.: 37f.) eingeschlossen ist. Die gezeigten Aspekte der Entscheidungsbearbeitung im Leitungsteam bindet das Personal auch in übergreifende Entwicklungsprozesse mit ein. Die vertrauensorientierte Gesprächsführung ermöglicht

---

[14] Personalmanagement ist also in einem weiten Sinne Qualitätsmanagement, (als neutraler Oberbegriff für alle qualitätsrelevanten Tätigkeiten und nicht in der Engführung auf Managementinstrumente, hier vor allem DIN ISO und EFQM): „Unter Qualitätsmanagement versteht man die Gesamtheit der qualitätsbezogenen Zielsetzungen und Tätigkeiten" (U. Arnold 1998: 284 zit. nach J. Merchel 2004a: 10). Insofern wäre die Personalentwicklung aber auch alle Teilbereiche des Personalmanagements zum Qualitätsmanagement zu rechnen.
[15] Personalmanagement untergliedert sich auch im Bereich professioneller Tätigkeit in Teilbereiche, wie z.B. Personalbedarfs- und Personalkostenplanung; Personalbestandsanalyse; Personalbeschaffung (-splanung); Personaleinsatz (-planung); Personalentwicklung (-splanung); Personalführung; Personalpflege; Personalentlassungs-/ -freisetzungs-/ -kündigungsplanung, was als adäquates Managementwissen angesehen wird.
[16] Der Forderung, dass dem Personalmanagement eine zentrale Bedeutung zukommen müsse (vgl. Ch. Braun 2004: 10) und dass das Personal „nicht nur verwaltet werden darf, sondern entwickelt, gepflegt, gesichert, motiviert werden muss" (Ch. Hölzle 2006: 20) stehen jedoch kaum adäquate Konzepte gegenüber.

individuelles und kollektives Lernen im Sinne der lernfähigen Organisation bis hin zu (selbst)reflexiven Lernprozessen (vgl. F. Freund / R. Knobloch / D. Eisele 2003: 169).

Professionalitätsmanagement als Beziehungsgeschehen mündet in zwei Bereiche der Personal- und Qualitätsentwicklung, in denen sich professionelles Sonderwissen konstituiert hat.

Dies ist erstens die *ständige und konstante Entwicklung der Professionalität* nicht nur vor dem Hintergrund neuer Qualifikationsanforderungen, sondern auch durch neue Fallkonstellationen. Ausgangspunkt für Entwicklungsprozesse ist dann nicht ein Defizit in Qualifikation, Fähigkeit oder Kompetenz, sondern eine Veränderung gegenüber der professionellen Arbeit. Die Entwicklung der Fälle macht eine ständige Entwicklung der Art und Weise der professionellen Bearbeitung nötig, die durch (kollegiale) Beratung, Coaching oder Supervision begleitet, zu einer Qualitätssteigerung oder zur Absicherung von Risiken führen kann. Teamführung stellt hier ein zentrales Wissen und funktionales Strukturelement im Sozialmanagement dar.

Der zweite Bereich betrifft das Beziehungsgeschehen zwischen Führungskraft und Mitarbeiterinnen. Die fortlaufende Spezialisierung von Professionalität macht einerseits die Fachkräfte zu Experten, denen gegenüber Führungskräfte als qualifizierte Laien erscheinen. Andererseits geht es jeweils um eine spezifische Professionalität, die sich auf bestimmte Fallentwicklungen bezieht. Die Leistung des professionellen Managements ist es, Entscheidung eben unter Einbeziehung dieser spezifischen Professionalität zu treffen. Die Wahrnehmung der Professionalität auf der ‚untergeordneten' Ebene bis hin zu dem Nachvollziehen der fachlichen Entwicklungen entspricht einer Personalentwicklung der Führungskräfte.

5.3.2 Vertrauensorientierte und strukturintegrierende Personalführung

Die Generierung und Sicherstellung von Vertrauen ist der zweite Bezugspunkt professionellen Sonderwissens (vgl. A. Langer 2003; 2006e). So sprechen K. Grundwald / E. Steinbacher (2007: 149) nicht umsonst von der Schwierigkeit der Delegation. Es erstaunt dabei immer wieder, dass in der Diskussion um Führungstechniken und –instrumente das Vertrauen kaum kritisch reflektiert wird. Wunderer gibt zwei Hinweise, die Vertrauen zu einer unabdingbaren Voraussetzung für delegationsorientierte Führungsarbeit werden lassen Erstens zeigt sie, dass „Vorgesetzte und Mitarbeiter (..) bei delegativer Führung unabhängiger" zusammenarbeiten, dafür müssten sie dann auch „Entscheidungsaktivitäten grundsätzlicher, planmäßiger und systematischer durchführen" (R. Wunderer 2003: 229). Außerdem stellt sie zweitens als Voraussetzung für die delegative Führung eine bestimmte Beziehungskonstellation dar, denn durch die Delegation käme es zu deutlich weniger wechselseitiger Interaktion als bei anderen Führungsansätzen (vgl.: ebd.). Die Genese und den Erhalt von Vertrauen in Führungskontexten in die Reflexion einzubringen erscheint schon vor dem Hintergrund der Konzeption sozialer personenbezogener Dienstleistungen als unerlässlich. Die Führungskräfte teilen das Wissen, dass die Planung, Durchführung und Kontrolle der Dienstleistungserbringung durch professionelle Fachkräfte im Bereich Sozialer Dienste immer grundsätzlich auf Vertrauen angewiesen ist. Die Mitarbeiterinnen arbeiten meist ‚hinter verschlossener Tür' und die Qualitätsbeurteilungen sind sehr schwer objektivierbar.

Vertrauensmanagement speist sich mindestens aus folgenden Elementen der professionellen Sonderwissensbestände

- Konzeptionelle Fachlichkeit der Führungskräfte, eigene Erfahrungen, adäquate Zielsetzung sowie Rückgriff auf eine kritische Vertrauensgemeinschaft zur Beurteilung von Professionalität
- Berufsbiografie und Erfahrung der Führungskräfte in einschlägigen Leistungsbereichen
- Gegenseitige Anerkennung der Professionalität über Fachbereiche und hierarchische Positionen hinweg
- Beratungsorientierte Gesprächsführungstechniken
- klare Aufgaben- und Verantwortungsdifferenzierung
- offene Kommunikations- und Informationspolitik
- Partizipation und kontextuelle Einbettung bei Problem- und Lösungsbearbeitung

Wie zusammengefasst gezeigt werden kann, wissen die Führungskräfte nicht nur um die Bedeutung von vertrauensgestützten Führungskonstellationen, sie haben Instrumente zur Verfügung, Vertrauen zu generieren und sicherzustellen sowie die Ressource Professionalität adäquat einzusetzen. Damit schaffen sie eine Integration von Position und Person: Mitarbeitende sind nicht beliebig austauschbar, sie sind zentrale Erfolgsfaktoren sozialer Dienstleistungen. Die Bewährung und Positionierung in Personalkonflikten ist hier ebenso zu nennen, wie die implizite Anreizfunktion von Vertrauen in Teams, Zielvereinbarungen und Feedbackszenarien bis hin zur Ermöglichung von Entwicklung und Scheitern. Die zentrale These besteht darin, dass sich Führungskräfte durch eine spezifische Fachkompetenz auszeichnen und dass sie um die Fachkompetenz ihrer Mitarbeitenden wissen – und gleichzeitig anerkennen, dass sie nicht über dieses Wissen verfügen.

6   Programmkompetenz als fachliche Konzeption, Implementierung und Entwicklung professioneller Leistung

Bezogen auf (Leistungs-)Programme handeln die Sozialmanagementakteure kompetent, die die fachlichen Aspekte sozialer Dienstleistungen wie Konzeption, Implementierung, Entwicklung, Evaluation bis Intervention in die jeweiligen Arbeitsbereiche einfließen lassen und diese damit beeinflussen. *Der Gegenstand dieser dritten professionellen Teilkompetenz ist die überindividuelle programmbezogene Fachlichkeit und Professionalität, die sich in Programmen sozialer Arbeit ausdrückt und die von Personen, Teams, Arbeitsgruppen, Prozessen bis hin zu Teilbereichen der Organisation getragen wird.* Mit diesen Kompetenzbestandteilen, die an ein besonderes professionelles Sonderwissen anschließen, wird eine kontrovers geführte Diskussion um Qualifikation und Wissensbestände im Sozialmanagement aufgenommen und für die mittleren Führungspositionen beantwortet: Muss eine Führungskraft mit bereichsspezifischem Wissen ausgestattet sein, um relevante und legitimierte Entscheidungen treffen zu können? Welches Wissen um z.B. Problemlagen, Krankheitsbilder, Lebenslagen, Methoden sowie den aktuellen Stand der ‚Sozialtechnologie', Sozialgesetzgebung und fachlichen Standards muss gegeben sein? Die Diskussion reicht von der Position, dass nur erfahrene Praktiker mit diesen Ressourcen aus Wissen und Erfahrung ausgestattet sein können, bis dahin, dass für eine Managementposition ein solches

Wissen nicht notwendig sei. Die Beobachtung und die Interviews zeigen hier die Bedeutung des spezifischen Fachwissens, wie z.B. Jugendhilfe, Behindertenhilfe usw. auf, sodass in diesem Abschnitt zuerst auf eine erste Dimension dieser Sonderwissensbestände eingegangen werden soll, bevor unter dem Kompetenzaspekt auf das ‚Wie' der Umsetzung der Sonderwissensbestände eingegangen wird.

6.1 Bereichspezifische Fachlichkeit: professionelle Expertise als Potential sozialmanagerialer Performanz

Die Führungskraft qualifiziert und legitimiert sich nicht zuletzt durch fachlich, konzeptionelle Kriterien der hier zu umschreibenden Teilkompetenz. In der sozial-managerialen Kompetenz schlägt sich damit eine spezifische Fachlichkeit nieder, die an gesellschaftliche und sozialpolitische Entwicklungen gekoppelt ist. Die Kompetenz des Managements ist in die gesellschaftspolitische bzw. fallübergreifende Entwicklung einer (Fach-)Gemeinschaft integriert, die vor allem auf Herausforderungen durch externe Faktoren reagieren muss (z.B. Wirkungsorientierung, Kindswohlgefährdung, Ambulantisierung, neue Formen der Problemlagen usw.). Die Akteure stehen in einer Dynamik nach mehr Fachlichkeit bzw. einer spezifischen Fachlichkeit, die in Planung und Programmatik der Leistungsangebote verankert werden muss.

Der Bedarf an Fachlichkeit im Management ist durch sieben Faktoren gekennzeichnet, die im Folgenden durch den Rückgriff auf einen Interviewabschnitt herausgearbeitet werden. Diese sieben Punkte müssen als eine erste grundlegende Dimension professioneller Sonderwissensbestände als die Bedingungen und Notwendigkeiten fachlicher Kompetenz verstanden werden, die durch eine zweite inhaltliche Dimension zu ergänzen ist, welche unter Punkt 6.2 ausgeführt wird. Die Bedingungen und Notwendigkeiten der Integration von Fachlichkeit in das Managementhandeln stellen sich vor dem Hintergrund der narrativen Interviews und des ethnografischen Zugangs folgendermaßen dar:
1) Es ist eine gesellschaftspolitisch geprägte oder fallübergreifende Entwicklung einer (Fach-)Gemeinschaft zu verzeichnen.
2) Steigende Herausforderungen an die Fachlichkeit durch externe Faktoren
3) Dynamik nach einer Differenzierung der Angebote und einem ‚Mehr' spezifischer Fachlichkeit
4) stärkere Verankerung der Leistungen in Planung und Programmatik
5) Schnelle Anpassungsfähigkeit und Variabilität des Angebotes
6) Herausforderung an Veränderungsfähigkeit der Leistungen und die Ausführung der Leistungserbringung
7) Kenntnisse und Ausbalancieren übergreifender Entwicklungen mit lokalen/regionalen Verhältnissen

An dem folgenden Interviewabschnitt wird exemplarisch die Bedeutung der (Fach-)-Programm-Kompetenz entwickelt.

15   I: mh
16   S: (.) und diese die fachliche Seite (schluckt) tritt letztlich auch immer mehr
17   in de vo in de Vordergrund (holt Luft) das liegt aber mit an der Zeit weil man immer mehr
18   gefordert isch konzeptionell in schnelleren Rhythmen und in in schnellerm (holt Luft)

19   *Wechsel*
20   *I: mmh*
21   *S: Dinge zu zu ändern und und zu mache*
22   *I: mh*
23   *S: (.) also das was früher zwanzig Jahre*
24   *gehobe hätet des hebt jetzt zwei*
25   *I: mh*
26   *S: also immer n bestimmes Segment*
27   *I: mh*
29   *S: unsere unsere*
30   *Kernaufgabe die sind jetzt net so arg ff im im Zuschnitt nicht verändert und des wird auch*
31   *ertrage und durchgehe da (holt Luft) macht man mal die eine Facette mehr oder die andere*
31   *I:*
32   *mh*
33   *S: aber im es gibt (holt Luft) Bereiche im präventiven Bereich äh wo sich sehr sehr viel tut in*
34   *der Jugendhilfe*
35   *I: mh*
6/1   *S: und auch vor allem auch in in jetzt speziell hier vor Ort die Abstimmung*
2   *mit dem öffentlichen Träger und in der Kooperation mit anderen*
3   *I: mh*
4   *S: da isch in de letzte fünf*
5   *Jahr acht Jahr sehr sehr viel aufgebaut wurde und des isch*
6   *I: mh*
7   *S: natürlich schon (holt Luft) äh n*
8   *Bereich der denn viel Arbeit bringt und auch prägt (IS_5,10-6,8)*

Der vorliegende Interviewteil wird eingeleitet durch die zentrale These: *„und diese die fachliche Seite (schluckt) tritt letztlich auch immer mehr in de vo in de Vordergrund (holt Luft).* In dem Interview wurde vorausgehend ein Führungsmodell mit fünf Komponenten 1) ein bestimmtes Wissen für Verwendungs- und Umsetzungszusammenhänge, 2) die Übernahme und das Ausfüllen der Vorgesetztenrolle, 3) geschickte Berücksichtigung und Agieren-können im politischen Kontext 4) Öffentlichkeitsarbeit 5) Fachlichkeit) entwickelt. Hat man dies vor Augen, so wird mit dieser These der fachliche Aspekt der Führungstätigkeit nochmals aufgewertet und gewichtet. Diese These will bzw. kann der Thesenführer aber nicht so stehen lassen, der Gestaltschließungszwang erfordert hier eine Begründung, die mit dem Verweis auf die „Zeit" also die aktuelle gesellschaftspolitische Entwicklung gegeben wird „ *das liegt aber mit an der Zeit".* Der Verweis auf die „Zeit" ist nicht der einzige, aber anscheinend der relevante Aspekt, der gegeben werden muss, um die These zu stützen. Der Verweis auf die „Zeit" wird nun konkretisiert durch einige Detaillierungen, aus denen klar wird, dass es sich um gesellschaftspolitische aber auch lebenslagenbezogene Faktoren handelt, die den fachlichen Aspekt des Managements gewichten. Im Folgenden werden durch die strukturelle Analyse die sieben Aspekte herausgearbeitet, die die Fachlichkeitsthese stützen und gleichzeitig den Begründungszusammenhang „die Zeit" untermauern und konkretisieren. Mit einem „weil" wird eine typische Begründungsfigur eingeleitet. W*eil man immer mehr gefordert isch konzeptionell in schnelleren Rhythmen und in in schnellere (holt Luft) Wechsel I: mmh S: Dinge zu zu ändern und und zu mache also das was früher zwanzig Jahre gehobe hät des hebt jetzt zwei I: mh S: also immer n bestimmtes Segment.* Die

Dynamik der Leistungen, Problemlagen und Hilfebereiche, hier speziell der Jugendhilfe, scheint sich stark verändert zu haben, was im Kern die Fachlichkeit als professionelles Sonderwissen auch im Management begründet.

1) Der Erzähler verortet sich mit dieser Entwicklung und diesen Anforderungen selbst in einer undefinierten, aber größeren Deutungs- und Wertegemeinschaft. Dies zeigt der Wechsel auf das Indefinitpronomen *„man"* deutlich an. Es gehört also zu einem übergreifenden Phänomen professionellen Handelns, die geschilderten Entwicklungen sind weder als ein individuelles noch spezielles Problem einer Akteurgruppe oder eines Fachbereichs zu begreifen.

2) Eine bestimmte Aktionsgemeinschaft ist nicht von innen motiviert, nicht aus eigener Überzeugung dazu berufen, sondern *„immer mehr gefordert"*. Der erste Aspekt der „Zeit" wird also von externen Faktoren oder Auslösern begleitet, die die Frage nach der Fachlichkeit für das Management aufrufen.

3) Es handelt sich bei der Entwicklung der Fachlichkeit um einen sich verstärkenden, um einen dynamischen Prozess. Es geht also nicht um eine einmalige Entwicklung, wie zum Beispiel die Umsetzung des KJHG in den neunziger Jahren in der Jugendhilfe, sondern eine sich weiterentwickelnde Dynamik, eine Verstärkung, ein „immer mehr". Der Druck, der durch externe Faktoren als Herausforderung wirkt, ist also ein stetig steigender.

4) Es geht auch nicht um das fachliche Handeln und Entscheiden im Fallbezug, also um individuenbezogene Veränderungsprobleme und Hilfehandlungen. Vielmehr geht es um eine „konzeptionelle" Frage. Ohne nun auf die Fachlich-methodische Diskussion in der Sozialen Arbeit einzugehen, lässt sich konzeptionell doch vorerst mit einem Rückgriff auf den Duden näher erläutern als *„klar umrissener Plan, Programm für ein Vorhaben: ein klares, vernünftiges, bildungspolitisches K. haben, entwickeln"*. Mit dem Begriff „konzeptionell" referiert der Entscheidungsträger im weitesten also auf Planungs- und Methodenaspekte der Sozialen Arbeit. Die fachliche Herausforderung „der Zeit" besteht also darin, in einer sich dynamisch entwickelnden Weise auch durch Planung, durch veränderte Programme, durch rationale fallübergreifende Aktionen auch auf externe Faktoren zu reagieren. Im „konzeptionell" verbirgt sich letztlich das Problem der Methodenentwicklung und Sozialplanung in der Sozialen Arbeit.

5) Mit einem weiteren Zusatz wird die Dynamik „immer mehr" konkretisiert: *in schnelleren Rhythmen und in in schnellere (holt Luft) Wechsel*. Der Zuhörer wird in einen Handlungskontext hineingenommen, in dem sich das Tempo des Agierens und Reagierens ständig zu erhöhen scheint. Das Tempo ist durch zweierlei Indikatoren gekennzeichnet. Es geht darum, das Gleiche in immer kürzeren Abständen zu ändern und anzupassen und das Alte zu erneuern, vom Einen zum Anderen zu wechseln.

6) Als Faktoren der Veränderung, der Flexibilität werden zwei Punkte genannt: Anpassungsfähigkeit und Variabilität, beide werden immer schneller eingefordert. Diese beiden Faktoren werden durch das Bezugsobjekt gestützt: *Dinge zu zu ändern und und zu mache*. Anpassung heißt, die Dinge die „gemacht" werden schneller in der Planung zu berücksichtigen, die Reaktions- und Aktionszeit der Durchführung scheint sich zu verändern. Variabilität bedeutet, die Dinge die „zu ändern sind", schneller in die Planung und Programme einfließen zu lassen.

7) Im Prinzip verändert sich die Jugendhilfe also nicht wesentlich was die „Kernaufgabe" angeht. Innerhalb dieses Kernbereichs gibt es aber eine Akzentverschiebung auf die sich das Augenmerk der Forderungen bezieht, nämlich die Aktivitäten am sog. Sozialmarkt und in einem methodischen Aspekt Sozialer Arbeit, der präventiven Arbeit.

Das Sozialmanagement integriert und begründet also in einem entscheidenden Maße eine spezifische Fachlichkeit. Sozialmanagement kann also nicht als eigene Professionalität mit grundlegend zu unterscheidender ‚professioneller Expertise' von den Fachkräften bezeichnet werden. Vielmehr stellt die ‚professionelle Expertise', das klientenbezogene Arbeitswissen, wie auch das systematisierte wissenschaftliche Sonderwissen eine entscheidende Schnittmenge zwischen Fachkräften und Führungskräften dar. Die Anwendung der Expertise unterscheidet sich aber: Während die ‚Practicioner' die Expertise als Potential für klientenbezogene Performanz nutzen, setzen die Führungskräfte die Expertise für die Programm-Performanz ein. Die Gestaltungsaspekte sind hier schnelle Anpassungsfähigkeit und Variabilität, Herausforderung an Veränderung und Ausführung der Angebote, die Kenntnisse genereller Entwicklungen und des Ausbalancierens genereller Entwicklungen mit lokalen / regionalen Verhältnissen, sowie Vertiefung der Fachlichkeit durch die Vielfalt der Themen. Diese Kompetenz kann nicht nur an die Fachkräfte in Klienteninteraktionen weitergegeben werden, sie muss ebenso im Management verankert sein, um Leistungen intern wie extern legitimieren zu können.

6.2 Expertisebegründete und gestützte Instrumente im Programmmanagement
Die professionelle Expertise als Schnittmenge zwischen Fach- und Führungskräften begründet und stützt die ‚Erfindung' eigener Instrumente des Sozialmanagements für die Teilkompetenz des Programmmanagements. Exemplarisch sollen drei dieser Instrumente rekonstruiert und konzeptualisiert werden: die Fachberatung, die Intervention und die Programmentwicklung.

6.2.1   Die Fachberatung von Professionellen und (multidisziplinären) Teams
Sozialmanagementakteure kennzeichnet die Kompetenz, Personen und Teams aufgrund fachlicher Kriterien zu beraten, zu leiten und Entwicklung zu ermöglichen. In Interaktionssituationen, die mit Beratungssettings, Coaching oder Supervision vergleichbar sind, findet eine Begleitung und Entwicklung der professionellen Leistungserbringung statt. Dabei wird professionelles Handeln im Einzelfallbezug ebenso reflektiert, wie die Teams befähigt, als Dienstgemeinschaft reflektiert professionell zu handeln.

Als ein Beispiel soll ein kurzer Abschnitt aus einem Beobachtungsprotokoll die Kompetenz als Berater illustrieren.

Herr Trawny fährt in seiner Funktion als Bereichsleiter in die Tagesgruppe zu einer wöchentlichen Teambesprechung. Es liegen keine besonderen Ereignisse an. Die Tagesgruppe besteht aus drei Mitarbeitern, zwei weiblich, einer männlich. Der Raum ist eine langgestreckte, saalartige Kombination aus Küche, Essraum und Aufenthaltsraum, von dem aus sämtliche weiteren fünf Räume abgehen. Der Raum wirkt eher nüchtern, wie eine Wartehalle. Nachdem man sich über allgemeine Themen unterhalten hat und einige Fallentwicklungen besprochen wurden, führt Herr Trawny in ein erstes Thema ein, nämlich, dass die Tagesgruppen sich im Augenblick in einem Abwägungsprozess befinden. Einerseits war die Tagesgruppe lange Zeit die Methode der Wahl und scheint in dem System der

Kinder- und Jugendhilfen für bestimmte Jugendliche immer noch unerlässlich zu sein. Trawny schildert die andere Seite, dass nämlich die Zukunft der Hilfeform vollkommen unklar scheint, weil gerade in den Schulen auf Ganztagsbetreuung umgestellt wird und auf diese Weise die Zeiten besetzt werden, in denen die Kinder und Jugendlichen eigentlich eine Tagesgruppe besuchen könnten.

T: Ok, das heißt es wird im Sommer eine komplett neue Gruppe geben, dann kommt die Stunde der Wahrheit, ob sich die Gruppe so erhalten lässt.
M2: Na, da hätte ich schon grundsätzlich die Frage, ob das so sinnvoll ist. Mit 10 Plätzen.
T: Wir haben halt überlegt, das Team so zu erhalten. Eigentlich wäre aber eine Gruppengröße von 8 besser.
M3: Wir haben es ja nicht in der Hand.
T: Das würde ich so nicht sehen, man hat manches schon in der Hand. Wir können unser Renommee ganz entscheidend mitbestimmen. Welches wir im Kreis haben. Wir können weiter an der Konzeption arbeiten, vor allen an der Arbeit mit Eltern. Was wir natürlich nicht in der Hand haben, ist die Preisentwicklung.
M3: Ich denke da halt mehr an das Politische. Ich war ja neulich auf einer Fortbildung. In Kommune X darf man Tagesgruppe gar nicht sagen, da sehen die schon rot.
T: Tagesgruppe ist tatsächlich im Abstieg begriffen. Aber wir habe es ja dann mit einer Betreuungslücke zu tun. Die stationären Unterbringungen, die gehen nicht mehr runter und es gibt die Frage, was ist zwischen ambulanter Hilfe und Vollunterbringung.
M3: Aber das ist es ja doch.
T: Halt noch einmal aus, zwischen Tagesgruppe und Wohngruppe. (BP 14_4,7-25)

Der Bereichsleiter nimmt sein Team mit in die aktuelle fachpolitische Debatte hinein. Einerseits konfrontiert er es mit den aktuellen Entwicklungen, die eine Gefährdung der augenblicklichen Arbeit darstellen. Andererseits setzt er aber seine Mitarbeiterinnen auch in erweiterte Aufgaben und eröffnet damit den Blick auf den weiteren Horizont, in den die Arbeit eingebettet ist. Mit dem Hinweis auf das Renommee der Einrichtung, die Weiterentwicklung der Konzeption sowie die Arbeit mit den Eltern zeigt er fachliche Aspekte der Arbeit auf, die in Zukunft durch die Mitarbeiterinnen Beachtung finden sollten.

An diesem Beispiel wird etwas Typisches für das Beratungshandeln des Sozialmanagements deutlich: die aktuelle Arbeit des Teams oder auch von Fachkräften wird in den weiteren Kontext der fachlichen Standards gestellt, damit einer kritischen Reflexion unterzogen und es werden somit Perspektiven der fachlichen Weiterentwicklung aufgezeigt. Eine besondere Rolle spielen dabei immer wieder die strukturellen Komponenten der Sozialen Arbeit, wie die sozialrechtlichen Rahmenbedingungen, die Umsetzungsbedingungen in der kommunalen Sozialpolitik und die fachlichen Standards, mit denen in den regionalen Bezügen (z.B. im Einflussbereich eines bestimmten öffentlichen Trägers) gearbeitet wird.

Die Managementakteure integrieren Fach-Wissen über Klienten ebenso, wie sie in der Begleitung von Klientenbiografien involviert sind. Es geht aber auch um die Verbindung zwischen ethisch/moralischer Orientierung und normativ-fachlichen Entscheidungen im professionellen Handeln. Dabei agieren die Sozialmanagementakteure immer auf drei Ebenen: Auf der fachbezogenen Ebene geht es um Informieren, Beraten und Entscheiden. Die Managerinnen fragen jeweils Kompetenzen der Fachkräfte oder des Teams ab um Wahl- oder Entscheidungsmöglichkeiten abzuwägen. Die organisationsbezogene Ebene bettet die fachliche Zusammenarbeit in die Frage ein: „Wie tun wir es?" Es geht hier um die Methoden, Regeln und die Planung der Zusammenarbeit, sei es im Team oder mit Fachkräften. Die Führungskräfte moderieren hier und greifen klärend ein. Eine dritte Ebene zielt auf die Entwicklung der Arbeit und Kooperation, es geht darum, dass eigene Ideen zur Verbesserung oder Problemlösung aus der Praxis selbst aufgenommen werden können.

Die *fachliche Beratungskompetenz im Sozialmanagement* als die Teilkompetenz im Sozialmanagement, die fachlich begründet ist, materialisiert sich in der Performanz der Begleitung und Entwicklung von Fachlichkeit der Teams und Personen. Die Managementakteure sind fähig, Instrumente und Techniken aus dem Bereich des Coaching, Beratung, Supervision und der Gesprächsführung mit dem Ziel der Steuerung von fachlichen Prozessen einzusetzen. Das spezifische Fachwissen wird durch die Fähigkeit der Initiierung von Reflexionsarenen, der Anleitung von methodischen, meist fallbezogenen Entwicklungen umgesetzt.

6.2.2 Fachlich begründete Intervention und die Führungsrolle

Fachlich kompetent zu handeln bedeutet aber auch, in besonderen und schwerwiegenden Situationen fachliche Führungsverantwortung als Intervention in Fallverläufe und Arbeitsabläufe zu übernehmen. Dieses Handeln ist einerseits durch die Struktur der Organisation und der Aufgabenverteilung definiert. So kommt den Dienststellenleitungen zum Teil noch die Aufgabe der Heimleitung zu, auch wenn die Betreuung dezentral in Außenwohngruppen organisiert ist. Ebenso kann die fachliche Letztentscheidungsmacht auf der jeweiligen Ebene angesiedelt sein, wie z.B. Aufgaben des Sozialdienstes oder der Bereichsleitung in Hilfeplanverhandlungen. Solche besonderen Ereignisse können Intervention in Krisenfällen sein, können aber ebenso regelhaft bei Aufnahme- oder Entlassungsentscheidungen oder Anpassung von Leistungsarten anfallen.

Die besonderen Fähigkeiten in der Umsetzung des professionellen Sonderwissens werden hier insbesondere vor dem Hintergrund der Beratungsfunktion plausibel. Während es bei Supervision, Coaching oder Beratung um die Entwicklung und Befähigung der Mitarbeitenden und der Einbettung der Teams in ihren fachlichen Aufgaben in den spezifischen Kontext der Hilfen geht, ist die Zielrichtung der Intervention, eben diese Eigenverantwortung zu begrenzen und Personen oder Teams durch Entscheidungs- und Verantwortungsverlagerung zu schützen. Die kann aber auch so weit gehen, dass ‚über die Köpfe hinweg' in der hierarchischen Zuordnung entschieden wird, sogar gegen den Willen und die Überzeugung des Mitarbeitenden. Die Spannung besteht in der Beurteilung und Begrenzung von Eigenverantwortung und Mitsprache- bzw. Mitentscheidungsrechten bei den professionellen ‚Untergebenen'.

Was in dieser ersten Beschreibung kaum als Instrument verstanden werden kann, wird doch in den konkreten Situationen zur ureigenen ‚Erfindung' im Sozialmanagement. So werden z.B. Interventions-Szenarien in Kooperation mit öffentlichen Trägern (z.B. Polizei oder Jugendamt) gestaltet, die fallbetrauten Akteure werden von zeitlichem Handlungsdruck befreit, Entscheidungen werden in Reflexionsschleifen oder -arenen zurückverlagert oder es werden Rollenaufteilungen inszeniert, die in der Außenwirkung neue Kommunikationssituationen schaffen.

Eine *Interventionskompetenz im Sozialmanagement* kann hier als besondere Fähigkeit der Beurteilung und Entscheidungsfindung von krisenhaften Fallverläufen oder Situationen in der Hilfeentwicklung, Anpassung von Fallverläufen in den Einrichtungen und in der Organisation bis hin zur Beurteilung von professioneller Fachlichkeit bzw. deren Letztentscheidungskompetenz verstanden werden.

6.2.3 Programmentwicklung: Die (wissenschaftlich) methodische Evaluation und Weiterentwicklung der Fachlichkeit und Umsetzung in Konzeptionen

Fachkompetenz bedeutet, unter dem Gesichtspunkt der Sicherung von Methoden und Verfahren sowie deren Innovation, wissenschaftliche Begleitung zu integrieren sowie die fachpolitische Entwicklung zu beobachten, zu bewerten und konzeptionell umzusetzen. In den drei Hilfebereichen ist eine Beschleunigung oder auch allgemeiner eine Dynamisierung der fachlichen Veränderungen zu spüren, der eine bestimmte Managementkompetenz entspricht.

Die Sozialmanagementakteure sind erstens fähig, durch ihren Handlungsbezug in Interaktions- und Beratungssituationen mit der Erbringungsebene fachliche Entwicklungen, neue Bedarfe aber auch die problembewältigenden neuen Methoden, Ansätze oder Handlungsweisen der Praxis aufzunehmen und zu bündeln.

In dieser ersten Perspektive stellt das Sozialmanagement eine Beobachtungs- und Brückenfunktion dar. Die Entwicklung von Fachlichkeit und von neuen Ansätzen muss hier als bottom-up Approach gedeutet werden. Beispiel für eine solche Dynamik könnte ein Fachlichkeits- oder Wissenstransfer sein, der durch neues Fachpersonal in die Organisation eingebracht wird oder aber die Entwicklung neuer methodischer Ansätze aus bestimmten Arten der Problembewältigung heraus. Die Leistung des Sozialmanagements besteht darin, diese neuen, alternativen Ansätze zu erkennen, zuzulassen, zu fördern oder zu bündeln und als Methoden, Wissen, Fähigkeiten, Standards zu sichern und in der Organisation zu verbreiten.

Das Sozialmanagement ist zweitens fähig, in eher top-down angelegten Vorgehensweisen, fachpolitische wie auch wissenschaftliche Diskussionen aufzunehmen und in einen Anwendungs- und Innovationskontext zu bringen. Die konkreten Formen können dabei Best-Practice-Projekte sein, die Durchführung von Arbeitsgruppen, der Besuch von Fachtagen bis zur Zeitschriften- und Buchlektüre. Die Umsetzung der Entwicklung erfolgt vor allem durch die Erstellung von fachbezogenen Konzepten / Konzeptionen. Konzepte und Konzeptionen können verstanden werden als „Anschauungen und Leitideen, die einem Programm oder einem Werk zugrunde liegen" (K. Grunwald / E. Steinbacher 2007: 129). In diesem Kontext sind insbesondere Konzepte „als theoretische Entwürfe professionellen sozialpädagogischen oder ökonomischen Handelns" sowie „als Entwürfe von zukünftigen zu realisierenden Projekten oder Maßnahmen" (ebd.) relevant.

Drittens sind es die Sozialmanagementakteure, die Kontakt zu einschlägigen Akteuren und Institutionen der Wissenschaft und Forschung halten, um über diesen Weg Weiterentwicklung und Reflexion der Praxis zu realisieren. Die geeigneten Mittel der Wahl sind hier die Durchführung von Projekten bis hin zum Einkauf von Beratungsdienstleistungen. Die Entscheidungsakteure zeichnet dabei die Fähigkeit aus, Handlung und Kommunikation anzuerkennen, zu verstehen und auszuhalten, die einer vollkommen anderen Systemlogik folgen, als das eigene hierarchisch gegliederte System der Handlungskoordination.

Eine *wissenschaftlich-konzeptionelle Kompetenz der Programmentwicklung* des Sozialmanagements ist zuerst dadurch ausgezeichnet, Entwicklungen, Innovationen bis hin zu
wissenschaftlichem Wissen und Fachdiskussionen erkennen und bewerten zu können.
Ebenso sind die Akteure fähig, durch Zugriff auf Drittmittel oder auf Haushaltsmittel Ressourcen für Innovations- und Reflexionsprozesse bereit zu stellen. Ein zentrales Instrument
in dieser Hinsicht ist der doppelte Einsatz von Projektmanagement. Erstens geht es um
zeitlich begrenzte modellhafte Weiterentwicklung, um Neukonzeption von Leistungen oder
um die Integration wissenschaftlicher Kompetenz. In einem engen Zusammenhang steht
hier der Einsatz von Arbeitsgruppen, die Projekte vorbereiten oder begleiten. Die zweite
Art des Projektmanagements ist die Einrichtung fachlich gesonderter, finanziell wie personell abgegrenzter Maßnahmen, die speziell einen klar abgegrenzten Bedarf aufnehmen und
nicht zeitlich befristet bearbeiten.

6.3 Programmkompetenz als Sonderwissen und Haltung

6.3.1   Innovation bzw. Klientenorientierung als Zweck und die Haltung als methodisch-
        konzeptionelle Trendsetter

Als Zwecksetzung der Einrichtung und Entwicklung von Fachprogrammen ist die Zielvorstellung leitend, als Handlungsrichtung und Orientierung im Kontext der Fachkompetenz
für die Anpassung und Entwicklung der Leistungen und Angebote an den Bedürfnissen und
Bedarfen der Klienten mit ihren sich entwickelnden Problemlagen zu sorgen. Die Führungskräfte verstehen sich hier selbst als innovative Trendsetter und erfahren Legitimation
durch den Nachweis ihrer erfahrungsbezogenen Fachlichkeit.

6.3.2   Dimensionen sozialmanagerialer Expertise: Konzeption, Implementierung, Bera-
        tung, Innovation, Evaluation

Sozialmanagement-Akteure teilen ein professionelles Sonderwissen, bei dem die professionelle Expertise des einschlägigen Hilfe- und Leistungsbereiches eine entscheidende
Schnittmenge zwischen Fach- und Führungskräften darstellt. Das manageriale Sonderwissen als geteiltes Wissen ist gekennzeichnet durch die Anwendung der professionellen Expertise. Es geht um das Wissen um die Grundlagen, Problemlagen, um die Einheitlichkeit
oder notwendige Variabilität methodischer Standards die unter Integration unterschiedlichster Berufe zur Verfügung stehen. Damit kann das vorgefundene ‚Arbeitswissen' in drei
Dimensionen systematisiert werden.
        Die erste Dimension stellt den Anwendungsbezug der professionellen Expertise des
Hilfe- und Leistungsbereiches in den Mittelpunkt. Professionelles Fachwissen des Sozialmanagements unterscheidet sich von dem professionellen Sonderwissen in der
Klienteninteraktion durch den Anwendungsbezug der professionellen Expertise. Die professionellen Managementwissensbestände verbinden fachpolitisches Wissen im lokalen
Kontext mit der Kenntnis der bereichsspezifischen Methodendiskussion. In der Abgrenzung
und Systematisierung dessen, was als Professionalität gelten soll, werden bottom-up Entwicklungen gewertet, gebündelt und konzeptionell legitimiert. Die hohe Spezialisierung in
der und durch die Klientenarbeit wird damit eingebettet in einer fachpolitischen und wissenschaftlichen Debatte über Professionalität. Die Bündelung und Systematisierung von
Spezialkompetenzen zur Gestalt einer geltenden Professionalität erlaubt aber wiederum die

Bewertung gelebter Praxen. Sozialmanagement gestaltet damit Professionalität in der Moderation zwischen lokaler Spezialisierung und universeller Geltung. Der Ort eben dieser Moderation scheint die konzeptionelle Einbettung von Fachlichkeit in die Organisation – also von der Innovation bis zur Implementierung - zu sein. Der Begriff der Konzeption wird in der Fachliteratur sehr unterschiedlich verwendet. Hier wird mit Konzeption die Ebene der theoretischen Entwürfe professionellen Handelns gemeint, bei der auf sozialarbeiterische Wissensbestände zurückgegriffen wird. In Konzeptionen wird dabei spezifischer Zusammenhang zwischen fachlichen Zielen, Inhalten, einschlägigen Methoden und professionellen Verfahren konstruiert. Mit Konzeptionen wird die Begründung und Rechtfertigung professionellen und organisationalen Handeln angestrebt, oftmals im Interesse der Lizensierung und Mandatierung spezifischer Hilfeleistungen.

Die zweite Dimension stellt die Sicherung und Entwicklung der Professionalität dar. Sozialmanagement teilt das Sonderwissen über die Entwicklung konzeptionellen Wissens durch Beratung, Evaluation bis hin zur Initiierung von Projekten. Sozialmanagement versteht es zu diesem Zweck wissenschaftliches Wissen durch Praxis-Forschung oder Evaluation einzusetzen, in Projekten Fachwissen und Implementierungschancen zu modellieren und zu initiieren. Die Art und Weise der Weiterentwicklung der professionellen Praxis zwischen Reflexion durch Supervision, Coaching und Beratung gehört dabei einerseits zu dem Spezialwissen, wie auf der anderen Seite die Anleitung im hierarchischen Machtverhältnis bis hin zur Intervention. Beratung ist dabei zu verstehen als „eine Interaktion zwischen mindestens zwei Beteiligten, bei der die beratende(n) Person(en) die Ratsuchende(n) - mit Einsatz von kommunikativen Mitteln - dabei unterstützen, in Bezug auf eine Frage oder auf ein Problem mehr Wissen, Orientierung oder Lösungskompetenz zu gewinnen." (U. Sickendiek / F. Engel / F. Nestmann 2008: 11)

Als dritte Dimension lässt sich die Integration von unterschiedlichsten Berufen und Ausbildungs- bzw. Qualifikationsgegebenheiten durch die Schaffung programmatischer Einheiten systematisieren. Dieses (Sonder-)Wissen um die Herausbildung, Sicherung und Weiterentwicklung einer übergreifenden Professionalität schafft ein Commitment der beteiligten Berufsgruppen als fachlichen Kern der Arbeit – es stellt die programmatische Einheit dar. Die Kooperation unterschiedlichster Berufsgruppen in einem Hilfe- und Leistungsbereich (wie z.B. Assistentinnen, Erzieherinnen, Heil- und Erziehungspflegerinnen, Sozialarbeiterinnen, Pädagoginnen, Theologinnen, Psychologinnen bis hin zu Verwaltungskräften) wird verdichtet in ihrem jeweiligen Beitrag zu und Orientierung an der Professionalität. Diese Form der Professionalisierung hat auch Peter Sommerfeld herausgearbeitet, wenn auch jenseits wissenschaftlicher Standards oder individueller Kompetenz der Praktiker ein dritter Weg der Professionalität institutionalisiert, nämlich professionell verwaltete – und durch gesetzlich-organisationale Rahmenbedingungen initiierte - Verfahren und Prozesse, die dem einzelnen Professionellen als institutionalisierte Problemlösungen zur Verfügung stehen. Diese ‚Organisiertheit' besteht in „Verfahren und Technologien" in denen „sowohl wissenschaftlich erzeugtes als auch über Erfahrung erworbenes, praktisches Wissen zu praktikablen Formen ‚gerinnt'" (P. Sommerfeld 2004: 196). Die Entwicklung dieser professionellen Sonderwissensbestände liegt in der Verantwortung des Sozialmanagements.

7   Planen als fachpolitische (An-)Passungskompetenz

Das Sachziel, ein unter den Bedingungen des gesellschaftlichen Wandels passungsfähiges und optimales Angebot zu erstellen hat einen deutlichen Bezug zu Kompetenzen der Planung. Durch Planung auf unterschiedlichen Ebenen wird das eigentliche Sachziel in der Leistungsorganisation des sozialen Unternehmens, aber auch zwischen freien und öffentlichen Trägern verwirklicht: Bedarfsdeckende Leistungen für Klienten in angemessenen zeitgemäßen Formen. *Der Fokus dieser vierten professionellen Teilkompetenz sind die Planungsprozesse auf den verschiedenen Ebenen der Hilfe-, Leistungs- bis hin zur Sozialplanung.* Das Sozialmanagement trägt zu diesen Prozessen durch Hilfeplanung, Verhandlungen, anwaltschaftliche Vertretung und Fachexpertise bei. Sozialmanagement verwirklicht durch die Kompetenz eine (An-)Passung zwischen individuellen Bedürfnissen und politisch definierten Bedarfen und realisiert dadurch Rationalisierung und Rationierung.

Die sozialstaatliche Ebene der Hilfeplanung nimmt laut F. Schulz-Nieswandt (2008: 19) eine bedeutende Rolle bei der sozialstaatlichen Umsetzung der Bedürfnis-Ebene der Klienten ein, also der „normativen Orientierung am Konsumenten, an dem (kompetenten) Nutzer bzw. dem „ermächtigten" Subjekt" (ebd.). Auf unterschiedlichen Ebenen angesiedelt sind die Planungsaufgaben der Führungskräfte, durch die eine Idee der dialogischen Erstellung und Nutzung sozialer Dienstleistungen verfolgt wird. In Abgrenzung zu der Fachlichkeit geht es hier jeweils um die Vermittlung von Bedürfnissen und Klientenbezug mit den Möglichkeiten der Umsetzung in konkrete Leistungen. Insofern gibt es eine Schnittmenge zu der konzeptionellen Tätigkeit, weil die Sozial- und Hilfeplanung jeweils auf Konzeptionen gegründet ist. Die Planungs-Kompetenzen des Sozialmanagements bearbeiten allerdings den Doppelcharakter ‚personenbezogen' und ‚sozial' der Leistungen. Sie bewegen sich in einem latent vorhandenen Spannungsverhältnis zwischen Kunden- und Nutzerorientierung und sozialstaatlicher Bedarfssicherung. Als Anbieter folgt das Management nicht nur einem Bedarf, der kollektiv definiert und festgestellt wird, sondern nimmt planerisch eben an diesem Definitionsprozess teil. Ebenso konzipiert das Sozialmanagement die Produkte und damit den Ressourceneinsatz im Hinblick auf die individuellen Bedürfnisse von Klienten.

In der Abwägung z.T. konkurrierender Anspruchsgruppen ist insbesondere das Management damit befasst, Bedürfnisse und individuelle Problemlagen in verantwortbare Lösungsmöglichkeiten einzupassen. Diese sozialplanerische Aufgabe hat unterschiedliche zeitliche Dimensionen und Verhandlungsorte, wodurch die Fähigkeiten und Entscheidungspotentiale des Managements gekennzeichnet sind. Sozialplanung bewegt sich hier zwischen Innovation und Selbsterhalt.

7.1   Ebenen des Planungshandeln als (An-)Passungskompetenz

Planen wird nach L. Kolhoff verstanden als „eine methodische Handlungsvorbereitung durch systematische Informationsversuche, -auswahl und –verarbeitung, um wünschenswerte Entwicklungen zu erkennen, zu fördern und einzuleiten. Der Planungsprozeß besteht in der Entwicklung von Zielen, in der Analyse von Bedingungsstruktur des Systems, in der Auswahl geeigneter Mittel, in der Festlegung einer Durchsetzungsstrategie und in der Kontrolle der Zielerreichung." (L. Kolhoff 2004: 56; vgl. auch W. Lerche u.a. 2004: 31). In der

Literatur ist jedoch zu erkennen, dass Planungsprozesse nur selten für sich behandelt werden, sondern zumeist als integrativer Bestandteil von z.B. Prozess-, Projekt- bzw. Fallmanagement betrachtet wird. Im Folgenden wird nicht im Einzelnen auf die methodischen Ansätze des Case-Management oder Projektmanagement eingegangen, obwohl die Managementakteure aus den jeweiligen Methodenrepertoirs schöpfen. Stattdessen sollen übergreifende Kompetenzaspekte hervorgehoben werden.

7.1.1 Anpassungskompetenz: Problemlagen und Bedarfe auf Lösungsangebote zurichten
Kompetent zu Planen bedeutet im Sozialmanagement auch, Problemlagen und neue Bedürfnisse umzudefinieren und auf eine bestimmte Art und Weise zu interpretieren. Diesem Bewertungs- und Abwägungsprozess liegen zentrale Entscheidungen der Rationierung und Rationalisierung zugrunde: Z.B. die Entscheidung darüber, ob die zu erbringenden Leistungen in bereits vorhandene Leistungsspektren und Angebotszuschnitte passen, in diese eingefügt werden und diese zu einer weiteren Auslastung bringen. Die Alternative dazu ist die Entscheidung, ob das bestehende Leistungsspektrum in einem Innovationsprozess erweitert, angepasst oder durch eine neues Angebot ergänzt wird.

In dieser Entscheidung liegen Rationierungs- und Rationalisierungserwägungen begründet. Nur an wenigen Stellen in der Literatur wird die professionelle Anforderung problematisiert, dass der Verteilung aller meritorischen Güter auch der Aspekt der Rationierung, also der Zuteilung bzw. Begrenzung innewohnt. W.R. Wendt macht darauf aufmerksam, dass Rationierung integrativer Bestandteil des Case-Managements ist: „Statt die Augen vor Rationierung zu verschließen, sie zu leugnen oder so zu tun, als beträfen sie das professionelle Handeln nicht, muß ein Case Manager sie gegenüber Leistungsnehmern vertreten." (W.R. Wendt 2001: 92).[17] M. Pfadenhauer (2003) problematisiert die Kompetenz der Professionellen nicht etwa Lösungen für Probleme zu generieren und bereitzustellen (wie dies z.B. Oevermann konzipiert), „sondern dass der Einzelfall derart zugeschnitten, zugespitzt, umgedeutet, definiert wird, dass er lösungsadäquat ist." (ebd.: 141)

Unabdingbar ist hier das lokale Wissen über die (möglichen) inhaltlichen Füllungen des jeweiligen Leistungsspektrums, die Möglichkeiten der Flexibilität der Leistungen in Abhängigkeit der Kapazitäten, professionell Mitarbeitenden sowie der methodischen Dehnbarkeit und Flexibilität der Angebote. Die *Anpassungskompetenz* beinhaltet das Potential und ggf. die Fähigkeit der Umdeutung von Problemen zur Passung auf vorhandene Lösungen, die Anpassung der neuen Bedarfe an die vorhandenen Leistungen und Leistungsarten, Kenntnis und Eingriff in die Offenheit der jeweiligen Angebote sowie ein Wissen um die interne Flexibilität einzelner Leistungsbereiche.

7.1.2 Leistungs- und Hilfeplanung
Kompetente Leistungsplanung bedeutet, dass die Sozialmanagementakteure an der Mitdefinition, der Bewilligung und Kontrolle von Hilfen und Leistungen im gegebenen Rahmen von Klientenbedürfnissen, Bedarfsplanungen und fachpolitischen Steuerungs- und Verhandlungsarenen teilnehmen. Sie kennen die Verfahren die im fachpolitischen Kontext eingerichtet sind (z.B. Hilfekonferenzen) und können diese Instrumente für die Interessen

---

[17] Damit vertritt Wendt eher die ‚sozialwirtschaftliche' Lehrmeinung im Case-Management gegenüber der eher fachwissenschaftlichen Position von M. Neuffer (2009).

des Trägers und der Klienten einsetzen. Sie entscheiden damit über Leistungsarten und Leistungsmengen im Rahmen pfadabhängiger Verhandlungsprozesse zwischen freien Trägern und öffentlichen Trägern und den Gewohnheiten, Gepflogenheiten und formalen / informellen Regeln dieser institutionellen Kooperation. Die zentralen Methoden und Instrumente dieses Teilkompetenzaspektes sind Projektmanagement, Case-Management sowie lokal definierte Hilfeplanprozesse.

Die *Leistungsplanungskompetenz* ist dadurch gekennzeichnet, dass die Führungskräfte fachpolitische Prozesse, Sozial- und Hilfeplanung durch ihre Expertise, durch Verhandlungsführung beeinflussen. Sie sind fähig, die vorhandenen Ressourcen im Kontext von Trägerkonstellationen und Verteilungskulturen abzuwägen, Leistungen und Hilfen im Außenkontakt mit anderen Trägern zu planen und zu erstellen. Sie sind aber auch bereit, eventuell vorhandene einrichtungseigene Monopolstellungen und die besondere Expertise zu nutzen.

7.1.3 Fachpolitische Bedarfs- und Sozialplanung

Übergreifend von Einzelfällen partizipieren die Entscheidungsakteure am Planen von Hilfen und Leistungen im Sinne der Bedarfsplanung und Sozialplanung. Sie nutzen dabei die gegebenen Trägerkooperationen um mittels fachpolitischen Diskussionen und Entwicklungen Ziele zu erreichen, sie bringen ihre Expertise durch Einschätzungen, Entwicklungsprognosen und Hilfe- bzw. Sozialberichterstattung bis hin zu der Information über Umsetzungsbedingungen ein und definieren diesen Rahmen in Kooperation mit der jeweiligen Trägerkonstellation mit.

Die Expertise spielt dort eine Rolle, wo Leistungen und damit der Ressourceneinsatz „im Hinblick auf die individuellen Bedürfnisse von Klienten konzipiert" (B. Finis Siegler 2001b: 249) werden. „Wenn aber Sozialpolitik eine anbieterinduzierte Nachfrage im Sinne der Transformation von Bedürfnis und Nachfrage in bedarfsgerechter Inanspruchnahme gemäß sozialpolitischer Leitbilder will, muss sowohl die asymmetrische Interaktionsbeziehung zwischen Sozialarbeiter und Klient als auch die meritorisch notwendige Anbieterdominanz kontrolliert werden" (ebd.: 251). Die Sozialmanagementakteure stellen in diesem Prozess das Bindeglied dar, zwischen Leistungserstellung und der Bedarfsbefriedigung, die kollektiv definiert und festgestellt wird. Die Teilnahme an Sozialplanung bedeutet dann, an der institutionellen Entscheidungsfindung mitzuwirken, „welche Probleme als soziale anerkannt und welche Aufgaben als gesellschaftliche relevant eingestuft werden." (ebd.: 249). Sozialmanagement steht immer im Spannungsfeld zwischen personenbezogener Bedürfnisorientierung und sozialer Problemdefinition und Ressourcenfreigabe, was sich auch in der Finanzierungsstruktur niederschlägt. Die fortschreitende Konzentration auf Finanzierung und Kosten der Dienstleistungen kann in der Konsequenz die Desintegration von Adressatenbedürfnissen bedeuten: Die sozialmanageriale Kompetenz zeigt sich darin, dass sich Verhandlungen zwischen Kostenträgern und Leistungserbringern eben nicht mehr nur auf die Kostenseite beziehen, sondern die Qualität und der Zuschnitt der angebotenen Leistungen mit bedacht wird. Die Sozialmanagerinnen übernehmen drei wesentliche Funktionen als Akteure der freien Träger der Sozialen Arbeit: „Sie sind erstens Träger und Erbringer von sozialen Leistungen, sie leisten zweitens als lokale Vereine einen Beitrag zur sozialen Integration, und drittens organisieren sie als sozialpolitische Akteure Prozesse der Interessenvermittlung." (J. Merchel 1996: 302).

Kompetenz bezüglich der Sozialplanung bedeutet das Einbringen fachlicher/ konzeptioneller Entwicklungen und die Angebotserstellung passender Leistungsarten und Bedarfsprognosen, die Nutzung des Innovationspotentials im freien Träger bis hin zum Versuch der Instrumentalisierung des öffentlichen Trägers für eigene Interessen.

7.2 Haltungs- und Wissensaspekte: Bedarfsorientierung und professionelle Expertise
Die erkennbare Zwecksetzung des Sozialmanagementhandelns in diesem Bereich kann als verantwortete Orientierung und Einpassung individueller Problemlagen an übergeordnete Leistungs- und Bedarfskapazitäten gedeutet werden. Die Akteure verbindet eine professionelle Haltung der Anwaltschaft als advokatorische und expertenbezogene Autoritätsstellung.

7.2.1 Sonderwissensbestände um Planung und Bedarfsanpassung im fachpolitischen Diskurs
Planungsprozesse sind die entscheidenden Schnittstellen zwischen der Fachlichkeit Sozialer Arbeit und der Definition eines Sachzieles in Kooperation der Träger. Es besteht mindestens ein Problem der Bestimmung der Mengen-Preis-Qualitäts-Relation bei zu erstellenden Dienstleistungen. „Die „optimale" Menge und Qualität sozialer Dienstleistungen wird in aller Regel nicht über Mechanismen der Nachfrage und des Angebots zu einem entsprechenden Marktpreis gebildet, sondern durch staatliche Regelungen und Bedarfsplanungen. Jugendhilfeplanung, Altenhilfeplanung, Pflegebedarfsplanung oder Psychatrieplanung sollen den „optimalen" Bedarf und die „optimale" Angebotsstruktur sozialer Dienste ermitteln und sicherstellen. Dieses besondere planerische Interesse an der Feinregulierung der sozialen Dienstleistungsstruktur resultiert daraus, dass sozialen Diensten ein meritorischen Gutcharakter zugestanden wird und das politische Steuerungssystem auch eigene Legitimation aus der Bedarfsplanung bezieht." (B. Halfar 1999, 29f.). Die Entwicklungen auf dem sozialen Dienstleistungssektor der letzten Jahre zeigen jedoch, dass unter den Voraussetzungen der Privatisierung, Deregulierung und Wettbewerbsorientierung die Planungsprozesse auch je unterschiedlich von den Dienstleistungsanbietern mit gestaltet werden. Hier setzt das professionelle Sonderwissen an.

7.2.2 Fachpolitik im Spannungsverhältnis ‚personenbezogen' und ‚sozial'
Durch eine Konzentration auf die Outputorientierung in der Abwendung vom Korporatismus mit seinem Kostendeckungsprinzip hin zu eher betriebswirtschaftlichen Strukturen der Deregulierung, Privatisierung und Wettbewerbsorientierung in der politisch etablierten Sozialwirtschaft werden die Organisationen, seien es privatwirtschaftliche, frei-karitative oder kommunale als Unternehmungen begriffen, die Produkte, nämlich Dienstleistungen, herstellen: „Produkte werden zur entscheidenden Steuerungsgröße: Sie bilden die Grundlage für die Bestimmung der Effektivität und Effizienz des Verwaltungshandelns als Dienstleistung" (T. Klatetzki 1996: 57). Mit dem Doppelcharakter personenbezogen und sozial lässt sich in hervorragender Weise das Spannungsverhältnis zwischen Kunden- und Nutzerorientierung und sozialstaatlicher Bedarfsicherung beschreiben, in dem sich die Führung

sozialer Institutionen befindet. Gerade professionelle Sozialmanagerinnen müssen vor diesem Hintergrund als solche Akteure verstanden werden, die ihre Aufgabe nicht nur in der Dienstleistungserbringung, sondern im Beitrag zur Gestaltung sozialer Räume, der Stärkung lokaler Ressourcen und der advokatorischen Vertretung für ihre Klienten sehen. Diese Aufgabe sind Abwägungsprozesse zwischen ‚personenbezogen' und ‚sozial' implizit (vgl.: A. Langer 2006e), die durch den Dienstleistungscharakter eines Vertrauensgutes noch verschärft werden.

Die Konsequenz aus dem Spannungsverhältnis von ‚personenbezogen' und ‚sozial' ist ein gemeinsam geteiltes Vermittlungswissen. Gerade die Führungskräfte sind in Planungsprozessen mit dem Problem konfrontiert, dass sie nicht notwendiger Weise ihre Leistungen und Hilfeangebote an die Besonderheiten der Bedürfnisse der Nutzen anpassen können. Vielmehr sind sie auch damit beschäftigt, die Bedürfnisse der Klienten so umzuinterpretieren und ein Hilfeangebot so zu planen, dass die Bedürfnisse in die bereits vorhandenen Leistungen passen. Nach M. Pfadenhauer (2003) suchen sie also nicht nur die Lösung zum Problem, sondern interpretieren das Problem auf eine leistungsadäquate Lösung.

8   Policy-Making: Lokale Governance und die politische Kompetenz

Sozialmanagerinnen verstehen sich und agieren als (neue) kommunale und regionale Politikakteure. Dieses Ergebnis ist unabweislich, wenn man sich die spezifischen Fähigkeiten und das professionelle Sonderwissen vor Augen hält, welche mit einem bestimmten Handlungskontext verbunden sind. *Der Fokus dieser fünften professionellen Teilkompetenz sind die lokalen, politischen Konstellationen zwischen Gemeinwesen, ‚Sozial'-Markt, Verwaltung und Trägerkooperation und deren politische Gestaltung.* Diese Charakterisierung entspringt ebenso deutlich aus Haltungs- und Identitätsaspekten, die sich bei den beobachteten Akteuren herausgebildet haben. Sozialmanagerinnen bewegen und sehen sich „auf einer Augenhöhe" mit den Vertretern der kommunalen und regionalen Politik, mit Funktionären übergeordneter Verbände aber auch im gegenseitigen Selbstverständnis. In dieser Identität und Haltung kommt nicht nur ein politisches Denken einer Akteurgruppe zum Vorschein, vielmehr spiegelt es die aktuelle Gestalt politischer Verhältnisse wider: die Bewegung von Regulierung zur Governance und der Bedeutungsgewinn einer Sub-Politik (Beck) neben der institutionellen ‚Staats-Politik'. In diesem Abschnitt wird die offene Frage beantwortet, wie soziale Organisationen als Agenten ihre organisationale Umwelt (mit-)gestalten. Die Führungskräfte spielen dabei eine zentrale Rolle, wenn sie ihre Organisation zu moralischen Unternehmern machen. „At the same time, the organizations themselves, especially those in an powerful position to influence social policy, also act to shape the institutional enviroment by the very practices that they develop. In other words, human service organizations are also >moral entrepeneurs<, influencing public conceptions via the moral categorization of their clients." (Y. Hasenfeld 1992: 11) Es ist jedoch nicht nur die moralische Argumentationsbasis, sondern es ist ebenso das fachliche Problemlösungswissen, welches zu einer Machtverschiebung hin zu freien Trägern führt. Die Erkenntnis, dass soziale Organisationen lokale Governance gestalten ist also keineswegs neu. Durch den Blick auf das Management werden jedoch die Akteure und deren Instrumente genauer fokussiert. Dabei wird deutlich, dass es nicht nur moralische Kommunikation ist, durch die Einfluss auf die relevante Governancestruktur genommen wird.

Bevor also auf die Fähigkeiten und professionellen Sonderwissensbestände eingegangen wird, soll zuerst der zentrale Haltungsaspekt anhand des empirischen Materials entwickelt werden (8.1). Dann werden zwei Kompetenzaspekte aufgefächert (8.2) und die Ansätze der professionellen Wissensbestände theoretisch weitergeführt (8.3).

8.1 Die politische Haltung der Sozialmanagerinnen: ‚Auf einer Augenhöhe' mit der Politik

In den Interviews mit den Sozialmanagerinnen wird immer wieder die Bedeutung des Politischen als ein wichtiger Teil der Arbeit herausgehoben. Diese Aussagen spiegeln sich in den teilnehmenden Beobachtungen wieder, wo nicht nur in Interaktionen in der Organisation in den unterschiedlichsten Kontexten die politische Einstellung der Entscheidungsakteure deutlich wird, sondern ebenso, wenn die Führungskräfte Interessen ihrer eigenen Organisation oder Nutzerinnen in lokalen politischen Strukturen vertreten.

8.1.1 Zur berufs-biografischen Genese einer politischen Identität

Der folgende Interviewausschnitt stellt dagegen allerdings exemplarisch die berufsbiografische Entwicklung einer politischen ‚Identität' bzw. Haltung dar.

33	*ähm (.) mein Berufsausstie Einstieg war in der Arbeit mit Flüchtlingen*
34	*(Stimme rauf)*
35	*I: mmh*
2/1	*(holt Luft) zunächst in ner staatlichen Sammelunterkunft und da hat*
2	*ich das erste mal dann n den Kontakt mit der Ebene eines Regierungspräsidiums mit einem*
3	*(holt Luft) Regierungsdirektor (.) und mein damaliger Chef war da sehr offe und und hat mich*
4	*da immer mit einbezoge (holt Luft) und war für mich denn sehr sehr gute und e passende*
5	*Erfahrung ich war denn im Anschluss in in der (holt Luft) kommunalen Arbeit für*
6	*Flüchtlinge (schluckt, holt Luft) und hab da in der gleiche Art und Weise auch äh den*
7	*Oberbürgermeischter die Gremien mit einbezoge (holt Luft) und bin an der Stelle auch wieder*
8	*auf auf der Ebene gefördert worden (Stimme runter) (.) (holt Luft) also da zieht sich n roter*
9	*Faden durch (Stimme rauf) ähm im a Verständnis gemeinwesenorientiert zu arbeite und äh*
10	*hier die entsprechende lokale oder (holt Luft) kreispolitische Ebene mit anzusprecke und*
11	*einzubeziehe und auch in der Öffentlichkeit (holt Luft) die Sache zu vertreten (.) des war sehr*
12	*wichtig und des war wie gesagt in der Struktur äh f mit ner ähm mit em Vorgesetzter der mich*
13	*da gefördert hett auch denn sehr sehr gut möglich*

Der Ereignisträger schildert also, wie er nach dem Studium seine berufliche Laufbahn in der Arbeit mit Flüchtlingen begonnen hat. Dieser einleitende Erzählsatz des neuen Segments ist durch die Veränderung des Handlungskontextes gekennzeichnet. Nur unkonkret wird als Handlungsfeld Flüchtlingsarbeit eingeführt, eine Sammelbezeichnung unter der in der Folge durch die Konkretisierung zweier Beschäftigungsverhältnisse eine Dynamik der Arbeitsweise des Ereignisträgers aufgefächert wird. Das Detaillierungsschema folgt jeweils dem System: Arbeit in einer Trägerkonstellation – politischer Bezug der Arbeit – Förderung und Unterstützung. Durch die Gegenüberstellung der beiden Detaillierungen erfährt der Zuhörer nicht nur in welcher Situation die Flüchtlingsarbeit stattfindet, sondern auch, wie sich der Ereignisträger bezüglich seines Verhältnisses zum politischen Akteur entwickelt.

Tabelle 2: Genese politischer Haltung

	2/1-5	2/5-9
Trägerorganisation	*1:(holt Luft) zunächst in ner staatlichen Sammelunterkunft*	*ich war denn im Anschluss in in der (holt Luft) kommunalen Arbeit für 5* *6 Flüchtlinge (schluckt, holt Luft)*
Politischer Arbeitsbezug	*und da hat* *2 ich das erste mal dann n den Kontakt mit der Ebene eines Regierungspräsidiums mit einem* *3 (holt Luft) Regierungsdirektor*	*und hab da in der gleiche Art und Weise auch äh den 6* *7 Oberbürgermeischter die Gremien mit einbezoge (holt Luft)*
Förderung / Unterstützung	*(.) und mein damaliger Chef war da sehr offe und und hat mich* *4 da immer mit einbezoge (holt Luft)*	*und bin an der Stelle auch wieder* *8 auf auf der Ebene gefördert worden (Stimme runter) (.) (holt Luft)*
Kommentierung	*und war für mich denn sehr sehr gute und e passende* *5 Erfahrung*	*also da zieht sich n roter* *9 Faden durch (Stimme rauf)*

Die tabellarische Nebeneinanderstellung der beiden Detaillierungen lässt die Entwicklung in der politischen Aktivität des Geschichtenträgers deutlich werden. Spricht er in der ersten Detaillierung nur von dem Kontakt mit der Ebene politischer Funktionsträger und sieht seinen direkten Vorgesetzten als den Aktiven, der ihn mit einbezieht, so ist er in der zweiten Detaillierung derjenige, der die politischen Funktionsträger mit einbezieht und auf der Ebene gefördert wird. Nimmt man den Sprachgebrauch „einbeziehen" und „Ebene" mit hinzu, so sieht sich der Geschichtenträger in der zweiten Detaillierung selbst auf der Ebene der politischen Entscheidungsträger, er begegnet den Funktionsträgern auf gleicher Augenhöhe und ist derjenige, der sich aktiv und gestaltend in diesem Handlungskontext bewegt.

Der Ereignisträger befindet sich bei seiner Schilderung weder bereits in einer führenden Leitungsposition, noch bekleidet er ein demokratisch mandatiertes und legitimiertes Amt. Dennoch begreifen die Sozialmanagementakteure ihre Arbeit als politisch: „*...und des würd ich sage isch auch sehr maßgeblich für die (holt Luft) für die Aufgabe n politisches Verständnis und n politische Blick zu haben für Zusammenhänge (holt Luft).*" (IS_1,27-28) Noch deutlicher wird es mit dem Markierer „also", der eine zentrale Kommentierung einführt: „*...also da zieht sich n roter Faden durch (Stimme rauf) ähm im a Verständnis gemeinwesenorientiert zu arbeite und äh hier die entsprechende lokale oder (holt Luft)* *kreispolitische Ebene mit anzuspreche und einzubeziehe und auch in der Öffentlichkeit (holt Luft) die Sache zu vertreten*" (8-10). Der Geschichtenträger gibt durch die Kommentierung Einblick in seine eigenen Bewertungen des aktuellen politischen Engagements, welches in der berufsbiografischen Entwicklung gewachsen ist. Elemente des Politischen sind also nicht nur das politische Verständnis und einen politischen Blick für die Zusammenhänge zu haben, sondern es geht darum, bestimmte Methoden, Fähigkeiten und Techniken einzusetzen, um ,die Sache' zu vertreten. Dies kann mittels Gemeinwesenorientierung geschehen, lokale oder kreispolitische Ebenen zu integrieren und Öffentlichkeitsarbeit zu machen. Obwohl sich in diesem Fall der Ereignisträger noch nicht in einer Führungsposition befindet, stellt dieser strukturelle Blick für ihn einen Kern der sozialen Arbeit dar. Die klientenbezogene Arbeit wird nicht erwähnt, sondern es wird auf die Interessenvertretung und öffentliche Vertretung „der Sache" Bezug genommen. Was genau mit der Sache gemeint ist bleibt an dieser Stelle offen.

8.1.2   Politische Identität im Spiegel von Sub-Politik, lokaler Governance und Professionspolitik

Das politische Verständnis dieses Sozialmanagementanwärters geht weit über die politische Teilnahme als Wähler, als Antragsteller in der kommunalen Politik oder als politisches Initiativen-Mitglied hinaus. Ebenso grenzt sich die politische Aktivität aber von einem politischen Mandat ab. Denn das politische Handeln erstreckt sich beim Sozialmanagement von der Gestaltung des Gemeinwesens bis hin zur Teilnahme in kommunal / regionalen Institutionen wie z.B. Jugendhilfeausschüsse, Arbeitsgemeinschaften und Lenkungsgremien. Kann hier wirklich von ,Politik' in Form einer institutionell verfassten Funktion einer demokratischen Gesellschaft gesprochen werden? Schon 1991 vertritt Ulrich Beck mit der „Erfindung des Politischen" die These einer Gegenbewegung zur Politikmüdigkeit der modernen Wahlbevölkerung und widerspricht damit einer diagnostizierten und von der Politikwissenschaft präjudizierten Gleichsetzung von Politik mit Staat bzw. von Politik mit dem politischen System. Vielmehr geht er von einer institutionslosen Renaissance des Politischen neben einer voranschreitenden Inhalts- und Aktionsentleerung der politischen Institutionen aus, die er Sub-Politik nennt (also „die Frage nach der strukturverändernden Praxis der Moderne" U. Beck 1993: 162). Ebenso müssen Professionen aber auch verstanden als „politische Kollektiv-Akteure" (M. Pfadenhauer 2003: 55). Demnach versucht ein politisch handelnder Akteur „seinen Willen (auch) gegen Widerstreben eines Dritten durchzusetzen und diesen durchgesetzten Willen auf eine möglichst weit reichende verbindliche Grundlage zu stellen" (ebd.).

In dieser Perspektive könnte die Soziale Arbeit als ein Akteur in einem zentralen Streit begriffen werden: wenn Soziale Arbeit in den Streit um die Definitions- und Deutungsmacht sozialer Probleme eingreift, dann ist die Profession selber ein politisch handelnder Akteur. Professionell Handelnde in der sozialen Arbeit sind also keineswegs nur an Fachlichkeit oder Expertise orientierte Akteure, sondern „an der Durchsetzung von kollektiven und individuellen Eigeninteressen" orientierte Akteure. Es geht auch hier um Macht und Herrschaft, aber, um es deutlicher zu sagen, es geht um die Soziale Arbeit als organisatorische Gestalt, die selber nach Macht und Herrschaft strebt. Mit Michaela Pfadenhauer gesagt könnte die Professionsmitglieder also ein übergeordnetes kollektives Ziel vereinen, nämlich „die ‚Sorge' um ihre professionelle Definitionsmacht, die in Form von Lizenz und Mandat Exklusivitäten – Exklusivität von Wissen, Exklusivität von Zuständigkeit, Exklusivität des Zugangs zu Ressourcen usw." (ebd.: 56) verspricht.

In dieser Konzeption des Politischen lassen sich die Sozialmanagerinnen ohne Weiteres als politisch aktive Akteure konzeptionieren. Die umgekehrte Perspektive erscheint jedoch weitaus interessanter: obwohl der Ereignisträger in seiner Berufsbiografie wie entfernt ist von der Position oder den Aufgaben eines politischen Funktionärs eines Sozialverbandes (was ihn zu einem politischen Akteur im korporatistischen System machen würde), hält er sich doch für politisch, für politisch verantwortlich und politisch einflussreich. Gleichzeitig bringt jedoch die politische Identität ein bestimmtes Steuerungs- bzw. Gestaltungsprinzip vor allem in der lokalen (Land, Region oder Kommune) Struktur hervor, welches in der Politikwissenschaft als Governance beschrieben wird. Durch empirische Studien der Policy- und der Implementierungsforschung rückt man hier von der Annahme ab, „dass ein staatliches Steuerungszentrum hierarchisch in gesellschaftliche Handlungsfelder intervenieren kann." (K. Wegrich 2006: 34) Der Perspektivenwechsel von Government zu Governance geht auch mit der Diskussion um die Koordinationsmodi einher. So schildert A. Holm (2006) bezüglich der Stadtentwicklung die Transformation als Rollenveränderung der beteiligten Akteure. Während städtisches Government ein hierarchisches Steuerungsmodell meint, bei dem bürokratische Entscheidungen, die von demokratisch legitimierten Politikern oder Verwaltungsbeamten beschlossen wurden, von oben nach unten weitergegeben. Die Steuerungsmodi sind Recht (Gesetze, Ge- und Verbote) sowie Finanzierungsmaßnahmen. Dagegen ist der Politikmodus Governance geprägt von einer moderierenden, begleitenden und initiierenden Rolle der Administration. Hier lassen nun eigentlich undemokratisch-konsensuale Entscheidungsstrukturen die Gestaltung durch demokratisch legitimierte Akteure zu, wie private Investoren, Mitentscheidungsträger mit privaten oder gemeinwohlbezogenen Interessen usw.

> „Die Politikwissenschaft erweitert diesen Governance-Ansatz, in dem sie berücksichtigt, dass Handlungskoordinierung in der Regel zwischen Akteuren stattfindet, die in unterschiedlichen institutionellen Kontexten agieren und deren Handlungsziele und -optionen oft erst in politischen Prozessen nach den Regeln dieser Institutionen bestimmt werden müssen. Governance wird damit zu einem Prozess in verbundenen Strukturen, in dem verschiedene Koordinationsmodi kombiniert werden" (A. Benz 2007 et.al.: 23)

K. Wegrich unterscheidet für die Analyse von Steuerungsprozessen in Mehrebenensystemen (Bund, Länder, Regionen, Kommunen) drei Governance-Modi, die jeweils unterschiedlich ineinander greifen: Hierarchie, Kooperation und Wettbewerb. Ersteres meint im Weitesten Verwaltung und deren Entscheidungslegitimation durch demokratische Verfahren, aber auch deren hierarchische Steuerungslogik. Mit Kooperation meint er einen Antipoden zur Systematik der Über- und Unterordnung der Verwaltung, also eher Kontrolle durch „gegenseitige Selbstbeobachtung der grundsätzlich gleichberechtigten Beteiligten" (ebd. 45). Als Steuerungsmodus setzt er hier idealtypisch die Verhandlung an. Mit Wettbewerb verbindet sich ein Politikmodus, der mit der Schaffung von Konkurrenz und Anreiz zentral Kontrollinstrumente wie Wettbewerb und Kontrakt nutzt.

Gegen die Konjunktur des Governance-Begriffes und dem Modern-Werden immer neuer Partizipations- und Beteiligungsansätze muss jedoch auch die Realität von Governanceprozessen in Anschlag gebracht werden. Eine kurze kritische Einführung findet sich dazu in der Einleitung zu Teil C.

Ohne nun näher auf diese Koordinationsmodi einzugehen, wird klar, dass in der sozialmanagerialen Identität die Transformation von Government zu Governance ans Licht gebracht wird. Politisch sein bedeutet, sich in einem ‚lokalen' Kontext gestaltbarer Institutionen, Prozesse und inhaltsbestimmter Bereiche zu bewegen und die Entwicklung beeinflussen zu können.

8.2 Kontextsteuerung und lokale Governance-Kenntnis als Kompetenz in politischen Performanzkontexten

Mit der theoretischen Einordnung der Haltung der Sozialmanagerinnen wurde auch gleichzeitig der Handlungskontext näher bestimmt, in dem sich bestimmte Kompetenzen herausbilden, auf den sie bezogen sind und mit denen der Kontext gesteuert wird. Führungskräfte haben die Fähigkeit sich in den lokalen, bereichsbezogenen Policy-Kontexten aktiv zu bewegen, diese zu verstehen, beeinflussend zu gestalten und sie als Rahmenbedingungen für ihre Interessen zu nutzen.

Die Sozialmanagementakteure nehmen in Folge der Binnendifferenzierung des professionellen Handelns in der Sozialen Arbeit hier eine herausragende Stellung ein. Die sozialrechtlichen und sozialpolitischen Veränderungen und Entwicklungen der jeweiligen Policy-Bereiche beeinflussen diese mittlere Ebene der Entscheidungsakteure in besonderer Weise: Vor allem bei den Ebenen der nationalen Politik neuer Steuerung sowie die „normative Orientierung am Konsumenten (...) handelt es sich um eine deutliche Markt- und Wettbewerbsorientierung in der Erstellungspraxis sozialer Dienstleistungen von allgemeinem (wirtschaftlichen) Interesse" (F. Schulz- Nieswandt 2009: 19).

Die professionellen Wissensbestände differenzieren sich in doppelter Weise aus, zwischen dem Wissen über die Bedingungen „dialogischer Erstellung und Nutzung sozialer Dienstleistungen" (ebd. was jedoch im Abschnitt 7 eingehender behandelt wurde) und einer „Sozialpolitik als ‚geteilte Kompetenz'" (ebd.: 22) zwischen EU-orientierter Dienstleistungsrichtlinie, aus der auch der Wohlfahrtmarkt nicht ausgenommen werden kann und den nationalstaatlichen bis kommunalen (Sonder-)Wegen der Sozialpolitik. Was Schulz Nieswandt unter dem Begriff der Kontextsteuerung ausführt bezieht dabei vordringlich die Ebene europäischen und nationalen Rechts sowie das europäische Sozialmodell. Am Beispiel des persönlichen Budgets macht er aber sehr wohl auf übergreifende Problematiken zwischen Sozialplanung und Sozialpolitik aufmerksam, wenn er auf „Fragmentierungslinien im Versorgungsgeschehen: Sozialrecht, Kostenträger und transsektoriale Schnittstellen reflektiert" (ebd. 29), es sind also Regulierungszusammenhänge bis auf die regionale/kommunale Ebene gemeint.

Die Sozialmanagementakteure zeichnen sich durch ein Verständnis für politische Rahmenbedingungen aus, sie haben einen politischen Blick und eine politische Haltung für ihre Arbeits- und Entscheidungsbereiche. Sie gehen nicht nur von gegebenen Situationen aus, sondern wissen, dass Politik gestaltbar ist. Die Politikkompetenz gründet sich u.a. darauf, dass schnellere Veränderungen ein höheres Gestaltungspotential mit sich bringen, ebenso sehen sie sich aber auch einer größeren öffentlichen Sensibilität gegenüber. Durch öffentlichkeitswirksame Fälle werden auch Öffentlichkeitsarbeit und der damit verbundene Legitimationsaspekt wichtiger.

8.2.1 Policy-Making als sozialmarktrelevante Kontextsteuerung

Die Sozialmanagementakteure kennzeichnet die Kompetenz, den Träger, die Einrichtung aber auch klientenorientierte Interessen im sozialmarktlichen und sozialwirtschaftlichen Geschehen und in den jeweiligen Trägerkonstellationen zu vertreten. Dazu greifen sie gestaltend und verändernd in die kommunale, lokale Trägerlandschaft, in das Geschehen zwischen öffentlichem und freiem Träger aber auch in das Marktgeschehen zwischen den Trägern ein. Sie nehmen durch ihre fachliche Expertise Einfluss auf die lokale Problemdefinition als Grundlage sozialer Dienstleistungen.

Dieser genannte Punkt der Problemdefinition wird durch das Heranziehen und Interpretieren eines Ausschnitts eines Beobachtungsprotokolls exemplarisch deutlich gemacht.

Am Nachmittag, um 14:00 Uhr, hat die Dienststellenleitung Herr Schmidt zu einem Treffen der Projektgruppe Kinderschutz eingeladen. Die Projektgruppe wurde vor über einem Jahr ins Leben gerufen, um das Thema Kinderschutz im regionalen Kontext institutionell zu bearbeiten und in Kooperation mit mehreren Trägern institutionell zu verankern. Durch das Engagement der Leitung Herr Schmidt und Vertretung Frau Koll konnten für die Arbeit der Projektgruppe über €30.000,- Stiftungsgelder akquiriert werden. Die Projektgruppe organisierte einen Fachtag, die Durchführung wurde als großer Erfolg gewertet. Der Fachtag wurde durch eine Pressekonferenz medienwirksam in der Öffentlichkeit sichtbar gemacht. Es wurde eine Informationsbroschüre erstellt und an alle Haushalte mit Kindern in einem bestimmten Alter verteilt.
Die Projektgruppe trifft sich, um die weitere Entwicklung und die Überführung des Projektes in eine Regeleinrichtung zu besprechen. Es nehmen insgesamt sechs Personen an dem Treffen teil: die Regionalleitung des Kreisjugendamtes (JA), eine Mitarbeiterin des ASD des gleichen Kreisjugendamtes (ASD), eine ehrenamtliche Mitarbeiterin des Kinderschutzbundes (KB), eine Leiterin einer Kindertagesstätte und gleichzeitig Vertreterin des Vereins gegen Gewalt gegen Kinder ,Herbststurm' (HS), Herr Schmidt und Frau Koll.

Herr Schmidt führt durch die Sitzung. Er fragt Frau Koll, ob sie das Protokoll übernehmen würde, diese willigt sofort ein. Es werden zuerst Themen gesammelt, dann mit dem ersten Tagesordnungspunkt begonnen. Zuerst wird der Rücklauf eines Infobriefes besprochen. Im zweiten Besprechungspunkt geht es um die Weiterführung der Projektgruppe. Herr Schmidt gibt einleitend Erklärungen zum AG 78, Familienforum, zu frühe Hilfen und hier zur Koppelung von Jugendhilfe und Gesundheitshilfe, Netzwerkaktivitäten und politischem Handeln.

Herr Schmidt führt in die Rolle des bestehenden Arbeitskreises vor Ort ein.
S: Wie ist der aktuelle Stand im Landkreis?
K: Fühlt das Jugendamt sich denn verpflichtet für diese Art des Netzwerks zu sorgen?
ASD: Ja.
K: Auf welcher Ebene im Amt ist das den angesiedelt und ist das im Jugendamt bereits abgeklärt?
ASD: Ja auch das ist so.
S: Ist es dann auch so, dass sie für das Projekt eine Weiterführung im Jugendamt übernehmen würden, hier in der Region?
ASD: Das erscheint grundsätzlich als möglich.

S: Wir bräuchten also ein Projektgruppentreffen und eine Differenzierung nach Alter.
KB: Das wäre dann das Alter 0 – 3 Jahre.
K: Eng damit verbunden ist ja, welche Ziele verbinden wir mit dem Netzwerk – daraus resultieren ja dann die Beteiligten. (BP 9_1,3-2,12)

Diese Situationsbeschreibung und die erste Interaktionssequenz zeigt die Einbettung des politischen Handelns und Denkens in das Sozialmanagementhandeln. Im Kern steht ein initiierter Politikprozess, um sozialarbeiterische Problemdefinition in dem lokalen Kontext zu beeinflussen und zu gestalten und damit ein gesellschaftliches Thema institutionalisiert dauerhaft zu bearbeiten. Durch die Akteure wurden hier bereits unterschiedliche Methoden angewendet, die im Weitesten zur politischen Sozialarbeit gehören: Projektinitiierung als ein Teil der Ausführung politischer Programme, Netzwerkarbeit, Öffentlichkeitsarbeit, Fundraising, Gremienarbeit bis hin zu vorbereitenden Maßnahmen des Kontraktmanagements.

Das Ziel für die beiden Akteure der beobachteten Dienststelle ist vor dem Projekttreffen abgesprochen und geklärt. Das Projekt soll in einer bestimmten Art und Weise verstetigt werden: obwohl das inhaltliche Anliegen durch Initiativen und freie Träger vorangetrieben wurde und das Jugendamt eher als Kooperationspartner assoziiert wurde, geht es nun darum, die neue Bearbeitungsform und die Zielgruppe in Form einer Netzwerkarbeit als neue Arbeitsform und Aufgabe ins Jugendamt zu übergeben und dort inhaltlich zu verankern.

Die erste Interaktionssequenz zeigt sehr deutlich, wer dieses Ziel voranbringt und wie die Akteure eben dies durchführen. Gerade im Vergleich zu anderen Interaktionssequenzen fällt hier auf, dass die Themen, die in dem Treffen verhandelt werden sollen, die inhaltliche Ausrichtung bis hin zu dem Verlauf der Diskussion, eindeutig von den beiden SozialmanagerInnen der Dienststelle geführt, ja sogar dominiert wird. Die Dienststelle des freien Trägers ist Gastgeberin für das Treffen, Herr Schmidt und Frau Koll sitzen so zueinander, dass sie ständig Blickkontakt halten können und auch über Blickkontakt kommunizieren. Sie sind diejenigen, die die Rollen in dem Treffen definieren dürfen (Protokollantin sowie Sitzungsleitung) und auch gleich die Tagesordnung vorgeben. Im ersten Teil der Zusammenkunft wird von den beiden Akteuren gezielt nachgefragt, welche Vereinbarungen im öffentlichen Träger bereits getroffen worden sind.

Das Projekttreffen ist im Weiteren geprägt durch das Ringen um die genaue Definition der gesetzten Ziele, der Zielgruppe und damit der Aufgaben, die ins Jugendamt übertragen werden sollen.

K: Also ich plädiere für 0-3 Jahren. Mit dem Ziel die Professionalität zu verbessern. Wir haben ja die Gefahr der Pädagogisierung. Es sollte ein möglichst überschaubarer Kreis sein, mit Kontinuität und überschaubare Interessenlage.
JA: Besser Alter 0-6 als Zuordnung.
S: Kinder, die in den Kindergarten gehen fallen ja unter den Schutz des 8a.
S: Die gefährdete Gruppe ist ja genau die 5%, die nicht im Kindergarten sind. Beim Alter 0-3 geht es halt um Versorgungswissen.

K: Also die Hauptgründe, die für dieses Alter sprechen sind, dass es eine besondere Risikogruppe ist, dass sie nicht im Monitor der Gesellschaft stehen und dass bei den 0-3 Jährigen auch die Medizin eher einen Zugang hat.
ASD: Wir sind eher für einen Arbeitskreis der das Alter 0-6 professionell abdeckt. Es gibt Mitarbeiter und die wären dann auch für die Früheren zuständig.
(...)
S: Wenn man die ersten Gefährdungsjahre in den Fokus nehmen will, da kann man die Erzieherinnen nicht bedienen.
JA: Ja, das stimmt.
K: Es gibt ja zwischen Medizin und Jugendhilfe eine äußerst unterschiedlich Sprache und Verständnisse. Die Möglichkeiten der Kinderärzte sind nicht bekannt, was sie können und machen wollen, das ist ein unbekanntes Blatt.
K: Es gibt eine große Handlungsunsicherheit bei den Kinderärzten, was z.B. passiert, wenn der Arzt eine Meldung beim Jugendamt macht, welche Risiken ein Arzt da eingeht. Ein Arzt aus (...) hat da mal berichtet. Die Fragen der Ärzte sind vor allem die Probleme der Schweigepflicht, das Ärztehopping, aber auch die Fluktuation..
ASD: Das könnte Erzieherinnen auch interessieren.
S: Da könnte man die vorhandene Struktur der Kindergärten nutzen.
(BP 9_2,16-3,9)

Das Interesse des öffentlichen Trägers ist gekennzeichnet dadurch, dass die Zielgruppe so abgegrenzt wird, dass bereits bestehende Kooperationsstrukturen genutzt werden können, hier vor allem die Erzieherinnen im Kontext Kindergarten. Aus der Sicht des freien Trägers geht es jedoch um eine neue Zielgruppe, die besonders bedacht werden muss und für die neue Strukturen gesetzt werden sollen.

8.2.2   Lokale Governance-Kenntnis und Professionspolitik: Handeln durch Integration sozial- und fachpolitischer Rahmenbedingungen

Kompetente Sozialmanagementakteure bewegen sich als Professionelle in der lokalen Governancestruktur des jeweiligen Fachbereichs und ihrer angrenzenden Bereiche. Der Orientierungsrahmen ist durch die Abstraktion von Einzelfällen auf die eigene Trägerorganisation eingebettet in die Trägerstruktur der kommunalen und regionalen Sozialpolitik. Dieses ,Bewegen' muss sich nicht immer notwendigerweise in konkreten Handlungen materialisieren. Vielmehr zeichnet die Kompetenz der Akteure aus, dass sie Entscheidungen im öffentlichen Raum treffen, dass lokale politische Rahmenbedingungen wesentliche Faktoren des Handelns sind.

Die Akteure sind gut informiert und meist auf dem neuesten Stand der Entwicklungen im Trägermarkt, in der Kooperation zwischen öffentlichen Trägern und Anbietern, aber auch der Aktivitäten der ,Mitbewerber'. Das Sozialmanagement generiert, sichert und entwickelt auf Vertrauen basierende Kontakte zu anderen Trägern in dem jeweiligen Leistungsbereich, betreibt einen sozialen Schließungsprozess in wettbewerbsorientierten Sozialmärkten. Nicht nur die Institutionen, sondern auch personenbezogene Kenntnisse werden gesammelt, eingesetzt und ausgetauscht.

Im Rahmen neuer, neokorporatistischer Verhältnisse zwischen öffentlichen und freien Trägern, bringt die Auftraggeber-Auftragnehmer-Konstellation neue Machtverhältnisse mit sich. Bringt man hier das Gidden'sche Machtmodell in Anschlag, ist sehr deutlich, dass die autoritativen Machtbasen nach wie vor deutlich bei den öffentlichen Auftraggebern liegen. Hier werden die zentralen Entscheidungen über Regelungen (als Ausführung von Bundesgesetzen und Verordnungen) und Ressourcen (als Verfügungsgewalt über materielle Ressourcen) getroffen. Auf der Seite Legitimation und Sinnkonstitution deutet sich allerdings eine Verschiebung an: Die fachliche Expertise als das Wissen über adäquate informelle Regelungen und vor allem die Dimension der Deutung und Interpretation sozialer Problemlagen scheint sich immer mehr auf die Seite der freien Träger, und da auf die managerialen Repräsentanten zu verlagern. Soziale Schließung durch Allianzen mit anderen freien Trägern und der Austausch fachlich begründeter Machtbasen erscheint als adäquate Gegenstrategie gegen Machtausübung öffentlicher Träger durch administrative und allokative Macht.

8.2.3 Performanzbefähigende Kompetenzaspekte lokaler Governancegestaltung und aktiver Kontextsteuerung

Die Sozialmanagementakteure handeln aktiv im Sinne einer Kontextsteuerung in den komplexen sozialpolitischen Rahmenbedingungen. Sie beeinflussen und steuern kommunalpolitische Definitions- und Politik-Prozesse, können (Einfluss-)Macht erkennen und gewinnen, haben die Kenntnis und die Fähigkeit der Pflege und Aktivierung von wesentlichen politischen Akteuren, sie haben die Fähigkeit eines politik-strategischen Handelns, über die Kenntnis und Beeinflussung der Sozialmarktregeln bis hin zur Beherrschung von Öffentlichkeits- und Gremienarbeit. Die Institutionalisierung von Themen, Arbeitsformen und Versorgungsformen bestimmter Zielgruppen dokumentiert ihre Fähigkeit lokale sozialpolitische Strukturen zu gestalten und verändernd zu entwickeln. Sie nehmen also aktiv Bezug auf die „sich wandelnden externen Kontexte sozialunternehmerischen Handelns" (F. Schulz-Nieswandt 2008: 19), die durch verschiedene Maßnahmen und Konzepte nationaler Politik „neuer Steuerung" (ebd.) bestimmt sind.

Als aktive Gestaltung und Integration sozial- und fachpolitischer Rahmenbedingungen erscheinen Methodenkompetenzen bezüglich Netzwerkarbeit, Gremienarbeit, Öffentlichkeitsarbeit, Programmgestaltung und –partizipation, Projektgestaltung, aktive soziale Schließung von Wettbewerbsmärkten, vertrauensbasierte Kooperation mit strategisch ausgewählten Akteuren als besonders relevant.

8.3 Zusammenfassung: Sozialmanagement als Sozialdienstleistungspolitik

Sozialmanagement übernimmt innerhalb der Sozialdienstleistungspolitik Verantwortung für das Zusammenleben der Menschen. Kompetentes Governance-Handeln orientiert sich am Ziel, den Trägerinteressen in dem politischen Zusammenspiel der beteiligten Akteure Geltung zu verschaffen bzw. diese durchzusetzen. Dies beinhaltet auch den Aspekt der Anwaltschaft für die Personengruppen, deren Interessen im politischen Prozess nicht vertreten würden. Die Sozialmanagerinnen sehen sich mit den Politikakteuren auf einer Augenhöhe, sie vereint die Einstellung, ebenso politisch kompetente und aktive Akteure zu sein.

Die *lokale Governance-Kompetenz* gründet auf dem Sonderwissen, wie staatliche, privatwirtschaftliche und zivilgesellschaftliche Akteure miteinander interagieren, wie (sozial-)politische Entscheidungsprozesse ablaufen und wie sich Machtverhältnisse aufbauen und verfestigen. Zieht man nun die Argumente, Perspektiven und Einwände aus der sozialwissenschaftlichen Diskussion zusammen, so erhält man einen Blick auf das professionelle Sonderwissen des Sozialmanagements. Die Akteure teilen ein Sonderwissen über

- die lokalen/regionalen Regeln des Sozialmarkthandelns, Kooperation- und Konkurrenzverhältnisse in der Trägerkonstellation
- Instrumente im politischen Handeln, von Öffentlichkeitsarbeit bis hin zu Sozialmarketing als Komponenten professioneller Problemdefinition
- die relevanten Strukturmerkmale (Personen, Programme und Prozesse) in der Kommunalpolitik
- die sozialrechtlichen Bestimmungen und deren Ausformulierung auf Landes- und Kommunalebene
- die kommunalpolitische Bearbeitung von Sachthemen
- die entscheidenden Personen und Gruppierungen für bestimmte Themen (quer zum parteipolitischen Fokus etwa der Bundespolitik)
- den Stand und die Traditionen der fachpolitischen Bearbeitung spezifischer Policy-Bereiche
- Trägerkonstellation und die Implementierungsbedingungen im relevanten räumlichen Kontext (inklusive Finanzierungsbedingungen)
- Wettbewerb und Kooperation in den Policy-Bereichen
- die Konkurrenzen zwischen kommunalpolitischen Programmatiken
- bestimmte Problemkonstellationen in den räumlichen und zeitlichen Strukturen

9   Die Kontextualisierung der Finanzierung: lokale Erfahrungsökonomie

Betriebswirtschaftliches Handeln im Sozialmanagement stellt sich als stark erfahrungsbasierte Kompetenz in lokalen politischen Rahmenbedingungen sowie in der trägerinternen Kommunikation dar. Das Finanzierungshandeln bezieht sich auf das Planen sowie die Kontrolle und das ‚Mitspielen' bei Kontrollaktivitäten zwischen wirtschaftlichen (Teil)-Einheiten, auf die Spezifika bestimmter Leistungsbereiche sowie die temporären Sozialmarktaktivitäten.

Das Entscheidungshandeln im Sozialmanagement orientiert sich an unterschiedlichen Kontexten der Finanzierung. Im Mittelpunkt stehen für das Management nicht nur die lokalen Finanzierungsbedingungen unterschiedlicher Leistungen, sondern auch die Finanzierungsbedingungen der organisationalen Einheit (die Dienststelle) in der Dachorganisation. *Der Fokus dieser sechsten professionellen Teilkompetenz ist das Finanzieren und das Problem der ‚Wirtschaftlichkeit' zu bearbeiten. Es geht auch darum, die ‚Wirtschaftlichkeit' zu bewerten und diejenigen Kriterien heranzuziehen und zu verhandeln, die zur Bewertung des ‚wirtschaftlichen' Erfolges herangezogen werden.*

Die Kompetenz, Finanzierung zu kontextualisieren bedeutet, die Grundstrukturen der Finanzierung für die lokalen Bedingungen zu konkretisieren, unter den Gesichtspunkten der Wirtschaftlichkeit zu handeln, Wirtschaftpläne so zu erstellen, dass diese für die jeweiligen organisationalen Einheiten einen Orientierungsrahmen darstellen können. Die Sozialmanagementakteure setzen ihr Wissen über die Finanzierung einzelner Leistungsbereiche in Budgetierungs- und Kalkulationsprozesse um. Das Sozialmanagement stellt das Finanzierungswissen für zentrale Kontraktverhandlungen zur Verfügung.

9.1   Finanzierung und Wirtschaftlichkeitsbeurteilung als Geschehen zwischen Zentrale und Dienstort

9.1.1   Planung, Kontrolle und Bewertung des Unternehmenshaushaltes

Kompetentes Finanzierungshandeln zeichnet die Fähigkeit aus, im Kommunikationsprozess zwischen zentraler Trägerleitung und Unternehmensleitung der Dienststelle Wirtschaftspläne zu erstellen, das Geschäftsjahr abschätzen zu können, den Kommunikationsprozess zwischen den wirtschaftlichen Einheiten zu koordinieren, bestimmte Bereiche als wirtschaftliche Einheiten abzugrenzen, die (Teil-)Ergebnisse des Geschäftsjahres zu bewerten und zu interpretieren und diese Ergebnisse im trägerinternen politischen Prozess zu vertreten und zu verteidigen.

Die Fähigkeiten einer *betrieblichen Finanzmanagementkompetenz* beziehen sich auf den Einsatz geeigneter Instrumente und das Bewerten des Einsatzes des Mittels ‚Geld' zu betrieblichen Organisationszwecken. Die Kompetenz bezieht sich auf Teilaufgaben der Budgetverantwortung, der Finanz- und Haushaltsplanung (inkl. Erstellung von Wirtschaftsplänen und Beteiligung / Bewertung von Jahresabschlüssen), des Finanzcontrollings, dem Kostenmanagement, der Steuerung von Umsatz- und Kostenentwicklung, Überwachung und Steuerung der wirtschaftlichen Entwicklung, Soll-Ist-Analysen bis hin zu unternehmenspolitisch ausgerichteten Finanzierungs- und Vertragsverhandlungen und der Verantwortung der Finanzergebnisse.

9.1.2   Budgetierung und Kalkulation einzelner Leistungs- und Geschäftsbereiche

Kompetentes Finanzierungshandeln ist des Weiteren dadurch gekennzeichnet, dass die lokalen Finanzierungsbedingungen als sozialpolitisch gegebene Rahmenbedingungen in Kalkulations- und Budgetierungszusammenhänge transformiert und kontextualisiert werden, d.h. mit fachlichen und allen weiteren Einflussfaktoren verknüpft werden. Hier geht es einerseits darum, die wirtschaftlichen Teileinheiten der Dienststelle mit ökonomischen Ressourcen auszustatten und diese Kompetenzverteilung mit Zielen zu versehen. Andererseits geht es jeweils darum, einzelne Angebote und Leistungen im Rahmen der lokalen und sozialrechtlichen Rahmenbedingungen zu kalkulieren, die jeweilige Wirtschaftlichkeit zu bewerten und diese Bewertung als Kriterium in relevante Entscheidungsprozesse einfließen zu lassen.

Finanzbezogene Planungskompetenz bedeutet, dass diese eher allgemeinen Aufgaben (als Performanzkontexte) ergänzt werden durch das Erstellen, Interpretieren und Bewerten leistungsbezogener oder organisationsbezogener Wirtschaftlichkeitsberechnungen und dem Verhandeln bzw. der Interessensvertretung in der unternehmensinternen ‚Wirtschaftlichkeitspolitik'. Das Fachwissen und die Integration leistungsbezogener Kenntnisse (wie z.B. sozialrechtliche Grundlagen, kommunale Verordnungen und Kontraktverhältnisse) münden in die Fähigkeit auch leistungsübergreifend für die Finanzierung problemangemessener Angebote (z.B. für neue Klientengruppen) zu sorgen.

9.1.3   Unternehmensinterne Finanzpolitik: Vorbereitung, Planung und Rahmenverhand-
         lungen mit dem Kostenträger
Kompetentes Finanzierungshandeln kommt zu realistischen Einschätzungen über die Trag-
fähigkeit von Finanzierungsalternativen bestimmter Leistungsarten. Diese Einschätzung
wird der Dachorganisation für Verhandlungen der Rahmenverträge zur Verfügung gestellt,
für die temporäre Öffnung des Sozialmarktes und der Initiierung von Wettbewerb durch
Vertragsverhandlungen und Kontraktmanagement. Innerhalb der Rahmenverträge ist diese
Einschätzung dann grundlegend, wenn es um die Ausstattung jeweiliger Leistungen geht,
die Kalkulation also, ob ein bestimmter Bedarf ausreichend durch die Quantität von zuge-
teilten Leistungen gedeckt wird.
       Die finanzpolitische Kompetenz bezeichnet die Fähigkeit des Sozialmanagement, die
Aufgaben der Einschätzung der Gesamtfinanzierung und Leistungsfähigkeit in Bezug auf
Rahmenverhandlungen für einzelne Leistungsbereiche strategisch so zu meistern, dass
Verhandlungsspielräume definiert werden, dass aber auch Preis-Qualitätsrelationen als
Kriterien vorhanden sind, die als erfahrungsbasiertes Wissen über fachpolitische Entwick-
lungen und lokale Ökonomie in Kontraktverhandlungen zugrunde gelegt werden.

9.2   Wirtschaftlichkeit und Erhalt der Bewertungs- und Deutungshoheit von Informationen als Haltung und Sonderwissen

Unhintergehbar erscheint in diesem Performanzaspekt die Wirtschaftlichkeit des Unternehmens, seiner Teilbereiche sowie einzelner Leistungsbereiche herbeizuführen, nachzu-
weisen sowie zu sichern. Die Orientierung am Wert der Effizienz erscheint dabei als etabliert. Effizienz selbst steht jedoch nicht als objektive Größe zur Verfügung, sondern muss
jeweils sozial konstruiert werden (vgl. Krone et.al. 2009: 93ff.). Am Wert der Effizienz
zeigt sich die „Institutionalisierung" der Organisation wohl am deutlichsten. Es werden
Zweck-Mittel-Relationen in enger Abstimmung mit der organisationalen Umwelt konstruiert, vereinbart oder ausgehandelt, die dann habitualisiert in der Organisation vorzufinden
sind. Als (professionelle) Haltung lässt sich erkennen, dass die Akteure die Einstellung und
Gesinnung teilen, dass Wirtschaftlichkeitsdaten jeweils interpretiert und bewertet werden
müssen und dass jeweils ein Zugriff auf die Deutungshoheit bestehen muss. „Effizienz wird
zu einer gesellschaftlich vermittelten Größe" (U. Wilkens et.al. 2003: 233) auf die die Managementakteure sich vorbehalten, Einfluss nehmen zu wollen und zu können.

9.2.1   Übergreifendes Finanzierungswissen zur Bewertung von Wirtschaftlichkeit

Die drei exemplarisch genannten Performanzkontexte zeigen ein Kompetenzprofil, welches
auf ein professionelles Sonderwissen gründet, das mehr als ein bloßes ‚Finanzmanagement'
ist. In der sozialarbeitswissenschaftlichen Diskussion wird dieses Management folgendermaßen definiert: „Bei dem Finanzmanagement geht es konkret um die Implementation
betriebswirtschaftlicher Begrifflichkeiten und Denkweisen in den gesamten Organisations-
kontext, um die Installierung einer aussagefähigen und für die Steuerung relevanten Form
der Buchhaltung, um die Darstellung von Geschäftsvorgängen und Geschäftsergebnissen in
einer steuerungsrelevanten Form der Bilanzierung, um die Ausgestaltung betriebswirtschaftlicher Steuerungsinstrumente wie z.B. der Kosten- und Leistungsrechnung sowie des
Controllings." (J. Merchel 2005: 855)

Der Hintergrund der Diskussion um ein Finanzmanagement ist die Debatte um Ökonomisierung oder den Stellenwert der ökonomischen Steuerungslogik in der Sozialen Arbeit. Wie schon oben bei dem Zusammenspiel der Sach- und Formalziele gezeigt wurde, ist immer noch von der Sachzieldominanz auszugehen. Die Frage um die Finanzierung Sozialer Dienste ist nicht zuletzt der Herauslösung der freien Wohlfahrtspflege aus dem System der Kostendeckung geschuldet und damit der grundsätzlichen Möglichkeit, dass Träger und Einrichtungen der Sozialen Arbeit auch insolvent werden können. Bernd Halfar, einer der nachdrücklichen Vertreter der Ökonomisierung Sozialer Arbeit schildert seine Sicht der Dinge folgendermaßen: „Erst seit einigen Jahren lassen sich auch innerhalb des Systems massive Anstrengungen beobachten, durch den Einsatz ökonomischer Instrumente die Effizienz sozialer Hilfen zu analysieren und zu optimieren. Dieser Trend, der als „Ökonomisierung", oder, sprachlich grausam, als „BWLisierung" der Sozialarbeit charakterisiert wird, ruft innerhalb der Profession sozialer Hilfen zwei unterschiedliche Reaktionsmuster hervor: Schrecken und Faszination." (B. Halfar 1999: 27). Doch gerade aus dieser Richtung der ökonomischen Analyse Sozialer Arbeit kommen einerseits fruchtbare Beiträge zur Theorie der Finanzierung sozialer Dienste, aber auch deutliche Positionen zum Stellenwert der Ökonomie. „Das System sozialer Arbeit leidet jedoch trotz dieser Prozesse nicht unter einer „Ökonomisierung", sondern unter Ökonomiedefiziten. Erst wenn die wirtschaftlichen Instrumente zum routinisierten Standardrepertoire gehören, wenn die wirtschaftlichen Konsequenzen von Entscheidungen transparent sind, lässt sich die Ökonomie relativieren. Erst wenn die ökonomischen Instrumente zu Hilfeinstrumenten in der fachlichen Entscheidungslogik der Sozialen Arbeit regrediert werden, wird der Primat der Logik sozialer Hilfe dominieren können." (ebd. 29)

Dieser provozierenden These muss nach den empirischen Analysen ein professionelles Effektivitäts- und Effizienzwissen gegenübergestellt werden. Einerseits zeigt sich, dass (betriebs-)wirtschafts-wissenschaftliches Wissen und Sozialwirtschaft zu einem wesentlichen Teil einer professionellen Normalkompetenzausstattung gehören. Die Bestandteile sind weiter oben in den einzelnen Kompetenzbereichen bereits benannt. Wie gezeigt wurde, geht es aber im innerbetrieblichen Handeln um die Bewertung des Steuerungsmittels ‚Geld'. Über die Definition eines ‚Finanzmanagement' hinaus bedeutet dies die Bewertung der Zahlen und betriebswirtschaftlichen Ergebnisse im Kontext der Organisation. Das professionelle Sonderwissen der Finanzierung setzt sich also dort ab, wo die Fähigkeiten und Kompetenzen zwar eingesetzt werden, jedoch darauf verwiesen wird, dass dieses spezifische Handeln in den Kontext einer Organisation gesetzt wird. Die Kontextualisierung verläuft also nicht nur in die durch das Zitat gezeigt Richtung, sondern mindestens auch in die entgegengesetzte Richtung, nämlich die Implementation professioneller Anforderungen und Bewertungen in den Umgang und die Verwendung betriebswirtschaftlicher Begrifflichkeiten und Denkweisen.

9.2.2 Sonderwissensbestände der Finanzierung: die Heteronomie der lokalen Polit-Ökonomie

Die Begrifflichkeit ‚Kontextualisierung der Finanzierung' deutet auf die Verschränkung spezifischer Finanzierungsbedingungen im organisationalen Kontext sowie in den lokalen Trägerkonstellationen, den kommunalen, regionalen Finanzierungsbedingungen hin. Insofern teilen die professionellen Akteure eine lokale ‚Erfahrungs'-Ökonomie als Sonderwissen. Die Besonderheit in den Strukturen dieses Wissens besteht darin, dass bestimmte Leistungsarten und deren Wirtschaftlichkeit und Finanzierung in sozialrechtlichen, lokalsozialpolitischen und bereichsbezogenen Kontexten je unterschiedlich behandelt werden müssen. Das Wissen über die jeweiligen Spezifika scheint nur als erfahrungsbasiertes Fachwissen zugänglich, dass die Bedingungen durch die kommunale/regionale Finanzierung grundlegend unterschiedlich sind.

Am Beispiel der Jugendhilfe lässt sich dies sehr gut aufzeigen. Für den Bereich der Finanzierung gibt es, was die Finanzierungsarten und die Instrumente z.B. im Bereich der Erziehungshilfen anbelangt, im Kinder- und Jugendhilfegesetz keine eindeutigen gesetzlichen Vorgaben bezüglich der Finanzierung der Leistungen. Ein Funktionär des Diakonischen Werks kommt bereits 1997 zu der folgenden Bestandsaufnahme:

> „Die Hilfen zur Erziehung sind, was die Angebotspalette der in der Praxis vorhandenen Hilfeformen anbelangt, ein ausgesprochen vielfältiger und differenzierter, selbst für Fachleute fast unüberschaubarer Arbeitsbereich im Gesamtspektrum der Jugendhilfe. Ebenso vielfältig wie die Angebote sind die vor Ort in den einzelnen Ländern praktizierten Finanzierungsregelungen, so ist es nicht übertrieben zu sagen: Im Bereich der Erziehungshilfen gibt es im Prinzip alles an Hilfeformen und Finanzierungsarten, was überhaupt denkbar ist.

> Im Gesamtüberblick kann festgestellt werden, dass im Bereich der Erziehungshilfen alles Formen der Förderung (§ 74 KJHG), also Maßnahmen- oder Projektförderung sowie institutionelle Förderung in Form von Anteils-, Fehlbedarfs- und Festbetragsfinanzierung und jede denkbare Art vertraglicher Vereinbarung (§ 77 KJHG) in Form von Pflegesätzen, Leistungsentgelten, Fachleistungsstunden etc. zur Anwendung kommen." (Karl Spät (Diakonisches Werk) anläßlich des Symposiums der Arbeitsgemeinschaft für Jugendhilfe (AGJ) 1997, zitiert nach Prölß 1999: 118)

Zu beachten ist bei diesem Zitat, dass sich die Aussagen nicht auf einen Hilfebereich sozialer Dienste insgesamt – der Jugendhilfe – beziehen, sondern auf einen Spezialbereich der Jugendhilfe, den Hilfen zur Erziehung, auf die ein rechtlicher Anspruch besteht, die also von Kommunen jeweils angeboten werden müssen. Des Weiteren ist nicht davon auszugehen, dass durch die Weiterentwicklung des Kinder- und Jugendhilfegesetzes im Bereich der Hilfen zur Erziehung die Komplexität reduziert werden konnte. Vielmehr zeigt z.B. die Diskussion und Implementierung unterschiedlicher Modelle von Sozialraumorientierung und –management, dass die Finanzierungsarten z.B. durch den Einsatz von Sozialraumbudgets anscheinend dazu neigen, sich zu potenzieren. Die Komplexitätsreduktion tritt nur durch historisch gewachsene Strukturen, Traditionen und Pfadabhängigkeiten auf der Ebene der lokalen / regionalen Steuerungsbefugnisse in Kraft. Akteure, die förmlich jahrelang in die jeweiligen Gegebenheiten einsozialisiert wurden, erkennen die Komplexität erst durch den überregionalen Vergleich; sie teilen allerdings das Sonderwissen über die kontextual gegebenen Finanzierungsstrukturen.

Das Beispiel der Jugendhilfe kann hier wiederum in seiner Funktion als Modellfall der Entwicklung sozialer Dienste herangezogen werden. Die Hilfebereiche für Menschen mit Behinderung bzw. sozialpsychatrischer Betreuung sind weder sozialgesetzgeberisch vergleichbar weit ausdifferenziert, noch in den Leistungs- und Finanzierungsarten mit der Jugendhilfe vergleichbar. Hier sind immer noch die stationären Hilfen und die Eingliederungshilfe dominant. Mit dem persönlichen Budget deuten sich aber bereits ähnliche Komplexitätssteigerungen wie in der Jugendhilfe an. Die modellhaften Implementierungsversuche dieser individualisierten Leistungsart zeigen bereits eine Unzahl kontextueller Sonderlösungen.

10 Steuerung und Kontrolle als technische Rationalitätskompetenz

Kompetente Steuerung und Kontrolle kennt die Funktionsweisen und Einsatzmöglichkeiten ‚ökonomisierter', auf Operationalisierung gründender Instrumente. Das Sozialmanagementhandeln zeichnet sich dadurch aus, dass die Bereitschaft und Fähigkeit besteht, diese ‚ökonomisierten' Instrumente einzusetzen, ökonomische Kriterien zur Lenkung von Aufgabenwahrnehmung anzuwenden, aber auch unter Bezug auf erfahrungsgründende Kriterien diese Instrumente abzuwehren, zu instrumentalisieren und ins Leere laufen zu lassen. Sozialmanagementakteure sind einerseits bereit und fähig, Effizienz- und Effektivitätsmythen gegenüber adäquaten Umwelten zu bedienen. Innerorganisational konzentrieren sie die Macht, Ziele zu definieren, Ergebnisse zu bewerten und Instrumente einzusetzen. *Der Fokus dieser siebten professionellen Teilkompetenz sind also technisch-ökonomisch-rationale Steuerungsinstrumente und der zielgerechte Umgang mit diesen Instrumenten.*

In Abgrenzung zu der Finanzierungsproblematik ist kompetentes Steuerungs- und Kontrollhandeln im Rahmen ökonomisierter Instrumente durch den Umgang mit einer Ambivalenz gekennzeichnet. Mit den genannten Instrumenten sind jeweils Versuche subsumiert, Operationalisierungen (in verschiedener Art objektivierte Indikatoren, z.B. Kennzahlen) zu definieren, zu installieren und in das Unternehmen zu integrieren. Dies können Quartalsergebnisse einzelner abgegrenzter Wirtschafteinheiten innerhalb des Wirtschaftsplanes sein, Indikatoren die durch Managementinstrumente eingeführt sind (Zieldefinitionen, Balance Score Card) bis hin zum Qualitäts- oder Personalmanagement. Das kompetente Steuerungs- und Kontrollhandeln ist gekennzeichnet dadurch, dass die Akteure die Instrumente ‚von innen' kennen. Sie beherrschen nicht nur ihre Anwendung, sondern kennen auch deren Funktionsweise, Stärken und Grenzen. Die Ambivalenz besteht nun darin, dass die Akteure bereit zu sein scheinen, die Instrumente je nach Kontext als Mittel der Objektivierbarkeit von Entscheidungen einzusetzen, aber auch unter Einbezug der Nebenfolgenabschätzung die Anwendung der Instrumente abwehren, uminterpretieren, pervertieren, manchmal auch als Spiel betrachten, welches sie bedienen.

10.1 Facetten der technisch-rationalen Steuerung und Kontrolle: Die Ambivalenz der ökonomischen Logik
10.1.1 Kompetenzaspekte ökonomischer Entscheidungslegitimation
Durch die Anwendung von Managementinstrumenten, die sich auf standardisierte und operationalisierte Verfahren betriebswirtschaftlicher Herkunft stützen, strukturieren und legitimieren Managementakteure die Arbeit der Organisation als Ganzes sowie Teilbereiche der Organisation gegenüber relevanten Unternehmensumwelten oder aber im unternehmensinternen Steuerungs- und Kontrollhandeln.

Kompetente Steuerung und Kontrolle setzt ökonomisierte und objektivierte Managementinstrumente im Führungshandeln im hierarchischen Verhältnis ein, um Entscheidungen zu objektivieren. Gerade Entscheidungen in der Verteilung von knappen Mitteln - und hier vor allem die Ausstattung mit Personal - lässt sich kaum noch fachlich begründen, denn es ist unter den Bedingungen der Ressourcenknappheit nie eine zufrieden stellende Einschätzung der jeweiligen Bereiche bezüglich der Ausstattung zu erwarten - nach der Einschätzung der Akteure in unterschiedlichen Arbeitsbereichen ist immer zu wenig Personal vorhanden.

Exemplarisch kann diese Abwehr und Legitimationsstrategie der Führungskräfte anhand einer Verhandlung über einen anzulegenden Personalschlüssel in einer Werkstatt für Menschen mit Behinderung aufgezeigt werden. Auf einer Klausurtagung wird den Mitarbeitern transparent die Finanzierungsstruktur der Einrichtung dargestellt.

M stellt Zusammenhänge zwischen Kunden und dem Unternehmen dar. Er sieht eine Abhängigkeit zwischen den Kunden und ihren Wünschen und den Fähigkeiten, die die Klienten haben, es kann deswegen nicht jeder Kundenwunsch erfüllt werden. Er bezieht sich auch auf den Zusammenhang zwischen Umsätzen und Personalschlüssel. Es folgt eine Diskussion der Mitarbeiter untereinander. Z schließt die Diskussion mit einem Blick auf den Gesamtträger ab. Er argumentiert, dass nicht einfach ein höherer Personalschlüssel gefordert werden kann, sondern, dass ein höherer Personalbedarf begründet werden muss. Er stellt das Ressourcenverteilungsproblem innerhalb des Gesamtträgers dar und zeigt die Verteilungsproblematik. (BP 56_5,10-18)

Die beiden Führungskräfte greifen auf zentrale Instrumente der Finanzierungslehre zurück. Als wesentlicher Teil der klassischen Finanzierungslehre gilt dabei die „Finanzanalyse, deren Gegenstand die Gewinnung aussagekräftiger Kennzahlen und Kennzahlensysteme insbesondere aus den Daten des Jahresabschlusses ist. Kennzahlen dienen sowohl internen als auch externen Informationsinteressen. Zentraler interner Adressat eines Unternehmens ist das eigene Management, für welches Kennzahlen eine wichtige Grundlage der Steuerung und Kontrolle ist." (M. Vilain 2006: 55)

Durch den Rückzug z.B. auf operationalisierte Wirtschaftlichkeitsdaten (mit Deutungs- und Interpretationshoheit bei der jeweils hierarchisch vorgesetzten Ebene) gelingt die Legitimation von Entscheidungen durch die (Schein-)Objektivität von Ergebnisnachweisen, Wirkung(en) und statistischen Erkenntnissen. Durch die Veranschlagung ökonomischer Logik der Finanzierbarkeit wird ein direkter Zusammenhang zwischen Ressourcenzuweisung und Leistungserbringung hergestellt. Die ökonomische Logik wird professionell inszeniert und instrumentalisiert. Wie am Beispiel der Klausur gezeigt werden kann, setzt das Management die betriebswirtschaftlichen Instrumente der Formenlehre (Differenzierung der Finanzierungsarten), Finanzplanung (Finanzmittelverwendung für zukünftige Periode), und Finanzanalyse für die Legitimierung von Steuerungsaktivitäten ein – vor allem in Bereichen, in denen aus Sicht der Fachlichkeit kaum belastbare Argumente gefunden oder abgewehrt werden können.

Die *technisch-rationale Steuerungskompetenz* zeichnet sich durch die Fähigkeit aus operationalisierte auf Kennzahlen und Instrumente der Finanzierungslehre gestützte Ergebnis- und Wirkungsdaten zu generieren und heranzuziehen, diese Indikatoren und Daten auf konkrete Steuerungszusammenhänge anzuwenden und dadurch bestimmte Handlungskontexte zu legitimieren oder auch Ansprüche zu begründen bzw. abzuwehren.

10.1.2 Nebenfolgenabschätzungskompetenz als Grenzsetzung der Operationalisierung

Kompetentes Steuerungs- und Kontrollhandeln zeichnet sich durch eine nachhaltige und praxisbezogene Nebenfolgenabschätzung ökonomisch orientierter Steuerungsinstrumente aus. Die Sozialmanagement-Akteure kennen die eingesetzten ‚modernen' Instrumente ‚von innen', ihre Kenntnis ist durch ein hohes technisches Verständnis gekennzeichnet. Sie beherrschen nicht nur ihre Anwendung, sondern kennen auch die Funktionsweise, Stärken und Grenzen der jeweiligen Managementinstrumente.

In aktuellen Anwendungskontexten der Instrumente kommt aber eine weitere Kompetenz und Fähigkeit zur Geltung. Die beteiligten Akteure beherrschen die Nebenfolgenabschätzung der konkreten Anwendung der Instrumente und somit die Prognose der Auswirkungen und Nebenwirkungen für ihren Handlungsbereich.[18]

Exemplarisch kann dieser Kompetenzbereich an dem unternehmensinternen Umgang mit dem Managementinformationsinstrument Balance-Score-Card rekonstruiert werden. Im Jahresrhythmus sind die Führungskräfte aufgefordert, definierte Unternehmensbereiche mit Zielen zu versehen, die dann als Kennzahlen in ein prüfbares und nachvollziehbares Indikatorensystem eingepflegt werden.

Ein erstes Beispiel zeigt, wie die Formulierung von Zielen nach Ansicht einer Führungskraft deutlich an Grenzen stößt. Dieses Beispiel ist unternehmenspolitisch in hohem Maße problematisch, weswegen hier um vollkommene Anonymisierung gebeten wurde. Das Problem in der Zieldefinition besteht darin, dass sich Führungskräfte im Zweifelsfall nicht auf die Definition von überprüfbaren Zielen einlassen, viel mehr noch, in der Kommunikation wird deutlich, dass Führungskräfte Zielbestimmungen abwehren. Hinter diesem Verhalten steht die Fähigkeit der Führungskräfte die Konsequenzen einer solchen Zielfestlegung einschätzen zu können. Dabei geht es nicht nur um die Befürchtung, das Ziele falsch oder ungenau gesetzt werden. Vielmehr sehen die Führungskräfte deutlich die mögliche Konsequenz, dass ihr Handeln an einer möglichen Wirkung gemessen wird, welche sie nicht zu beeinflussen vermögen. Die Zielerreichung wäre also mehr oder minder zufällig oder mit extrem großen Messfehlern versehen. In der Interaktionssituation selbst steht es den Führungskräften frei, Ziele zu definieren, denn in dem Managementkonzept geht es ja um die konsensuale Vereinbarung. Dennoch besteht die Anwendung der Instrumente nicht nur in einem umsetzenden Vollzug, sondern ebenso in einem verhandelnden, (unternehmens-)politischen Prozess, in dem auch Machtpotentiale aktiviert werden, um externe Kontrollansprüche abzuwehren, umzuinterpretieren, umzukehren, manchmal auch aus kalkulatorischen Motiven heraus ‚sinnbefreit' zu bedienen.

Für den letzten Punkt steht ein kurzes Beobachtungsprotokoll bei der Zieldefinition durch das interne Steuerungsinstrument BSC. Im Prozess der Planung von Zielen stellt sich die Ungenauigkeit des Managementinstrumentes heraus. Herr Manner (M) verfolgt im Prozess der Zielformulierung eine Abkürzungsstrategie, die zu einem sinnentleerten ‚Mitmachen' bezüglich des Instrumentes führt.

---

[18] T. Klatetzki und H. Nokielski (2010) machen erneut das Bürokratiemodell M. Webers für die Untersuchung sozialer Dienstleistungsorganisation fruchtbar und weisen zurecht auf den Aspekt der Nebenfolgenabschätzung hin, dazu auch mit einem anderen theoretischen Fokus Langer et.al. 2009.

M: ok, dann haben wir noch die Namensänderung der Einrichtung als Ziel, wo soll das denn hin?
H: ich würde sagen zu Markt und Wettbewerb
M: hm .. warum das denn? hat doch was mit Identität zu tun, wenn ich den Vorstand frage, dann ist
klar, dass eine Namensänderung nicht geht. und hat auch was mit Diakonie zu tun
H Liest die Dimensionsdefinition vor.
H: ich glaube, Image war irgendwie bei Markt und Wettbewerb
M: dann hau das einfach dort rein! (BP 60_1,24-2,2)

Herr Manner instrumentalisiert das Instrument zum Nachweis seiner Bereitschaft der Teilnahme an unternehmensinternen Steuerungs- und Informationsaktivitäten. Gleichzeitig schätzt er jedoch die Wirkung der Zielfestlegungen für ihn und seine zu verantwortenden Organisationsbereiche als ungefährlich ein, die Zuordnung zu dem einen oder anderen Indikator scheint konsequenzlos zu bleiben. Damit wird in diesem Beispiel jedoch das Managementinstrument in seiner Funktion ausgehebelt.

Die *Nebenfolgenabschätzungskompetenz* in der Anwendung operationalisierender Managementinstrumente charakterisiert die Fähigkeit der Führungskräfte, die Methoden und deren Einsatz nicht nur von innen heraus zu kennen und zu beherrschen, sondern die Wirkungen, Konsequenzen und Nebenfolgen deren Anwendung überschauen zu können. Sie besitzen die Fähigkeit der Abwehr bzw. Uminterpretation und Instrumentalisierung betriebswirtschaftlicher Steuerung unter Bezug auf die (Neben-)folgen, die auf relevante Handlungskontexte wirken würden.

10.1.3 Sozialmarketing und Steuerungsinszenierung
Kompetentes Steuerungs- und Kontrollhandeln zeichnet sich durch die zielgerechte Inszenierung von operationalisierbaren Indikatoren in relevanten Öffentlichkeiten aus. Die Akteure sind bereit, solche Zahlen, Ergebnisse und Erkenntnisse, die in bestimmten Kontexten kritisiert und delegitimiert werden, in relevanten Öffentlichkeiten (z.B. gegenüber Kostenträgern) als Erfolgsindikatoren auszuweisen. Damit reagieren sie auf den Bedeutungs- und Legitimationszuwachs des Steuerungsmediums Geld und auf sozialpolitische ‚Modeerscheinungen'.

Der Einsatz von ‚operationalisierten' Verfahren des Qualitätsmanagement führt in den Einrichtungen zur Überprüfung von Organisationsstrukturen und –prozessen, je nach dem auf welche Verfahren zurückgegriffen wird. Die Sozialmanagementakteure setzen aber gerade betriebswirtschaftlich akzeptierte Qualitätskonzeptionen - wie etwa DIN ISO oder EFQM -ein, um die Lizensierung ihrer Einrichtung gegenüber relevanten Organisationsumwelten zu erreichen oder sicherzustellen. Im innerorganisationalen Prozess materialisiert sich z.B. Qualitätsmanagement nach der Einführung nur noch in einem Qualitätshandbuch, welches gelegentlich einmal aus dem Regal genommen wird. Nur in Kontrollkommunikationen gegenüber den lizenzierenden öffentlichen Stellen (z.B. Landesjugendamt, Sozialamt usw.) wird auf das Qualitätsmanagement in Form des Qualitätshandbuchs zurückgegriffen, weniger jedoch um das alltägliche Führungshandeln zu überprüfen oder zu steuern.

Diese fachpolitisch gegebenen Bedarfe werden in ein strategisches Sozialmarketing transformiert und flexibel umgesetzt.

Die Inszenierungskompetenz technisch-rationaler Managementinstrumente beruht auf der Fähigkeit der Führungskräfte, bestimmte Ergebnis- und Wirkungszusammenhänge im

Unternehmen, die durch Managementinstrumente zu scheinbaren Fakten, Kausalzusammenhängen und Objektivierungen führen, in sozialmarketingrelevanten Kommunikationskontexten aufbereiten und inszenieren zu können. Die Managementinstrumente werden also zur Realisierung einer „Kompetenzdarstellungskompetenz" (M. Pfadenhauer 2003) instrumentalisiert oder zumindest zielführend eingesetzt.

10.2 Wissensbestände und Steuerungsautonomie als Ziel und Haltung
Die Zwecksetzung in diesem Handlungskontext ist die Gewinnung bzw. Sicherstellung der interessensbezogenen Steuerungs- und Kontrollmacht der Führungskraft. Als (professionelle) Haltung lässt sich erkennen, dass die Akteure die Einstellung und Gesinnung teilen, dass ein Autonomiegewinn und –erhalt im Steuerungsdiskurs durch ökonomische Steuerung und operationalisierende Instrumente als möglich erscheint.

10.2.1 Die Ambivalenz technischer Rationalität
Das Sozialmanagement teilt ein ambivalentes Sonderwissen, dass eine grundsätzliche Steuerbarkeit von Organisationen nicht möglich ist, sondern Organisationen und ihre Teileinheiten solche Gebilde darstellen, „die zwar beeinflussbar, aber nicht im engeren Sinne steuerbar sind" (K. Grunwald / E. Steinbacher 2007: 89). Der technischen Rationalisierung sind also einerseits von der Produkt- als auch von der Organisationsseite deutliche Grenzen gesetzt. Jedoch teilt das Management das Wissen über die Funktionsweise und Anwendungsmöglichkeiten von Managementinstrumenten, die den Postulaten der technologischen Machbarkeit, der Überlegenheit der Führungsspitze und der Wertfreiheit des Managements entspringen (vgl.: ebd.). Diese drei Faktoren sind in dem Begriff ‚operationalisierte' oder ‚ökonomisierte' Steuerungsmodelle vereint. Das Ambivalente am Managementhandeln ist nun, dass die Akteure durchaus bereit sind, gleichzeitig diese Instrumente einzusetzen aber auch abzulehnen. Entscheidend erscheint dabei das spezifische Wissen über die ‚Wirkung' des Einsatzes der Instrumente. Die Steuerungsinstrumente dienen einerseits zur Legitimationserhöhung und Plausibilisierung in Entscheidungssituationen konfligierender Wert- und Fachlichkeitsentscheidungen (z.B. die Legitimation von Personalressourcenentscheidungen in unterschiedlichen Hilfefeldern durch Wirtschaftlichkeitszahlen). Die Steuerungsinstrumente werden instrumentalisiert.
　　Das Wissen über mögliche Nebenfolgen als Wirkung des Einsatzes der Instrumente erscheint als wesentlich für die Bewertung deren Einsatzes sowie die Legitimation deren Abwehr bis hin zur Pervertierung der Instrumente.

10.2.2 Sozialmarketing als relevantes Sozialmanagementwissen?
Die Ergebnisse des Einsatzes von Steuerungsinstrumenten führen zu einer technologischen Plausibilisierung der Qualität und Wirkung erbrachter Leistungen. Das Management zeichnet sich durch das Wissen aus, diese Plausibilisierungen in den relevanten Öffentlichkeiten im Sinne eines ‚Sozialmarketing' einzusetzen.
　　In der aktuellen Diskussion über politische Verantwortung des Sozialmanagements wird immer öfter auf die Bedeutung des ‚Sozialmarketings' verwiesen. Nicht um sonst weist der Sozialpolitiker Bellermann dem Sozialmarketing eine herausragende Rolle im Sozialmanagement zu. Aus sozialwirtschaftlicher Sicht wird Sozialmarketing folgenderma-

ßen definiert: „Marketing bedeutet Analyse, Planung, Durchführung und Kontrolle aller Aktivitäten, die auf den Kunden bzw. Klienten abzielen. Das eher spezifische Sozialmarketing lässt sich wie folgt definieren: Sozialmarketing ist eine spezifische Denkhaltung. Sie konkretisiert sich in der Analyse, Planung, Umsetzung und Kontrolle sämtlicher interner und externer Aktivitäten, die durch eine Ausrichtung am Nutzen und den Erwartungen der Anspruchsgruppen (z.B. Leistungsempfänger, Kostenträger, Angehörige oder Öffentlichkeit) darauf abzielen, die finanziellen, mitarbeiterbezogenen und insbesondere aufgabenbezogenen Ziele der sozial ausgerichteten Organisationen zu erreichen." (G. Moos / A. Peters 2008: 134f.) Sozialmarketing stellt in dieser Definition eine übergreifende und zentrale Perspektive dar, unter die fast sämtliche weitere Funktionen des Unternehmens untergeordnet werden können. Die Ableitung des Sozialmarketings aus der Betriebswirtschaftslehre hat jedoch zur Folge, dass die Beschaffenheit entscheidender Anspruchsgruppen, der Stakeholder, nicht angemessen berücksichtigt werden. Denn ein wesentlicher Teil der Öffentlichkeit, der kooperierenden freien Träger, Kostenträger und auch der Klienten unter der sozialstaatlichen Definitionsmacht sind Teilelemente eines politischen Handlungskontextes. Denn sie sind allemal Akteure, die nicht allein durch Freiwilligkeit so in der Art und Weise Anspruchsberechtigte sind, sondern weil sie durch politische Entscheidung, Gesetzgebung, kommunale Verordnungen und Kommunalpolitik definiert werden. Insofern kann in dieser Arbeit nicht dem Vorschlag einer übergreifenden Perspektive des Sozialmarketings als leitender Begriff nachgegangen werden. Vielmehr wird die Adaption oder auch die Implementierung von Sozialmarketingstrategien bis hin zu –instrumenten der betriebswirtschaftlichen Rezeption überlassen. Aus dem empirischen Material entsteht die Anforderung, die Interessen der Organisation sowie die Einflussnahme zur Erreichung von Zielen und Interessenvertretung als politisches Handeln zu rekonstruieren und das zugrunde liegende Sonderwissen als politisches Wissen zu rekonstruieren.

11 Zwischenfazit: Teilkompetenzen im Sozialmanagement

Als kurze Zwischenzusammenfassung sind die bisher dargestellten (Teil)Kompetenzen tabellarisch dargestellt (vgl. Tab 3). In diesem Überblick wird ein wesentliches Ergebnis hervorgehoben: Es kann kaum davon ausgegangen werden, dass sich das Sozialmanagementhandeln an einem zentralen Ziel bzw. einem Zentralwert orientiert. Auch kann nicht notwendiger Weise von einer spezifischen Haltung ausgegangen werden.

Vielmehr wird gerade durch den professionstheoretischen Zugang deutlich, dass Management als wertgebunden, interessensgeleitet und jenseits technologischer Machbarkeit zu verstehen ist. Als Konsequenz aus der Abkehr von den managementtheoretischen Postulaten der technologischen Machbarkeit, der Überlegenheit der Führungsspitze und des wertfreien Management stellt sich das Sozialmanagement als (organisations-)politisches Management dar. Entscheidungsfindung und Entscheidungen in sozialen Unternehmen sind in bestimmtem Ausmaß als Ergebnis von Machtstrukturen (mehr oder weniger transparenten) zu verstehen, sowie von informellen und formell geleiteten Aushandlungsprozessen. Entscheidungen und Organisation(en) sind also zu verstehen als Ergebnisse sozialer Handlungen von subjektiven Akteuren, „als Resultate von interessengeleiteten Aushandlungen mit jeweils nur begrenzten Kompromissen und Konfliktlösungen" (K. Grunwald / E. Steinbacher 2007: 25). Entsprechend den dargestellten Teilkompetenzen können deshalb auch Organisationsstrukturen nur als Gegenstände, Bedingungen, Objekte und auch Ressourcen von politischem Handeln, also als Teil von „Strategien jeweils herrschender Koalitionen" (K. Türk 1992: 1645) verstanden werden. Diese Sicht auf Organisationen und Entscheidungen „gilt nicht nur für Entscheidungs- und Aushandlungsprozesse *in* Organisationen, sondern genauso auch für Auseinandersetzungen *zwischen* verschiedenen sozialen Institutionen." (K. Grunwald / E. Steinbacher 2007, 25f.).

11.1 Teilkompetenzen im Überblick

Die folgende Übersicht über die Teilkompetenzen fasst die jeweilige ‚idealtypische' Konzeptionalisierung des Managements zusammen. Die rekonstruierten Zwecke referieren auf einen wesentlichen Aspekt des Entscheidungsakteurs, nämlich die Reflexion und die Bestimmung der Zwecke eines ‚rationalen' Handlungsmodus, bzw. eine dominierende Handlungsrationalität in dem jeweiligen politischen Prozess. Diesen Zwecken liegen jeweils Wertüberzeugungen und zentrale Orientierungen zugrunde. In der Zusammenschau kann man hier jeweils auch von Bestandteilen der möglichen sozialen Identität der Sozialmanagerinnen sprechen.

Tabelle 3: Übersicht Kompetenzdimensionen

	Organisation leiten	Professionalität führen	Programme entwickeln	planen	Politik gestalten	finanzieren	rational steuern
Fokus Handlung Interaktion	Organisation und seine Teileinheiten, Strukturen, Prozesse	Personen als Träger der Professionalität	Professionelle Verfahren, überindividuelle Professionalität	Fachpolitische Entscheidungskontexte, interne und externe Leistungsverantwortliche	Öffentlichkeit, Klientenorganisationen	Budgetbeauftragte, Stabstelle, Rechnungsstellen	Strategische Akteure in Unternehmens- und Trägerpolitik
Zweck Handlungsrationalität	Effektive Aufgabenwahrnehmung	Optimierung von Professionalität und Vertrauen	Klientenorientierung, Innovation	Verantwortbare Passungen, Bedarfsorientierung	Vertretung Trägerinteressen,	Finanzierbarkeit, Wirtschaftlichkeit	Interessensbezogene Steuerungs-/Kontrollmacht
Instrumente (exemplarisch)	EDV, Gremienstrukturen, Org.Struktur und -prozesse Jour-Fix, Planungstools	Arbeitsrecht, Mitarbeitergespräch, Konfliktmanagement, Vertrauensmanagement	Projektmanagement, Beratung, angewandte Wissenschaft, Best-practise	Verhandlung, Sozialrecht in Bereichen, Hilfeplanprozesse	Netzwerk- und Lobbyarbeit, komm. Prozesse, Inhalte, Strukturen bearbeiten	Finanzierungs-formen -analyse -planung Erfahrung in Kalkulation	Qualitätsmanagement, Wirkungsorientierung, BSC
(Professionelle) Haltung	Macht und Eigenverantwortung	Anerkennung / Bewertung der Professionalität	Berater / Fachvorgesetze Trendsetter	Anwaltschaft, professionelle Expertise	'auf gleicher Augenhöhe'	Handlungs- und Bewertungsautonomie	Steuerungsfähigkeit und Objektivierung
(Teil-) Kompetenzen als Expertise	-Strukturgestaltung -Wissensmanagement -Machtteilung -Organisationsentwicklung	-Durchsetzungsvermögen -vertrauensorientierte Führung -Teammanagement	-Methoden und Konzeption in Beratung -Innovationsfähigkeit -Intervention, Krisen- und Konfliktmanagement	-Verhandlung im fachpolitischen Kontext -Expertise in Planung -Problemanpassung	-Problemdefinition und lokale Politikgestaltung -lokalpol. Handlungsfähigkeit	-Wirtschaftlichkeit organisieren -lokale Finanzierung -Prognosen	Führungsinstrument Anreizsetzung -Handlungsfolgenabschätzung -strategisches Sozialmarketing

An dieser Stelle der Zusammenfassung soll das Ergebnis als Differenz zu den üblichen Kompetenz-Konzepten verdeutlicht werden. Hierfür bietet sich das Wissen, Können und die Haltung in Angelegenheiten des Rechts an. Üblicher Weise wird in der Differenzierung der Kompetenzbereiche nach Methoden-, Sozial-, Fach- und Persönlichkeitskompetenz das rechtliche Wissen der Fachkompetenz zugeschlagen. In der hier vorliegenden Konzeption verhält sich dies vollkommen anders. Rechtliches Wissen und die Fähigkeit, mit Instrumenten, Institutionen und Verfahrensweisen des Rechts und der Gerichtsbarkeit umzugehen, hat in allen Performanzkontexten eine Bedeutung. So ist es deutlich, dass die Sozialgesetzgebung als Rahmen z.B. in Form des Leistungsrechts für die Beratung und Professionalität hochrelevant ist. Das Leistungsrecht spielt jedoch auch in Planungszusammenhängen, dann allerdings in der Zusammenschau mit Verwaltungsrecht und dem Recht kommunaler Selbstverwaltung eine etwas anders gewichtete Rolle. Im Kontext der Organisationsführung sind es wohl eher die Rechtsbereiche Unternehmens- und Vertragsrecht sowie Vergaberecht, die von besonderer Bedeutung sein dürften. Deutlich ist auch, dass das Arbeitsrecht für den Bereich personenorientierter Führung einen hohen Stellenwert haben dürfte. In dieser Konzeption wird auch deutlich, dass rechtliche Belange nicht nur auf Fachkompetenz beschränkt sein können, denn die Anwendung von Arbeitsrecht würde ein hohes Maß an sozialer Kompetenz (z.B. Konfliktmanagement), Persönlichkeitskompetenz (z.B. Durchsetzungsvermögen) und Methodenkompetenz (z.B. Verhandlungsführung) voraussetzen, bliebe man in dieser vereinfachten Kompetenzkonzeption.

11.2 Positionale Kompetenzdifferenzierung
Damit darf der individuelle Akteur jedoch nicht als omni-kompetener Alleskönner verwechselt werden. Kompetenz in der hier verwendeten Modellierung meint ja einerseits das Potential im Verhältnis zu einer Performanz. Andererseits wurden bislang jeweils Aussagen über die Akteurgruppe ‚Sozialmanagement' als Ganze exploriert. Es sind also individuelle Ausprägungen aus der Gesamtschau der Kompetenzen zu vermuten und dies in doppelter Hinsicht. Die Gewichtung und Bedeutung der jeweiligen Teilrollen führt zu einer beruflichen Kompetenzdifferenzierung auf hierarchischer sowie auf personeller Ebene.
Die Teilkompetenzen sowie die dargestellten und idealtypisch rekonstruierten Orientierungsrahmen stellen keine streng voneinander getrennten Handlungssituationen dar. Viel mehr geht es um Denk-, Deutungs-, (Be-)Wertungs- und Kompetenzdimensionen, die im konkreten Handeln und jeweils - problembezogen - integriert werden. Die Ausdifferenzierung von Teilkompetenzen bedeutet nicht, dass jeder individuelle Managementakteur in gleichem Maße mit den Kompetenzen ausgestattet ist, bzw. diese Kompetenzen ausgebildet hat. Versteht man jenseits der hierarchischen Ausprägung die Kompetenzen als variabel, so lassen sich durchaus auch unterschiedliche Gewichtungen in den Hilfebereichen (Jugendhilfe, Sozialpsychatrie, Behindertenhilfe) oder auf den Hierarchiestufen feststellen. Es ist davon auszugehen, dass sich auch auf der Ebene der Fachkräfte solche managerialen Kompetenzen finden lassen. In dieser Perspektive muss das Sozialmanagement als neue Differenzierung im Zusammenspiel der Professionen der Sozialen Arbeit verstanden werden. Das Wissen, Können aber auch die wertbezogene Haltung der beruflich Handelnden wird um wesentliche Bestandteile ergänzt.

Dies lässt sich am Beispiel einer Fachberatung gut nachvollziehen. Eine der Aufgaben im Teammanagement der Bereichsleitungen ist es zum Beispiel, mit den Mitarbeitenden von Außenwohngruppen die ‚Fälle' ihrer Bewohner zu besprechen. Dabei geht es zunächst um fachlich methodische Fragen und Bedenken. Das sozialmanageriale Handeln ist hier aber gerade durch seine ‚multidimensionale' Perspektive gekennzeichnet. Denn die Führungskraft bettet in ihrer Beratung den Fall in den größeren Rahmen der Dienstleistungserbringung ein, wie z.B. die durch das Budget und die Finanzierungsart gegebenen Möglichkeiten und Grenzen (welche Betreuungsart hätte eine Leistungsneubeantragung zur Folge), ökonomische Steuerungs- und Kontrollkriterien (wird eine baldige Entlassung aus Sparkalkulation des öffentlichen Trägers betrieben? Welche Folgen hätte eine Überführung in das ambulante System für die Belegungssituation dieser Leistungsform?), die sozialrechtlichen und planerische Bedenken (ist der Fall in der spezifischen Form der Leistungserbringung verantwortbar?), die passende Professionalität der Mitarbeitenden (steht eine passende Bezugsbetreuerin zur Verfügung?), die Entwicklungen am Sozialmarkt (gewinnt der Träger und die Einrichtung an Reputation wenn genau in diesen Fall besonders viel Aufmerksamkeit ‚investiert' wird?). Die Führungskraft fügt der Reflexionstätigkeit des selbstgesteuerten Teams weitere Entscheidungskriterien hinzu und macht damit auch die multidisziplinären Entscheidungskriterien deutlich, unter denen sie Entscheidungen zu treffen hat.

Die – idealtypisch – differenzierten Dimensionen der Sozialmanagementkompetenz können also problemfokussiert kombiniert und zusammengedacht werden oder auch in Konflikt geraten. Die Sozialmanagementkompetenz ist also das Potential zu einer ‚multidimensional' integrierenden Performanz des situativen Entscheidungshandelns.

12   Sozialmanagement als ethisch-strategische Abwägungskompetenz

Die Rollenkompetenz wurde bislang nicht in die Diskussion um die (Teil-)Kompetenzdimensionen (re-)integriert, dies soll im Folgenden geschehen. Denn die teilnehmenden Beobachtungen und biografischen Interviews weisen darauf hin, dass die Sozialmanagementakteure jeweils unterschiedliche Dimensionen – je nach Relevanz - für ihre Entscheidungsfindung heranziehen, es aber implizit auch zu Zielpriorisierungen kommt. Die oft gestellte Frage „Welche Haltung sollen wir dazu einnehmen" deutet darauf hin, dass diese Zielpriorisierungen nicht gegeben sind, sondern in einer immer wiederkehrenden Aushandlungs- und Suchbewegung konsensorientiert festgelegt werden.

Welche Kompetenzdimension ist nun ‚leitend' für die Entscheidungsfindung, wenn multidimensionale Kriterien heranzuziehen sind, wenn sogar die impliziten Ziele in Konflikt geraten? Aus der Perspektive der Kompetenzen ist diese Frage wahrscheinlich nicht ganz korrekt gestellt, denn es ist anzunehmen, dass die Akteure fähig sind, jede der Dimensionen heranzuziehen und die ihnen impliziten Ziele und Wertüberzeugungen als leitend für die Entscheidung zu unterlegen. Es stellt sich vielmehr die Frage, ob sich grundlegendere – ethisch und/oder strategisch – begründete Orientierungen / Wertüberzeugungen erkennen lassen, die zu Zielpriorisierungen, auch in widersprüchlichen Entscheidungssituationen, befähigen und führen.

Zu dieser Frage werden im Folgenden zwei Beantwortungsperspektiven aufgezeigt. Erstens zeichnet sich kompetentes Handeln und Entscheiden durch die Fähigkeit aus, ethische sowie strategische Gründe *abzuwägen* und durch die Abwägung zu Lösungsperspektiven und Priorisierungen zu kommen (12.1). Zweitens lassen Abwägungsprozesse jeweils auf *zwei komplementäre Begründungsmuster* zurückführen, die sich als Gesinnungs- und Verantwortungsethik gegenüberstehen und gegenseitig ergänzen: eine klientenorientierte Minimalausstattung im Kontext des sozialstrukturellen Handelns sowie eine organisationsorientierte Verantwortung der Selbsterhaltung des lokalen Hilfesystems (12.2). Die Rollenkompetenz ist schließlich durch die Abwägungskompetenz zu ergänzen (12.3).

12.1 Dilemmata als Herausforderung des Entscheidungshandelns

Im Führungshandeln der Sozialmanagementakteure werden (neue) Dilemmata sichtbar, die für die betreffenden Akteure unvermeidbar und unauflöslich sind, die jedoch im Handeln bearbeitet werden müssen. Die Entscheidungsfindung der Managementakteure referiert jeweils auf mehr als einen Orientierungsrahmen und damit auch auf sich ergänzende oder auch sich widersprechende Zielvorstellungen.

12.1.1 Ein exemplarisches Dilemma

Exemplarisch soll hier ein Dilemma angeführt werden, welches sich in der Abwägung zwischen ökonomischen und fachlichen Kriterien abspielt. Sichtbar werden diese Dilemmata beispielsweise dort, wo eine Abteilung/ein Bereich fachlich hervorragende Leistung erbringt, jedoch ökonomisch vor dem Hintergrund gesetzlicher Rahmenbedingungen von Leistungsverträgen und Klientenkonstellationen kaum in die ‚Gewinnzone‘ kommen kann (solange auch alle Abschreibungen und Investitionskosten zugeordnet werden). In einem Mitarbeiterjahresgespräch war die Führungskraft zu einer paradoxen Botschaft gezwungen: Zum einen konnte sie ihrer Mitarbeiterin sagen, dass sie alles ‚richtig‘ gemacht hat und fachlich wie ökonomisch hervorragend und ressourcenschonend gearbeitet hat. Gleichzeitig musste sie sie damit konfrontieren, dass der Bereich nicht rentabel arbeitet, weil aus unterschiedlich anzunehmenden Gründen kaum ‚auskömmlich‘ gewirtschaftet werden kann. Die ökonomische Situation muss aber verbessert werden, sonst drohen aus dem Gleichbehandlungsgrundsatz Personaleinsparungen, denn die Ausstattung mit Personal richtet sich - nach dem etablierten Führungsstil - nach der wirtschaftlichen Lage. Der Geschäftszweig soll aber ebenso auch aus strategischen Gründen nicht aufgegeben werden. Die Paradoxie der Situation wird in der Gegensätzlichkeit der Botschaften deutlich. Eine scheinbare Lösung des genannten Dilemmas könnte darin bestehen, das ökonomische Kriterium weniger schwach zu gewichten bzw. nicht heranzuziehen. Dies verbietet sich jedoch, weil es um ein internes Verteilungsproblem geht, die Umverteilung aus einem anderen Bereich würde dort ebenso neue Knappheitssituationen schaffen und unterläge dem identischen Legitimationsproblem.

Neben Dilemmasituationen ist das Managementhandeln von paradoxen Nebenwirkungen begleitet. Immer wieder werden paradoxe Nebenfolgen auch mit einem Steuerungsbeispiel aus Indien deutlich gemacht: Eine Kommune hat mit sehr giftigen Schlangen zu kämpfen. Um die Beseitigung der Schlangen zu befördern, schreibt die Verwaltung eine ‚Kopfprämie‘ aus: Für jede getötete Schlange wird eine Prämie ausgezahlt. Was sind aber nun – aus ökonomischer Sicht - die Folgen dieser Prämie? Wenn die Einwohner rational handeln wäre es nicht die Ausrottung der Schlangen, sondern die Züchtung der Schlangen und deren Verkauf. Die paradoxe Nebenfolge wäre, dass sich die Schlangen weiter ausbreiten. Dieses Beispiel stellt nichts anderes dar, als das Gefangenendilemma in der Spieltheorie. Einige Dilemmata und Paradoxien, die den Managementalltag der Führungskräfte begleiten sollen im Folgenden unter der Überschrift ‚Schattenseiten' geschildert werden.

12.2 Die Schattenseite des Managements: Zielparadoxien modernen Sozialmanagements
Das Zusammenfallen sehr unterschiedlicher Handlungsorientierungen in Managemententscheidungen ist aus der Darstellung bis zu diesem Punkt kaum zu übersehen. Entgegen der oft politisierend kommunizierten Auffassung, ist es aber keineswegs nur die ökonomisch Logik, die Dilemmata und Paradoxien verursacht. Aber es ist anzunehmen, dass bei einer immer größeren Dominanz der ökonomischen Entscheidungslogik die Widersprüche eben auch auf diesen gesellschaftlichen Zusammenhang zurückzuführen sein werden. Deshalb folgt die Beschreibung einschlägiger und rekonstruierter Handlungsprobleme keiner moralisierenden Semantik, sondern versteht sich als die Rekonstruktion hinlänglicher Handlungsnebenfolgen eines zu beobachtenden Managementhandelns. Diese Nebenfolgen des professionellen Managements mögen vielleicht zu dem Sonderwissen oder den Betriebsgeheimnissen der Führungskräfte zählen – und die Liste wird von den Praktikern beliebig zu ergänzen sein. Einige dieser Effekte wurden systematisiert und sollen kurz umrissen werden.

12.2.1 Steuerungsprobleme zwischen Organisationsebenen
In der Managementliteratur werden drei Ebenen des Managements unterschieden, die des normativen Managements, des strategischen und des operativen Managements. Eine ähnliche Unterscheidung kann im beobachteten Träger getroffen werden, wenn nämlich zu den fokussierten Führungsebenen (2 und 3) auch noch die erste Ebene hinzugenommen wird. Die erste Ebene ist zentral verankert und ist in einer Quasi-Matrix Organisation für normative und strategische Unternehmensentwicklung verantwortlich. Zu einer zentralen Paradoxie gehört es dabei, das Ziel- und Steuerungswidersprüche entstehen, wenn die erste Führungsebene lenkend in das Geschehen teilautonomer Organisationseinheiten eingreift. So benötigen die bereichsspezifischen Einheiten Flexibilität der Entscheidungen, was im Widerspruch steht zu den langfristig und nachhaltig angelegten und deshalb nicht selten trägen Entscheidungen der Zentrale. Die Einheiten organisieren sich auch spezifisch an Anforderungen durch Personen und Hilfebereiche und dagegen sind die zentralen Bemühungen durch personenunabhängige Standardisierungsanstrengungen gekennzeichnet.

Selbst die Leitbilder können in Widerspruch geraten, wenn zentrale Strategien wie z.B. die Umstellung auf ‚Fair-trade' Kaffee mit der Budgetsouveränität und dem Leitbild der Eigenverantwortung und Klientenorientierung kollidiert. Ein anderes Beispiel wäre hier das Leitbild der Budgetverantwortung unterer Führungsebenen und zentrale Entscheidungen, die diese Budgets jeweils entweder belasten (z.B. anteilige Baufinanzierung) oder entlasten (z.B. Quersubventionierung).

12.2.2 Autonomie, Macht und Überforderung - Schattenseite der Eigenverantwortung
Drohende Überforderung durch Machtkonzentration, Autonomie und Verantwortung

Als zweite Strategie in Dilemmasituationen war zu beobachten, dass sich die Führungskraft auf ihre Letztentscheidungsmacht zurückzieht und ,qua Amtes' den Entscheidungsstau auflöst. Die Dilemmasituation wird also in ihrer strukturellen Begründung und Ursache nicht behoben. Stattdessen übernimmt die Führungskraft persönlich die Verantwortung. Für die geschilderte Situation bedeutet dies, dass die fachlichen wie ökonomischen Kriterien in Kraft bleiben, und aus dem ökonomischen Ungleichgewicht keine Konsequenz gezogen wird. Im Ergebnis bleibt die Problemstruktur erhalten und die Führungskraft wird einer dritten Zielvorstellung nicht mehr gerecht, der Orientierung an der Eigenverantwortung der Akteure.

12.2.3 Qualifizierungsparadoxien im Personalmanagement

Paradox ist das Phänomen, das gerade Flexibilisierungs- und Individualisierungsmaßnahmen für Klienten (ambulante Wohnformen u.ä.), die der Leistungsoptimierung dienen, an Grenzen der Flexibilisierung der Arbeitszeiten stoßen (zersplitterte und fragmentierte Arbeitszeiten durch Ambulantisierung und Klientenorientierung). Die paradoxe Nebenfolge ist hier, dass sich Qualitätsverluste beim Personal abzeichnen, wenn die Arbeitskonditionen in Teilzeit so unvorteilhaft werden, dass gerade gutes Personal nicht gewonnen werden kann.

- Es gibt den Trend zu verzeichnen, Normalarbeitsverträgen befristete oder teilzeitgebundene Anstellungsverhältnisse zur Seite zu stellen.
- Eine vorangetriebene Arbeitsteilung ermöglicht die Anstellung minder qualifizierten Personals oder die Ausgründung in (Service)Tochtergesellschaften.
- Die Festanstellungen sind mehr und mehr durch Unsicherheiten gekennzeichnet, Veränderungen in Kooperationen, Team oder Aufgaben sind an der Tagesordnung.
- Gleichzeitig differenziert sich das Berufsbild der Sozialen Arbeit immer weiter aus. Vor allem durch erhöhte oder neue Monitoring-Instrumente zeichnet sich deutlich ein Mehraufwand an Arbeit ab, der unter dem Ziel der Kostensenkung entsteht.
- Daneben zeichnet sich eine Verlagerung in der professionellen Arbeitsstruktur ab, neben einer „Erhöhung der zu bearbeitenden Betreuungsfälle" steht der „Verzicht auf Neubesetzung frei werdender Stellen" (R. Bauer 2003: 15).

12.2.4 Grenzen der Delegation

Delegationen sind nicht nur schwierig, weil sie klar Ansprachen, Zielvereinbarungen und Eigenverantwortung brauchen, sondern es muss auch eine geeignete Kommunikationsstruktur und Monitoringstruktur eingerichtet werden. Eine paradoxe Nebenfolge der delegativ-partizipativen Führungsstruktur ist die Erhöhung der Gremientätigkeit, die zum Teil in einen Sitzungsmarathon mündet. Es besteht ein hoher Aufwand um den Kommunikationsfluss aufrecht zu erhalten und zum Teil entstehen Doppelbesetzungen von Sitzungen. In der Verwaltungsreformforschung weisen J. Bogumil et.al. empirisch nach, dass die Umsetzung von Verwaltungsreformen selbst einen massiven Kostenfaktor darstellen, indem sie in Fallstudien die zeitlichen und personellen Aufwände abbilden, die in Konzipierung und Implementierung von NSM-Reformelementen gesteckt werden. So entstand z.B. durch die Erstellung von Produktkatalogen ein Personalaufwand von im Schnitt 14,8 Personen-Monate, „ohne dass der konkrete Steuerungsnutzen bislang ersichtlich wird. Außerdem ist an die

weitergehenden Kosten zu denken, die längerfristig für die Pflege, Korrektur und „Beseitigung" von Reformelementen anfallen" (J. Bogumil / S. Grohs/ S. Kuhlmann 2006: 18).

Eine Grenze der Delegation stellt die Unvereinbarkeit der Aufgabe mit den strukturellen Voraussetzungen dar. Wenn trotz Disfunktionalität in der Struktur Aufgaben verantwor-
tet werden müssen, oder wenn sich wesentliche Entscheidungen nicht im Verantwortungsbereich des Entscheidungsträgers befinden, aber dennoch die Konsequenzen getragen werden müssen, pervertiert sich das Managementinstrument der Delegation zur Verdrängung
von intrinsischer Motivation bei den Akteuren (z.B. Budgetverwaltung der Bereichsleitung). Eine Weitergabe der Entscheidung in die hierarchische Struktur führt dagegen zu
Endlosschleifen der Verantwortungsweitergabe. Die vorher festgelegte Verantwortungs-
und Aufgabenverteilung wird übergangen und das Problem an eine nächst-höhere Ent-
scheidungsebene weiter gegeben. In der Konsequenz bedeutet dies jedoch, dass die Entscheidungen verlangsamt werden.

12.2.5 Risikoselektion und Doppelbotschaften

Die Weitergabe der entstandenen Risiken in Dilemmasituationen an die individuellen Akteure stellt eine Strategie dar, in der strukturelle Probleme ‚individualisiert' werden. Hier
greift der Rückzug auf ökonomische Kriterien als Führungsinstrument, ökonomische und
quasi-objektive Argumente werden als Rationalisierungsmechanismus in einer dafür geschaffenen Struktur ‚instrumentalisiert' (vgl. Kapitel 10). Entgegen der Annahmen der
Professionstheorie, aber auch Sozialarbeitswissenschaft, dass ökonomische Kriterien als
latente Störfaktoren eine gute Fachlichkeit behindern würden, ist das Wissen und der kompetente Einsatz des Wissens um ökonomisch-politische Rahmenbedingungen sowie ökonomische Instrumente im Managementhandeln zu beobachten. Die Instrumentalisierung der
ökonomischen Kriterien wird vor allem dort eingesetzt, wo aus fachlichen Gesichtspunkten
gleichwertige Argumente eingesetzt werden bzw. fachliche Argumente nicht mehr bewertet
werden können. Wenn also zwei Abteilungen einen erhöhten Ressourcenbedarf einfordern
(z.B. die Ausstattung mit einem Mehr an Personal), war die Strategie zu beobachten, dass
die jeweiligen Ansprüche in den Kosten- und Erwirtschaftungsrahmen der Abteilung ‚eingebettet' wurden. Eine Mehrausstattung war also von dem Kriterium abhängig, dass die
Abteilung die entsprechende Mittel auch erwirtschaften kann. Auf diese Weise werden
Verteilungskämpfe systematisch an die Leitung des jeweiligen Bereiches weitergegeben
und von fachlichen Kriterien getrennt.

Für das oben genannte Dilemma bedeutet dies, dass die Konsequenzen an die Be-
reichsleitung weitergegeben werden. Die Bereichsleitung bewegt sich innerhalb der Zu-
ständigkeitsverteilung und Organisationsstruktur, es wird die implizite Wirtschafts- und
Unternehmensethik aktiviert. Als Konsequenz entstehen Doppelbotschaften und es wird
Druck auf die individuelle Führungskraft ausgeübt. Die Wahrscheinlichkeit steigt, dass als
Lösungsstrategie für die Führungskraft nur Eingriffe in die Fachlichkeit bleiben (z.B.
Überbelegung der Einrichtung, Einstellung von Personal unter dem Qualifikationsniveau),
um der dominierenden ökonomischen Zielvorstellung gerecht zu werden.

12.2.6 Zielmythen

Das rekonstruierte Managementsystem basiert im Wesentlichen wie gezeigt auf Zielfestlegungen. Diese Systematik kann kaum in den Arbeitsbereichen durchbrochen werden, die trotz massiver Unplanbarkeit (z.B. bei Fallentwicklungen) auf diesen Aspekt der Arbeitsplanungen abheben. Die Übersteuerung des Unternehmens führt zu Verlusten notwendiger Spielräume und Flexibilität bei kurzfristig zu treffenden Entscheidungen.

Die Anwendung von Zielsystemen nicht nur zur Managementinformation sondern auch zu Steuerungszwecken basiert dabei auf Unternehmensstrategien die über Ziele erfasst werden. Die Unternehmensbestandteile, die sich Zielen entziehen, werden jedoch bei den Steuerungsaktivitäten kaum gewürdigt. So werden zum Teil Personalgespräche in kürzester Zeit doppelt geführt, weil wesentliche Inhalte bereits z.B. im Rahmen einer Projektbesprechung abgehandelt wurden, die Zielsystematik es aber vorsieht, dennoch ein Mitarbeiterjahresgespräch zu führen. Ebenso besteht der Anreiz, dass sich die Führungskräfte auf die schönen – weil erfassbaren - Ziele konzentrieren und sich ein ‚Schattenunternehmen' jenseits der Würdigung durch Ziele bildet.

12.2.7 Selektionsprozesse auf der Klientenebene

Die selektiv unterschiedliche Behandlung von Leistungsberechtigten aufgrund ihrer Charakteristika und individuellen Risiken ist kein ‚modernes' Phänomen. Neue Finanzierungsformen oder auch neue Organisationsstrukturen führen zu neuen nicht intendierten Nebenfolgen, wie z.B. die Verteilungspraxis von Klienten unter eingeschränkten Ressourcen.

Unter den Bedingungen eingeschränkter Ressourcen muss in der Hilfeplanung abgeschätzt werden, ob ein bestimmter Klient mit einem bestimmten Hilfebedarf in der Einrichtung versorgt werden kann. Die Führungskräfte sind gezwungen Klienten mit bestimmten Bedürfnissen abzuweisen, wenn das Risiko zu hoch erscheint, dass keine Kostendeckung erzielt werden kann, oder wenn das passend qualifizierte Personal nicht zur Verfügung steht.

12.2.7.1 Opportunismus I: ‚schicke' Klienten

Die Individualisierung von Leistungsvergütungsformen, wie z.B. die Leistungsentgelte verursachen vermehrt Formen der Risikoselektion unter den Adressaten (auch adverse selection-Problematik). Auch wenn der Versorgungsauftrag der Dienstleister „eine konsequente Risikoselektion nicht zulässt, so ist doch spürbar, dass man – aus betriebswirtschaftlichen Gründen sofort nachvollziehbar – die ‚schicken' Patienten (gute Risiken) ins eigene Haus bekommen, die Aufnahme ‚unschicker' Patienten (schlechte Risiken) dagegen minimieren möchte" (R. Kretschmer/ G. Nass 2005: 255). Unter Rationalitätszwang besteht ein hoher Anreiz zum Opportunismus in Form der Weitergabe hoher Risiken und gleichzeitig zur Leistungs- und Angebotskonzentration auf ‚ergiebige' Nutzergruppen. Diese zeichnen sich entweder durch geringe Risiken im Fallverlauf aus, oder aber durch gute ‚Finanzierungscharakteristika'. Beispiele sind hier etablierte und auskömmliche Leistungsformen oder gute Möglichkeiten der ‚Vermarktung' einer Nutzergruppe beim Fundraising. Es ist eine Verteilungspraxis von Klientinnen unter verknappten Ressourcen zu beobachten. Dies wird gestützt durch die Monopolstellung großer Institutionen und Weitergabe schwerer Fälle unter unzureichenden Fallstunden an Sekundäranbieter.

12.2.7.2 Creaming up (auch cream-skimming)

Eine Art der verdienstlichten Variante des Subsidiaritätsprinzips stellen negative Auswahleffekte über die Zahlungsbereitschaft dar. Erweitert in die Ressourcensemantik bedeutet dies, dass eine Auslese der „Kunden" nach vorrechtlichen Kriterien erfolgt, es gibt eine „Spaltung der Gruppe der Kunden" (P. Herrmann 2002: 23). Profilingmaßnahmen innerhalb Hartz IV (JobCenter für U25) müssen in ihrer stigmatisierenden Wirkung betrachtet werden. Wer sich nicht ausreichend darstellen kann, dem stehen bestimmte Leistungen nicht zur Verfügung (Liga 2005: 13). „Weiterhin wird zunehmend zwischen ‚Kunden' unterschieden. Attraktive, die ihr Geld einbringen, und die übrigen: eine Strategie des ‚creaming up' schafft sich Raum" (B. Rose 2003: 8). Creaming up kann aber auch bedeuten, dass bestimmte Kundengruppen sich aufgrund von Erfahrung durchsetzen können, sich also verstärkt in Leistungen einkaufen. „Der Wunschklient weist Eigenschaften auf: Hilfeberechtigung, Hilfebedürftigkeit und die Bereitschaft des aktiven Mit-Tuns" (ebd.: 9). Es bildet sich so eine Leistungsempfängerelite heraus.

12.2.7.3 Opportunismus II: Leistungen strategisch interpretieren

Ein typischer Effekt der Fallpauschalisierung stellen Uminterpretationen dar, im Zuge dessen ‚schicke' Leistungen entstehen. Dienstleistungsakteure sehen sich gezwungen, den individuellen Fall in vordefinierte Leistungsangebote zu zwängen und auf der anderen Seite ihre Leistungen interpretationsfähig gegenüber der Organisation darzustellen. Es werden tendenziell mehr Leistungen dargestellt als tatsächlich erbracht worden sind. Typisch für die stationäre Unterbringung im Rahmen der Hilfen zur Erziehung ist dabei die Belegungspraxis von Gruppen unter fallbezogener Finanzierung. Die oberste Priorität zur Belegung bzw. Entlassung von Adressaten scheint nicht mehr der persönliche Bedarf zu sein, sondern die Auslastung freier Kapazitäten. Entlassen wird also nur, wenn der freiwerdende Platz wieder besetzt werden kann. Aufgrund hoher Vorhaltekosten besteht ein ständiger Anreiz, Betreuungsgruppen voll besetzt zu halten.

12.2.7.4 Implizites Streamlining: Priorisierung der Leistungen nach Finanzierbarkeit

Ein weiteres Problem differenzierter Standardisierungen besteht darin, dass kaum das gesamte Leistungsspektrum personenbezogener Dienstleistungen erfasst werden kann. Im Rahmen des KJHG besteht durchaus der Anreiz, bestimmte „Leistungen mit zusätzlicher Priorität zu versehen" (J. Merchel 1996: S.302). Demgegenüber besteht der Anreiz solche Dienstleistungen, die nicht so eindeutig als „Produkte" definiert werden können oder eine geringere Kosten-Nutzen-Relation versprechen, aus dem Leistungsportfolio zu streichen. Für den Bereich der freien Wohlfahrtspflege ergibt sich hier der implizite ‚streamlining'-Effekt, unter dem z.B. „die Mitwirkung in der kommunalen Sozialpolitik, die Förderung von Selbsthilfe oder Unterstützung von Initiativgruppen, das Einbringen sozialpolitischer Themen in die politische Debatte (z.B. Armut, soziale Integration behinderter Kinder und Jugendlicher)" (ebd.) nicht mehr geleistet wird. Mit anderen Worten, das Innovationspotential wird in den Hintergrund gedrängt.

12.3 Risiko- und Legitimationsabwägung als Problemlösungskompetenz

Die Dilemmasituationen und dementsprechende Lösungsstrategien geben einen ersten Blick auf die strategische und ethische Entscheidungskompetenz im Sozialmanagement. Es wird aber deutlich, dass hier unter ‚berufsethischer' Kompetenz nicht die Orientierung an einem Zentralwert gemeint ist, sondern Abwägung ‚ethischer' und ‚strategischer' Entscheidungskriterien – oder allgemeiner die Bearbeitung des für soziale Organisationen konsekutiven strukturellen Widerspruchs zwischen gesellschaftlicher Rationalität und Effizienz. „Organisationen müssen dem gesellschaftlichen Rationalitätsverständnis bzw. den Anforderungen der institutionalisierten Umwelt gerecht werden, um sich zu legitimieren. Gleichzeitig haben sie Interesse an einer effizienten Gestaltung des Leistungserstellungsprozesses" (U. Wilkens 2003: 215). Es findet also latent eine wertorientierte Zielpriorisierung bzw. Legitimation der professionellen Organisation statt. Für diese Zielpriorisierung ist allerdings die weithin verallgemeinert diskutierte Berufsethik nur begrenzt hilfreich: „Die Profession hat nicht nur das Recht, sondern die Pflicht, eine Berufsethik und ethische Standards des beruflichen Handelns zu formulieren. Die berufliche Ethik muss überprüfbar sein und letztlich auch justiziabel, d.h. sie muss verbunden sein mit Konsequenzen für die, die gegen diese Standards verstoßen" (F. Maus et.al 2008: 89). Dieses kurze Zitat zeigt deutlich die Richtung des ethischen Denkens, es geht um das Bemühen, verallgemeinerbare Grenzen aber auch verallgemeinerbare Ziele des Handelns zu definieren und zu begründen. Die legitimatorische Problemlage für das Sozialmanagement liegt jedoch anders. Jenseits der universalisierbaren Perspektive geht es um die lokale Entscheidungsfindung, um Grenzen für das situative Handeln, die in der situativen Interpretation dessen bestehen, was z.B. als ‚Mindestausstattung' oder als ‚Würde' der Klienten (decent minimum vgl. Langer 2003) verstanden und in Anschlag gebracht werden muss oder kann – aber auch was das Überleben der Organisation sichert. Die neoinstitutionalistische Organisationsforschung fasst dieses Abwägungsverhalten als charakteristisch für solche Organisationstypen, weil sie „aufgrund ihrer Abhängigkeit von staatlichen Regulierungen und professionstypischen Werten und Normen besonders darum bemüht sind, durch die Orientierung an ihrer relevanten institutionellen Umwelt Legitimität zu erzeugen und dadurch ihr Überleben zu sichern." (T. Drepper 2010: 145).

In der Übersicht über die Gesamtgestalt des managerialen Entscheidungshandelns wird deutlich, dass insbesondere die Sozialmanagementakteure – begründeter Weise – ihrer kontextualisierten Entscheidungsfindung zwei maßgebliche Orientierungen zugrunde legen, die sich als komplementär – also sich gegenseitig ergänzend – gegenüberstehen. In Abwägungsprozessen werden diese Orientierungen jeweils ‚ins Feld geführt' um zu begründeten Entscheidungen zu kommen. Im Folgenden skizziere ich die beiden Orientierungen und zeige kurze Perspektiven zur Begründungsdiskussion.

12.3.1 Gesinnungsethik: Orientierung am ‚decent minimum' der Adressaten und Klienten

Die Orientierung der Führungskräfte und der Organisation an den Bedürfnissen ihrer Klienten gehört wohl zu den wesentlichsten Grundkoordinaten einer professionellen Identität als Wertgrundlage. Es geht dabei um die Orientierung, Klienten adäquate Angebote machen zu können, um Hilfen anzubieten, die in den gegebenen Rahmenbedingungen als angemessen erscheinen. Letztlich wird in dieser Orientierung ‚soziale Gerechtigkeit' konkretisiert (vgl.

Langer 2003). Aber die Gerechtigkeitskriterien und insbesondere die Orientierung an Bedürfnissen ist an sich noch nicht konkret genug, um den empirisch feststellbaren Orientierungsrahmen gerecht zu werden. Vielmehr zeigt sich in der Bewertungs- und Beurteilungs-
performanz der Sozialmanagementakteure, dass sie das Kriterium der ‚Angemessenheit' in
konkrete Entscheidungsprozesse übertragen. Die Angemessenheit der Klientenorientierung
bewegt sich zwischen den Polen des Wissens um eine optimale Versorgung und der impliziten Definition einer Mindest-Versorgungsschwelle, bis zu der ein Angebot, eine Leistung,
zu vertreten ist. Bettet man diese kriteriale Konkretisierung in die moderne Gerechtigkeits-
theorie ein, so geht es im Kern um ein jeweiliges ‚decent minimum'. Diese Mindestausstattung der Bürger mit Grundgütern bestimmt die Debatte um soziale Gerechtigkeit zwischen
den kontraktualen Ansätzen wie z.B. J. Rawls und den Fähigkeitsansätzen um A. Sen / M.
Nussbaum. Für die Soziale Arbeit empfehle ich diese Debatte konzeptionell um Aspekte
der hermeneutischen Ethik (Lebensführungshermeneutik nach F.R. Volz) und der schon
genannten Anerkennungsethik (Politik der Würde nach A. Margalit) zu erweitern (vgl. A.
Langer 2003). Zum ‚decent minimum' gehört dann einerseits den individuellen Fall zu
verstehen und andererseits menschenunwürdige Verhältnisse als ‚Stop'-Kriterien zu definieren (vgl. A. Langer 2005). Natürlich geht es also in dieser Perspektive um den Schutz
der Klienten, um Perspektiven der Menschenwürde, der Menschenrechte und der Mindestausstattung. Allerdings werden diese Kriterien jeweils eingebettet in den Hilfe- und Leis-
tungskontext der eigenen Organisation gedacht. Aus der Sicht des Managements geht es
also - auch jenseits einer allgemeinen Diskussion um die nicht zu unterschreitenden Grenzen der Versorgung oder der einzuhaltenden Standards - in Hilfesituationen auch darum, ob
in dem eigenen Einrichtungs- und Trägerkontext eine adäquate Leistung und Hilfe im Zusammenspiel mit den anderen Hilfen und Leistungen geboten werden kann. Die Entscheidungen und Abwägungen werden also ebenso in einen Horizont der Wirtschafts- und Unternehmensethik gestellt und konkretisiert (vgl. hier auch den Ansatz der Zusammenarbeit
zum größtmöglichen Vorteil, A. Langer 2003). Es stellt sich die Frage, ob es im Rahmen
der Organisation zu vertreten ist, diese Mindestversorgung realistisch anzubieten und sichern zu können. Eine prüfende, abwägende Frage scheint jeweils zu sein, ob Klienten z.B.
in einem anderen Leistungssetting besser aufgehoben wären. Oder die Akteure kommen zu
der Entscheidung, dass unter den gegebenen Bedingungen ein Hilfeangebot nicht vertretbar
ist: weil beispielsweise bei der spezifischen Problemlage des Klienten (z.B. die Schwere
des Falls, den besonderen Ressourcen und Bedürfnissen, der ‚Hilfegeschichte') weitere
Kriterien bedacht werden müssen. So ist die Klientenorientierung in Kombination mit weiten Faktoren zu konkretisieren, wie etwa weil

• das Mindestmaß an Leistungsbewilligung durch den öffentlichen Träger nicht ausreichend ist und nach der professionellen Expertise unterschritten wird,

• die eigene personelle Ausstattung zu dem gegebenen Zeitpunkt keine angemessene
  Leistungserstellung zulässt,

• die spezifische Konstellation der anderen Klienten im möglichen Hilfeumfeld zu be-
  lastend wäre

• das mögliche Entwicklungsrisiko des Falles derzeit nicht aufzufangen wäre

• eine langfristige Betreuung unter den aktuellen fachpolitischen Entwicklungen nicht
  mehr gesichert werden kann

- eine adäquate Betreuung der Klienten nicht mit den eigenen Wertüberzeugungen zu vereinbaren ist.

Diese Faktoren sind in ihrer Aufzählung nur exemplarisch und nicht vollumfänglich zu verstehen. Dennoch wird sehr deutlich, dass gerade im Abwägungsprozess die Sozialmanagementakteure herausgefordert sind, die universale Begründung einer Klientenorientierung zu konkretisieren. Diese Konkretisierung führt nicht nur zu einer ‚stellvertretenden Deutung', ‚Vermittlung' oder ‚Anpassung' von Rahmenbedingungen und Bedürfnissen, sondern zu einer Definition eines verantwortbaren Mindestmaßes. Klientenorientierung kann also auch die begründete Ablehnung einer Verantwortungsübernahme für ein Hilfeangebot bedeuten.

Diese erste ethisch/moralische Handlungsorientierung korrespondiert jedoch mit einer zweiten ethisch/strategischen Orientierung im Sinne einer Verantwortungsethik.

12.3.2 Verantwortungsethik: (Selbst)Erhalt des organisationalen Leistungskontextes

In den unterschiedlichen Leistungskontexten ist bereits eine Orientierung des Sozialmanagements an der Verantwortung für den Erhalt der Organisation mit allen seinen Bestandteilen deutlich geworden, die eingebettet ist in die enge und weitere Träger- und Institutionenkonstellation sozialer Hilfen. Wie schon unter der Perspektive der ‚losen Koppelung' gezeigt, geht es bei der „Führung in organisierten Anarchien" (S. Wolff 2010: 318) eben nicht nur darum, den Zweck der Organisation zu erfüllen, sondern auch an bestimmten Punkten die Steuerung von der „Pflege des Systems" zu trennen. Interessensgegensätze, Entscheidungsdilemmata, bis hin zu Wertekonflikten werden also durchaus auch durch Bezug auf das Kriterium des Systemerhalts bearbeitet. S. Wolff vertritt die These, dass „in lose gekoppelten Systemen (…) die *formale Fairness der Abwicklung* zu einem wichtigen Merkmal der Führungsfähigkeit" (ebd.) werden kann – insbesondere in Knappheitssituationen. Die Organisation wird als Grundvoraussetzung für die Leistungs- und Hilfeerstellung angesehen, ist aber dennoch *nicht* nur Mittel zum Zweck. Sie ist Zweck an sich und Gegenstand der Verantwortung, weil unter den Maßgaben der Erhaltung adäquater organisationaler Rahmenbedingungen die Leistungsqualität, Leistungsart und Bedarfssicherung der Klienten – aber eben auch die Strukturqualität bis hin zur Beschäftigungssicherheit - an die Organisierbarkeit Sozialer Arbeit gebunden ist.

Auch für die organisationale Perspektive können gute Gründe für den langfristigen Erhalt der Organisation gegeben werden. Dies wird deutlich, wenn man die verantwortungsethische Abwägung wiederum als Bündel der Verantwortungen gegenüber den unterschiedlichen ‚Stakeholdern' betrachtet.

- Klienten: Das Kriterium der langfristigen und verlässlichen Leistungserbringung unter den Bedingungen der Ermöglichung von Vertrauensbeziehungen, Bedarfssicherung in stabilen Hilfebeziehungen.
- Angehörige: Das Kriterium der Versorgungssicherheit und Vertrauensaufbau zur Gewährleistung qualitativer Standards.
- Kostenträger: Das Kriterium langfristiger und nachhaltiger Kooperation zur Verminderung der Suchkosten und zur Entwicklung / Innovation angepasster Leistungen.
- Mitarbeitende: Kriterien der Arbeitsplatzsicherheit und Entwicklung einer teambezogenen, bereichsspezifischen Professionalität.

- Unternehmensleitung: Kriterium des Auftrags der fach- und sachgerechten sowie wirtschaftlichen Unternehmensführung.
- Öffentlichkeit: Kriterien der Verpflichtung zur effektiven und effizienten Verwendung öffentlicher Gelder.

Mit dieser nicht vollumfänglichen Aufzählung scheint aber - wie bei der Klientenperspektive - ein Kontinuum des möglichen Entscheidungsspektrums gegeben. Dies liegt hier (z.B. in der ökonomischen Perspektive) zwischen der effizienten Organisierung mit dem Effekt der Erwirtschaftung reinvestierbarer Überschüsse einerseits, und der verantwortbaren Leistungserstellung als Investitionshandeln (nicht kostendeckende Leistungserbringung) andererseits. Aus dem Blickwinkel der Verantwortungsübernahme gegenüber der Gesamtorganisation und seiner Stakeholder werden die Klientenbedürfnisse unter dem Kriterium der Organisiertheit bewertet. So können beispielsweise

- bestimmte Leistungsangebote für aktuelle Bedürfnislagen nicht zur Verfügung gestellt werden, weil die Finanzierung nicht ‚auskömmlich' ist.
- bestimmte Investitionen nicht getätigt werden, weil eine langfristige Abnahme durch die Kostenträger nicht gesichert ist.
- bestimmte Leistungsarten nicht umgesetzt werden, weil aus organisationaler Sicht den fachpolitischen Anforderungen nicht entsprochen werden kann (z.B. die Umsetzung des persönlichen Budgets).
- bestimmte Problemlagen nicht aufgenommen werden, da die personelle Ausstattung (Auslastung / Qualifikation) nicht passend ist.
- die fortwährende Anpassung der Leistungsarten an sich verändernde Bedürfnislagen nicht geleistet werden kann (oder nicht geleistet wird), weil dies durch die kontinuierliche Leistungsfinanzierung und Finanzierungsart nicht mehr kostendeckend zu realisieren ist.

Es ist die Orientierung an der Organisation als Zweck, die hier dazu führt, in Abwägungsdiskursen bestimmte Entscheidungen zu treffen, die eben nicht mehr die Klienten mit ihren Bedürfnissen ins Zentrum stellen. Ebenso kann es die Rahmenbedingung der Ausstattung der Mitarbeitenden sein, die bestimmte Hilfeleistungen determiniert. Das entscheidende im empirisch zu beobachtenden Abwägungshandeln der Sozialmanagementakteure ist hier die Abwägung im Rahmen einer Verantwortungsethik, also die Entscheidungsfindung unter der reflektierten Vorwegnahme der Handlungsfolgen. Der Erhalt des organisationalen Hilfesystems erscheint als unersetzbare Bedingung sozialer Dienstleistungen.

Beiden Orientierungen – die an den Klienten und die an der Organisation - stehen in einem wechselseitigen Verhältnis: ohne legitimierte organisationale Rahmenbedingungen keine Leistungsqualität und adäquate bedarfsdeckenden Leistungen. Ohne die ‚passenden' Klienten keine Sicherung und Weiterentwicklung der organisationalen Rahmenbedingungen.

Aus der Perspektive der Managementkompetenz in der Rollenwahrnehmung als Entscheidungsakteure lassen sich die Abwägungsprozesse auf diese ‚bifokale', ethisch-strategische Handlungsreflexion reduzieren. Folgende Abbildung versucht dies durch das Bild einer elliptischen Abwägungsreflexion zu visualisieren:

Abbildung 3:   Bi-fokale Abwägung

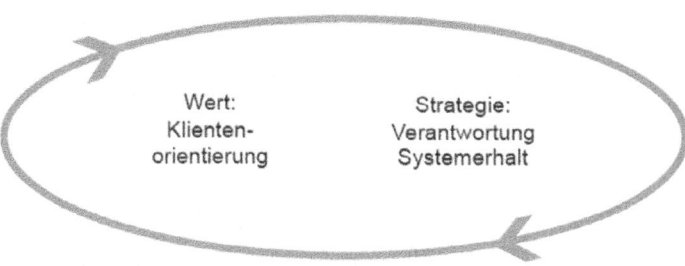

Wert:
Klienten-
orientierung

Strategie:
Verantwortung
Systemerhalt

Quelle: eigene

Die beiden Foki, so die zentrale These, lassen sich nicht aufeinander reduzieren oder gegenseitig ersetzen. Somit wird hier eine erste Aussage bezüglich der diakonischen Identität der Sozialmanagementakteure getroffen. Die Akteure macht aus, dass sie „das Ganze sehen" (BP 101), dass sie sich nicht nur als verantwortlich für ihre Organisation sehen, sondern auch in jeder ihrer Entscheidungen versuchen, die Verantwortung für den gesamten Träger zu übernehmen und zu verwirklichen.

12.3.3 Sachziele und Formalziele

Die Orientierung an den beiden ethisch interpretierten Legitimations-Foki widerspricht der unterstellten Sachzieldominanz von Nonprofit-Organisationen. Ausgehend von den Ergebnissen der Studie S. Krone et.al. (2009) können die Ergebnisse als Abwägungsprozess in wertorientierten Unternehmen interpretiert werden. Die hier vorgelegten Ergebnisse zeigen, dass es dem Management der NPO gelingt, fachliche Anforderungen der Sozialen Arbeit als Sachziele in die Organisation zu integrieren. Die Ausrichtung an der Organisation spiegelt dabei aber auch die Integration des Effizienzkriteriums in das manageriale Handeln. Dies ist notwendig und gegeben, weil insbesondere drei Aspekte berücksichtigt werden, nämlich die Kombination knapper Faktoren, die Berücksichtigung des Wirtschaftlichkeitsprinzips und die Orientierung am finanziellen Gleichgewicht (Liquiditätsbedingung) (nach M. Kulosa 2003: 27). Das Sozialmanagement übernimmt in der hier referierten Lesart eine (betriebs-)wirtschaftliche Perspektive auf Effizienz, nämlich die Differenzierung nach Sach- und Formalziel(en). Der Klientenbezug spiegelt sich vor allem im Sachziel, es definiert sich über die zu erbringenden Leistungen der Organisation und ist im Rahmen des Kontextes gestaltbar. Im Formalziel kommt das Wirtschaftlichkeitsprinzip zur Geltung, es geht um das „möglichst optimale Verhältnis von Einsatz und Ertrag zum Inhalt" (ebd., 39).

Abbildung 4:   Sachziele zur Verwirklichung eines öffentlichen Zweckes

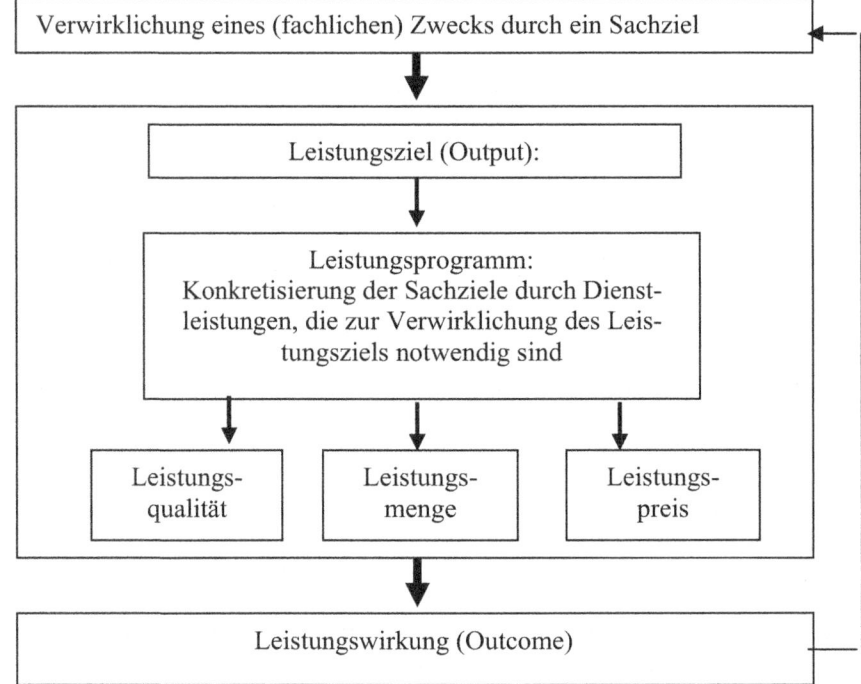

Quelle: S. Krone et.al 2009: 99 nach M. Kulosa 2003, 46

Die Abbildung zeigt (vereinfacht) modellhaft den betriebswirtschaftlichen Zusammenhang zwischen dem Sachziel als Verwirklichung einer fachlichen Aufgabe und dem Formalziel. Zur Erbringung des Sachzieles wird ein Leistungsziel der Dienstleistungsorganisation so bestimmt, dass daraus - zusammen mit den öffentlichen Trägern - einzelne Leistungen erbracht oder deren Erbringung gewährleistet werden können (Leistungsziel). Des Weiteren kann der Output nach der Konkretisierung im Leistungsprogramm in Leistungsqualität, Leistungsmenge und Leistungspreis unterteilt werden.

Bei seiner Analyse kommunaler Unternehmen vertritt M. Kulosa (2003) mit vielen anderen NPO-Forschern die These, dass in sozialen Unternehmen eine Dominanz der Sachziele gegenüber den Formalzielen zu finden sei: „Bei den wirtschaftlichen Aktivitäten geht es (…) unmittelbar um die Erfüllung der Leistungskonzeption" (ebd.: 56). „Das Sachziel dominiert seiner Auffassung nach das Finanzziel, weil Sach- und Leistungsziele, die die Erreichung der Erfolgsziele – wie etwa Kostendeckung oder Zuschusshöhe – gefährden, nicht einfach eliminiert werden können." (S. Krone et.al 2009: 101) Eine ähnliche Auffassung vertreten z.B. K. Grunwald / E. Steinbacher (2007), die sie am Beispiel der Jugendhilfe verdeutlichen: „Für die Leitung einer Einrichtung der Hilfen zur Erziehung bedeutet das, dass sie nicht nur die wirtschaftliche Erbringung von Dienstleistungen, sondern vor allem die fachliche Qualifizierung der angebotenen Dienstleistungen (...) sicherzustellen hat. Es geht also nicht nur um eine effiziente, sondern vor allem um eine effektive Leistungserbringung, die maßgeblich an fachlichen Zielen und rechtlichen Vorgaben zu messen ist." (ebd.: 50)

Mit der Formalzielerfüllung kommen „ökonomische Aussagen über die Aktivitäten in den jeweiligen Dienstleistungen" (S. Krone et.al. 2009: 101) in den Blick, „und dies zuerst losgelöst von Sachzielen." Dabei können für freie Träger nicht mehr allein Beurteilungskriterien für die Formalzielerreichung angelegt werden, die vor allem für öffentliche Unternehmen gelten, wie z.B. „die Einhaltung von Haushaltsplänen, Budgets oder Kostenrahmen" (S. Krone et.al. 2009: 102).

Die Gegenüberstellung von Sach- und Formalzielen zeigt aber auch die Problematik der Sachzielerreichung. S. Krone et.al. (2009) weisen nach, dass es sich um „ein unter mehreren Gesichtspunkten unklares Zielsystem" (ebd.) handelt. „So ist zum ersten zu berücksichtigen, dass in den Kommunen – als Dienstleistungsauftraggeber - ein unzureichend operationalisiertes Zielsystem vorliegt. (...) Zum Zweiten liegen Schwierigkeiten bei der Messung des Zielbeitrags von personenbezogenen sozialen Dienstleistungen vor. Diese Schwierigkeiten entstehen durch das konstitutive Merkmal der Immaterialität der Dienstleistungen. Drittens, wenn die Zielgröße „Leistungswirkung" berücksichtigt wird, erhöht sich die Komplexität der Effizienzbeurteilung. Die Zielerreichung erfolgt letztlich nicht durch die Leistungsabgabe an sich, „sondern durch die mit der Leistungsabgabe erzielte(n) Wirkung(en)" (Kulosa 2003: 62)." (S. Krone et. al. 2009: 102) „Die Messung der Leistungswirkung fällt allerdings aus zwei Gründen schwer: Es ist zum einen schwierig, einen kausalen Zusammenhang zwischen der Leistungsabgabe und einer bestimmten Wirkung herzustellen, zum anderen sind die Wirkungsergebnisse beim einzelnen Bürger subjektiver Art" (M. Kulosa 2003: 62).

Mit diesen problematischen Aspekten – Zielstruktur, externe Effekte und Leistungswirkung – sind die Schwierigkeiten einer Effizienzbeurteilung bei den sozialen Dienstleistungen thematisiert und gleichzeitig wird die Bedeutung von Fachlichkeit für das Management hervorgehoben. Mit der Verantwortung für die Ziele, die aus fachlich-programmatischer Sicht verfolgt und weiterentwickelt werden (können), nehmen die Entscheidungsakteure maßgeblich Einfluss auf die Wirtschaftlichkeit der Einrichtung. Gleichzeitig werden Sachziele unter dem Kriterium der Wirtschaftlichkeit gestaltet: Dies betrifft die Rationalisierung und auch die Rationierung von Programmen und Leistungen. Dies berührt z.B. den Aspekt der Innovation bestimmter Leistungen aber auch die Ausrichtung des Unternehmens auf bestimmte Hilfefelder. Die Leitung einer Organisation ist von einem grundlegenden Verständnis der fachlichen Dynamik abhängig, denn „um eine Organisation und die in ihr wirkende Dynamik zu verstehen" muss eine Führungskraft „auch den von den fachlichen Aufgaben beeinflussten Anteil dieser Dynamik einschätzen können" (J. Merchel 2004b: 126) Des Weiteren ist J. Merchel und K. Grunwald / E. Steinbacher auch vor dem empirischen Material zuzustimmen, dass die Fachlichkeit der Führungskräfte einen wesentlicher Bestandteil für ihre Autorität darstellt (ebd.). Sie ist dringend erforderlich für die Vertretung der Organisation in fachpolitischen Debatten, für die Entwicklung von Konzeptionen sowie die strategischen Ausrichtung des Unternehmens.

Ein wesentlicher Punkt der Fachlichkeit in der Abwägung zwischen Sach- und Formalzielen bleibt jedoch bislang unerwähnt. Die Führungskräfte müssen im Abwägungs-
und Entscheidungshandeln jeweils die Abschätzung der Sachzielerreichung und die Sach-
zielbestimmung einbringen, und dies vor dem Hintergrund der Formalzielbewertung. Anders formuliert, sie können nur durch ihre Fachlichkeit auch die Grenzen der Sachzieldefi-
nition bewerten, gestalten und entscheiden ab wann – ab welcher Grenze - ein Sachziel
nicht mehr mit ihrer Identität zu vereinbaren ist. Sozialmanagementakteure legitimieren
über die vorgestellt bifokale Abwägung „institutionalisierte Organisationen". Denn die
Einrichtung werden letztlich nicht durch den Nachweis technischer / sachlicher Effektivität
oder ökonomischer Effizienz zusammengehalten, sondern durch „geteilte Überzeugungen,
Vorstellungen und Glaubenssätze" (T. Drepper 2010: 147). Die bifokale entspricht in diesem Sinne der Aufgabe sozialer Dienstleistungsorganisationen, „Vertrauen und Zutrauen
der Öffentlichkeit in die Sinn- und Werthaftigkeit der eigenen Aufgaben und Tätigkeiten zu
gewährleisten und auf Dauer zu stellen. Es geht also um die Erzeugung von Legitimität."
(ebd.) Am Sozialmanagement zeigt sich aber auch, dass Legitimität für Nonprofit-
Organisationen nicht mehr ohne den Bezug auf ökonomische Effizienz zu erlangen ist.
Dass dabei der Effizienzbegriff selbst in der institutionellen Umwelt generiert wird, haben
Krone et.al. (2009) gezeigt. Dass Effizienz zur Legitimation sowohl herangezogen als auch
dafür definiert wird, deutet darauf hin, dass dies auf gesellschaftlicher Legitimation und
Akzeptanz gründet (vgl. Y. Hasenfeld 2000).

13   Entscheidungshandeln als identitätsbildende und –sichernde Praxen

Sozialmanagementhandeln zeigt sich als dilemmatische und paradoxale Praxis. Eine zentrale Aufgabe der Akteure besteht – wie auch die professionelle Leistung im Klientenkontakt
– im Balancieren von sich widersprechenden Anforderungen und Paradoxien. Dieses Balancieren im Entscheidungshandeln gründet sich wie gezeigt auf Teilkompetenzen, Arbeitswissen, wissenschaftliches Sonderwissen aber auch auf die Rollenausführung der Akteure in Kontexten hybrider Organisationen und professioneller Expertise. Durch die Teilkompetenzen wird die These der Hybridität sozialer Dienstleistungsorganisation bestätigt
(vgl. A. Evers 2011; V. Then / K. Kehl 2012). Besonders in der Debatte um CSV (‚create
shared value' oder ‚shared value approach'), angestoßen von E. Porter und M. Kramer
(2011) scheint Hybridität auf Ökonomie und Gemeinwohl eingegrenzt zu werden. Dass die
Hybridität sich verstärkt neu in den Bereich der Integration politischer Funktionalität bewegt, lässt die Diskussion um die Verbindung von Gemeinwohl- und Marktorientierung für
soziale Dienstleistungsunternehmen in den Hintergrund treten. Nach dem Modell von V.
Then (2012) und K. Kehl ist Hybridität eben dann gegeben, wenn Investition in Formen
von sozialen Ressourcen mit politischem und kulturellem Kapital ‚gekreuzt' wird, und
wenn diese Investitionen sozialem Handeln mit ausgesprochenem Gemeinwohlbezug zu-
gunsten kommen.

Das Problem der Entscheidung kann vor dem Hintergrund der empirischen Daten jedoch kaum beantwortet werden, ohne die zugrunde liegenden Wert- und Moralorientierun-
gen, die im Konzept der Identität enthalten sind, zu berücksichtigen. Die Frage nach der
Management-Identität ist gleichzeitig die Frage danach, welche verkörperten und gelebten

Handlungsweisen und Praktiken einerseits und welche reflektierten Selbstbilder und -entwürfe einem Handeln in einer modernen Gesellschaft andererseits zugrunde liegen. Denn die „Identität einer Person ist deren Bild von sich selbst." (U. Schimank 2000: 123). Und dieses (Selbst-)Bild zeigt sich als eingebettet in Handlungskontexte hybrider Organisationen und professioneller Expertise: Es ist jedoch entscheidend, dass die Identität der professionellen Sozialmanagerinnen zu einem hohen Maße auf die Orientierungsressourcen professioneller Expertensysteme Bezug nimmt. handlungsorienterende Identität – also das Bild von sich selbst, welches orientierend in Handlungen bedeutend wird – muss für die Führungskräfte also weiter verstanden werden als nur die Faktoren formaler Arbeitsorganisation.

Daraus ergibt sich die Konsequenz, dass Problemlösungsentscheidungen im Sozialmanagement auf einen Abwägungsprozess verweisen, der sich zu einem wesentlichen Teil an einer organisationsübergreifenden professionellen ‚moralischen Landkarte' orientiert. Mit dem Konzept der professionellen Identität sollen weitergehend die Deutungs- und Wertehorizonte aufgeschlossen werden, die einerseits als personelle und andererseits als kollektive Ressourcen des professionellen Entscheidungshandelns gelten. Denn Identität fungiert als „Selbststeuerungsmechanismus des Akteurs", die die „vergangenheits- und gegenwartsbezogene Sinngestalt des eigenen Lebens in die Zukunft ausrichtet." (U. Schimank 2000: 125) Andererseits werden identitätsbildende und -sichernde Praxen in dem Konzept erkennbar. Identität ist also nicht zu verstehen als zu erreichender, statischer Zustand, sondern als ein Projekt im Prozess der Produktion und Reproduktion von Entscheidungen – als Ergebnis von sozialen Bestätigungen und Selbstdarstellungen.

13.1 Entscheidungsorientierung durch Facetten professionell-managerialer Identität ...
Nach Charles Taylor findet jede Orientierung in der modernen Gesellschaft vor dem Hintergrund der ‚moralischen Landkarte' statt. Der Philosoph geht davon aus, dass trotz der Pluralisierung und Fragmentierung der Lebensformen Identität nur möglich ist in „festen, historisch und sozial verwurzelten Wertehorizonten als konstitutiven Grundbestandteilen" (H. Rosa 1998: 28). Genauer lässt sich diese Vorstellung von Charles Taylor folgendermaßen beschreiben. „Ein Individuum gewinnt seine Identität (...) dadurch, dass es in eine soziale Gemeinschaft hineinsozialisiert wird, welche die zur Selbstdeutung notwendigen Kategorien bereitstellt und in einer >moralischen Topografie<, in einem vorgängigen Bedeutungshorizont verankert. Die moralisch-kognitive Landkarte dieser Gemeinschaft, Kultur oder Lebensform enthält dabei Definitionen des Wichtigen und Unwichtigen, Guten und Schlechten, Edlen und Gemeinen, aber auch dessen, worin ein gutes Leben besteht, was die Natur des einzelnen und der Gesellschaft ist, was eine gerechte Ordnung darstellt, was verlässliches Wissen garantiert usw." (ebd.: 127) An dieser Stelle wurde Hartmut Rosa die Stimme gegeben, um die Erkenntnisse um die Identitätsphilosophie zusammenfassend zu skizzieren. Entscheidend erscheint hier, dass eine professionelle – hier exemplarisch diakonische - Identität als eine Konkretisierung dieser genannten Identitätskonzepte gedeutet werden muss. Professionelle Identität ist mehr als ‚nur' personale Identität, sondern vielmehr eine kollektive Identität, die durch die Praktiken in einem abgegrenzten Bedeutungsrahmen zum Ausdruck kommt. Identität macht aber immer auch, wie zu zeigen sein wird, nicht nur eine Aussage über die moralische Topografie der Genese von Weltdeutung, son-

dern auch über die zukünftige Wertung und Orientierung, das zu erhaltende oder zu verändernde Selbstbild, das Projekt der Entscheidungen, die zu den gewählten starken Wertungen passen müssen. Damit rücken die „evaluativen Selbstansprüche" (U. Schimank 2000:
123) in das Zentrum der Betrachtung, nämlich die „Vorstellungen darüber" wer eine Person
„sein und wie sie sein will. Solche evaluativen Selbstansprüche können als Aufforderung
an sich selbst adressiert sein." (ebd.: 123f.) Wesentlich ist es hier festzuhalten, dass aus der
soziologischen Sicht, Identität nicht nur eine Selbstbeschreibung darstellt, sondern als
Selbststeuerungsmechanismus eines Akteurs aufgefasst werden muss.

Wenn die beiden herausgearbeiteten Orientierungsperspektiven - Klienten und Organisation - also als die nicht zu hintergehenden Alternativen für das sozialmanageriale Handeln Geltung beanspruchen können, so wird genau an diesen Kriterien ein wesentlicher
Aspekt der professionellen Identität[19] deutlich. SozialmanagerIn zu sein, bedeutet zu einer
Akteurgruppe zu gehören und sich zu einer Deutungs- und Wertungsgemeinschaft zuzurechnen, die die Komplexität von Abwägungen nicht in die Richtung einer Orientierung
reduziert.

- Professionelles Handeln bedeutet demnach Menschenwürde, Nächstenliebe, helfende
  Bedürfnisorientierung in den Kontext des Wissens über die Begrenztheit der zeitlichen
  und räumlichen Bedingungen zu stellen. Es ist die Realisierung der Menschenwürde im
  gesellschaftlichen Zusammenleben.
- Professionelles Handeln bedeutet gleichzeitig die organisationalen, zeitlich und räum-
  lich begrenzten Bedingungen in den Kontext der Menschenwürde, der Nächstenliebe
  der helfenden Orientierung zu stellen. Es ist die Realisierung kritischer Verteilungsge-
  rechtigkeit im Rahmen hybrider Organisationen.

Die Balancierung der dieser Polarität innewohnenden Paradoxie bringt eine
sozialmanageriale Identität ebenso hervor, wie an der Bewältigung der Paradoxie Identität –
auch für die Person selbst - deutlich, gesichert und in die Zukunft projiziert wird. Vor dem
Hintergrund einiger soziologischer Konzeptionen von Identität lässt sich diese erste Skizze
von sozialmanagerialer Identität genauer fassen.

13.1.1 ... als Projekt einer ethisch-strategischen Abwägungskompetenz und dem ‚Wie' des professionellen Entscheidens

Kompetent in der Rolle als Entscheidungsakteur handelt im sozialmanagerialen Kontext
also, wer ethische Mindeststandards sowie strategische Verantwortungskriterien in seine
Entscheidungen integriert. Somit haben wir es beim Sozialmanagement mit einer Abwägungskompetenz zu tun, die komplementär zwischen einer ethischen und strategischen
Kompetenz verortet ist. Ziele und die strategische Zielerreichung müssen durch moralische
Begründungen ergänzt werden. Ethische Grenzziehungen sind erst durch die Integration
strategischer Begründungen konkretisierbar. Beides ist ein Balancieren letztlich nicht ‚richtig' zu entscheidender Alternativen.

---

[19] An dieser Stelle soll deutlich von professioneller Identität gesprochen werden, denn das, was als diakonische
Identität in den Daten zu erkennen war, muss eher als organisationsorientierte Orientierungsressource betrachtet
werden. Dagegen deutet sich in der professionellen Identität eine organisationsübergreifende Orientierungsressource an, vgl. auch dazu Kap. 18.

Die These der ‚Abwägungskompetenz' schließt an der Fragestellung nach dem ‚Wie' des Entscheidens an, also der Frage danach, auf welche Art und Weise Entscheidungen getroffen werden. Nimmt man die bis hierher gewonnenen Erkenntnisse zusammen, dann ergeben sich drei Hauptzugänge zu dem Entscheidungshandeln der Führungskräfte in Sozialen Diensten:

- Entscheidungen werden zurückverlagert in den *Kontext gestalteter und entwickelter Deutungs- und Bewertungsgemeinschaften multiprofessioneller und multidimensionaler Leitungsteams.* Es ist also nicht der individuelle Akteur, der Gründe der Entscheidungen abwägt, vielmehr wird die Abwägung in einen unterschiedlichen Gruppenkontext der Führungskräfte verlagert, in dem bewusst gestaltet bestimmte leitende Werte sowie eine Unternehmenskultur gesichert und kultiviert werden.
- Die Entscheidungen speisen sich und integrieren das *professionelle Sonderwissen – als professionelles Arbeitswissen und professionelle Expertise,* die Fähigkeiten sowie die Zwecksetzungen und Werthaltungen aus sieben Kompetenzdimensionen. Auch hier spielt das Leitungsteam eine besondere Rolle, weil dadurch funktionale Notwendigkeiten sowie professionelles Sonderwissen in Entscheidungsprozesse eingespeist werden. Es wird auf gesichertes Wissen Bezug genommen – welches allerdings nicht notwendiger Weise nur in der Leistungsorganisation – der Dienststelle – generiert wird, sondern in organisationsübergreifenden Praxen.
- Die Art und Weise der Einbettung professioneller Leistung in politisch-ökonomische Rahmenbedingungen bringt Paradoxien und Dilemmata hervor, die von den Führungskräften ständig bearbeitet werden müssen. Dazu entwickeln die Akteure eine Abwägungskompetenz, die mit Rückbezug auf eine bi-fokale Orientierung Problemlösungs-Legitimationen hervorbringt: die wertgebundene Orientierung an der Mindestausstattung der Klienten und der strategischen Orientierung am Systemerhalt der Organisation.

Insbesondere die Abwägungskompetenz wirft die Identitätsfrage auf, die z.B. folgendermaßen lauten könnte: Sind es besonders die diakonischen Organisationen, die die Klientenorientierung dominieren lassen? Wird insbesondere bei Innovation, Investition oder Entwicklung die Klientenorientierung deutlich? Ist es besonders der diakonischen Identität geschuldet, dass neue Klientenbedarfe zu der Veränderung von Strukturen führen? Welche Rolle spielt eine geteilte diakonische Identität bei der Entscheidungsfindung, bei der Motivation der Mitarbeitenden (auch Gefolgschaft) oder auch bei der Kommunikation, also dem geteilten Wissen über die Entscheidungsgründe?

Auf diese Fragen können aus dem empirischen Material nur skizzenhaft Antworten gegeben werden. Einige Anhaltspunkte sollen aber bereits aus den bisherigen Analysen hervorgehoben werden, bevor eine Reflexion auf den Identitätsbegriff hier zu einer Vertiefung der Thesen führt.

- Erstens spielt die Auswahl der Führungskräfte - als derjenigen Mitarbeitenden, die maßgebliche an Entscheidungsprozessen beteiligt sind - eine besondere Rolle für eine diakonisch-professionelle Orientierung. Wie unter Punkt 2.3 gezeigt wurde, teilen die Führungskräfte jeweils biografische Erfahrungen der Identitätsbildung in diakonisch-religiösen Kontexten. Ebenso spielt die berufliche Sozialisation in diakonischprofessionell geprägten Berufsfeldern eine entscheidende Rolle. Die Orientierung an Aspekten einer diakonischen aber auch professionellen Identität wird also dadurch gesichert, dass dieses Orientierungspotential in den Akteuren angelegt ist. Allerdings ist in den Fallstudien deutlich zu ersehen, dass die professionellen Identitätsabteile nicht durch diakonische ersetzt werden können – die Prägung ‚durch den eigenen Laden' kann eine erkennbare Erfahrung in einem professionellen Dienstleistungsbereich nicht kompensieren.

- Durch ihre berufliche Sozialisation spielt die professionelle Expertise zweitens eine besindere Rolle (vgl. Kap 17 und 18). Die Führungskräfte sehen sich selbst weiterhin als Professionelle und teilen ein Methoden-, Standard- und Instrumentewissen sowie eine professionelle Haltung als Bestandteile einer organisationsübergreifenden Orientierung. Sie referieren also auf eine gemeinsame professionelle identitätsgenerierende und –sichernde Praxis.

- Die Rekrutierung von Führungskräften aus eigenen Reihen scheint drittens von Belang zu sein. Das Mentoring, die Begleitung von Mitarbeitenden in ihren (ersten) Erfahrungen als leitende Akteure führt dabei zur Sicherung einer doppelten Professionalität: Die Integration des bereichsspezifischen Fachwissens und die Weiterführung der Einsozialisierung in die Unternehmenskultur. Nicht zu unterschätzen dürfte dabei auch der Aspekt sein, dass die Führungskräfte die Erfahrung einschneidender (berufs-)biografischer Umbrüche und Grenzerfahrungen teilen – die jeweils auch im Umfeld diakonischer Handlungskontexte gesammelt wurden.

- Viertens scheint die diakonische Unternehmenskultur, vor allem mit ihren Aspekten des implementierten Menschenbildes, der diakonischen Vision/Mission und die Umsetzung der leitenden Werte und Normen in Leitbilder der Teil einer ‚Topografie' zu sein, an der diakonische Orientierungen nicht notwendiger Weise generiert werden können, aber einen Raum geben, um die personenbezogenen Orientierungen ‚rückzubetten'. Allerdings wird hier deutlich, dass diese Topografie keineswegs orientierende Identitätsaspekte, sondern auch irritierende und konfliktauslösende bzw. – verstärkende Potentiale bereithält (mehr dazu Punkt 13.1.4).

Für Ch. Taylor sind die Bedeutungen und starken Wertungen die Schlüsselkategorie zur Identität. „Ein Selbst ist jemand nur dadurch, dass bestimmte Probleme für ihn von Belang sind. Was ich als Selbst bin – meine Identität - , ist wesentlich durch die Art und Weise definiert, in der mir die Dinge bedeutsam erscheinen" (Ch. Taylor 1999: 67f.). Nicht umsonst schließt H. Abels seine (soziologischen) Ausführungen zur Identität mit dem Konzept des kanadischen Moralphilosophen Charles Taylor unter der Überschrift „Kompetenzen". Es hat einen Aspekt des ‚Könnens', wie in der Moderne mit Identität zu verfahren sei: „Wer wir früher waren und als wen wir uns erkannt haben, das können wir nicht mehr ändern; wer wir ab jetzt sein wollen und was wir von uns halten werden, das liegt in unserer Hand." (H. Abels 2010: 441) Denn Identität ist nach Charles Taylor als Antwort auf die Frage ‚Wer bin Ich' und ‚Wer sind wir?' zu identifizieren. Identität in dieser Perspektive ist als Projekt zu verstehen, das sich nach Taylor abspielt vor dem Hintergrund einer Identitäts-Topografie, einem ‚Bedeutungsraum' aus Bewertung, Selbst- und Weltdeutungen, Dimensionen des Wichtigen und Unwichtigen, Zielführendem und Irrleitendem.

Die Antwort auf die Identität rekurriert also auf Entscheidungssituationen, in denen es (auch) um das künftige, im Augenblick geschaffene und dann gestaltete, Selbstbild geht. Professionelle Identität in dieser Interpretation setzt also immer an etwas Vorhandenem an und stellt von da aus nicht nur die Frage „Wer bin ich" oder „Wer sind wir?" sondern insbesondere die Frage danach „Wie wollen wir in Zukunft sein" oder auch „Stimmt das Bild von uns nach bestimmten Entscheidungen in der Zukunft noch mit dem überein, wie wir uns selbst verstehen?" Für das Sozialmanagement könnte dies bedeuten sich ein Bild darüber zu machen, ob sie als Ausdruck und Manifestierung ihrer ‚kollektiven Identität' damit leben können und wollen, sich abgewogen eingeschränkt an Klienten und deren Bedürfnissen zu orientieren.

Aber insbesondere gehören die bereits genannten Kompetenzaspekte zu eben diesem Selbstbild, nämlich Führung mit dem Wert der Entwicklung zu Eigenverantwortung zu verbinden, Entscheidungen in eine Deutungs- und Wertegemeinschaft aber auch in ein multiprofessionelles Team rückzuverlagern, Kriterien der Beurteilung an einen Mindestmaß an Ausstattung und an der Organisation auszurichten, an einer gerechten Ordnung zu arbeiten aber auch verlässliches Wissen zur komplexen Abwägung zuzulassen anstatt das Management in eine Richtung zu verkürzen. Diakonische und auch professionelle Identität ist also nicht vereinbar mit einem Management welches sich an den ‚technischen' Paradigmen der Überlegenheit, der Wertfreiheit oder der technischen Machbarkeit orientiert. Es ist aber ebenso unvereinbar mit der Reduktion auf die Bedürfnisse der Klienten, was einem Ausschluss der Bedeutung organisationaler, politischer, wirtschaftlicher und technischer Rahmenbedingungen gleichkäme.

13.1.2 ... als Projekt, welches sich aus einem biografischen Fundus speist
Das ‚Wie' des Entscheidens der Sozialmanagementakteure kann nicht getrennt von drei biografischen Erfahrungen gesehen werden.

- Es ist erstens die Erfahrung der Begründung von Entscheidungen in einer moralischen Deutungs- und Wertegemeinschaft. Diese ‚Gemeinschaft' hat in dem vorliegenden Datensatz einen Konnex zu religiös kirchlichen Handlungskontexten und den dort mitgelieferten Orientierungen. Eine wesentliche Rolle spielen aber auch die Kontexte, die ‚anders' und ‚alternativ' zu eben diesem (religiösen) Kontext erscheinen, was oben mit dem ‚anderen Horizont' benannt wurde. Aus der Erfahrung der Einbettung von Entscheidungen um diese zu begründen oder zu prüfen scheint die zukunftsgerichtete Strategie zu erwachsen, eine solche Wertungs- und Deutungsgemeinschaft, eine moralische Topografie zu gestalten oder zu sichern.
- Zweitens ist das ‚Wie' der Entscheidungen geprägt durch die Schnittmenge aus persönlichen und berufsbiografischen Erfahrungen, der Entwicklung bestimmter Haltungen und des Durchlaufens bestimmter biografischer Umbruch-Situationen. Aus dem empirischen Material stechen hier die Umbruchserfahrungen hervor, das Bewältigen von Schicksalsschlägen, von Einschnitten und von Veränderungs- und Wandlungssituationen. Auch spielt die Begleitung durch (berufs-)erfahrene Personen eine bestimmte herausragende Rolle in der Einsozialisierung in den Kontext des sozialen Managements.
- Der dritte berufsbiografische Faktor scheint das Erleben einer bestimmten Managementgeneration zu sein und die Herausforderung des aktuellen Managements, sich

eben dazu zu verhalten. Gemeint ist die ‚Hausvatergeneration' des Führens und Leitens, die den aktuellen Akteuren immer noch aus eigenem Erleben lebhaft vor Augen ist, die jedoch kein Modell für ihr eigenes Handeln, also nicht ‚positiv' identitätsstiftend sein kann. Vielmehr scheint die Folie respektierend aber doch abgelehnt zu werden.

Dieser genannte biografische Fundus professioneller Identität umfasst mehr als lediglich die Rückbesinnung auf das – im diakonischen Kontext verankerte - christliche Menschenbild oder bestimmte christlich begründete Werte und Normen. Der biografische Fundus enthält auch Negativfolien nichtakzeptabler managerialer Identität, als Bilder eines diakonischen Managements, eines Unternehmens oder einer Fachlichkeit, die vor dem Hintergrund eines Selbstbildes als nicht mehr gangbar erscheinen.

13.1.3 ... als permanente Passungsarbeit
Unter dem Stichwort der „permanenten Passungsarbeit" hebt H. Abels auf Identität als Prozess ab. Insbesondere die fortwährende Aushandlung von Machtstrukturen, der immer neue Anspruch sich über die Zwecke des Handelns zu verständigen und gegenüber einer dynamischen Umwelt Ziele zu definieren, deuten für das Sozialmanagement darauf hin, dass die Arbeit an der Identität ein Prozess zu sein scheint, an dem mehrere Individuen aktiv beteiligt sind. Dies lässt sich durch zwei Punkte zeigen: „Identitätsarbeit ist Arbeit an Teilidentitäten, und sie hängt von der Anerkennung durch andere ab." (H. Abels 2010: 450) Das Projekt der Identität wird in diesem – auf die Arbeiten des Sozialpsychologen Keupp zurückgehenden – Konzept rückgebettet in die sozialen Beziehungen. Insofern lässt sich auch für das Sozialmanagement das zukunftsgerichtete Konzept der Identität in die Interaktionen des Gesamtträgers und hier vor allem um die Bemühungen um Leitbild, Vision und Strategie rückbinden. „Passungsarbeit heisst, sich in einer komplexen, pluralisierten und durchaus widersprüchlichen Wirklichkeit zu arrangieren. Es geht bei der Identitätsarbeit also mehr oder minder darum, dass die Individuen unter zwei Bedingungen konstruieren: den objektiven Bedingungen ihrer sozialen Lage und „den Mustern ihrer subjektiven Einschätzung dieser Lage" (H. Abels 2010: 452). Für das Sozialmanagement ist professionelle Identität als Konstruktion also einerseits abhängig von subjektiven biografischen ‚Grundausstattungen' sowie von Rahmenbedingungen. Jedoch sind Identitätskrisen oder zumindest Widersprüche angelegt. Während die Anerkennung in den externen ‚säkularen' Beziehungen durch Wirtschaftlichkeit, Qualität und Wirkung erfolgt ist diese durch die ‚internen' Kriterien der Kooperation im Träger auf diakonische Deutungsmuster ausgelegt: Die Vision, die Mission, das Leitbild bis hin zur diakonischen Marketingstrategie soll die Möglichkeit zu einer Integration diakonischer Sinnpotentiale geben. Diese sich zum Teil widersprechenden Anerkennungsverhältnisse sind ein potentielles Spannungsfeld identitätsstiftender Projekte.

13.1.4 ... als dilemmaerhaltende und -verstärkende Anreizstruktur hybrider Organisationen
Diese Figur der Spannung zwischen zwei Anerkennungskontexten und den darin verborgenen identitätsstiftenden Aspekten kann noch zugespitzt werden. Die neoinstitutionale Organisationstheorie weist mit dem Konzept der ‚hybriden Organisation' auf sich zum Teil

wiedersprechende Orientierungskontexte im Entscheidungshandeln hin (vgl. A. Evers / B. Ewert 2010). Damit werden Ergebnisse der npo- und sozialwirtschaftlichen Dinstleistungsforschung in eine neue Begrifflichkeit genommen, die Fruchtbarkeit gegenüber den bereits erbrachten Ergebnissen ist noch nicht deutlich erkennbar (vgl. Krone et.al. 2009). Für die hier fokussierten Gegenstände ist die zusammenfassende Erkenntnis sicherlich ertragreich, dass sich insbesondere in hybriden Organisationen zwischen Markt, Staat und Zivilgesellschaft (Gemeinschaft) ‚multiple' Identitäten herausbilden (vgl. A. Evers/B. Ewert 2010: 119 ff.).

Vor diesem Hintergrund ist diakonische Identität ein Projekt, welches durch den Deutungsrahmen ‚diakonischer Trägerverbund' geschaffen wird, so ist auch zu fragen, ob beiden Perspektiven, die der ethisch-moralischen Mindestausstattung und der ethisch strategischen Organisationsentwicklung, Geltung gegeben wird. Solange z.B. zur Implementierung diakonieidentitäts-relevanter Entscheidungen in den einzelnen Handlungsbereichen keine spezifischen zweckrelevanten Ressourcen zur Verfügung gestellt werden, ist kaum zu erwarten, dass die diakonischen Sinnpotentiale zu relevanten Handlungsorientierungen reichen – sie stehen in der Gefahr nicht mehr als moralische Appelle zu bleiben. Als Beispiel kann hier der Kompetenzbereich „Kontextualisierung der Finanzierung" in Verbindung mit den ‚creaming-up' Phänomenen gelten. Die Selektion von Klienten nach Risikogruppen kann nur Raum greifen, wenn das kommunale Finanzierungssystem ungefiltert über den Träger an die Einrichtungen weitergegeben wird. Abhilfe könnte hier ein struktureller Eingriff in Finanzierungsstrukturen über Investitionen oder Ausgleiche schaffen. Werden solche Ressourcen nicht freigesetzt ist damit zu rechnen, dass der diakonische Anspruch von innen und von außen zu einer Überbelastungssituation der Führungs- und Fachkräfte führt. Das diakonische Identitätsprojekt führt dann ins Dilemma einer selbstverstärkenden Druck- und Überforderungssituation. Es bestehen einerseits Appelle zu einer ethisch-moralischen Orientierung – unter Rekurs auf diakonische Orientierungen der Menschenwürde, Nächstenliebe und Anwaltschaft - mit dem Ziel, die Leistungen immer mehr an den Klienten zu orientieren. Gleichzeitig werden diese Ansprüche jedoch nicht in die Strukturen umgesetzt, also Strukturen strategisch mit dem Ziel verändert, die Organisation nicht in ihrem Erhalt zu gefährden. Das identitätserhaltende Projekt wird den Akteuren zur Identitätskrise.

13.2 Diakonische und professionelle Identität

Bezieht nun Identität das Spannungsfeld des Selbst und sozialen (Rollen-)Erwartungen, so wird damit auf eine Konstanz von sozialisierten Orientierungen und Kompetenzen in einer hochmodernen Welt fokussiert - sogar das Ausbalancieren zwischen professionell und diakonisch? Oder bedeutet Identität die hochmoderne Kompetenz des Selbstverstehens und Selbstreflektierens in der Kontingenz individueller und kollektiver Einbettung?

Die bi-fokale Orientierung im Abwägungshandeln findet sich auch bei der Identität der Sozialmanagementakteure wieder. Einerseits sehen sie sich selbst als Professionelle, also als einen Teil der Profession Sozialer Arbeit und nicht als eigene Profession der Führungskräfte oder des Managements. Dafür spricht die nach wie vor hohe Bedeutung der disziplinären Expertise aber auch die Einsozialisierung in den Beruf. Andererseits schöpfen sie eine moralische Orientierung aus der mehr oder minder diakonischen Orientierung der Organisation und der in ihr geschaffenen Deutungs- und Wertegemeinschaft. Damit folge

ich A. Reckwitz, der Identität in der (hoch)modernen Gesellschaft nicht mehr auf Individu-
en in ihren „rollenspezifischen Funktionen, sondern auf ihre gesamte der eigenen Biographie zugerechneten, narrativ strukturierten 'Lebensführung'" bezieht. „Die sozial-
moralischen Milieus jenseits der Differenzierung in soziale Felder sind die Orte der kulturellen und partikularen Codes des Selbst wie auch der Kollektive, in denen sich ein Selbst
situiert." (A. Reckwitz 2001: 30) Allerdings sind mit diakonisch und professionell zwei
‚soziale Felder' als Orte kultureller und partikularen Codes gegeben. Es sind zwei Deu-
tungs- und Wertehorizonte, ein eher unternehmerisch-organisationaler, in dem Identitätsaspekte ‚diakonisch' ihren Ort haben, und ein organisationsübergreifender-systemischer, in
dem die professionellen Identitätsaspekte zum Ausdruck kommen. Die eigenen Aussagen
der professionellen Führungskräfte deuten darauf hin, dass sich die organisationsübergrei-
fende-systemische Identität und die diakonische Identität gegenseitig ergänzen, aber auch in
Konkurrenz treten.

Vor dem Hintergrund der Hybriditätsforschung dient die Herausbildung einer diakonischen Identität der Herstellung stabiler Wertorientierungen und der Sicherstellung nachhaltiger Wert-Mischverhältnisse im Dienstleistungsunternehmen – diese Orientierung wird
durch das Management gestützt, die professionelle Identität scheint hier einer Konkretisierung und Einbettung zu bedürfen. „Die kollektiven Bedeutungshorizonte, die die Individu-
en verwenden, wenn sie sich als Individuen oder Kollektivmitglieder interpretieren, ihre
kulturellen Codes von Lebensstil, Nation, Ethnie, Geschlecht, gelungener Existenz, gutem
Leben etc. können nicht als universal und überkulturell, sondern müssen als historisch und
kulturell spezifische Wissensordnungen begriffen werden." (A. Reckwitz 2001: 30) Die
diakonische Orientierung verweist also eher auf unternehmensstrategische Absichten.

Die professionelle Identität richtet sich dagegen auf den Kontext des professionellen
Expertensystems (vgl. Kap. 18). Professionelle Managementidentität entwickelt sich aus
Prozessen der Selbstinterpretation in den Organisationszusammenhängen eines professionellen Expertensystems und den darin eingebetteten Berufsbiografien heraus, die eine narrative Form annehmen und es den Akteuren ermöglichen, sie aber auch nötigen, sich in
einen symbolischen als auch moralischen Kontext rückzubetten: „My identity is defined by
the commtiments and identifications which provide the frame or horizon whithin which I
can try to determinefrom case to case what is good, or valuable, or what ought to be done,
or what I endorseor oppose." (Ch. Taylor 1989: 27) Diese Rückbettung bezieht sich dabei
nicht nur auf den eigenen Anstellungsträger, sondern vielmehr auf die konstitutiven Merkmale und Orientierungspunkte des Expertensystems, wie das geteilte Arbeitswissen, die
systematisierten (akademischen) Wissensbestände, die organisationsübergreifenden Hilfe-
prozesse, die Integration multidisziplinärer Akteure durch soziale Schließungsmechanismen, die stabilen, netzwerkartigen, Dienstleistungsstrukturen.

Die diakonische Professionalität referiert auf unternehmensspezifisch geteilte Orientierungskontexte, die auf die aktive Arbeit an Werte- und Deutungsmustern und -
gemeinschaften verwiesen ist. Die professionelle Identität referiert auf eine biografische
Einsozialisierung in die Funktion und Struktur von Expertensystemen und deren Expertise.

Gegen eine eher harmonische Sicht auf die Identitätsarbeit, lässt sich aber auch ein
Widerspruch zwischen ‚diakonisch' und ‚professionell' herausarbeiten. Am Ende der
Kompetenzdiskussion kann abschließend am Problem der Integration des normativen Ma-

nagements ein sich verschärfendes Identitätsparadox verdeutlicht werden. Besonders unter Bedingungen des Wettbewerbs in Sozialmärkten, der Pluralisierung und Privatisierung gehen gerade diakonische Unternehmen den Weg, ihr ‚diakonisches Profil' zu ‚schärfen' um ein Alleinstellungsmerkmal herauszuarbeiten. Diese Strategie ist jedoch keine diakonieübergreifende, sondern bezieht sich jeweils auf einen lokalen/regionalen Dienstleistungsträgers (die bundes- oder landesweiten Dachverbände nehmen andere Aufgaben wahr, als eine Platzierung auf jeweiligen Dienstleistungsmärkten voranzutreiben, weil sie nicht als Dienstleister auftreten). Die im Rahmen der Profilschärfung aufgesetzten Visions- und Leitbildprozesse erfordern jeweils auch eine Implementierungsstrategie nach ‚innen', es geht dabei um die Integration der Belegschaft in die Prozesse der Wertfindung- und Festlegung, der Leitbildumsetzung usw. Dies ist das eine Problem des wettbewerbs- und wertbezogenen Managements. Die oftmals mangelnde Umsetzbarkeit dieser Prozesse wird nicht selten als Kritik an individueller Nachfolgschaft und Bereitschaft der Belegschaft gedeutet. Das zweite Problem ist aber auch die mangelnde ‚Passung' zwischen normativen Vorstellungen / Setzungen und Problemen des Handlungsalltages, wie z.B. Dilemmata und Paradoxien. Das ‚geschärfte' diakonische Profil impliziert moralische Orientierungen, die in der Praxis nur schwer eine Entsprechung finden. Ein Beispiel kann hier die Ressourcenausstattung sein. Die genannten Selektionsprozesse auf der Klientenebene sind verursacht durch Ressourcenknappheit bzw. den Zwang, Leistungen strategisch einzusetzen. Die Bearbeitung dieser Probleme könnte durch strategische Verteilung von Ressourcen unterstützt werden, durch die creaming-up oder Aussonderungen ausgeglichen werden. Wenn ein normatives Management nicht in diese Richtung operationalisiert wird, drohen Unternehmenswerte und –normen in Leitbildern nicht nur nicht zu wirken, sondern zudem Motivation und Loyalität zu vernichten. Denn ein ethischer Anspruch – abgeleitet aus einem diakonischen Profil – der nicht in der Praxis verwirklichbar ist, wird zu einem normativen Druck in Entscheidungssituationen – und damit zur Identitätskrise. Anstatt entlastend für die Praxis zu wirken, wird die Praxis durch normatives – diakonisches – TOP-Management noch moralisch ‚aufgeladen'.

13.3 Fazit: Identität als Kompetenz
Identität und damit verbunden die Deutung von Welt und die Orientierung an Werten ist also als eigene Kompetenz zu beschreiben. Sie ist ein Teil der übergreifenden Abwägungskompetenz sozialmanagerialer Akteure. Das Entscheidungshandeln der Führungskräfte mittleren Sozial-Managements beruht auf einem spezifischen Potential: sie verfügen über ein spezifisches (Experten)-*Wissen* und über ein *Verstehen* der relevanten Handlungskontexte und den darin wesentlichen Akteuren, Prozessen, Netzwerken. Darüber hinaus verfügen sie über die Fähigkeit *(Können)* und Legitimation, Entscheidungsmacht, Beauftragung und Ausstattung *(Dürfen)*, adäquate Instrumente und Techniken einzusetzen und in Prozesse einzugreifen. Dieses Wissen, Dürfen und Können ist begleitet von dem Kompetenzaspekt des *Verantwortens*, denn die Folgen des jeweiligen Handelns werden den Akteuren zugerechnet. Grundlegend für die Entscheidungskompetenz ist jedoch die Beurteilung und *Bewertung* jeweiliger Situationen.

   Diese Kompetenz als Wissen, Können, Dürfen, Verantworten und Beurteilen ist deshalb professionell, weil sie immer mit der professionellen Expertise eines bestimmten Hilfebereichs verknüpft ist. Die Entscheidungskompetenz von Führungskräften in der Behindertenhilfe, der Jugendhilfe oder der Sozialpsychiatrie unterscheidet sich also an einem wesentlichen Punkt: der zugrunde liegenden Expertise bezüglich der sozialen und individuellen Problemlagen der Klienten, der Methoden, des Leistungsspektrums und den sozialpolitischen Rahmenbedingungen im jeweiligen Hilfebereich. Die genannten inhaltlichen Differenzen konstituieren aber gleichzeitig eine Struktur gemeinsam geteilten professionellen Alltagswissens.

Teil B: Akademisierung und Systematisierung des Wissens im Sozialmanagement

Die Bedeutung wissenschaftlichen Wissens für Profession und Professionalisierung ist bislang insbesondere unter Bezug auf A. Abbotts (1988) thematisiert worden. A. Wöhrle (2008) diskutiert Akademisierung und Kompetenzentwicklung als zweite Professionalisierungswelle innerhalb der Profession Sozialer Arbeit. „Die Lücke zwischen den Anforderungen an neue Organisationsformen, einer neuen Form der Steuerung einerseits und ihrer Realisierung andererseits, wird sowohl für den staatlichen als den Dritten Sektor offensichtlich. Ebenso offensichtlich ist, dass die neuen Anforderungen nur von einem besser qualifizierten Personal erfolgreich bewältigt werden können." (A. Wöhrle 2008: 24) Als die adäquate Antwort auf die Managementbedarfe interpretiert A. Wöhrle auch die Akademisierung des Sozialmanagements durch grundständige und weiterbildende Studiengänge: „In diesen Studiengängen enthalten sind:

- grundständige Studiengänge Sozialmanagement, mit denen auf einen offensichtlich abgeprüften Bedarf der Praxis reagiert wird (analog von Betriebswirtschaftsstudiengängen), nicht unmittelbar auf obere Leitungsebenen vorzubereiten, und
- Masterstudiengänge als postgraduale Aufbaustudiengänge mit einer eindeutigen Ausrichtung auf das Managementhandeln.

Daneben entstehen gegenwärtig verschiedene Masterstudiengänge, die Wissen, Reflexionsvermögen und Handlungsfähigkeit fördern hinsichtlich Planungs-, Beratungs- und anderweitiger Kompetenzen, die für die Steuerung von Organisationen wichtig sind. Gleichzeitig halten die Erfordernisse einer neu geforderten Steuerung von Organisationen auf allen Ebenen Einzug in die Lehrinhalte aller grundständigen Studiengänge Sozialer Arbeit." (A. Wöhrle 2008: 25) Die Umsetzung der Bologna-Reform leistet der „bundesdeutschen Professionalisierung" (vgl. R. Merten/ Th. Olk 1999) anscheinend Vorschub. Es ist eine anhaltende Konjunktur für akademische Qualifikationen im Bereich des sozialen Managements zu verzeichnen. Die akademische Seite der Sozialmanagementkompetenz soll im Folgenden dargestellt werden. Die Einführung in das dabei angewandte Forschungsdesign findet sich wie schon in Abschnitt A im Teil D. A. Wöhrle vertritt die These der „Managementkompetenz – Bedarfsdeckung durch Studiengänge" (ebd.: 24). Diese These soll unter einem Blick auf den entstandenen Weiterbildungsmarkt (Kap. 14) und der Exploration und Analyse des Kerncurriculums Sozialmanagement (Kap. 15) kritisiert werden.

14   Einführung: Bologna-Reform und professionelles Wissen

14.1 Systematisiertes Wissen, akademische Qualifikation und Sozialmanagement
Vor dem Hintergrund aktueller – wirtschaftlicher und legitimatorischer - Anforderungen an die Soziale Arbeit zeichnet sich mittlerweile ein weitaus differenzierteres Bild von Aus- und Weiterbildung (Curriculum) und Kompetenzanforderungen ab: Leitung, Führung und Management in sozialen Institutionen ist ein vordringliches Thema. Es lässt sich einerseits eine Professionalisierungsnachfrage in der Sozialen Arbeit konstatieren. Die Konjunktur diverser Aus- und Weiterbildungsgänge in Sozialmanagement und -wirtschaft deutet zwar auf die Weiterführung der akademischen Professionalisierung des Organisationswissens- und der organisatorischen Handlungskompetenzen hin (vgl. B. Finis-Siegler 2003: 46 ff.), es gab aber bis ins Jahr 2009 andererseits keine eindeutige Systematisierung dieses ,neuen' professionellen Wissens. Vor diesem Hintergrund widmet sich das vorliegende Projekt einer zweiten Fragestellung (B). Welches ,Kerncurriculum' für Management- und Organisationskompetenzen (insbesondere systematisiertes Wissen) lässt sich aus den Aus- und Weiterbildungsgängen im Bereich Sozialmanagement / Sozialwirtschaft ableiten?

Hinter dieser forschungsleitenden Fragestellung sind wesentliche Problemstellungen der modernen Professionsforschung zu finden. Wie beeinflussen die überdominanten Entwicklungen des Dritten Sektors, der freien Wohlfahrt bis hin zur Verwaltungsmodernisierung die akademischen Qualifikationen für professionelle Akteure? Vielmehr, wenn es eine Interdependenz geben sollte, wie reagiert also das universitäre System auf die wohlbekannten ökonomisch orientierten Herausforderungen für professionelle Leistung durch oder mit Qualifizierungsprogrammen?[20] Wie lassen sich diese Entwicklungen im akademischen Wissen und der professionellen Disziplin beschreiben und 'evaluieren'?

Auf diese erweiterten Fragen wird in der folgenden Ergebnisdarstellung des zweiten Teils der vorliegenden Studie eine Antwortperspektive durch die Fokussierung auf das deutschsprachige (Fach-)Hochschul- und Universitäts-System aufgefaltet. Durch den Bolognaprozess ist erstmals nicht nur die Möglichkeit gegeben, die Entstehung und Entwicklung neuer akademischer Qualifikationsprogramme zu beobachten. Darüber hinaus erscheint es erstmals als möglich, den transparenten Zugang zu Qualitäten und Quantitäten der Inhalte von Bachelor- und Masterstudiengängen zu haben. Wie zu zeigen ist, können wir darüber hinaus mit dem Bolognaprozess und der Entwicklung eines – hochschulbezogenen - 'Public Management' die Etablierung einer neuen politischen Ökonomie in zwei wichtigen Feldern der professionellen Expertise analysieren: Die tägliche Arbeit der Fachkräfte ist in hohem Maße durch die Rationalität des 'New Public Management' beeinflusst. Daneben ist die Qualifikation und die professionelle akademische Disziplin mit dem Bolognaprozess eingebettet in eine "New Universities Economy" (P. Saitta 2007: 198).

---

[20] Im Bologna Prozess werden Studiengänge zumeist als ,degree programmes' als Qualifizierungsprogramme definiert. Sie bestehen aus Lehreinheiten, die als ,course units' oder breiter al Module bezeichnet werden. Im Wesentlichen sollen die Lehreinheiten Lernziele beinhalten die mit Bewertungskriterien (workload and credits) hinterlegt sind (vgl. HRK 2006a: 61f.).

14.2 Die EU-Bolognareform und die 'New University Economy'
Wie schon in den (meta-)theoretischen Vorbetrachtungen gezeigt, zeichnet die Professionstheorie das Interesse aus, die professionellen Wissensbestände von der alltagspraktischen
Seite zu untersuchen, aber auch den Grad und die Art und Weise ihrer Systematisierung zu
fokussieren. Die Legitimierung professioneller Arbeit erscheint nach wie vor verbunden zu
sein mit den Konzepten der 'Lizenzierung' und 'Mandatierung' als spezifische Formen
wissensbasierter Arbeit (vgl. E. Hughes 1958: 78-87; F. Schütze 1999; M. Pfadenhauer
2003). Obwohl es hier als logische Konsequenz gilt, dass "externally imposed rules govern-
ing work are minimized and the exercise of discretion and good judgement, often in highly
complex situations and circumstances and based on recognised competences are maximied"
(J. Evetts 2005: 100), ist professionelle Arbeit in modernen Gesellschaften herausgefordert.
Die Diversifizierung und Differenzierung der sozialen Arbeit und dementsprechender Berufsbiografien, ihrer Professionalität bis hin zum demografischen Wandel und dem Einfluss
weiterer Faktoren beeinflussen die Leistung und Leistungserbringung im Gesundheits- und
Sozialsystem. Öffentliche Ressourcen werden zusehends knapper.
       Ohne Zweifel sieht sich der Gesundheits- und Sozialsektor in den letzten Jahren mit
ökonomisch orientierten Verfahren und Kriterien konfrontiert, sowie mit Auswirkungen
veränderten Kunden und Auftraggeber-Verhaltens, Folgen des medizinisch technischen
Fortschritts bis hin zur Stärkung von NutzerInnen-Rechten. Sieht man diese Erkenntnisse
im Zusammenhang mit den Veränderungen im professionellen Ausbildungssystem durch
Bologna eröffnet sich aus der professionstheoretischen Perspektive ein Szenario für die
neuen Figuren zwischen typisch professioneller und managerialer Aufgabenstellung, und
den dabei in den Fordergrund tretenden Kompetenzen, "this is in fact the role played by a
manager with multi-disciplinary competences" (P. Saitta 2007: 197).
       Parallel zu der Privatisierung und Pluralisierung sozialer Dienste, der Transformation
des Korporatismus im Sinne einer Deregulierung und Einführung von Marktmechanismen
bis hin zur Wettbewerbsorientierung von öffentlichen und freien Trägern lässt sich eine
lange Zeitspanne der Veränderung der europäischen Universitäten nachvollziehen, begonnen mit dem Bologna-Prozess 1999. Mit dieser Reform sollte ein allgemeines System der
weiterführenden Bildung geschaffen werden, welches die 45 Mitgliedstaaten umspannt. Die
zentralen Inhalte der Reform waren die Etablierung des ECTS Creditsystems, die zweistu
fige Ausbildung (BA und MA) und die europäisch-weite Anerkennung der erreichten Abschlüsse. Die Realität der Reform kann zusammengefasst durch zwei Nebeneffekte charakterisiert werden. Erstens sind statt eines gemeinsamen Systems vollkommen heterogene
Reformprozesse in den Mitgliedstaaten implementiert worden. In vielen Ländern bleibt
selbst der Unterscheid zwischen Bachelor und Master unklar. Darüber hinaus verschwimmt
die Unterscheidung zwischen theoretischem und professionellem Training (vgl. R. Reichert
/ C. Tauch 2005). Zweitens wird mit dem Bolognaprozess die Entwicklung einer 'New
Universities Economy' greifbar und sichtbar. Das Ziel war es, die relevanten Teile von
Wissen, Bildungs-Inhalten und Abschlüssen zu standardisieren und die Anerkennung der
Anschlüsse zu vereinfachen, die Abschlüsse zu vereinheitlichen, unnötige bürokratische
Hürden zu vermeiden und internationale bewertbare Abschlüsse einzuführen. Statt diese
Aufgaben und Ziele zu erreichen war der Bolognaprozess der Startschuss für gegenläufige
und auseinanderdriftende Tendenzen in den nationalen Bildungssystemen und Bildungs-

märkten. "Aiming at uniforming the educational systems, it created the conditions for an almost perfect competition" (P. Saitta 2007: 199). Dieser neue Markt ist charakterisiert durch neue profitorientierte 'Spieler' (14.2.1), und zwei wesentliche Wettbewerbs- und Markteffekte (14.2.2), zwei Faktoren, die durch den Feldzugang zu dem 'Weiterbildungs-markt' Sozialmanagement deutlich wurden.

14.2.1 Feldzugang und gewinnorientierte Unternehmen auf dem Weiterbildungsmarkt
In Deutschland haben sich durch den Bolognaprozess neue zum Teil gewinnorientierte Unternehmen auf dem akademischen Bildungsmarkt etabliert. Erstens handelt es sich um Firmen, die beauftragt werden im Namen der Ministerien die Akkreditierungen der jeweils von den Hochschulen gestarteten Bachelor- oder Masterstudiengänge zu begutachten. Die Akkreditierungsunternehmen sind beauftragt und von den Ministerien legitimiert, eine Akkreditierungskommission zusammenzustellen, die ein "independent body that develops educational standards, criteria and procedures and conducts expert visits and peer reviews to assess whether or not those criteria are met" (UK Bologna web site 2005) ist. Durch diese Vorgaben werden weitere Akkreditierungsdienstleistungen von Semi-Business Agen-turen eingekauft. Diese – in den meisten Fällen wiederum von den Bildungsministerien akkreditierte Unternehmen – arbeiten wie Unternehmensberatungen. Zweitens deutet sich die Entwicklung an, dass die Verschmelzung von praktischem und theoretischem Wissen, welches von der Universität gelehrt wird, einen Bedarf für die Entwicklung der Qualifikati-onsprogramme entstehen lässt, der dann von Freiberuflern, Honorarkräften, Organisations-entwicklern bis hin zu Beratungsagenturen unterstützt wird. Insbesondere das Aufsetzen und Begleiten von Masterstudiengängen wird nicht nur als eine Innovation sondern auch als eine Investition angesehen. Das Qualifikationsprogramm ist ein Produkt mit seinem eige-nen Alleinstellungsmerkmal und zeichnet sich durch ein spezifisches und exklusives Wis-sen aus, welches als erfolgreiches Businessmodell gegen Ausbeutung und Kopie durch Dritte geschützt werden muss.

So war der Feldzugang zu den Studienprogrammen im Sozialmanagement durch di-verse Schwierigkeiten gekennzeichnet. Der Hinweis auf eine wissenschaftliche Studie reichte nicht aus, um ausreichend Vertrauenswürdigkeit zu erreichen, um z.B. fehlende Unterlagen oder erweiterte Informationen zu den Modulhandbüchern zu bekommen. Zum Teil wurden sogar Interviewanfragen unter Hinweis auf die Marktlage abgelehnt. Es ist durchaus nicht selbstverständlich, dass vor allem Masterstudiengänge die Modulhandbü-cher so wie detaillierte Informationen im Internet zur Verfügung stellen. Der Geschäftsfüh-rer eines Studienverbundes wurde auf eine wiederholte Anfrage nach dem Modulhandbuch am Telefon sogar ausfällig. Ebenso ist es nicht möglich gewesen, die aktuellen Studieren-denzahlen von den Studiengangsbeauftragten zu bekommen. Die Modulhandbücher einiger Studiengänge wurden auch unter dem Angebot einer Vertraulichkeitserklärung nicht zur Verfügung gestellt. 11 Studiengänge antworteten weder auf die schriftliche Anfrage der Forschungseinrichtungen noch auf die Anfrage von Studieninteressierten. Bei drei Master-studiengängen mit jeweils charakteristischer Ausprägung sollten Interviews durchgeführt werden, um über die Entstehungsgeschichte und den politischen Charakter der Studiengangsentwicklung Aufschlüsse über eine mögliche Interpretation der Inhalte zu bekommen. In einem Fall war dies aufgrund einer Vertrauensbeziehung unproblematisch, in einem zweiten Fall konnte über die Signalisierung von Reputationsnachweisen ein persönliches Gespräch mit dem Studiengangsverantwortlichen zustande kommen. Bei dem dritten Fall war es nur möglich, mit einer beauftragten Unternehmensberaterin in Kontakt zu kommen. In mehreren telefonischen Verhandlungen gelang es nicht, die Vertrauenswürdigkeit des Projektes und das daran angeschlossene Interesse eines Interviews glaubwürdig deutlich zu machen. Aufgrund der wiederholten Misstrauenskommunikation, die darin bestand, dass die forschende Hochschule als Mitbewerberin auf dem Master-Fortbildungsmarkt attribuiert wurde, dass Missbrauchsvermutungen unterstellt wurden und dass das eigene Alleinstellungsmerkmal als Wettbewerbsvorteil in Gefahr gesehen wurde, wurde von Seiten der Forschenden von einem Interview abgesehen.

14.2.2 Wettbewerb in der Hochschullandschaft
Mit dem Bolognaprozess hat ein doppelter Wettbewerb in der 'new university economy' Einzug gehalten. Der erste Wettbewerbseffekt wird durch die EU-Reformpolitik verursacht, sie "creates the perception that a new phase is starting and it is necessary to work hard to increase the space of the universities and of the disciplines" (P. Saitta 2007, 200). In der Konsequenz erleben wir in der Hochschullandschaft ein ständiges Wachstum der unterschiedlichsten Studienprogramme, wie das später auch beim Sozialmanagement gezeigt werden kann. Implizit dazu werden sekundäre Faktoren der Ausbildung im Wettbewerb wichtiger, wie zum Beispiel die Ausstattung der Hochschule und ihre Institutionen, Wohnungsmöglichkeiten, Studienbegleitung, Lehrpersonal, die geografische Lage der Hochschule, das soziale Leben bis hin zum Studiengangsmarketing. Der zweite Effekt des Wettbewerbs betrifft insbesondere MBA-Programme und die so genannten nichtkonsekutiven Weiterbildungsstudiengänge. Mit ihrem eigenen Finanzierungssystem wird nicht nur die ausreichende und steigende Studierendenzahl zum entscheidenden Ziel, sondern nur eine adäquate Zahl der Teilnehmenden kann das Studienangebot stabilisieren. Es ist als ein entscheidendes Ziel eine gute Marketingstrategie aufzusetzen, um das Produkt gut zu verkaufen, die Qualität, die Ausbildungsinhalte im Verhältnis zu der Veranstaltungsart werden der Finanzierung angepasst. "Competition needs communicative skills and appeal. In this strategic communicative process, imagination is extremely important" (P. Saitta 2007: 200).

Mit diesen Effekten, die in dem empirischen Feldzugang und durch die Literatur analysiert werden konnten, lassen sich zwei Ebenen der Diskussion um die Effekte des Bologna-Prozesses eröffnen. Erstens kann man die Transformation und Reorganisation des europaweiten und nationalen Systems der höheren Bildung analysieren. Kriterien für die Bewertung des Prozesses sind mehr oder weniger durch die Ziele von Bologna gegeben: Die Gestaltung eines gemeinsamen europaweiten Systems höherer Bildung, zwei aufeinander abgestimmte Stufen der Ausbildung und die Implementierung des ECTS Systems, Vergleichbarkeit der Qualifikationen und das Potential für Mobilität; kurz, es geht um die Entwicklung eines europäischen Bildungsmarktes unter spezifischen Bedingungen. Die zweite Diskussion fokussiert dabei entstehende Marktprozesse für die Beobachtung und Analyse paradoxer Nebenfolgen, Konsequenzen strategischen Verhaltens bis hin zur Exploration spezifischer Marktbedingungen in einer 'new university economy'. Diese beiden Perspektiven bilden die wesentliche Heuristik, die der folgenden Ergebnisdarstellung unterliegt.

15   Der Bildungsmarkt im Sozialmanagement: Datenbasis und Kerncurriculum

Welches akademische, wissenschaftliche Wissen wird dem Sozialmanagement zugerechnet, was kann als Wissensbasis bezeichnet werden, die den Sozialmanagementakteuren – so die These A. Wöhrles – zur Reflexion oder auch zur Qualifikation dient? Zu dieser Frage gibt es, wie schon gezeigt, unterschiedliche Lehrmeinungen, seit kurzem auch einen Vorschlag aus Reihen der verbandlichen Selbstorganisation der Sozialen Arbeit (vgl. H. Bassarak 2009 et al.) aber noch keinen Konsens, der mit der ministerialen Seite der Hochschulentwicklung abgestimmt wäre. Den Grundbestand dieses Wissens festzulegen und dann auch kommunizierbar zu machen ist die Funktion eines Kerncurriculums. Mit ‚Kerncurriculum' wird eine Rahmenordnung bezeichnet, die Vergleichbarkeit von Studiengängen in Kernfächern sichern soll. Im Zuge des Bologna-Prozesses haben die Hochschulrektorenkonferenz (HRK) und die Kultusministerkonferenz (KMK) für die Bachelorstudiengänge Soziale Arbeit diese Rahmen nicht geschaffen. „Stattdessen haben inzwischen Fachverbände und -gesellschaften begonnen, Studienmodelle und Curricula vorzulegen, um eine gemeinsame Basis für die Studienangebote in Hauptfächern zu schaffen." (DGfS 2005).

Die folgenden Ausführungen gehen von der These aus, dass die Gestaltung der Modulhandbücher innerhalb der einschlägigen Studiengänge im Sozialmanagement genau dieses Kerncurriculum bereits erkennen lassen. Ein solches implizites Kerncurriculum wäre damit aber nicht nur Ausdruck und Skizze einer sich abzeichnenden Systematisierung wissenschaftlichen Wissens im Bereich des Management Sozialer Dienstleistungsunternehmen, sondern ebenso Ausdruck einer Legitimationsstrategie innerhalb eines Hochschulmarktes und gegenüber staatlich ministerial legitimierten Akkreditierungsunternehmen in der Gestaltung einer neuen Hochschullandschaft. In den Modulhandbüchern werden also die Auswirkungen politischer Interessensvertretung ebenso sichtbar, wie die Planungen und Konzeptionen derjenigen, die das akademische Wissen im Sozialmanagement systematisieren.

Beides wird als Ausdruck von Professionalisierung verstanden. Bemerkenswert ist dabei die anhaltende Konjunktur sowie die Heterogenität dieser Studiengänge (15.1), ein sich deutlich abzeichnendes Kerncurriculum in qualitativer (15.2) sowie auch quantitativer (15.3) Ausprägung. Die Bewertung bestimmter Modulinhalte erlaubt auch die Anwendung statistischer Verfahren und Hyothesenprüfungen.

15.1 Datenbasis
Die augenblickliche Landschaft der akademischen Weiterbildung zeigt sehr klar, dass Professionalität im Sozialmanagement nicht nur auf die Kompetenzentwicklung in der Praxis durch 'learning-by-doing' abzielt. Vielmehr ist eine Systematisierung und Institutionalisierung der Aus- und Weiterbildung für die Position von Führungskräften in sozialen Diensten mittlerweile stark ausgebaut, man könnte sogar von einer Konjunktur sprechen. Zu den charakteristischen Merkmalen der Profession wird ja gezählt, dass die professionelle Expertise sich auf eine spezifische Systematik eines bestimmen Wissensgebietes bezieht, dass eine lange und ausführliche Ausbildung und die Lizensierung der Abschlüsse gegeben ist (vgl. M. Pfadenhauer 2003: 30; 2006). Diese Kriterien sind weniger als Merkmale zu nehmen, an denen sich erkennen lässt, ob es sich bei einer Berufsgruppe nun um eine Professi-

on handelt oder nicht, sondern vielmehr als seine Heuristik über den Stand der Institutionalisierung und Legitimierung eines Berufes. Im Folgenden werden Teile der Forschungssystematik mit der Darstellung der Ergebnisse verschränkt, da es sich um eine Vorgehensweise handelt, die sich der 'grounded theory' verpflichtet fühlt. Für die vorliegende Studie wurde mit einer Datenbasis gearbeitet, die durch Recherchen im Jahr 2007 erhoben wurde. Ende 2008 wurde die Datenbasis nochmals überprüft und angepasst, es waren aber keine relevanten Entwicklungen festzustellen. Ende 2011 wird das Sample auf Entwicklungen in dem Bereich überprüft und angepasst. Die genaueren Hinweise zu Daten, der Methodologie und Zwischenergebnissen findet sich im Anhang (Kapitel 22.1).

Die bereits angesprochene Heterogenität der Hochschullandschaft wirkt sich bereits mit der Erfassung der für die Analyse geeigneten Studiengänge als problematisch aus. Es gibt im Augenblick noch keine umfassende Darstellung aller bereits existierenden BA, MA oder MBA Programme, die umfänglich genug für die Untersuchung wäre, noch ist diese zu erwarten. Außerdem stellt sich ein rein inhaltliches Problem: Allein die Titel diverser Master-Studiengänge sagen noch nichts über die faktischen Inhalte aus. Das erste Problem liegt also bereits im Feldzugang, nämlich in der Auswahl der zu analysierenden Studiengänge. Nach der Sichtung der einschlägigen Literatur[21] wurden als Kriterium der zu analysierenden Studiengänge diejenigen ausgewählt, in denen zum dominanten Anteil Inhalte behandelt wurden, die die Rahmenbedingungen Sozialer Arbeit und sozialer Dienste bearbeiten. Eine entscheidende Rolle spielte dabei der Titel des Studiengangs aber auch die jeweilige Beschreibung der Inhalte auf Internetpräsenzen oder Broschüren.

Die Studiengangsrecherche ging von den Arbeiten von K. Boeßenecker / A. Markert sowie W. Nodes aus, bezog jedoch auch Internetrecherchen[22] und weitere Literaturrecherche mit ein. Wie die Tabelle 4 zeigt, sind in die Curriculaanalyse der Studiengänge 'Sozialmanagement' 132 Studiengänge eingeflossen, die ermittelt werden konnten.[23] Die Verteilung der Studiengänge ist in der Übersicht dargestellt.

---

[21] W. Nodes (2007): Masterstudiengänge für die Soziale Arbeit; K.H. Boeßenecker / A. Markert (2003): Studienführer Sozialmanagement/Sozialwirtschaft an Hochschulen in Deutschland, Österreich und der Schweiz; W.R. Wendt (1999): Sozialwirtschaft und Sozialmanagement in der Ausbildung; K. Gartz (2006): Lernen und Aufsteigen, in: Wohlfahrt intern, Ausgabe 5, 05.2006: 11-15.

[22] Als Beispiele: Social.net: (Zusatz-)Studiengang Sozialwirtschaft, Sozialmanagement http://www.socialnet.de-/branchenbuch/kontakt.php?BID=35219;
Akkreditierungsunternehmen:
ACQUIN: http://www.acquin.org/acquincms/index/accred-wirtsch-action;
ZEvA: http://www.zeva.uni-hannover.de/akkred/studieng/master.htm;
AQAS: http://www.aqas.de/herzlich-willkommen-bei-aqas-ev/;
AHPGS: http://www.ahpgs.de/;
EQUIS: http://www.efmd.org/html/Accreditations/cont_detail.asp?id=040929rpku&aid=041029wupz&tid=1&-ref=ind

[23] Zu Kriterien der Auswahl der Studiengänge siehe Teil D.

Tabelle 4: Verteilung der Studiengänge

	Stand Ende 2006 Boeßenecker / Markert 2007	Stand 11 / 2008 Langer	Auswertung der Module
Master-Studiengänge	54	77	63
Bachelor-Studiengänge	20	28	19
Diplom-Studiengänge	9	16	%
Hochschul-Lehrgänge	10	11	%
Gesamt	93 (96)	132	82

Quelle: eigene

Wie die Tabelle zeigt, konnten insgesamt 82 von 105 möglichen Modulauswertungen in den Bachelor- und Masterstudiengänge erfolgen. Bei den 23 Studiengängen, für die keine Modulhandbücher zur Verfügung standen, konnten entweder keine Informationen auf den Internetauftritten vorgefunden werden, ebenso verweigerten die Hochschulen die Herausgabe der Handbücher oder reagierten nicht auf einen dementsprechende Anfrage. Bei 86,1 % war aber eine Auswertung möglich, so dass nicht zu erwarten ist, dass eine Erhöhung der Datenlage eine wesentliche Ergebnisänderung mit sich bringen würde.

Die nun dargestellten Auswertungen beziehen sich also auf die Anzahl der Studiengänge, bei denen ein Modulhandbuch zur Verfügung stand.

15.2 Das Kerncurriculum
Durch einen ersten offenen Zugang zu insgesamt 11 Modulhandbüchern konnten mit der Vorgehensweise der ‚grounded theory' Indikatoren gebildet werden, die durch den Vergleich der restlichen 71 Modulhandbücher zu übergreifenden Kategorien zusammengeführt wurden. Die Analyse der weiteren Handbücher war durch das gleichzeitige Zuordnen zu und Prüfen bereits gebildeter Kategorien gekennzeichnet, dem Entdecken neuer Indikatoren und der Veränderung bzw. Differenzierung der bereits bestehenden Kategorien. Auf diese Weise konnten die Kategorien gesättigt und verdichtet werden, gleichzeitig wurden die herausgearbeiteten Kategorien mit der Theorie konfrontiert und weiter verdichtet. Die folgende Tabelle 5 zeigt das auf diese Weise entstandene ‚Kerncurriculum', als die wesentlichen Bestandteile der systematisierten (Sonder-)Wissensbestandteile in den akademischen Qualifikationen ‚Sozialmanagement'.[24]

---

[24] Die Datenerhebung, -auswertung und -systematisierung für die Deskription der Curricula im Sinne eines Kerncurriculums bestand in der Auswertung der Studieninhalte, wie sie bei den Hochschulen jeweils vorgefunden werden können. Dazu stellten die Modulhandbücher der relevanten Studiengänge die zentrale Datenbasis für die Analyse der Bachelor- und Masterprogramme dar. Im Sinne eines explorativen Forschungsansatzes folgte das Sampling und die Analyse den Vorschlägen und dem Konzept der 'grounded theory' nach Glaser/Strauss folgend, bei dem Datenerhebung und -analyse verschränkt werden. Die Auswertung des Datenmaterials erfolgte nach dem Konzept-Indikator-Modell, mit dem Ziel einer thematischen Konkretisierung. Die Darstellung des Kerncurriculum zeigt folglich die rekonstruierten ‚Kerninhalte' in der Ordnung bestimmter Hauptkategorien, die ggf. durch Unterkategorien noch differenziert werden. Es erfolgte zwar ab einem fortgeschrittenen Analysezeitpunkt auch das Einbringen theoretischer Systematisierungen, wie sie in Disziplinen wie z.B. Volks- oder Betriebswirtschaften vorgenommen werden. Jedoch herrschen auch da unterschiedliche Lehrmeinungen, so dass die dargestellte Systematisierung weiterhin den gegebenen Modulhandbüchern folgt.

Tabelle 5: Kerncurriculum

1. Grundlagenwissenschaften Sozialer Arbeit; Sozialarbeitswissenschaft
2. Wirtschaftswissenschaften / allgemeine VWL
2.1 BWL als Unternehmensführung
2.1.1 Rechnungswesen
2.1.2 Controlling
2.1.3 Finanzierung / Investition
2.2 BWL als Managementlehre: Steuerungsinstrumente
2.2.1 Steuerungsinstrumente
2.2.2 Personal-Management
2.2.3 Management-Konzepte
2.2.4 Qualitätsmanagement
2.2.5 Informationsmanagement
2.2.6 Projektmanagement
2.2.7 Marketing
2.3 Dienstleistungstheorie (Kundenorientierung / Marketing; Organisation; Produktion; Qualität; Case-Management, Prozess
2.4 Leadership (Unternehmensführung / Wertorientierung)
2.4.1 NPO / NP Management (Unternehmensgründung; Fundraising/Sponsoring)
2.4.2 strategisches Management: (Vision / Leitbild; strat. Ressourcenmanagement; Innovation; Personalentwicklung; strategisches Controlling; strat. Management)
3. Recht (allgemeines Recht; Arbeitsrecht)
4. Politik / Soziologie / Sozialmarkt, Träger, Sozialstaat (Netzwerk / Trägerstrukturen, Gesellschaftsanalyse; International)
5. Organisationswissenschaften / allgemeine Organisationstheorie (Change-Management; Ethik)
5. Führungskompetenzen, -stil und -technik
5.1 Soft-Skills: Führen und Leiten (Führungskonzeptionen; Ethik; Persönlichkeitsentwicklung; Team; Coaching; Kommunikation; Konflikt, Moderation; Verhandlung; Sprache; pol. Öffentlichkeitsarbeit Lobbying; Public relations
5.2 Leadership II Personalführung (Mitarbeiterführung und Personalentwicklung; Persönlichkeitsentwicklung
6. Methodenlehre / Forschung
6.1 Evaluationsforschung
6.2 Sozialarbeitsforschung
7. Selbstreflexion
8. Praxis
9. Wahlpflicht
10. Master / Bachelorthesis

Quelle: Eigene

Es ist deutlich zu sehen, dass die jeweiligen Kategorien aus den verwendeten Begriffen in den Modulhandbüchern ‚herausentwickelt' wurden, ohne z.B. betriebswirtschaftliche oder explizit ökonomische Theoriegehalte und –Systematisierungen einfließen zu lassen. Dies lässt sich an einigen Stellen verdeutlichen, am besten wohl an der Kategorie ‚Organisationstheorie'. Es wurde im Verlauf der Analyse deutlich, dass Wissensbestände über Organisationsanalyse bis hin zur Organisationsgestaltung und –entwicklung einen eigenen, für sich stehenden Bereich in den Studiengängen einnehmen. Es ist jedoch auch deutlich, dass sich von Seiten der wissenschaftlichen Fundierung Organisationswissenschaften aus einem interdisziplinären Zugang speisen, wie z.B. den Wirtschaftswissenschaften, Soziologie, Psychologie bis hin zu Erziehungswissenschaften. Für die weitere Theoriebildung wurde weiter dem explorativen Ansatz gefolgt, nämlich dass unterschiedliche Zugänge zur Organisationstheorie nicht in ihre Herkunftsdisziplinen eingeordnet werden, sondern als ein interdisziplinärer Gegenstandsbereich weitergeführt werden.

15.3 Sozialmanagement als Wirtschaftwissenschaften in Sozialunternehmen
Das erste Erkenntnisziel, ein Kerncurriculum ,Sozialmanagement' zu rekonstruieren, stellt sich also in der Gesamtauswertung von Bachelor und Master wie gezeigt dar. In der Weiterführung der Analyse wurden als implizite Bewertung der jeweiligen Kategorien die Credit-Points, Workloads und Modulgewichtungen innerhalb eines Studiengangs den jeweiligen Studieninhalten zugeordnet. Auf diese Weise lässt sich das Kerncurriculum nicht nur qualitativ rekonstruieren, sondern auch quantitativ analysieren. In der folgenden Tabelle 6 sind die Ergebnisse der ersten quantitativen Interpretation verzeichnet. Die letzte Spalte in der Tabelle zeigt das Kerncurriculum für die Gesamtheit der Studiengänge, zum Vergleich sind auch die Mittelwerte von Bachelor und Master aufgeführt. Die prozentualen Angaben bilden jeweils eine Gewichtung der Inhalte als Mittelwerte ab.[25]

Tabelle 6: Gewichtung Kerncurricula

	BA Mittelwert in %	MA Mittelwert in %	MA Median in %
Grundlagenwissenschaften (SAW)	6,58	7,61	3,33
Wirtschaftswissenschaften	30,75	29,05	29,66
Rechtswissenschaft	11,39	5,78	5,04
Politik und Soziologie	8,72	8,68	6,45
Organisationswissenschaften	4,71	7,32	6,07
Führungstechniken	7,93	8,08	7,47
Wiss. Methoden	5,27	4,09	3,33
Selbstreflexion	0,11	0,30	0,00
Praxis und Praktika	12,87	5,56	1,69
Wahlpflichtfächer	5,96	2,15	0,00
Master-Prozent	5,71	21,38	22,22
	100	100	

Quelle: Eigene

Aus der Perspektive einer statistischen Analyse hat die Darstellung der Mittelwerte in dieser Form eine sehr schwache Aussagekraft, weil die Standardabweichung bei einzelnen Variablen extrem groß ist. Deswegen wurde in dieser Darstellung noch der Median für die größere Stichprobe (MA, N = 63) mit aufgenommen. Die Streuung fällt vor allem für die Variablen Grundlagenwissenschaften (SAW), Praxis und Wahlpflichtfächer ins Gewicht. Um nun zu ersten Interpretationen der gewonnenen Daten zu gelangen, hat es sich zum einen als fruchtbar erwiesen, Schwerpunkte und Gewichtungen, die in den Studiengängen sichtbar sind, zu Clustern zusammenzufassen und auf diese Art und Weise Idealtypen zu bilden (15.4.1). Zum anderen lohnt es sich vor dem Hintergrund der Diskussion um Sozialmanagement genau das zu fokussieren, was nicht zu sehen ist (15.4.2).

---

[25] Diskussion Mittelwerte oder Mediane: entscheidend für die weitere Analyse: wegen der weiten Streuung sind die Mittelwerte wenig aussagekräftig, vermitteln nur einen ersten Eindruck. Entscheidend: Gewichtungen innerhalb des Studiengangs: hier 100 % Aufteilung.

15.3.1 Qualitative Clusterung der Studiengänge und Bedeutungsverlust der Wirtschaftwissenschaften im zeitlichen Verlauf

Zur Kontrastierung der Ergebnisse lassen sich sehr gut die Maximalwerte heranziehen. Hier wird die jeweils größte Gewichtung innerhalb eines Studiengangs abgebildet. Bei dem Vergleich zwischen BA und MA stechen vor allem drei Werte hervor: Politikwissenschaften / Soziologie, Organisationswissenschaften sowie Leadership. Da der Großteil der Master-Studiengänge als Weiterbildungsstudiengänge konzipiert sind, die berufsbegleitend absolviert werden können, weisen diese Spitzenwerte eher darauf hin, dass Master-Studiengänge sich eher von einer Generalisten-Ausbildung entfernen und als Weiterbildungsgänge eine Spezialisierung mit den Schwerpunkten Organisationsanalyse und –entwicklung, Politik und Führung / Leadership anbieten. Dieser erste Hinweis auf Schwerpunkte bei den Weiterbildungsstudiengängen wird durch eine Analyse des Datenmaterials erhärtet. Legt man inhaltliche Indikatoren zur Bestimmung differenzierter Cluster von Studiengängen an, so lassen sich durch die prozentualen Verteilungen (Creditpoints / Workload) auf folgende Studieninhalte

- Grundlagenwissenschaft
- Praktikum / Praxis
- Organisationswissenschaften
- Wirtschaftswissenschaften
- Politik
- Führungstechniken

zu einer vagen Abgrenzung von Idealtypen herausarbeiten: Nämlich solche Studiengänge, die sich durch einen deutlichen quantitativen wirtschaftswissenschaftlichen Schwerpunkt in ihrem Curriculum ausweisen. Daneben wurde versucht, die sich andeutenden Schwerpunkte durch die Kombination ‚Politik/Soziologie und Wirtschaftswissenschaften'; ‚Grundlagenwissenschaften (SAW)' oder ‚Führungstechniken' auf Clusterungen hin zu korrelieren. Diese ‚Idealtypen' halten einer weiteren statistischen Auswertung nicht stand. Als erstes Zwischenergebnis dieser Clusterung ließ sich jedoch inhaltsanalytisch herausarbeiten, dass nur in den Selbstdarstellungen des Clusters ‚Wirtschaftwissenschaften' (die durch hohe Anteile wirtschaftswissenschaftlicher Inhalte gekennzeichnet waren) die Selbstbeschreibung ‚Sozialmanagement' verwendet wurde. Es deutet sich also bereits hier an, dass ‚Sozialmanagement' mit einem deutlichen Schwerpunkt wirtschaftwissenschaftlicher Inhalte verbunden wird.[26] Auch lässt sich als erste zu prüfende Hypothese festhalten, dass bestimmte Inhalte in Modulhandbüchern mit bestimmten Einflussgrößen in einer kausalen Beziehung stehen, wie z.B. anderen Studieninhalten oder anderen Einflussgrößen wie z.B. dem Gründungsjahr, dem Studiengangstyp oder den Studiengebühren.

Als zweiter inhaltlicher Trend fällt bei der qualitativen Rekonstruktion auf, dass sich unter den Studiengängen, die in jüngerer Zeit gestartet wurden, verstärkt fachliche Spezialisierungen der Management-Ausbildung finden. Im Folgenden sind die Spezialisierungen der Studiengänge aufgelistet, die unter Berücksichtigung dieser Indikatoren aus den 63 Master-Studiengängen hervorgehen. Der erste Teil der Tabelle 7 listet die Studiengänge

---

[26] Dies wurde durch eine Inhaltanalyse mit TexPack erarbeitet. Zum Forschungsdesign und zur Auswertungsmethode siehe hier Abschnitt D.

auf, die fachliche Inhalte auf sich vereinen (1. Studiengangsbezeichnung Fachmanagement) – die Gründungszeitpunkte zeigen, dass dies jeweils relativ ‚junge' Studiengänge sind. Die zweite Auflistung (2. Weitere Studiengänge Fachmanagement ab 2008).

Tabelle 7: Fachmanagement

1. Studiengangsbezeichnung Fachmanagement	Start
Master of Gerontomanagement	2006
Master of Arts (M.A.) Diakoniewissenschaft	2006
Master of Arts (M.A.) Management, Führung und Supervision	2006
Master of Arts (M.A.) Gemeinwesenentwicklung, Quartiermanagement und Lokale Ökonomie	2003
Master of Arts (M.A) Pädagogik und Management in der Sozialen Arbeit (MAPAM)	2008
Master of Evaluation'	2004
Master of Arts (M.A.) Nonprofit-Management und Governance	2006
Master of Arts (M.A.) Jugendhilfe: Konzeptionsentwicklung & Organisationsgestaltung	2007
Master of Arts (M.A.) Caritaswissenschaft und christliche Gesellschaftslehre	2006
Master of Arts (M.A.) Management und Didaktik von Bildungsprozessen in Kirche und Gesellschaft	2006
Master of Arts (M.A.) Organisationsentwicklung	2006
Master of Arts (M.A.) Nonprofit-Management und Governance	2007
Masterstudiengang: Organisations- und Sozialpädagogik	2005
2. Weitere Studiengänge Fachmanagement ab 2008 (nach K.H. Boeßenecker; A. Markert 2011)	
Public Policy (Master)	2009
Nonprofit-Management und Public Governance (M.A.)	2009
Management und Führungskompetenz (Master of Arts)	2010
Soziale Arbeit – Planen und Leiten (Master of Arts)	2010
Diakonie – Führungsverantwortung in christlich-sozialer Praxis (Master of Arts)	2009/10
Soziale Arbeit, Sozialpolitik & -management (M.A.)	2010/11
Erziehungswissenschaft – Sozialpädagogik/Sozialmanagement (Master)	2010/11
Management von Kultur- und Non-Profit-Organisationen (M.A.)	2008
Ethisches Management in christlichen Handlungsfeldern (M.A.)	2010
Mehrdimensionale Organisationsberatung (M.A.)	2008
Sozialrecht und Sozialwirtschaft (Master)	2010
Bildung, Erziehung und Betreuung im Kindesalter – Leitung von Kindertageseinrichtungen (B.A.)	2009
Europäisches Masteerstudium Sozialwirtschaft und Soziale Arbeit (M.A.)	2008/09

Quelle: Eigene

K.H. Boeßenecker und A. Markert listen in der zweiten Auflage ihres „Studienführers Sozialmanagement" (2011) insgesamt 20 Studiengänge auf, die erkennbar seit 2008 gegründet worden sind. Davon sind 6 dem Bereich Public Management/Administration/Verwaltung zuzurechnen, ein Studiengang scheint ein allgemein ausgerichteter Studiengang Sozialmanagement zu sein. 13 der neuen Studiengänge fallen aber laut ihrer Beschreibung eher in den Bereich Fachmanagement, was die These bestätigen würde, die durch die Analyse der Modulhandbücher herausgearbeitet wurde.

Aus dem bis hier analysierten Datenmaterial lässt sich eine zweite Arbeitshypothese ableiten. Im Feld der akademischen Weiterbildungen vollzieht sich insbesondere in jüngerer Zeit eine Binnendifferenzierung, nämlich eine Abnahme der Dominanz wirtschaftswissenschaftlicher Modulinhalte. Diese ersten Ergebnisse konnten durch eine semantische Analyse mit TexPack (siehe Teil D) geprüft und bestätigt werden.

15.3.2 Kontrastierung der Ergebnisse und Hypothesen mit der Managementdiskussion

Eine zweite Interpretation der Hypothesenbildung bietet sich an, wenn man die gewichteten Kategorien der Curriculaanalyse in den Diskussionskontext der theoretischen Managementdebatte im Sozialwesen einbettet. Hier wird es seit den Anfängen der Diskussion um Sozialmanagement als notwendig angesehen, vor allem Personalentwicklung zu fokussieren (vgl. C. Bader 1999; K. Beher et.al. 2007; R. Biesenkamp / J. Merchel 2007; C. Flad et.al. 2007; C. Nüß / H. Schubert 2001). Für J. Bogumil/ F. Naschold (2000) ist der Schlüsselfaktor jeder Effektivität und Effizienz im New Public Management das Personal- und Human Ressource Management. Sie behaupten aber, dass das Personal aber nicht nur ein Kostenfaktor darstellt. Die beiden Autoren identifizieren vielmehr im Personal in sozialen Diensten die entscheidende und strategische Ressource für die Entwicklung von Effizienz und Qualität (vgl. J. Bogumil / F. Naschold 2000: 94). Ebenso zeigt die soziale Dienstleistungstheorie (Langer 2006d; 2007) und die Analyse der Logik in sozialen Märkten spezifische Koordinationsarten in der Kooperation zwischen öffentlichen und freien Trägern, bei denen das Personal eine entscheidende Rolle spielt.

Wie bilden sich diese wichtigen Punkte nun in den Schwerpunkten der Studiengänge ab? Eine detaillierte Untersuchung der Kurseinheiten zeigt, dass diese theoretisch fundierten Herausforderungen des Sozialmanagements in den Programmen unterrepräsentiert sind, wie die nachfolgende Tabelle 8 illustriert.

Tabelle 8: Spezifische Managementinhalte

	BA in %	MA in %	Gesamt %
Strategisches Management	1,07	3,76	2,42
Personal-Management	2,20	2,43	2,31
Qualitäts-Management	1,38	1,98	1,68
Fundraising / Sponsoring / Entrepeneurship	0,47	1,39	0,93
Dienstleistungstheorie	1,99	2,15	2,09
Selbstreflexion / Persönlichkeitsentwicklung	0,11	0,29	0,25
Soft Skills / Führungstechniken	7,93	7,96	8,05
Leadership	1,90	6,30	5,17

Quelle: Eigene

Erstaunlich ist, dass das ‚Eigentliche' bzw. ‚Besondere' eines Nonprofit-Managements in den Modulbeschreibungen kaum abgebildet wird. Die Annahme, dass Nonprofit-Organisationen durch ihre Gemeinwohlorientierung ganz spezifischen Steuerungslogiken unterliegen, schlägt sich z.B. nur etwa zu 2,42 % als Inhalte des strategischen Managements nieder, nur ca. 2,09 % der Lehrinhalte beziehen sich explizit auf Dienstleistungstheorie. Noch erstaunlicher dürfte sein, dass Nonprofit-Management – im Spiegel der Qualifikation der Führungskräfte - nur zu 0,93 % etwas mit Fundraising und Sponsoring zu tun hat. Die Werte Personalmanagement (2,31%) und Qualitätsmanagement (1,68%) deuten bei den großen Abweichungswerten ebenfalls darauf hin, dass es spezifische Studiengänge sind, die eben diese Inhalte zu einem Alleinstellungsmerkmal machen.

Aus der Analyse der Curricula im Nonprofit-Bereich lässt sich vorläufig eine dritte Arbeitshypothese formulieren: Die Bewältigung der Steuerungsherausforderungen sozialer Dienste scheint in der Ausstattung der (zukünftigen) Führungskräfte mit (betriebs-)-

wirtschaftlichem Wissen und Können zu liegen. Die Transformation dieses relativ unspezifischen ökonomischen Wissens für die spezifischen Eigenarten und Logiken einer Nonprofit-Organisation wird aber anscheinend zurück in die Biografie, Erfahrung oder Sozialisation – also in das ‚learning by doing' - der Managementakteure verlegt.

16   Akademische Expertise im ‚System of Professions'

16.1 Hypothesenprüfung durch statistische Verfahren
Durch die qualitativen Vorarbeiten der Curriculumsanalyse wurden drei Hypothesen hergeleitet.
- Die Studiengangsinhalte innerhalb der jeweiligen Curricula korrelieren in spezifischer Weise. Es lassen sich bestimmte Abhängigkeiten zwischen den Schwerpunkten bestimmen. Darauf deutet die erste inhaltanalytische Clusterung hin.
- Die Studiengangsinhalte entwickeln sich in einer spezifischen Form im zeitlichen Verlauf. Die Hyothese ist hier, dass in jüngeren Studiengängen der dominierende Faktor ‚Wirtschaftswissenschaften' an Bedeutung verliert.
- Es besteht die Vermutung, dass ganz bestimmte Studiengangsinhalte deutlich unterrepräsentiert sind, die in der Kompetenzdiskussion als wesentlich betrachtet werden.

Diese Hypothesen wurden durch statistische Auswertungsverfahren mit dem EDV-gestützenden Programm SPSS der Prüfung unterzogen. Die folgende Ergebnisdarstellung konzentriert sich auf die Erkenntnisse, die vornehmlich durch einfache Korrelierenden der Inhaltsvariablen gewonnen wurden.

Im Wesentlichen beziehen sich die Analysen auf die Masterstudiengänge. Als ‚Störvariable' wurden hier vor allem jeweils die MBA-Studiengänge jeweils prüfend zu den Ergebnissen der MA-Studiengänge getestet. Die Regressionsanalysen werden nicht im einzelnen dargestellt, weil sie keinen wesentlichen Erkenntnisgewinn brachten.[27] Alle anderen Einflüsse verschwinden bzw. sind nicht signifikant, wenn sie in die Regression eingeführt werden.

Die Frage nach einfachen Korrelationen zwischen der Ausprägung von Studiengangsinhalten und den unabhängigen Variablen ‚Studiengangsgebühren', ‚Weiterbildungsorganisationen' und Studiengangsinhalten brachte folgende drei großen Interdependenzerscheinungen (Abhängigkeiten) hervor (die Zahlen in den Klammern beziehen sich dabei jeweils auf die Nummerierung in Tabelle 5 siehe oben):

16.2 Kosten, Weiterbildungs-Institutionen und Studiengangsinhalte
Es ist eine deutliche negative Korrelation der Praxis (8.) zu Kosten der Studiengänge sowie eine positive Korrelation zwischen Wirtschaftwissenschaften (2.) zu Kosten zu erkennen. Das heißt, je niedriger die Studiengebühren des Studiengangs sind, desto mehr Praktika in jeder Form sind im Curricula verankert.

---

[27] Die Variation in der Höhe der Gebühr lässt sich zu 36,9% durch die Variablen Ausland, MBA und Anteil WiWi erklären. Dabei geht am meisten Einfluss von der Variable MBA aus. Die Variable MBA beeinflusst am meisten das Ansteigen der Variablen Gebühr, dann die Variable Ausland und zum Schluss WiWi Anteil.

Tabelle 9: Korrelation Gebühren / Praxis

		Praxis MW / Mittelwert CP Prozent
Kosten / Euro	Korrelation nach Pearson	-,352(**)
	Signifikanz (2-seitig)	0,01
	N	53

** Die Korrelation ist auf dem Niveau von 0,01 (2-seitig) signifikant.

Umgekehrt gehen höhere Studiengebühren mit höheren Anteilen an wirtschaftswissenschaftlichen Inhalten einher. Diese Aussage verändert sich nicht, wenn die MBA-Studiengänge nicht berücksichtigt werden (also als mögliche Störvariable) behandelt werden.

Tabelle 10: Korrelation Gebühren / Wirtschaftswissenschaften

		WiWi MW / Mittelwert CP Prozent
Kosten / Euro	Korrelation nach Pearson	,399(**)
	Signifikanz (2-seitig)	0,003
	N	53

** Die Korrelation ist auf dem Niveau von 0,01 (2-seitig) signifikant.

16.3 Bedeutungsverlust der Wirtschaftswissenschaften im zeitlichen Verlauf

Des Weiteren zeigt sich ein ‚Bedeutungsverlust' der Wirtschaftswissenschaften im zeitlichen Verlauf: Jüngere Studiengänge (die also ein späteres Gründungsdatum aufweisen) tendieren zu mehr Fachwissenschaften (1. Grundlagenwissenschaften Sozialer Arbeit, Sozialarbeitswissenschaft) wobei es keine wesentlichen Veränderungen dieser Abhängigkeitsbeziehungen gibt, wenn die Gründungszeiträume der MBA-Studiengänge nicht berücksichtigt werden (also als mögliche Störvariable) behandelt werden (vgl. Tabelle 16; Teil D, 22.1)

16.4 Interdependenzen der Studiengangsinhalte

Die Studiengangsinhalte zeigen deutliche Interdependenzen auf. Bemerkenswert ist hier erstens die negative Korrelation von Wirtschaftwissenschaften (2.) zu wissenschaftlichen Methoden / Forschung (6.), die negative Korrelation Wirtschaftwissenschaften (2.) zu Praxis (8.), sowie die negative Korrelation von Grundlagenwissenschaften, Sozialarbeitswissenschaft (1.) zu Wirtschaftwissenschaften (2.) (vgl. Tabelle 16; Teil D, 22.1). Diese negativen Korrelationen bedeuten jeweils, dass mit zunehmenden wirtschaftswissenschaftlichen Inhalten die Bedeutung der wissenschaftlichen Methoden, der Praxis oder der Grundlagenwissenschaften Sozialer Dienste abnimmt. Ein wirtschaftswissenschaftlich dominiertes Studium bietet also in der Regel keine gründliche Ausbildung in Forschungsmethoden bzw. Methoden wissenschaftlichen Arbeitens. Weitere signifikante Zusammenhänge sind zwischen Grundlagenwissenschaften und Recht (0,02) und negativ zwischen Politik und Organisationswissenschaften (0,03) zu erkennen. Zuletzt zeigen noch die Korrelationen der Kategorie Führung zu Politik (-,397) sowie zu Organisationswissenschaften (,454), dass

Führungstechniken jeweils eng mit dem Wissen über Organisation, aber nicht mit dem Wissen über politische Zusammenhänge gedacht werden (vgl. Tabelle 16; Teil D, 22.1).

Die Hypothesenprüfung zeigt als deutliche Zusammenhänge von curricularen Schwerpunkten auf. Besonders auffällig ist hier die Abnahme der Dominanz wirtschaftswissenschaftlicher Inhalte im zeitlichen Verlauf.

Management erscheint also Schwerpunkt der Gestaltung politischer Strukturen unter der Berücksichtigung rechtlicher Rahmenbedingungen oder als Gestaltung von Führungs- und Organisationsbedingungen.

16.5 Zusammenfassende Interpretation der Ergebnisse

Durch die Studiengangsanalyse lässt sich ein empirisch begründetes, also ein 'hidden' - Kerncurriculum der Aus- und Weiterbildung im Sozialmanagement rekonstruieren. Wenig erstaunlich sind hier die Schwerpunktlegungen auf die Wissensbereiche Wirtschaftswissenschaften, Institutionenlehre (Organisation, Politik, Soziologie, Recht) sowie Führungshandeln.

Ein erster Vergleich mit der Managementdiskussion in der Lektüre zeigt dagegen erstaunliche Ergebnisse. So wird Personalmanagement, Qualitäts- und Dienstleistungsmanagement sowie wertorientiertes Management relativ schwach durch die Modulhandbücher abgebildet. Für die qualitative Evaluation stehen damit fundierte Erkenntnisse zur Verfügung, um die Ausbildungsschwerpunkte, die sich durch die Curricula abbilden, mit den empirisch feststellbaren Kompetenzen in Bezug zu setzen.

Die deskriptiv-quantitative Analyse bringt belastbare Erkenntnisse. Hier zeichnet sich ab, dass die Studiengänge selbst außerordentlich heterogen sind, eine Mobilität im Studienverlauf sowie eine Vergleichbarkeit der Studienabschlüsse erscheint als mit sehr hohen Hürden versetzt. Die Hypothese der Entwicklung der Studiengänge in Richtung einer Reduktion wirtschaftswissenschaftlicher Inhalten lässt sich durch eine direkt negative Korrelation von Gründungsjahr und Gewichtung Wirtschaftswissenschaft durch Credit-Points eindeutig belegen.

Über die Bologna-Reform hat sich ein Weiterbildungsmarkt etabliert, der sich im Ergebnis qualitätsmindernd auf die Masterlandschaft auswirken dürfte. Die (künstliche) Konkurrenzsituation um Studierende, die Tendenz die Entwicklung von Studiengängen als Investition zu betrachten, die sich auszahlen muss oder die zumindest langfristig keine Kosten verursachen sollte, der Kampf um Studierende zum Erhalt des Studiengangs und zur Amortisierung der Investitionen führt zu einer Intransparenz und zu einer Erstarrung der Studienangebote. Die Tatsache, dass rund 10% der Master-Studienangebote auf keine Anfrage zu konkreten Studieninhalten in Form des Modulhandbuches reagierte oder die Weitergabe schlicht verweigert ist ein deutliches Indiz für eine vollkommen fehlgesteuerte Bildungspolitik.

In der Zusammenschau mit dem Kompetenzprofil des mittleren Managements eines Sozialunternehmens muss nochmals die betriebswirtschaftliche Dominanz der Weiterbildungen und des akademischen Wissens hervorgehoben werden. Diese implizite Schwerpunktsetzung bedeutet in der Konsequenz eine Konzentration auf die Unternehmung als formale Organisation. Das Sozialunternehmen so in den Mittelpunkt zu stellen kann als einseitige Anpassung an korporatistische Steuerungsvorstellungen hoheitlicher Regulierung der Studiengangslandschaft verstanden werden. Die politischen Schwerpunkte der Managementpraxis verweisen dagegen auf die institutionalisierte Organisation und Einflussnahme des Organisationsfeldes, als Steuerung des Unternehmens über Steuerung des politischen Umfeldes. Professionell managen greift also handelnd nicht nur auf die eigene Organisation, sondern auch auf das soziale Umfelde und die organisationsübergreifende Struktur zu.

Teil C: Governance der Sozialmanagementakteure

Governance im Sozialen Management ist zu verstehen als das Er-Handeln von Koordination der unterschiedlichsten Akteure in sozialen Dienstleistungsstrukturen. Unter dieser These werden die Forschungsergebnisse der Curriculumsanalyse und der Managementkompetenzanalyse zusammengeführt. In das Konzept der Governance wurde ja bereits in Kapitel 8 eingeführt. Vor diesem Hintergrund kann das Konzept der sozialen Dienstleistungsstrukturen als Governancestruktur verstanden werden, obwohl der Begriff eine unkontrollierbare Bedeutungsvielfalt aufweist. „Das Gesamt aller nebeneinander bestehenden Formen der kollektiven Regelung gesellschaftlicher Sachverhalte: von der institutionalisierten zivilgesellschaftlichen Selbstregelung über verschiedene Formen des Zusammenwirkens staatlicher und privater Akteure bis hin zu hoheitlichem Handeln staatlicher Akteure" (H. Feil 2005: 7). Im Weiteren soll Governance als enggefaster Begriff in Abgrenzung zum Regierungshandeln (als Government) verwendet werden, also als die „nicht-hierarchische, kooperative Form von Steuerung" (F. Wolf 2001: 13). Im Teil C wird nun die Dienstleistungsstruktur als Form der Governance mit Bezug auf die Gidden'sche Strukturierungstheorie entwickelt um zu verdeutlichen, dass professionelles Sozialmanagement im Ganzen nur zu erklären ist als ein Handeln, welches sich nicht nur auf die eigene Einrichtung oder Trägerorganisation bezieht, sondern auf eine lokale Struktur koordinierter überorganisationaler Handlungen, als „rekursiv organisierte Menge von Regeln und Ressourcen" (A. Giddens 1997: 77). Dabei wird deutlich, dass Sozialmanagement einen Governancetypus erhandelt, der sich deutlich von der Hierarchie entfernt, jedoch auch nicht im Wettbewerb aufgeht (vgl. F. Nullmeyer 2011). Damit werden die beiden Perspektiven auf einen Professionalisierungsprozess vorsichtig unter den Begriff der wissenschaftlichen Evaluation verortet.[28] Es soll also nur eine Gegenüberstellung sein, sondern auch im Sinne einer Interpretation vor dem Hintergrund des Profession(alität)s-Konzeptes zu einer Bewertung führt.

Anlass zu einer Bewertung ist vor dem Hintergrund der aktuellen Diskussion um Sozial- und NPO-Management gegeben. So vertreten z.B. G. Moos (2008) und B. Halvar (1999) die These, dass betriebswirtschaftliches Wissen im Sozialmanagement unterrepräsentiert aber dringend notwendig ist. A. Wöhrle (2008) diskutiert Akademisierung und

---

[28] Man kann durchaus sagen, dass es sich im Kern um eine wissenschaftliche Evaluation handelt, die als Datengrundlage empirische Daten verwendet. Mit einer Evaluation ist bekanntlicher Weise eine bewertende Aussage über einen Sachverhalt gemeint. In Verbindung mit empirischen Daten geht es bei dem Ziel der Evaluation um eine „empirisch gestützte Gewinnung von Bewertungen". Dabei erhebt die Evaluation nicht den Anspruch, selbst Erkenntnisse mit intersubjektivem Geltungsanspruch zu gewinnen. „Die unmittelbare empirische Begründung von Bewertungen durch Forschung ist nicht möglich, auch aus korrekten empirischen Beschreibungen und Analysen sind normative Aussagen nicht ableitbar." (H. Kromrey 2009: 1923)

Kompetenzentwicklung als zweite Professionalisierungswelle *innerhalb* der Profession Sozialer Arbeit, wogegen in Diskussionen um die Sozialwirtschaft Bestrebungen der Etablierung einer *eigenen* Profession Sozialmanagement geführt werden. Innerhalb der Neoliberalismusdiskussion einer kritischen Sozialen Arbeit scheint Management selbst als nicht mit den Grundprinzipien einer Sozialarbeitswissenschaft vereinbar.

Zu diesen Perspektiven auf Sozialmanagement soll im Folgenden Stellung genommen werden, und dies durch die übergreifende Interpretation der Ergebnisse unter einem gesellschaftstheoretischen Fokus. Dieser Fokus kann durch drei Fragestellungen skizziert werden: Wie (de)stabilisieren die herausgearbeiteten Phänomene des Sozialmanagements das ‚System of Professions' als Deutungshoheit, Marktschließung, Verantwortungszuweisung? Welche Organisationsformen professionellen Handelns lassen sich erkennen zwischen organisatorischen Strukturen, Vertrauen und professioneller Autonomie? Wie trägt Sozialmanagementkompetenz in Bezug zu verschiedensten Publika zur Legitimation Sozialer Arbeit bei? In Abschnitt 17 wird dabei vor allem auf das Legitimierungsproblem professioneller Leistung eingegangen. Hier werden vor allem die Ergebnisse aus den beiden Teilstudien unter der These zusammengeführt, dass die Akademisierung von NPO- und Sozialmanagement zur Erweiterung und Systematisierung des wissenschaftlichen Professionswissens im Bereich der Ökonomie beiträgt. Im nächsten Kapitel wird dann die Perspektive der Governance sozialer Dienstleistungsstrukturen entwickelt und zu einer gesellschafttheoretischen Interpretation weitergeführt (Kap. 18).

17 Sozialmanagement und die Legitimierung professioneller Leistung

Traditionell war die Professionsforschung mit breiteren soziologischen Themen verbunden, wie z.B. die Analyse von Arbeitsmärkten, soziale Stratifikation und Schließung, Nationalstaaten und der Entwicklung kapitalistischer Systeme. Diese Agenda hat sich jedoch in den letzten 15 Jahren begonnen zu verändern. Diese neue Richtung ist z.B. durch die Erforschung der Organisation von Expertenwissen bestimmt und hat z.B. die ‚professional service firm' (PSF) und sein Management zum Thema. Damit wird vor allem die Organisiertheit freier Berufe – und hier wissensintensiver Dienstleistungen - in den Blick genommen. Obwohl sich hier ein neuer Strang der Organisationstheorie andeutet, bleibt das Wechselverhältnis zwischen Professionellen Akteuren und ihrer Organisation immer noch unterbelichtet. So identifizieren M. Burrage und R. Torstendahl (1990) zum Beispiel vier wesentliche Akteure in der Entwicklung von Professionen – die Professionsmitglieder, die Nutzer, den Staat und die Universitäten – aber sie sagen wenig über die Rolle der anstellenden Organisationen.

Professionen erbringen – trotz aller (kritischen) Diskussionen – eine gesellschaftlich wichtige – wenn nicht sogar unverzichtbare – Leistung. Oder anders gesagt, die Legitimation professioneller Leistung speist sich aus ihrer Fähigkeit, gesellschaftlich als wertvoll erachtete Funktionen einzunehmen. Wenn aber professionelles Handeln, professionelle Performanz sowie Profession eingebettet ist in eine sich verändernde Gesellschaft, so ist davon auszugehen, dass Profession und Gesellschaft in einem produzierenden – reproduzierenden Wechselverhältnis zueinander stehen. Folgt man den Ausführungen von U. Schimank (2008) so bildet sich im Sozialmanagement die Transformation zu mehr und mehr ökonomisierten Beziehungsgefügen ab. Sich modernisierende Professionen – und dies lässt sich an der Sozialen Arbeit nun exemplarisch ablesen – finden nun eine dreifache Antwort auf diese gesellschaftliche Transformation – die Schimank ja Ökonomisierung nennt.

Im Folgenden soll die eine Seite des Wechselverhältnisses von sozialer Organisation und Profession ‚evaluiert' werden, nämlich, wie die Professionellen die Organisiertheit für ihre Zwecke einsetzen. Dazu wird die zu beobachtende Binnendifferenzierung diskutiert, als ein möglicher ‚Missfit' zwischen systematisiertem Wissen und Arbeitswissen (17.1) und als ein sich den Legitimationsanforderungen entsprechend gestaltendes Management (17.2). Die Sprachfähigkeit der Profession und Professionellen muss entsprechend zu den Legitimationserwartungen relevanter Publika interpretiert werden (17.3) und die professionelle Expertise stellt sich dar als entsprechend der neuen Legitimationsanforderungen weiterentwickelt (17.4). Zusammenfassend wird die These der Professionalisierung durch Management am Idealtypus der klassischen Profession diskutiert.

17.1 Missfit der Akademisierung zur Praxis des Sozialmanagements?

A. Abbott (1988: 52 ff.) unterscheidet die typisch professionell akademische Expertise von dem Arbeitswissen, welches sich in der professionellen Praxis herausbildet. Dennoch räumt er der professionellen Expertise einen hohen Stellenwert – vor allem für Legitimation professioneller Praxis und die Reflexion des Arbeitswissens (näher 17.4) ein.

Die Bildung managerialer und sozialwirtschaftlicher Theorie innerhalb einer so genannten ‚Sozialarbeitswissenschaft' ist, so der Stand der Diskussion, außerordentlich heterogen, eine klare Systematisierung des Wissens wird nicht gesehen. Die flächendeckende Ausstattung mit Aus- und Weiterbildungsangeboten im bundesdeutschen Raum sowie die implizite Entwicklung eines Kerncurriculums spricht allerdings eine andere Sprache. Es kann davon ausgegangen werden, dass ein wissenschaftliches Sonderwissen als professionelle Expertise in Grundzügen zur Verfügung steht, welches die von A. Abbotts genannten Funktionen erfüllen kann.

Vor diesem Hintergrund muss eine Passung zwischen Curricula und berufsspezifischen Anforderungen, wie sie in einigen Vorarbeiten bereits postuliert wurde (z.B. A. Markert / K.H. Boeßenecker 2008; Wöhrle 2008) kritisch betrachtet werden. Die legitimatorische Funktion scheint vor dem Hintergrund der gesellschaftlichen Statuszuschreibung auf den Beruf des Managements auf der Hand zu liegen. Die Sorge für ein ‚akademisches' Management in sozialen Berufen erscheint als der Versuch, die legitimatorische Wirkung der Anerkennung des (profit-orientierten Top)Managements förmlich auf managerial gesteuerte Soziale Dienste übertragen zu wollen. Nicht anders kann auch die relativ deutliche Dominanz betriebswirtschaftlicher Ausbildungsinhalte gedeutet werden. Die Außenwirkung einer solchen Strategie muss jedoch von der Passung für die Bedarfe der Handlungsform Sozialmanagement deutlich unterschieden werden. Sozialmanageriale Entscheidungen werden nicht mit einem herausragenden Fokus auf eine betriebswirtschaftliche Logik getroffen.

Die Reflexionsfunktion professioneller Expertise kann nun vor dem Hintergrund der Handlungskompetenzen im Management im Blick auch auf spezifische Curricula-Inhalte geschärft werden. Es zeigen sich Elemente, die im konkreten Handeln von hoher Bedeutung sind, jedoch in den Studiengänge nicht oder nur deutlich unterrepräsentiert vorkommen. Beim Vergleich der einschlägigen Master- und Bachelor-Studiengänge kommt man – wie bis hier dargestellt - zu dem wenig erstaunlichen (Zwischen-)Ergebnis, dass ein Schwerpunkt der Studiengänge auf Wirtschaftswissenschaften liegt. Ebenso wenig dürfte erstaunen, dass Politik und Organisationstheorie zum Grundbestand der Managementausbildung gehören. Erstaunlich ist vielmehr, dass einige Bereiche des Führungskräftehandelns in den Modulbeschreibungen kaum abgebildet werden. Die – durch die teilnehmende Beobachtung gespeiste - Annahme, dass Sozialmanagement durch seine Gemeinwohlorientierung und Produkte ganz spezifischen Steuerungslogiken unterliegt, schlägt sich nicht in der Gewichtung von Ausbildungsinhalten nieder. Dies ist an der Vernachlässigung des strategischen Managements, der Dienstleistungstheorie, des Fundraising und Sponsoring und des Personalmanagements deutlich zu erkennen. Diese Liste lässt sich durch die Ergebnisse für Selbstreflexion und Führungstechnik ergänzen. In die Kategorie ,Leadership' fließen zusammenfassend Indikatoren ein, die eher eine Wertorientierung im Management abbilden, wie etwa Ethik, strategisches Management, Fundraising/ Unternehmensgründung usw. Die biografische Analyse hat die Bedeutung der Führungsrolle hervorgehoben. Es ist hier eher unklar, wie dies in den Ausbildungsgängen berücksichtigt wird.

Aus der Analyse der Studiengänge im Sozialmanagement-Bereich lässt sich eine vorläufige These formulieren: Die Bewältigung der zukünftigen Steuerungsherausforderungen sozialer Dienste scheint aus Sicht der Akademisierung in der Ausstattung und Reflexion der (zukünftigen) Führungskräfte mit (betriebs-)wirtschaftlichem Wissen und Können zu liegen. Die Transformation dieses relativ unspezifischen ökonomischen Wissens für die spezifischen Eigenarten und Logiken im Sozialmanagement wird aber anscheinend zurück in die Biografie, Erfahrung oder Sozialisation – also in das ,learning by doing' der ManagerInnen verlegt. Aus dieser Perspektive ergibt die Zusammenschau von Curricula und Kompetenz einen offensichtlichen ,Missfit'.

17.2 Professionalisierung als Verbreiterung und Institutionalisierung personaler Kompetenz und Expertise in arbeitsteiligen Legitimierungsherausforderungen

Die empirischen Ergebnisse lassen nicht den Schluss zu, dass sich das Sozialmanagement in Richtung einer eigenen Berufsgruppe, abgegrenzt von den ,Practitionern' als den Fachkräften der Sozialen Arbeit, entwickelt. Vielmehr müssen Führungskräfte als solche Akteure aufgefasst werden, die ihren Fokus des professionellen Handelns weit mehr auf die Gestaltung der ,professionellen' Organisation neben den Klienten richten. Dies deutet sich im Entscheidungshandeln (hier vor allem Eigenverantwortung und Leitungsteams) und in der Dilemmabewältigung (Wertorientierung und Strategie) an.

Damit weisen die Ergebnisse in eine vollkommen andere Richtung, als sie in der Debatte um Profession und Organisation auch in den eher akteurbezogenen Kompetenzen aufgezeigt wurde. Gerade unter Hinzunahme der funktionalistischen und angloamerikanischen Professionstheorien wird nach wie vor der Gegensatz zwischen Organisation und Profession in der Sozialen Arbeit reproduziert. Maja Heiner (2004: 115ff.). schränkt weiterhin die Möglichkeit einer steuernden Funktion bürokratischer Organisationen ein.

In der Perspektive der vorliegenden Studie wird das Wissen, Können und die Haltung der Sozialen Arbeit entscheidend durch die Aspekte Ökonomie, Politik und Organisation erweitert und komplettiert. Die Akademisierung der professionellen (ökonomischen, politischen und organisationalen) Expertise und Kompetenz ist die Weiterführung der – erfolgreichen – Strategie der Professionalisierung als akademische Ausbildung im Bereich der Sozialen Arbeit. Noch vor etwa über 10 Jahren analysieren Roland Merten und Thomas Olk die institutionellen Rahmenbedingungen moderner Dienstleistungsprofessionen und stellen fest, dass der Bereich beruflichen Handelns in der Sozialen Arbeit durch Pluralisierung und Differenzierung hinsichtlich Ausbildungsstätten, Qualifikationsprofile und des Dienstleistungsangebotes gekennzeichnet ist. Die Konsequenzen dieser Entwicklung sind deutlich höhere Koordinationsanforderungen. „So sehr diese Zahlen aus einer beschäftigungspolitischen Perspektive begrüßt werden, in gleichem Maße wächst damit die interne Koordinationsanforderung, ohne dass einerseits entsprechende Kapazitäten und andererseits geeignete Konzepte hierzu vorlägen" (R. Merten / T. Olk 1999: 599). Die Lösung zum Problem ist für die Autoren die Organisationsentwicklung. Die hier geschilderten professionellen Kompetenzen weisen jedoch weit über die Organisationsentwicklung hinaus in Richtung eines ökonomisch reflektierten, politisch agierenden und anerkennend führenden professionellen Leistungsprofiles.

17.3 Professionalisierung als organisationale Lizenzierung und politische Mandatierung in der lokalen Sozial-Governance

In der ‚klassischen' anglo-amerikanischen Theorietradition ist die Akademisierung der beruflichen Ausbildung als ein wichtiges Element in der Professionalisierung eines Berufes zu verstehen.[29] So kann die Akademisierung als eine Strategie der Erzeugung erhöhter Legitimation in der öffentlichen Wahrnehmung interpretiert werden. Mit der Einrichtung betriebswirtschaftlich ausgerichteter Studiengänge entspricht die ‚Soziale Arbeit' (wenn man dies hier überhaupt als einen ‚Akteur' bezeichnen kann) den erhöhten Legitimationsanforderungen in ökonomisierten Rahmenbedingungen sowie des Bedeutungsgewinnes des Steuerungsmediums ‚Geld' in den politischen Governance-Strukturen lokaler Trägerkonstellationen der Sozialhilfe. In der Professionalisierungsdebatte wird die Rolle der ‚Trägerorganisation' wie schon gesagt ausgeblendet. Genau darauf soll hier aber im Weiteren eingegangen werden – nämlich welche Bedeutung dem professionellen Organisationswissen zukommt (17.3.1), welche Rolle der Organisation bei der Mandatierung (17.3.2) profeooio nellen Handelns zugerechnet werden muss.

17.3.1 Lizenzierung Sozialer Arbeit und Organisationswissen: Die Organisation als unhintergehbarer Gegenstand professionellen Handelns

Die Organisation-Professions-Debatte in der Sozialen Arbeit wurde bislang zu stark durch die Bearbeitung normativer, expertenhaft-rationaler sowie problematischer Aspekte professionellen Handelns geführt. Dies soll kurz ausgeführt werden, bevor die Organisation als unhintergehbarer Gegenstand auch professionellen Handelns dargestellt wird.

---

[29] So. z.B. H. Wilensky (1964), der ein Phasenmodell der Professionalisierung beschrieb, bezüglich dessen A. Abbott (1991) zeigen kann, dass die Phasenreihenfolge variieren kann. Neben der akademischen Ausbildung spielen dabei die Berufswerdung einer Aufgabe eine Rolle, sowie die Existenz von Ausbildungsstätten, die Herausbildung von lokalem und nationalem Berufsverband, die Sicherung einer staatliche Anerkennung erfolgt und die Installierung eines berufsethischen Kodex (vgl. auch A. Abbotts 1991).

Das Verhältnis zwischen sozialarbeiterischer Profession und Organisation wurde lange Zeit auch unter dem Zugang Quasi-Professionen bzw. Semi-Professionen verhandelt (B. Dewe/ H.U. Otto 2001: 1405). Die Unschärfe dieser Hilfskonstruktionen führt jedoch dazu, dass mittlerweile fast jede Profession Quasi- oder Semi-Merkmale aufzuweisen scheint – das Phänomen formale Organisation im Management-Bürokratie-Modell ist auch in den klassischen Professionen erklärungsrelevant. Dem Problem professionellen Handelns in organisationalen Rahmenbedingungen wird allerdings mit den idealtypischen Zugängen der Professionssoziologie ebenso wenig Rechnung getragen, wie innerhalb eines „anti-institutionellen Habitus" (C. Schrapper 2001: 157). Vor dem Hintergrund organisationstheoretischer Forschung und professionstheoretischer Erklärungsansätze wurden zwei normative Gegensätze lange Zeit als gegeben hingenommen. Unter dem Autonomieparadigma wurde das Postulat eines Widerspruchs zwischen einer Managementlogik und der Selbstorganisation Sozialer Arbeit einerseits und der ökonomischen und professionellen Organisations- und Handlungslogik andererseits kaum noch hinterfragt; empirische Studien können diese Vorannahmen nicht bestätigen. Der Blick auf das, was A. Abbott „Arbeitswissen" nennt, eröffnet die Analyse der tatsächlichen Handlungsanforderungen. Die hier vorgelegten Ergebnisse skizzieren ein doppeltes Organisationswissen. Einerseits das Arbeitswissen über die Gestaltung spezifischer organisationaler Arbeitsbedingungen in lokalen / regionalen Kontexten und der sich daraus ergebenden gesellschaftlichen Einbindung. Andererseits wird von disziplinärer Seite insbesondere ökonomisch relevantes Reflexionswissen zur Verfügung gestellt (näher hier 17.4).[30]

Peter Sommerfeld und Dieter Haller (2003) kommen zu dem Ergebnis, dass die Effektivität und Effizienz professioneller Leistungen sogar durch zielgerichtete Organisationsentwicklung des Sozialunternehmens optimiert werden können. Die (Vor-)Annahme zweier gegensätzlicher Handlungs-Rationalitäten (administrativ/ökonomische Führung und professionelle Mitarbeitende) fand sich nicht als „linear-kausale Abläufe" (P. Sommerfeld/ D. Haller 2003: 84) zwischen ökonomischer Steuerung und Führungstätigkeit wieder. Es konnte also keine grundlegende Diskrepanz zwischen Führungspersonen und Professionellen festgestellt werden. Stefan Schnurr fokussierte mit seiner Fallstudie „Jugendamtakteure im Steuerungsdiskurs" (1998: 379) die „Neuen Steuerungsmodelle in den Einschätzungen von Akteuren." Auch er kann bezüglich des innerorganisationalen Steuerungsdiskurses nicht bestätigen, dass die These des Widerspruchs von ökonomischer und professioneller Steuerungslogik eine empirische Bestätigung findet. Stattdessen werden auch hier eben die Aufgaben sozialarbeiterischer Professionalität bedeutsamer, die die Akzeptanz ökonomischer Kriterien voraussetzt. Er nennt diesbezüglich das „Sichern rationaler und ökonomisch effizienter Ressourcennutzung, die Bestimmung und Gewährleistung von Qualitätsstandards in der Aufgabendurchführung, das Übernehmen von Leitung und Verantwortung, die Planung und strategische Durchsetzung von Innovation gegen Widerstände" (ebd.: 379).

---

[30] „Die Aufgabe der Professionstheorie bestünde genau darin, diese Zusammenhänge in den jeweils konkreten Handlungsbezügen transparent und dem Handelnden selbst verfügbar zu machen" (B. Dewe 2005: 262). Dewe regt dazu an, unter beobachtbarem Wissensmanagement und Rationalisierungsbemühungen das praktische Wissen und Handeln in den Mittelpunkt der Beobachtungen zu stellen, welche „zunehmend durch Verfahren des Qualitätsmanagements und der Leistungsmessung gesteuert" (ebd.: 263) werden.

Thomas Klatetzki (1993) zeigt aus der Sicht einer Kulturanalyse, dass sich Professionalität und professionelles Alltagswissen im organisatorischen Rahmen „als organisationskulturelles System" rekonstruieren lässt und analysiert sozialarbeiterisches Handeln zwischen dezentralem (fallbezogene Interaktion) und zentralem (organisationale Struktur) Ort. Für ein expertenhaft-rationales Handeln bedeutet dies dann, jeweils „die grundlegende Frage zu beantworten, welche Strukturen eine Jugendhilfeeinrichtung richtigerweise realisieren sollte. Hier geht es also für das Management um die Entscheidungen, wie und mit welchen Mitteln die Umsetzung pädagogisch als sinnvoll akzeptierter Vorstellungen in organisiertes Handeln erfolgen soll" (T. Klatetzki 1996: 60).

Wenig wird jedoch in den genannten Diskussionen auf die Lizenzierungsbedingungen Sozialer Arbeit Bezug genommen, die eingebettet sind in komplexe Beziehung zwischen öffentlichen Trägern verschiedener Ebenen und freien Trägern mit ihren jeweiligen Dachverbänden. Sehr treffend wird die Lizenzierung professioneller Leistung also nicht mehr nur an die Qualifikation der Personen geknüpft, sondern auch an die nachweisbare Leistungsfähigkeit der jeweiligen Einrichtung. „So erteilt z.B. für Jugendheime das Land die Betriebserlaubnis und tritt als Lizenzgeber auf, der damit auch die Größe, die Standards und somit die Kosten der Einrichtung festlegt, während die Kommune, die von einer anderen Gebietskörperschaft verursachten Kosten zu tragen hat." (H. Schneider / B. Halfar 1999: 67) Ebenso ist die Durchführung von Einzelmaßnahmen, auch außerhalb institutionalisierter Einrichtungen, ein projekthaftes Lizenzierungsgeschehen. „Bei Zuwendungen im Rahmen der Projektfinanzierung werden einzelne Vorhaben, die sich fachlich, zeitlich und kostenmäßig abgrenzen lassen, gefördert. Im Bereich der Zuwendungen stellt die Projektförderung den Regelfall dar, da hier die öffentliche Hand zum einen inhaltlich im Sinne einer sozialpolitischen Prioritätensetzung stärker Einfluss nehmen kann und zum zweiten für den Zuwendungsgeber nach Ablauf der Förderung keine Risiken bestehen. Die öffentliche Hand kann sich hier im Einzelfall für ein Projekt entscheiden, dessen Arbeitsorganisation und Mitteleinsatz vom Zuwendungsgeber relativ eng gesteuert werden können." (ebd.: 49)

Diese beiden Beispiele zeigen, dass die Lizenzierung professioneller Leistung in der sozialen Dienstleistungserbringung auch jenseits der personellen Qualifikation und Expertise eine Frage und ein Problem der Organisiertheit darstellt, welches jeweils vom Sozialmanagement behandelt wird. Allerdings stellt sich verschärft die Frage nach der Organisationsform bzw. der konkreten formalen Organisation, die Akteur und Adressat der Lizenzierungsprozesse darstellt. Jenseits des Korporatismus greifen ‚neue' Kriterien, die für die Lizenzierbarkeit der jeweiligen Organisation in Anschlag gebracht werden. Die anteilige Finanzierung von Leitungspositionen im System der Leistungsvergütung (gegenüber der Zuwendungsfinanzierung), die Anforderungen an adäquates Qualitätsmanagement, die erhöhten Koordinationsanforderungen in (standardisierten) Leistungserbringungsverfahren, die Weitergabe wirtschaftlicher Risiken (mit der Möglichkeit von Insolvenzen) an Organisationseinheiten bis zur Spezialisierung der Leistungsspektren stärken die Bedeutung der Führungspositionen (nicht die Führungspersonen) im Lizenzierungsgeschehen zwischen Anerkennung und Marktbehauptung einer Leistungsorganisation.

17.3.2 Mandatierung und lokale Governance

Das Mandat der Profession Sozialer Arbeit erscheint als ebenso zentral an die professionelle Organisation gebunden. Und in der Verhältnisbestimmung zwischen Profession und Organisation erscheint das Managementhandeln Professioneller immer mehr als ein Handeln, bei dem sich die Professionellen der Organisation in Belangen der politischen Interessensvertretung bedienen. Denn die Privatisierung und Deregulierung in den lokalen Verhältnissen der Governance-Strukturen führt nicht nur zur Etablierung von Auftraggeber-Auftragnehmer-Konstellationen und damit zur Verlagerung von Machtverhältnissen. Diese Machtverhältnisse verschieben sich dadurch augenscheinlich zuerst in Richtung der öffentlichen Träger, vor allem durch die Konzentration der materiellen Ressourcen. Gleichzeitig verlagert sich jedoch die Konzentration der fachlichen Aufgabengebiete in Richtung der Auftragnehmer, bei ihnen bilden sich neue Machtpotentiale, die auf der Ressource Professionalität aufruhen. Die politischen Einflußmöglichkeiten im Preis-Qualitäts-Wettbewerb der freien Träger als Auftragnehmer werden dadurch auf der lokalen Ebene gestärkt und damit auch die Beweglichkeit in den Diskussionen um die Definition sozialer Dienste und Probleme. Die Diskussion um die Mandatierung bedeutet hier nichts anderes als die Versuche, in politischen Prozessen (mit) zu definieren, welche professionelle Leistung erbracht werden soll. „Die „optimale" Menge und Qualität sozialer Dienstleistungen wird in aller Regel nicht über Mechanismen der Nachfrage und des Angebots zu einem entsprechenden Marktpreis gebildet, sondern durch staatliche Regelungen und Bedarfsplanungen. Jugendhilfeplanung, Altenhilfeplanung, Pflegebedarfsplanung oder Psychiatrieplanung sollen den „optimalen" Bedarf und die „optimale" Angebotsstruktur sozialer Dienste ermitteln und sicherstellen. Dieses besondere planerische Interesse an der Feinregulierung der sozialen Dienstleistungsstruktur resultiert daraus, dass sozialen Diensten ein meritorischer Gutcharakter zugestanden wird und das politische Steuerungssystem auch eigene Legitimation aus der Bedarfsplanung bezieht." (B. Halfar 1999a: 29f.)

Die Organisation Sozialer Arbeit stellt im ‚Ringen' um Lizenzierung und Mandatierung die Möglichkeit dar, Ressourcen zu konzentrieren und in lokalen Kontexten den professionellen Einfluss zu erhöhen. Was im Idealtypus der Profession die Aufgabe der Standesorganisationen war, wird durch den Einfluss professioneller Organisationen in lokalen Kontexten (teilweise) ersetzt. Das Professionelle Sozialmanagement legitimiert professionelle Leistung durch die Gestaltung von Organisation, weil es weiß, „welche Machteffekte die Anwendung dieser Organisation produziert" (M. Bruch / K. Türk 2005: 97); und auch welche Bedeutung die Gestaltungsmöglichkeiten von Organisation als Regierungsdispositv hat. Durch das professionelle Management werden vor allem ökonomische und allokative Ressourcen – im Zusammenspiel mit Problemdeutungspotentialen - durch die Organisation gebündelt und ‚professionspolitisch' in Dienst genommen. Vorbereitend zur These der Governance im Sozialen Management zählt also die Gestaltung der professionellen Organisation als ein erstes Element der Dienstleistungsstruktur – als Strukturmoment der Herrschaft (Machtausübung durch autoritative und ökonomische Ressourcen) und der Legitimation (normative Sanktionsmöglichkeit durch Asymmetrien von Herrschaft vgl. A. Giddens 1997: 83)

17.4 Die Entwicklung institutionalisierter professioneller Expertise zu
  Legitimationszwecken

Die Genese der Managementkompetenz verweist zurück auf die professionelle Praxis und die Einsozialisierung in professionelle Rollen. Die akademischen Qualifizierungsmöglichkeiten können nur abstraktes Reflexionswissen vermitteln. Das praktische Wissen ist jedoch auf die lokalen und überaus heterogenen Bedingungen der jeweiligen Policy-Verhältnisse verwiesen. Die Transformation eines relativ unspezifischen ökonomischen Wissens für die Heterogenität lokaler Anforderungen wird anscheinend zurück in die Biografie, Erfahrung oder Sozialisation – also in das ‚learning by doing' der ManagerInnen verlegt. Aus dieser Perspektive bleibt es bei einem Missfit von Studium und Praxis, der jedoch aus der Debatte um Theorie und Praxis bekannt sein dürfte.

Der offensichtliche ‚Missfit' zwischen wissenschaftlicher ‚Expertise' und praxis- bzw. erfahrungsbezogenem ‚Arbeitswissen' lässt sich mit A. Abbott aber als typisch professionell deuten. Die systematisierte, gegebenenfalls auch exklusiv verwaltete und mittels Ausbildung zugangsbeschränkte ‚professional expertise' ist funktional zu der Praxis der Professionellen zu verstehen (vgl. A. Abbott 1988: 54ff.). Der neoinstitutionalen These der ‚institutionalisierten Organisation' folgend, muss bezüglich der professionellen Expertise auch eine Form der Institutionalisierung unterstellt werden. Professionelle Expertise im analysierten Fall der sozialen Dienstleistungen ist also nicht (mehr) ausschließlich als exklusives Sonderwissen zu deuten, sondern verhält sich legitimierend zu gesellschaftlichen Erwartungen. Dies soll jetzt zuerst an Bestandteilen der professionellen Expertise gezeigt werden und dann kurz in drei Beispielen ausgeführt werden.

Erstens dient ja die Expertise grundsätzliche der Legitimation professionellen Handelns, denn dadurch werden ihre Grundlagen geklärt und sie schafft die Verbundenheit mit wesentlichen gesellschaftlichen Werten. Dieser Legitimationsaspekt ist nicht zu unterschätzen; aus neoinstitutionaler Perspektive geht es aber nicht nur funktional um gesellschaftlich bedeutsame und erhaltenswerte Werte und Güter, sondern auch um Werte im Verständnis von Erwartungen. Insbesondere die wirtschaftswissenschaftliche Ausrichtung der Akademisierung in Konjunkturphase der Studiengänge will Legitimation dadurch schaffen, dass systematisiertes Wissen über die Verwendung von Mitteln in ökonomisierten Zusammenhängen demonstriert wird. Ob dieses Spezialwissen in akademischer Form ein funktional notwendiger Bestandteil der managerialen Handlungskompetenz ist, muss bezweifelt werden. Vielmehr geht es um die Entsprechung der Umwelterwartungen, effizient und effektiv zu handeln, und dies auch darstellen und kommunizieren. Akademisches Wirtschaftswissen ist also ein Bestandteil der „Kompetenzdarstellungskompetenz" (Pfadenhauer 2003). Zweitens werden im System des wissenschaftlichen Sonderwissens (neue) Diagnosen, Behandlungs- und Interventionsmöglichkeiten, Methoden, Verfahren usw. entwickelt. Insbesondere die jüngeren Veröffentlichungen im politisch-ökonomischen Bereich deuten darauf hin, dass hier die professionelle Expertise durch wissenschaftliches Wissen gestärkt wird. (vgl. hier z.B. neue Veröffentlichungen im Bereich der kommunalen Sozialpolitik oder wirtschaftswissenschaftliche Arbeiten wie H.J. Dahme et.al 2009; V. Brinkmann 2010; A. Friedrich 2010; S. Grohs 2007; A. Langer / S. Stövesand 2009; S. Vaudt / C. Rasche 2010 und andere.) Drittens soll das wissenschaftliche Wissen der Reflexion und dem „reshaping of practical knowledge" (A. Abbott 1988: 55) dienen. Im Blick auf das augenblickliche Profil

der Sozialmanagement-Qualifikationen als ‚ökonomisch-politisches Studium Generale'
müssen hier Zweifel angemeldet werden. Die Entwicklung der jüngeren Studiengänge zur
bereichsspezifischen Konzentration lässt einen steigenden Reflexionsanteil vermuten. Viertens dient professionelle Expertise entscheidend der Delegation von individueller Verantwortungszuschreibung auf die Verantwortung der professionellen Selbstorganisation. In der
vorliegenden Studie wird die professionelle Selbstorganisation durch die formale Dienstleistungsorganisation übernommen und gesteigerte Verantwortungserwartungen entsprochen (z.B. in dem die Führungskräfte für bestimmte fachliche Entscheidungen zuständig
sind) Fünftens werden durch das wissenschaftliche Wissen nicht zuletzt auch Zuständigkeitsregelungen vorgenommen, vor allem in der Abgrenzung gegenüber anderen Professionen. Die wäre z.B. in der organisationalen und sozialmarktlichen Schließungsmechanismen
zu erkennen. Dennoch sind beiden Funktionen noch sehr unklar zu erkennen. Ob die wissenschaftliche Expertise die Deutungs- und Definitionsmacht der Profession stärkt bleibt
eine offene Frage. Dass auf Dauer die Positionen der Führungskräfte im mittleren Management sozialer Dienste nicht ohne eine (Zusatz-)Qualifikation bekleidet werden können,
ist offensichtlich. In der Praxis deutet sich an, dass vermehrt die Positionen auch nicht mehr
ohne fundiertes Fachwissen der je spezifischen Dienstleistungslogiken wahrgenommen
werden können. Das akademisch-ökonomische Wissen lässt sich jenseits das oben angenommenen Missfit jedoch auch als die Ausstattung von Akteuren mit kommunikativer
Kompetenz deuten. Denn nach A. Giddens beinhaltet Struktur nicht nur Ressourcen, sondern eben auch Transformationsregeln sozialer Systeme. Wie schon gezeigt definieren
diese Regeln einerseits soziale Verhaltensweisen als ‚erlaubte' Handlungen (Legitimation)
und Regeln der Sinnkonstitution, die bestimmten Sachverhalten eine Bedeutung zuweisen
(Signifikation). Zu beachten ist hier die enge Koppelung der Signifikanz an Legitimation
und Herrschaft: Akademisierung und Systematisierung ökonomischen Wissens trägt zur
‚accountability', also zur Herstellung von Verantwortlichkeit bei. „Für die eigene Handlungen ‚verantwortlich' zu sein, heißt sowohl die Gründe für sie zu explizieren, als auch die
normativen Fundamente zu liefern, durch die sie ‚gerechtfertigt' werden können. (A.
Giddens 1997: 82f.) Für organisationsanalytische Zwecke sind unter Strukturen der
Signifikation Sets von Regeln zu verstehen, die Interpretationsmuster zur Verfügung stellen, wie etwa Wahrnehmungsmuster, Elemente der Organisationskultur und des dazu gehö-
rigen Vokabulars, Vision und Leitbilder. Die Auffassung von sinnkonstituierenden Elementen als Struktur von Handlungen beinhaltet also, das auch durch die genannten Regelele-
mente Handeln begrenzen und gleichzeitig ermöglichen können.

Der Legitimationsaspekt professioneller Expertise wandelt sich in Richtung der Entsprechung gesellschaftlicher Erwartungen, dies soll an drei kurzen Beispielen illustriert
werden. In der Behindertenpolitik ist durch die UN-Behindertenrechtkonvention und durch
die Etablierung der ‚disability-studies' der Einfluss der Behindertenbewegung so weit institutionalisiert, dass diese Standards und Anforderungen bereits in das professionelle Selbstverständnis übernommen werden aber auch maßgeblich die nationale Gesetzgebung beeinflussen (vgl. A. Langer 2012a, 2012c). Im Bereich der Sozialpsychatrie gewinnt die Betrof-
fenenbeteiligung eine immer größere Bedeutung, wie etwa das trialogische Prinzip, Peer-
Beratung oder die ‚Ex-In'-Initiativen (vgl. T. Bock 2012). In der Jugendhilfe deutet sich

eine Wende zu sozialräumlicher und überprofessioneller Kooperation an, die einer politisch verordneten Rück-Verstaatlichung gleicht. (vgl. Langer 2012b)

Professionelles Management ist einerseits gezwungen organisationsrelevante Semantiken zu benutzen bzw. die Kommunikationsstruktur der Organisation adäquat zu institutionalisieren. Andererseits eröffnen sich durch den Einsatz ökonomischen Wissens auch bezüglich der Legitimation durch ‚Sinn' Handlungsspielräume, die insbesondere vom Management genutzt werden. Die professionelle Expertise wird aber – wie gezeigt – auch in Bezug auf andere institutionelle Erwartungen integrierend gestaltet.

17.5 Soziale Schließung durch professionelles Sozialmanagement

In Kapitel 21.2 wurde als Metatheorie eine ‚Heuristik' der Professionsforschung aufgefaltet – unter anderem auch auf die dreifach soziale Schließung durch Professionen: Die erste im Sinne des Professionsideals, die zweite im Sinne der professionellen Organisation und die dritte im Sinne der professionelle Beherrschung überorganisationaler Zusammenhänge. Im Folgenden soll die zweite Art der sozialen Schließung zusammengefasst werden; die Rolle der managerialen Gestaltung von Organisation. Mit Giddens wird im Folgenden argumentiert, dass Organisation als Strukturelement der Regel- und Ressourcenkomplex einerseits sozialer Zwang aber andererseits auch Handlungsvermögen und Handlungsmittel darstellt. Durch Organisiertheit eröffnet sich den professionellen Akteuren eine alternative Art sozialer Schließung – also Generierung und Sicherung der Deutungshoheit – als im idealtypischen Professionsideal angelegt. Auf die dritte Art der Sicherung von Kontrolle und Deutungshoheit wird im Kapitel 18 eingegangen.

In der internationalen Diskussion zeichnet sich eine Konjunktur des offenen Professionsverständnisses ab, Julia Evetts hat dies unter der Diskursanalyse vorangetrieben. In diesem zusammenfassenden Abschnitt soll jedoch auf die Professionalisierungsaspekte vor dem Hintergrund des klassischen Professionsideals eingegangen werden. Im Kern geht es nach A. Abbott in dieser Perspektive darum, wie Professionen versuchen, die Deutungshoheit über Problembearbeitungsbereiche zu erlangen, zu sichern und auszudehnen. Wesentliche Elemente waren dabei immer die Kontrolle des Arbeitsmarktes, die Abgrenzung von Problemdefinition und Aufgabenteilung sowie die Sicherung bzw. Entwicklung professioneller Standards. Das ‚System of Professions' sichert dabei vor allem die „Inference" (A. Abbott 1988: 48ff.) ab, den risikobehafteten Schritt zwischen Diagnose und Maßnahme. Die „professional inference (…) has qualities that make a profession's work more or less accessible to competitors." (ebd.: 48) Die Mechanismen dieser Absicherung wurden in der Heuristik hervorgehoben und werden hier zusammenfassend als Professionalisierungstendenzen in modernen Gesellschaften interpretiert. Dabei geht es nicht darum, die Entsprechung mit dem Professionsideal herauszuarbeiten, sondern die Kontroll- und Schließungsmechanismen neu zu erkennen.

- Durch das professionelle Management ist eine *soziale Verfestigung von Berufsrollen* und Herausbildung einer beruflichen Identität zu erkennen. Professionelles Management ist zuständig und bildet eine Haltung der Gestaltung professioneller Organisationen, ohne jedoch in der Unternehmensidentität aufzugehen. Managementidentität ist mehr als organisatorische Zuordnung und beruflicher Binnendifferenzierung (keine Manageridentität). Professionelle Manager verstehen sich als Professionelle mit anders gelagerten Aufgabenstellungen und Kompetenzen als die ‚Practitioner'.

- Professionelles Management spielt eine vermittelnde Rolle bei der Generierung professioneller Expertise und es liegt eine *Systematisierung von Wissensgebieten* und Entwicklung einer (akademisch begründeten) professionellen Expertise vor – auf die insbesondere von professionellem Management zurückgegriffen wird. Es lässt sich eine Akademisierung der beruflichen Qualifikation und Systematisierung eines spezifischen Berufswissens in seiner Funktion als professioneller Expertise beobachten, die professionelle Expertise wird durch die Bereiche Organisationswissen, betriebswirtschaftliche Expertise und Policy-Governance erweitert. Es ist eine spezifische Aufgabe der Managerinnen professionelle Expertise zu generieren und zu sichern, als Bündelung der Praxisforschung und Institutionalisierung von Methoden, Standards usw. durch ‚bottom-up' Prozesse. Es ist die Herausbildung der Handlungskompetenzen vor dem Hintergrund spezifischen Arbeitswissens zu konstatieren.
- Die *Länge, Komplexität und Regelung der Ausbildung* und Einsozialisierung in das berufliche Handeln in den Managerpositionen zeichnet sich als die Verschränkung von professionellen Karrieren und spezifischen, berufsbegleitenden Weiterbildungen und Qualifikationen ab. Von einer Standardisierung kann hier aber in keiner Weise gesprochen werden.
- Die *Lizensierung (Legitimierung) der Berufsausübung und Kontrolle des Arbeitsmarktes* zumeist über Exklusivität der Zuständigkeit und soziale Schließung findet nicht einem sozialstaatlich-übergreifenden Sinne statt. Es ist nicht davon auszugehen, dass bundesweit vergleichbare Standards der Leistungsversorgung durch das Management vorangetrieben werden. Stattdessen beeinflusst und gestaltet das professionelle Management Standardisierungs- und Schließungsprozesse lokaler und regionaler Dienstleistungsstrukturen. Aspekte der Arbeitsmarkt- und Leistungskontrolle sind dabei das (lokale) Sozialmarkthandeln als trägerübergreifende Governance, die Lizensierung über die Entwicklung der Trägerorganisation und der verstärkte (kommunal- und regional)politische Kampf um den Stellenwert professioneller Expertise (z.B. als Methoden und professionelle Leistungen oder die Ausübung und Anwendung von sozialarbeiterischer Expertise). Das professionelle Management ist zuständig für den Kompetenzbereich spezifischer Policy-Bereiche.
- Damit ist verbunden das Geflecht von *Sonderwissen, beruflichem Status und der exklusiven Deutungs- bzw. Definitionsmacht* eines bestimmten Arbeitsgebietes, welches durch die Schließungsmechanismen erreicht wird. Dabei nimmt das professionelle Management die professionelle Organisation für ihre Zwecke in ‚Dienst'.
- Professionelles Management institutionalisiert eine *kollektive (überorganisationale) Organisiertheit des Handelns* als Absicherung und Unterordnung des individuellen Handelns unter institutionalisierte Standards, Regeln, Verfahren. Die Managerinnen verantworten Entscheidungshandeln als eingebettet in organisationale und überorganisationale Standards, als deren Entwicklung und der Generierung multidisziplinärer Deutungs- und Entscheidungskontexte.
- Die Kontrolle des *beruflichen Handelns über eine professionelle Ethik* erscheint in der Perspektive des professionellen Managements als eine Verschränkung professionellen

Deutens mit Prozessen der Organisationsentwicklung und Unternehmensethik. Das Management setzt hier Instrumente der Personalsteuerung, Vertrauensmanagement, Deutungs- und Wertegemeinschaften ein, um Dilemmasituation zu bearbeiten und über konsensorientierte Entscheidungsverfahren (teil)autonomes professionelles Handeln zu steuern, zu sichern und zu integrieren.

Fraglos sind diese Elemente der Professionalisierung nicht zu vergleichen mit dem der klassischen Professionen zu Beginn der professionstheoretischen Analysen. Auch muss diese Professionalisierung als instabil und stark durch politisch/administrative Vorgaben beeinflusst angesehen werden. Management bedeutet dennoch die Generierung, die Absicherung und die Differenzierung der professionellen Deutungsmacht in (lokalen / regionalen) Dienstleistungsstrukturen. Im Vergleich zum klassischen Professionsideal lassen sich deutliche Unterschiede erkennen. Die Absicherung exklusiver Deutungshoheiten kann jedoch als eine Weiterentwicklung von Strukturen und Funktionen interpretiert werden, die bereits im klassischen Professionsideal angelegt sind. Im Bezug auf Professionalisierung oder Deprofessionalisierung nimmt die Organisation eine paradoxe Rolle ein. Einerseits wird die Organisation durch das Management in Dienst genommen, förmlich funktionalisiert um die Professionalisierung der sozialen Dienstleistung weiterzutreiben. Die Organisation(skonstellationen) lassen sich als Instrument der sozialen Schließung deuten. Andererseits wird die professionelle Autonomie und die Deutungshoheit auf der Ebene der Fachkräfte durch die Organisation und durch das Management eingeschränkt.

Zentral für die Managementkompetenz sozialer Dienstleistungen ist dabei das Legitimationshandeln bezüglich gesellschaftlicher Erwartungen. Das professionelle Management übernimmt die zentrale Rolle bei dem Prozess die ‚Organisation' zu institutionalisieren, d.h. an den sich verändernden gesellschaftlichen Erwartungen und den Anforderungen kommunaler/regionaler Dienstleistungsstrukturen auszurichten.

18   Die Professionalisierung sozialer Dienstleistungsstrukturen

In Kapitel 17 wurde die Entwicklung des Sozialmanagement aus der Perspektive der Professionstheorie diskutiert. Sozialmanagement ergänzt die Professionalität im Bereich sozialer Dienstleistungen um die Aspekte der ökonomischen und organisationalen Kompetenz. Die Interpretation dieser Form der Professionalisierung aus der Perspektive der ‚klassischen', ‚traditionalen' Professionsforschung bringt eine deutlich alternative Struktur zutage, die zwar ähnliche Mechanismen, wie z.B. der sozialen Schließung aufweist, sich aber in Ausmaß und Funktionsweise deutlich unterscheidet. Die Ergebnisse sollen im Folgenden in einem neo-institutionellen Zusammenhang interpretiert und weiterentwickelt werden. Dazu wird zuerst der theoretische Kontext wiederholend aufgefaltet (18.1) mit dem moderne Dienstleistungsstrukturen und deren Strukturelementen aufgeschlossen und interpretiert werden. Das ‚Mehr' der Profession über die Organisation hinaus zeigt sich durch die Identität und Expertise der Sozialmanagementakteure (18.2) durch die Herausbildung eines spezifischen Organisationsfeldes im Bereich der sozialen Dienstleistungen durch spezifische Kooperationsformen (18.3). Abschließend kann mit Giddens von einer Professionalisierung der Gesellschaft gesprochen werden (18.6).

*18.1 Manageriale Governance als Koordinationshandeln in professionellen
Expertensystemen moderner Gesellschaften*

Deuten sich nun in sozialmanagerialer Kompetenz und Expertise neue (Organisations-) Formen der Profession(alität) in der modernen Gesellschaft an? Oder, anders gefragt, bildet sich an der Erscheinungsform ‚professionelles Sozialmanagement' eine veränderte professionelle Organisationsform ab – jenseits von (Semi-)Profession, Bürokratie oder marktförmiger Organisation? Das folgende Kapitel konkretisiert die These, dass sich am Status Quo des Sozialmanagement die Erosion korporatistischer Regulierung abzeichnet (vgl. R. Heinze 2009: 84), dass also eine Entgrenzung des traditionellen Wohlfahrtskorporatismus festzustellen ist. Neuere Entwicklungen in der Jugendhilfe zeigen, dass versucht wird diesen Trend in Richtung hoheitlich-hierarchischer Steuerung umzulenken (A. Langer 2012b).

Dabei den Focus auf professionelles Managen zu legen bedeutet, die Gestaltung einer Struktur sozialer Dienstleistungen und deren Elemente ins Auge zu fassen; also einer sozialen Dienstleistungsstruktur mit ihren wesentlichen Strukturelementen:

• die spezifische professionelle Expertise und Identität
• die institutionalisierte Dienstleistungsorganisation,
• die Kooperation, Vernetzung und Prozessorganisation diverser Organisationen und Träger,
• die Governance (lokaler) Sozialmärkte
• die Kontextsteuerung und Politisierung der fachlich-ökonomischen Bedingungen

Eine soziale Dienstleistungsstruktur ist als Teil eines professionellen Expertensystemes zu verstehen (vgl. 18.6). Professionelles Sozialmanagement referiert somit nicht (ausschließlich) auf eine bestimmte Berufsgruppe oder (Träger-)Organisation sondern handelt bezogen auf ein ‚Mehr' im Sinne der Governance: Es ist Bestandteil der Gestaltung, Sicherung und Entwicklung eines professionellen Expertensystems in der modernen Gesellschaft. Dabei darf jedoch nicht vergessen werden, dass die Machtverhältnisse in diesem Kooperationsgeschehen nach wie vor ungleich verteilt sind, wenn es sich etwa um Nachfragemonopole handelt und Ressourcen beim öffentlichen Träger konzentriert bleiben. Dies erschließt sich insbesondere durch die Giddens'sche Strukturationstheorie und durch ein neoinstitutionelles Politikverständnis. Scott folgend systematisiert S. Güntner die Policy-Analyse als Regelungsstruktur und Leistungsstruktur. Die Regelungsstruktur meint eine Folie zum Verständnis und der Analyse von politischen Entscheidungsprozessen. Mit der Leistungsstruktur „geht es um die Konkretisierung und Ausgestaltung der Programme durch die Akteure vor Ort". (ebd. 2007, 37) S. Güntner empfiehlt hier W. Scott (2001) folgend, regulative, sowie normative und kognitive Orientierungen als Policy-Institution zu verstehen. Scott versteht dies als drei „institutionelle Säulen". Als regulative Elemente sind im politikwissenschaftlichen Sinne „Handlungsbegrenzende und –regulierende Aspekte (Regelsetzung, Beobachtung, Kontrolle, Verhaltenssanktionierung" (S. Güntner 2007, 27f.) zu verstehen. Diese Aspekte thematisieren also Instrumente der Politik, wie z.B. die ausgestalteten Fachpolitiken für Hilfebereiche, aber auch die jeweilige Gesetzgebung und regionale bzw. lokale Interpretation per Ausführung und Verordnung. Ebenso ist die Organisations- und Trägerstruktur sowie integrierte Handlungskonzepte zu den regulativen Elementen zu zählen. Die orientierenden Elemente auf der normativen Ebene „beziehen sich auf Werte, Standards und Normen (Leitbildfunktion)" (ebd.). Dies sind also die hinter (Handlungs-)

Konzepten liegenden Leitbilder und Programmatiken (als ‚policy talk'), wie etwa die Sozialraumsemantik, die BRK, so sie noch nicht in nationales Recht implementiert ist oder der Teilhabegedanke. Auf der kognitiven Ebene geht es um orientierende Muster der Problemdeutung. Damit ist die „Wahrnehmung der Wirklichkeit und deren sinnhafte Erschließung angesprochen (Problemdeutung)" (ebd.) Nach W. Scott vermitteln sich die jeweiligen Säulen über spezifische Träger, wie etwa Gesetz, Verordnung bis hin zu Organisationsstruktur als regulative Elemente einer Institution, Werte, die zu Rollenbestimmungen und –zuschreibungen führen als normative Elemente und „akzeptierte, als selbstverständlich angesehene Kategorisierungen der wahrgenommenen „Wirklichkeit" (...) die spezifische Identitäten ausbilden" als das kognitive Element. Die folgende Tabelle zeigt diese Strukturelemente zusammenfassend mit Konkretionen einer sozialen Dienstleistungsstruktur.

Tabelle 11: Policy-Institutionen sozialer Dienstleistungsstruktur

	Regulativ (Instrumente)	Normativ (Leitbild)	Kognitiv (Problemdeutung)
Institutionelle Säulen	Regelsetzung, Beobachtung, Kontrolle, Verhaltenssanktionierung"	Werte, Standards und Normen	Wahrnehmung der Wirklichkeit und deren sinnhafte Erschließung
Träger: Symbol- und Beziehungssysteme, Artefakte	Gesetz, Regelbefolgung, standardisierte Routinen, Organisation	(Unternehmens-)Kultur, Werte Rollenzuschreibungen	akzeptierte, als selbstverständlich angesehene Kategorisierungen, Identität
Strukturelemente soziale Dienstleistung	fachpolitische Gesetze, Verordnungen, Trägerstruktur, institutionalisierte Organisation	Teilhabegedanke, Inklusion, Sozialraumsemantik, Behindertenrechtkonvention	Übergreifende professionelle Expertise, sozialarbeiterisches Selbstverständnis, Haltung

Quelle: eigene nach S. Güntner 2007, 38

Ich referiere hier bewusst auf eine politikwissenschaftliche Interpretation neoinstitutionaler Organisationsforschung, um das identifizierte manageriale Handeln als politisch-ökonomisches zu analysieren. Denn ‚professionell managen' bedeutet unterschiedliche Berufe, Organisationen und Organisationsformen in einer lokalen Dienstleistungsstruktur zu integrieren. Der Begriff ‚Dienstleistungsstruktur' wird neben den gezeigten neoinstitutionellen Bezügen im Folgenden auch vor dem Hintergrund der Gidden'schen Strukturierungstheorie verstanden: Die wesentlichen Aspekte einer sozialen Dienstleistungsstruktur sind demnach „Regeln und Ressourcen, die rekursiv in Institutionen eingelagert sind. Insti-

tutionen sind definitionsgemäß die dauerhaften Merkmale des gesellschaftlichen Lebens."
(A. Giddens 1997: 76) Soziale Dienstleistungsstrukturen zu untersuchen bedeutet also, den
Handlungskontext der Sozialmanagementakteure zu beschreiben, die sich in ihren „bewusst
vollzogenen Handlungen (...) jeweils auf Regeln und Ressourcen beziehen" (ebd.: 77).

Mit dieser These wird der Bedeutung der Form ‚Organisation' in der modernen und
postmodernen Gesellschaften (vgl. auch den Begriff der ‚Organisationsgesellschaft' W.
Jäger / U. Schimank 2005) Rechnung getragen. Die bisherige Diskussionslinie hat dabei
‚Organisation' eher im weitesten Sinne als ‚Betrieb' in den Fokus genommen. Dabei wurden einerseits die Diskussionen um „Profession und Organisation" (T. Klatetzki / V. Tacke
2005) berücksichtigt, wie auch zweitens die „sozialen Dienstleistungsorganisationen" (T.
Klatetzki 2010). Mit den Policy-Institutionen und Giddens wird diese Sicht auf Organisation in Richtung neoinstitutionalistischer Ansätze erweitert (vgl. P. Walgenbach 2005). Denn
die drei bislang diskutierten Perspektiven – Organisation, Profession und soziale Dienstleistung nehmen jedoch nicht (mehr) in den Blick, was die Professionsforschung seit langem
fokussiert, nämlich Profession als organisationsübergreifendes „organisationales Dach",
unter welchem sich die Professionsmitglieder, so M. Pfadenhauer (2003), zur Verfolgung
ihrer Interessen versammeln.

Sozialmanagementakteure wurden unter dem Focus ‚Professionsmitglieder' erforscht,
ihr ‚organisationalen Dach' muss in zwei Richtungen gedacht werden. Einerseits ist nach
dem Verbindenden der Professionsmitglieder zu fragen, welches ich durch den Bezug auf
ein ‚professionelles Expertensystem' plausibilisiere. Andererseits ist besonders aus dem
Fokus des Sozialmanagements nach dem ‚Organisationsfeld' zu fragen: Nach der Gesamtheit der Einrichtungen als öffentlicher und privater Institutionen, wie Behörden, Berufsverbände, Betroffenen- und Freiwilligenselbstorganisationen bis hin zu Massenmedien und
profitorientierten Beratungsunternehmen, die den anerkannten Bereich des „anerkannten
institutionellen Lebens" ausmachen, „in dem die Aktivitäten von anderen sozialen Entitäten
ununterbrochen normiert und kontrolliert werden" (Bonazzi 2008 nach T. Drepper
2010:137). Der Differenzierungsthese A. Giddens folgend, stellt ein ‚professionelles Expertensystem' als organisationales Dach einen Teil der institutionellen Umwelt der sozialen
Dienstleistungsunternehmen dar, die Elemente der sozialen Dienstleistungsstruktur sind
diejenigen Strukturelemente auf die sich manageriale Akteure handelnd beziehen und die
sie handelnd reproduzierend gestalten.

18.2 Professionelle Identität und professionelle Expertise als kognitives Strukturelement
Ein Element der sozialen Dienstleistungsstruktur ist die Sinnkonstitution, durch die bestimmten Sachverhalten eine Bedeutung zugeschrieben werden kann. Die hohe Bedeutung
von Fachlichkeit deutet darauf hin, dass Signifikanzstrukturen für die Interaktionskontexte
im Sozialmanagement eine hohe Bedeutung haben. Diese Signifikanzstrukturen – oder
auch kognitiven Strukturelemente - erhalten ihren konkreten Ausdruck im Bezug auf professionelle Expertise in mehreren Teilkompetenzen (dies wurde besonders in den Kapiteln
5; 6; 7 und 10 gezeigt, also beim Ressourceneinsatz, der Programmkompetenz, der fachpolitischen Planung und der Steuerung und Kontrolle) und in der Herstellung professioneller
Identität (hier die jeweiligen Haltungsaspekte, insbesondere die Kapitel 12 und 13). Die
Identität des mittleren Sozialmanagements lässt sich vor dem Hintergrund der empirischen

Daten am treffendsten als ein Identitätsaspekt orientiert an professioneller Expertise rekonstruieren und interpretieren (vgl. Kap. 13). Dies ist für die Gesamtschau auf neue Formen von professioneller Organisation bedeutsam, weil sich das ‚Auflösen' der Identitätsfrage in verschiedene Richtungen – dem Management, den Berufsgruppen als Qualifikationsniveaus, der Einrichtungen und Träger mit ihren unterschiedlichen Unternehmenskulturen und Leitbildern- nicht plausibel machen lässt. Die ‚moralische Landkarte' (Taylor) ist durch eine Grundüberzeugung und einen Grundkonsens über fachlich-professionelle Orientierungen und Deutungen als feste, historisch und sozial verwurzelte Wertehorizonte (H. Rosa 1998: 28) konstituiert. Handlungen im Sozialmanagement werden also durch Bezug auf eine Expertise Bedeutung gegeben und die Sinnkonstitution ist ein entscheidender Bestandteil der Identität. Die Individuen gewinnen und sichern ihre Identität dadurch, dass sie in eine Gemeinschaft professioneller Expertise hineinsozialisiert werden, „welche die zur Selbstdeutung notwendigen Kategorien bereitstellt und in einer >moralischen Topografie<, in einem vorgängigen Bedeutungshorizont verankert. Die moralisch-kognitive Landkarte dieser Gemeinschaft, Kultur oder Lebensform enthält dabei Definitionen des Wichtigen und Unwichtigen, Guten und Schlechten, Edlen und Gemeinen, aber auch dessen, worin ein gutes Leben besteht, was die Natur des einzelnen und der Gesellschaft ist, was eine gerechte Ordnung darstellt, was verlässliches Wissen garantiert usw." (H. Rosa 1998: 127)

‚Diakonisch' als ein weiteres Element dieser moralischen Topografie stellt ebenso Sinn- und Deutungsressourcen zur Verfügung, erscheint aus der Perspektive der Akteure aber eher als eine (ambivalente) Spielart, eine Konkretion der übergreifenden Orientierung ‚professionell'. Dies lässt sich letztlich durch die Zusammenführung von professioneller Expertise und Identität zeigen. Die Akteure identifizieren sich nicht nur an Werten, sondern die professionellen Standards und Methoden sind ebenso identitätsstiftende Praxen. Es lassen sich aber kaum diakonie-eigene Elemente einer solchen professionellen Expertise feststellen. Die Verankerung des ‚diakonischen' in der Unternehmenskultur oder den Werten und dem Leitbild des Träger-Unternehmens spielt aus der Wahrnehmung der Akteure allerdings nicht eine solche Rolle, als dass sich daraus ein entscheidender Unterschied, oder ein entscheidender Mehrwert gegenüber der Umwelt ergeben würde. Vielmehr deutet sich in der Bearbeitung der sozio-ökonomischen Trägerstrukturen als Umwelt des Unternehmens ein organisationsübergreifender Konsens ab, der - auch jenseits möglicher Wettbewerbs- und Konkurrenzsituationen - als professionell-fachlicher Orientierungs- und Deutungshorizont situativ aufgerufen und hergestellt werden kann. Mit anderen Worten: Wettbewerber und funktional differenzierte Akteure in einem sozialen Dienstleistungsbereich – also Konkurrenten um Klienten, Finanzierung in sich überschneidenden Sozialräumen bis hin zu Akteuren in öffentlichen und freien Trägern – agieren auf der Grundlage einer gemeinsam geteilten professionellen Expertise, unabhängig davon, ob ihre unternehmerische Verortung konfessionell, humanitär oder neoliberal ist.

Ebenso wenig mobilisiert die hierarchische Position im Unternehmen – eben als Manager und Managerin – oder die berufliche Herkunft – als Qualifikation – das Identitätspotential, welches durch das Arbeitswissen wirkmächtig wird. In den Unternehmen werden jeweils Deutungs- und Bewertungsgemeinschaften unter Integration von Akteuren der unterschiedlichsten beruflichen Herkunft und Hierarchie gebildet, die als identitätsbildend und entscheidungsunterstützend wirken. Die Grenzen der Integration sind eher durch ihre Funktionsfähigkeit bestimmt, als durch die Konstitution beruflicher Zuständigkeit.

Im identitätsrelevanten Kern professionellen Handelns bleibt nach der Diskussion der Abgrenzungen also die ‚professionelle Expertise'. Diese ist mit A. Abbotts aber in einem doppelten Sinne zu verstehen. Einerseits als ein systematisiertes wissenschaftliches Wissen, welches als abstraktes Orientierungs- und Begründungswissen genutzt wird. Andererseits als ‚Arbeitswissen' welches jedoch eine Konkretion nach Arbeitsbereichen der sozialen Dienstleistungen (wie z.B. Jugendhilfe) erfahren muss. Beides, das abstrakte Wissen sowie das bereichsdifferenzierte Arbeitswissen, ist jedoch nicht durch Position, Qualifikation oder Organisation wesentlich begrenzt, sondern ‚sprengt' förmlich die erwerbsarbeitsförmig konstituierten Grenzen. Die doppelte professionelle Expertise konstituiert einen organisationsübergreifenden Konsens professioneller Organisiertheit.

An der bereits bearbeiteten Identitätsproblematik hat sich bereits angedeutet, dass in der Kooperation zwischen den öffentlichen und freien Trägern sich bereits Ansätze der träger- und professionsübergreifenden Versorgung finden, die eine neue Form der Professionsorganisation hervorbringen. Ein treibender Faktor ist dabei die Risikoallokation zwischen den Trägern, aber auch innerhalb der Dienstleister, bis hin zu den Konsumenten. Die Öffnung der Trägerstrukturen jenseits des Korporatismus zeitigt also eine Entscheidungs-, Risiko- und Verantwortungsverlagerung auf kommunale und regionale Ebenen der Dienstleistungserbringung, auf denen sich wechselseitige Isomorphismen und Versorgungspfade etablieren und zu einer Dienstleistungslandschaft verdichten. Professionelle Akteure spielen dabei eine entscheidende Rolle.

18.3 Formen professioneller Organisiertheit als regulative Strukturelemente: Netzwerke, Kooperation, Märkte

Die Leerstelle der Diskussion sozialer Dienstleistungsorganisation dürfte die ‚formale' Organisiertheit der professionellen ‚Arbeit' zwischen Organisation und Profession, also die trägerübergeifende Organisation sein. In der ‚traditionellen' Organisationssoziologie wird hier weniger dieses ‚zwischen' fokussiert, als vielmehr die Spezialentwicklungen der jeweiligen Trägern analysiert: auf der einen Seite die öffentlichen Träger, mit ihren Körperschaften und quasi-staatlichen Institutionen, auf der anderen Seite die freien Träger, als Non-Profit-Organisationen, Wohlfahrtsträger bis hin zu gewerblichen Dienstleistungsunternehmen und ‚Professional-Firms'. Die politische Policy-Analyse verortet dieses Phänomen als ‚Netzwerke'. Ebenso wird in diesem Zusammenhang vermehrt auf Governance-Konzepte zurückgegriffen (vgl. auch Kap. 8). Der Steuerungsmodus ‚Kooperation' erscheint dabei aber als zu unspezifisch und fokussiert wie der Mainstream der politischen Theorie eben nicht auf zentrale Akteure, Organisationsstrukturen auf der Mikro-Ebene oder auch ‚bottom up' institutionalisierte Prozesse und Verläufe. Diese Lücke kann der professionstheoretische Fokus in der genannten neoinstitutionalen Policy-Analyse ausfüllen. aus. Denn mit dieser Perspektive werden etablierte aber auch neu entwickelte (S. Wolff 2010; M. Böwer/S. Wolff 2011; nennen sie ‚Erfindungen) Handlungen und Interaktionen aufgenommen, die nicht nur zufällig, ad-hoc oder unreflektiert ‚ablaufen', sondern die einer methodisch-fachlich-wissenschaftlichen Reflexion unterzogen werden, die unter Hinzunahme der jeweiligen Disziplin ‚kontrolliert' erfunden, modelliert, getestet und angewendet werden und die durch die professionelle Reflexion ‚institutionalisiert' werden (vgl. dazu auch Kap. 6). Dies kann insgesamt als Professionalisierungsprozess verstanden werden.

Die Integrationsversorgung oder die „Generierung moderner Versorgungslandschaften", wie es F. Schulz-Nieswandt (2008: 36ff.) nennt, erfordere ein modernes Kontraktmanagement das als sehr anspruchsvoll zu erwarten ist. Mit dem Verweis auf implizite Anreizproblematiken (die z.B. durch den Prinzipal-Agent-Ansatz modelliert werden können vgl. A. Langer 2003) ist F. Schulz-Nieswandt eher pessimistisch, wenn es um eine Selbststeuerung dieser Systeme geht. „Es ist als unwahrscheinlich einzustufen, dass diese Herbeiführung moderner Versorgungslandschaften aus dem Zusammenspiel atomistischer Allokationsakteure (Budgetempfänger und Assistenz/Case-Manager) zu erwarten ist. Sicherlich wird man in dieser Fragenperspektive dem Markt – also den Anbietern – mehr Strukturierungswille und Innovationskompetenz zutrauen dürfen." (ebd.: 36) Aus professionstheoretischer Perspektive zeigen die Forschungsergebnisse allerdings in die Richtung identitätsverbundener Akteure und Akteurgruppen auf diversen Handlungs- und Koordinationsebenen; also auch zwischen den Nutzern bzw. deren Fallkoordinatoren und den Akteuren, die auch das ‚Zwischen' zwischen den beteiligten Organisationen im Blick haben.

18.3.1 Hilfeplanverfahren und Koordinationsmanagement

Als erstes professionelles Organisationsmerkmal sind hier die so genannten Hilfeplanverfahren zu nennen, die zu einer bedarfsorientierten Steuerung einzelner Fälle vor dem Hintergrund von Rahmenverträgen zwischen öffentlichen und freien Trägern führen. Diese Verfahren wurden im KJHG erstmals gesetzlich begründet, finden jetzt aber in diversen Hilfefeldern verschiedenste Anwendungen, wie in der Behinderten- und Altenhilfe, in der Sozialpsychiatrie und in der gesundheitlichen Rehabilitation. Wie V. Brinkmann zeigt, integrieren die Hilfeplanverfahren und ihr Case-Management diverse Steuerungsebenen und Steuerungsakteure (vgl. Abb. 8). Am Beispiel der Jugendhilfe lässt sich aber sehr deutlich machen, dass sich sowohl im Public-Management (hier z.B. Jugendamt und ASD) professionelle Akteure finden, wie auch im sog. Case-Management bei den Leistungserstellern. Diese ‚Systemakteure' wirken in der ‚Kontraktzentrale', im Falle der Jugendhilfe das Hilfeplanverfahren, zusammen. Darüber hinaus finden sich in neuen Arbeitsformen wie z.B. dem sozialräumlichen Ansatz bis hin zur Integration von Betroffenengruppen auch neue Orte der Vereinbarung und Kooperation über Einzelfälle hinaus. Die Generierung und die Gestaltung von Hilfeplanverfahren kann selbst als Teil der interorganisationalen Versorgungslandschaft gesehen werden, in der konsumentenzentrierte Einzelfälle bearbeitet werden. Die Verfahrens- und Prozessregeln der Verfahren können dabei äußerst unterschiedlich sein, müssen nicht notwendigerweise schriftlich fixiert werden. Innerhalb der Verfahren werden jedoch die Vereinbarungen der Beteiligten sowie jeweiligen Fach- und Ressourcenverantwortlichkeiten geregelt.

Deutlicher als die eher hierarchisch orientierte Darstellungsweise V. Brinkmanns wird in einer prozessorientierten Darstellung deutlich, wie anspruchsvoll und welchen Konsens im Zusammenspiel der professionellen Akteure bei der Etablierung moderner Versorgungslandschaft nötig ist. Innerhalb der Strukturen von Prozessorganisation scheint es dabei zu gelingen, die zur Verfügung stehenden Ressourcen (z.B. bei Dienstleistungen insbesondere das Personal aber auch die Nutzer) optimal einzusetzen. Mit einem Verweis auf eine explorativ angelegte Studie wurden lokale „Dienstleistungsstrukturen" von A. Langer (2006f) durch Daten- bzw. Organisationsanalysen und durch Interviews mit Leitungskräften rekonstruiert. Die Vergleichbarkeit der Prozessorganisation in unterschiedlichen Kommunen ermöglichte eine Verallgemeinerung der Prozesse. Was bei V. Brinkmann unter dem Begriff ‚Kontraktzentrale' nicht zu sehen ist, rekonstruiert A. Langer als hoch anspruchsvollen professionellen Entscheidungsprozess in Form von *multidisziplinären Entscheidungsgremien*. In den untersuchten kommunalen Studien sind dabei jeweils Vertreter verschiedener professionellen Akteursgruppen (Führungskräfte, Case-worker, Practitioner) vertreten, die ihre fachliche Sicht in die Entscheidungen einbringen. Hier werden überdies Regelungsbedarfe bezüglich Datenschutz, Zuständigkeiten, Doppeldiagnosen bis hin zur Angleichung fachlicher Verständnisse und Haltungen bearbeitet – diese werden auch als Prozesse der „DeCodierung" bezeichnet. Das Gremium dient dazu, die unterschiedlichsten Gesichtspunkte der Leistungserbringung wie Antrag der Leistungsberechtigten, Angaben über Dauer, Intensität und Inhalt der vorangegangenen Beratung, Problemsicht des Dienstes oder der Einrichtung, der Eltern, des Minderjährigen/jungen Volljährigen sowie der fallführenden Mitarbeiter zu integrieren und zu einer Entscheidung zu führen. Ebenso fließen Lösungsvorschläge, -erwartungen und -wünsche der Beteiligten mit ein, also der Eltern, Minderjährigen/jungen Volljährigen sowie der beteiligten Professionellen. Diese Informationen werden in Form kollegialer Beratung bzw. Supervision verarbeitet und mit den vorhandenen Ressourcen abgeglichen. Die Ergebnisse der Beratungen enthalten Aussagen über den Bedarf, die aktuellen Ziele, die zu gewährende Art der Hilfe und die Zeitdimensionen. Vor diesem Hintergrund dient das MEG mehreren Funktionen: Beratungs- und Entscheidungsprozesse werden objektiviert (also der individuellen Willkür entzogen), professionalisiert (also einem fachlichen Standard unterstellt), die Leistungen werden budgetiert und die weitere Fall- und Prozessverantwortlichkeit verteilt. Gleichzeitig wird durch diese Gruppen jedoch auch ein Konsens über die zu erbringende Dienstleistung erzeugt. Durch die institutionalisierte *De-Codierung* ausdifferenzierter hierarchischer Interessen, Wissens- und Kompetenzressourcen zielt hier Vertrauen auf einen tragfähigen Konsens zwischen den beteiligten Professionellen *bezüglich der zu erbringenden Dienstleistung*. Die Basis für Vertrauen stellt eine gemeinsame Wertgrundlage sowie transparente Informationen über Fachlichkeit, Verfahren und Ressourceneinsatz dar.

Durch die Prozessanalyse eines Hilfeplanverfahrens wird eine erste Form der professionellen Organisation deutlich. Innerhalb des ‚professionellen Expertensystems' (siehe 18.4) der sozialen Dienstleistungserbringungen wird durch das professionellen Handeln, Wissen und die professionelle Expertise eine überorganisationale Organisationsform geschaffen, institutionalisiert und als Standardverfahren auch in andere Dienstleistungsbereiche als die Jugendhilfe übertragen. Diese organisationale ‚Form' kann weder als ‚Unternehmen' oder als ‚Betrieb' verstanden werden, denn es lassen sich weder Rechtsform noch Eigentümerverhältnisse bestimmen. Der Begriff ‚Netzwerk' kann dagegen den Grad der Institutionalisierung, vor allem bei den Mitgliedschaftsverhältnissen oder bei den konstitutiven Regeln erfassen. Den Prozess als Kommunikationsstruktur (D. Kühn 2006) oder als Case-Management zu konzeptionieren würde dabei nicht die institutionalisierten Entscheidungsbefugnisse berücksichtigen, die professionelle Akteure in dem Verfahren beanspruchen.

Die Verfahren inkorporieren stattdessen Formen der Rationierung und Rationalisierung professioneller Leistungserbringung.

18.3.2 Soziale Dienstleistungsmärkte und eine dreifache soziale Schließung

Professionelle Organisiertheit wird seit jeher mit dem Phänomen sozialer Schließung in Verbindung gebracht. Die professionseigenen Mechanismen der (ersten) gesellschaftlichen Schließung werden nun auch durch Mechanismen der (zweiten) organisationalen Schließung (Kap. 21.1.2) diskutiert - die Schließung durch die Inanspruchnahme formaler Organisation. Im Folgenden soll die Interdependenz professionellen Managementhandelns und sozialer Märkte unter dem Aspekt einer (dritten) sozialen Schließung betrachtet werden. Die empirischen Ergebnisse zeigen, dass ein dritter Aspekt sozialer Schließungsphänomene zu erkennen ist. Professionelles Sozialmanagementhandeln wirkt darauf hin, lokale Konkurrenzsituationen und politisch initiierten Wettbewerb nachhaltig in vertrauensbasierte Kooperationszusammenhänge zu transformieren.

Die ‚Durchlässigkeit' des Wohlfahrtsträgers hat vor allem Konsequenzen für die mittleren Managementebenen. Die rekonstruierten Kompetenzen zeugen von Alltagswissen, Fähigkeit aber auch einem Expertentum derjenigen Akteure, die insbesondere mit der Dynamik veränderter Rahmenbedingungen konfrontiert sind und sich reflektierend mit dieser auseinandersetzen müssen. Vor allem die politische, fachliche, ökonomische und führungsbezogene Dimension des Handelns zeugt von Performanzkontexten, die stark durch politische Regulierung beeinflusst sind. Oder anders gesagt, die Risiken, die durch politische Reformprozesse verursacht werden, erreichen immer ungefilterter die leistungserbringenden Organisationen. Sozialmanagement ist also risikoreflektierendes und -kompensierendes Management. Als Reaktion auf diese Entwicklungen nimmt das Management eine Entwicklung nicht nur der fachlichen Professionalisierung sondern der wertorientierten Rückbettung des Handelns in Vertrauensstrukturen.

Kooperationsbeziehungen zwischen teilweise konkurrierenden Leistungserbringern sind trotz der eingeführten Wettbewerbselemente im Sozialmarkt durch überorganisationale Vertrauensbeziehungen bestimmt – gerade die Kooperation professioneller Akteure führt in den differenzierten Hilfebereichen zu sozialen Schließungsprozessen des ‚Sozialmarktes'. Trotz der vorangeschrittenen Privatisierung und Pluralisierung der Anbieterstrukturen wird auch im Zuge der Kommunalisierungsdynamiken die Anzahl der relevanten Leistungserbringer jeweils stark minimiert und gesteuert. Die Steuerungsbestrebungen gehen einerseits von den jeweiligen Nachfrage-Monopolisten (hier zumeist die öffentlichen Träger) aber auch von regionalen Kooperationsbeziehungen unter Leistungsanbietern aus.

Die scheinbaren Sozialmärkte, die auch auf der Landes- oder Kommunalebene durch eine Trägerpluralität gekennzeichnet zu sein scheinen, entpuppen sich also auf der Regelungsebene als Oligopole – die temporär geöffnet werden. Was den Zugriff und die Verteilung materieller Ressourcen angeht ist S. Krone et.al. (2009: 129 ff.) zuzustimmen, dass es sich bei den Dienstleistungsstrukturen um hierarchische Strukturen handelt: Der öffentliche Träger kann jeweils als zentraler Akteur identifiziert werden, der die Möglichkeit hat durch seine Monopolposition entscheidenden Einfluss auf Verfahrensregeln sowie das Leistungsgeschehen zu nehmen, obwohl es sich eher um Isomorphismusphänomene als um Zwangsintegration handelt. Das Nachfragemonopol ist jedoch nur die eine Seite der Medaille in der

Konstellation des Gewährleistungsstaates, der sich aus der Leistungserstellung weitestgehend zurückzieht. Die fachlich-professionelle Expertise der Problemlösung in Einzelfällen
sowie die – den Dienstleistungen strukturell innewohnende – Innovationsperformanz ver
schiebt sich deutlich weg vom öffentlichen Träger hin zu den frei-privaten Leistungserstellern. Die Leistungsersteller generieren eine ‚Gegenherrschaft kraft Expertenwissen' und
Pfadabhängigkeit. Man kann also nicht von einer einseitigen *„Herrschaftsausübung kraft
Interessenkonstellation"* sprechen, „die als nicht verhandelbare Voraussetzung in die Beziehung zwischen den beteiligten Organisationen und Akteuren eingeht." (S. Krone et.al
2009: 130) Während „Herrschaft kraft Interessenkonstellation" (ebd.) einseitig Verhältnisse
und Beziehungen beschreibt, „in denen sich Akteure oder Kollektive den Interessen von
anderen Akteuren oder Kollektiven formal freiwillig unterwerfen, um ihre eigenen Interessen wahrnehmen zu können" (ebd.) verhält sich die wechselseitige Abhängigkeitsbeziehung
anders. Hier gibt der Monopolist einen Teil seiner Herrschaftsoptionen auf, weil es für
Anbieter andere regionale Alternativen geben kann und die Anbieter sich einen Wissens-
und Kompetenzvorsprung erarbeiten. Dennoch muss von einem latenten Oligopol in wechselseitigen Kooperationspfaden gesprochen werden.

Die eben besprochene Pfadabhängigkeit und eine sich etablierende – zumindest zeitlich bestehende - soziale Schließung der Märkte ist durch den Vertrauensmechanismus fast
unabwendbar. Vertrauen reduziert Transaktionskosten und das Qualitätsrisiko in der Auf-
traggeber – Auftragnehmer Beziehung zwischen den Dienstleistungskontraktparteien. In
der soziologischen Literatur wird Vertrauen zumeist als einseitige Vertrauenserwartung
jener Akteure verstanden, die in kontingenten Situationen handeln müssen und daher einseitig in Vorleistung gehen müssen (vgl. dazu J. Beckert, 2002; N. Luhmann 1989). „Auf
dem Boden der alltäglichen Weltvertrautheit ist Vertrauen zunächst personales und damit
begrenztes) Vertrauen." Bei wachsender Komplexität wandelt sich Vertrauen „in ein Sys-
temvertrauen neuer Art, das einen bewusst riskierten Verzicht auf mögliche weitere Information, sowie bewährte Indifferenzen und laufende Erfolgskontrolle impliziert." (N. Luhmann 1989: 23). Die Rational-Choice Theorie betont dagegen die Gegenseitigkeit der Ver-
trauensinvestition und des Honorierens von Vertrauen (vgl. hier für den sozialen Dienstleistungsbereich A. Langer 2003; 2006f). Die Vertrauensnehmer selbst erbringen in diesem
Interaktionsgeschehen eine Vorleistung zur „Erzeugung des Eindrucks der Vertrauenswürdigkeit" (vgl. J. Beckert 2002: 27, 33ff., vgl. auch Giddens 1996). Das Kompetenzprofil
freier Träger auf fachlicher wie auch managerialer Ebene, das dem öffentlichen Träger
nicht nur bekannt ist, sondern die Dienstleistungsqualität, die durch Erfahrung überprüft
worden ist, macht einen Wechsel zu einem neuen Anbieter zu einer ‚kostspieligen' Angele-
genheit im Sinne neuer Transaktionskosten. Durch die fachlich-professionelle Ausstattung
sind die freien Anbieter nicht nur in der Lage, flexibel auf Auftragslagen des öffentlichen
Trägers einzugehen, vielmehr übernehmen sie auch vermehrt eine Beratungsfunktion für
planerische Belange der Bedarfsermittlung und Leistungserstellung.

Die Koordination auf der Grundlage von Vertrauen löst wesentliche Probleme bei der
Etablierung integrativer Versorgungslandschaften durch den Aufbau generalisierten Vertrauens in das System sozialer Dienstleistungen und spezifisches Vertrauen in die Leistungsorganisationen (vgl. Langer 2006f). Diese systemische Dimension des Vertrauens ist
ergänzt durch eine personenbezogene Dimension (was Giddens letztlich von Luhmanns

Konzeption unterscheidet). Die empirischen Ergebnisse der beiden Forschungsprojekte deuten auf diese verschiedenen Dimensionen von Vertrauen hin, die so zum konstitutiven Merkmal der Regelung von Sozialmärkten werden. Eine besondere Rolle spielen dabei die professionellen Akteure auf den Managementebenen, weil sie durch die Herstellung stabiler Personenkonstellationen mit dem Mittel des Vertrauens steuern. Die professionellen Akteure gestalten auf diese Weise also eine ‚Bewirtschaftung' sozialer Märkte, die mehrere Funktionen hat. Erstens werden allen Beteiligten Kosten gespart, die Leistungsanbieter sichern sich zweitens einen einigermaßen sicheren Zugang zu relevanten Ressourcen, drittens werden im lokalen Kontext Zuständigkeiten (durch Ausschluss anderer) und viertens Definitionshoheiten gesichert.

Als zweite ‚Form' professioneller Organisiertheit lässt sich feststellen, dass professionelle Akteure Strukturen der beschriebenen Dienstleistungsnetzwerke und –märkte reproduzieren und gestalten. Sie greifen dabei auf Vertrauen, Reputation, (Vor-)Erfahrung, lokale Präsenz und Bekanntheit als dominante Integrationsmodi zurück. Gleichzeitig deuten die Aspekte der Risikobeherrschung und Ressourcensicherung auf eine Professionalisierung von Organisations- bzw. Managementkompetenzen und auf einen Bedeutungszuwachs der Professionspolitik hin. Während sich in den formellen Dienstleistungsnetzwerken eine neue professionelle „Dienstgemeinschaft" zu etablieren scheint, der vor allem Management- und Organisationsaufgaben übertragen werden (bis hin zur Budgetverwaltung), ist die Etablierung und Stabilisierung von informellen Dienstleistungsstrukturen kaum ohne die marktliche Steuerung auf der Koordinationsebene professionellen Handelns zu erklären. Es lässt sich eine Pluralisierung und Schließung von Dienstleistungsnetzwerken beobachten, die den Zugang zum Anbietermarkt entscheidend erschweren und verlangsamen.

18.3.3 Kontextsteuerung und Politisierung der fachlich-ökonomischen Bedingungen
Die dominierenden Postulate des industriell/technischen Managements können durch den professionstheoretischen Zugang nicht bestätigt werden. Vor dem Hintergrund der Abkehr von der technologischen Machbarkeit, der Überlegenheit der Führungsspitze und des wertfreien Managements stellt sich das Handeln professioneller Führungskräfte als (organisations-)politisches Management dar. Im Fokus des Managementhandelns stehen so nicht nur vorgegebene Strukturen, Prozesse oder Normen bzw. Werte, sondern auch die ‚politischen' Entstehungszusammenhänge des Entscheidungshandelns (und hier wiederum die spezifischen Inhalte, Institutionen und Prozesse). Entsprechend den dargestellten Teilkompetenzen müssen Organisationsstrukturen als Gegenstände, Bedingungen, Objekte und auch Ressourcen von politischem Handeln, also auch immer als ein Teil von Strategien der jeweils herrschenden oder interessensbestimmenden Koalitionen verstanden werden.

In Anbetracht der Transformation der Rahmenbedingungen und auch der Trägerorganisationen sind es die Akteure des mittleren Managements, die die neuen fachlichen, ökonomischen und politischen Bedingungen aufnehmen und umsetzen, für Effektivität und Effizienz ‚sorgen'. Die Managementakteure können nicht ohne die Professionalität der Practitioner, also der Fachkräfte verstanden werden. Denn es sind die Führungskräfte, die die adäquaten Rahmenbedingungen setzen, unter denen klientenzentrierte Professionalität erst möglich erscheint. In diesem Paradigmenwechsel ist die eigentliche Transformation des professionellen Handelns zu erkennen. Während das idealtypische professionelle Handeln im Abstand zu hierarchischen Positionen erklärt wurde, die Professionalität sich also selbstgesteuert und dominant gegenüber externer Führung darstellt, ist die professionelle Leistungsfähigkeit nun auf die Gestaltung der institutionellen Rahmenbedingungen ‚angewiesen'. Zu diesen gestaltbaren Rahmenbedingungen gehört, dass wichtige Einflussfaktoren in die Hände neuer ‚Experten' gegeben werden: Die Sicherung der Kooperation in professionellen Teams, die Organisation wertgebundener Entscheidungen, die Sicherung von Innovation und Qualität, die Einflussnahme auf die politische Problemdefinition und die fachpolitischen Verteilungsentscheidungen sowie das Spielen mit den Bedingungen sozialer Finanzierung.

Das Ringen um die Definition von Problemlagen und Dienstleistungen erscheint mehr denn je als ein Interaktionsgeschehen, welches auf den lokalen, kommunalen und regionalen Bühnen ausgetragen wird und welches im Zusammenspiel zwischen Top- und Middle-Management auf Seiten der freien Träger und politischer Spitze bzw. Amtsleitung in der politischen Hierarchie verankert ist. Die Etablierung und Entwicklung moderner Versorgungslandschaften wird damit auch neu in den Handlungsbereich einer Professionspolitik zurückverlagert, das allerdings mit unklarem Ausgang: Denn ob sich hier dann wieder die Vertreter der freien Träger verbünden und den Vertretern öffentlicher Träger gegenüber stehen erscheint nicht als selbstverständlich. Die Aussagen der Mangementakteure lassen auch vermehrt auf – brüchige und prekäre – Bündnisse der professionellen Fachvertreter beider Seiten gegenüber den politischen Spitzen schließen. Es geht aus fachlicher Sicht um eine Kontextsteuerung, wie sie in Ansätzen wie z.B. dem Sozialraummanagement oder auch dem Community Organizing oder Gemeinwesenbezug neu bedeutsam wird.

18.4 Die institutionalisierte Organisation als Strukturelement

Die Gestaltung und Steuerung der eigenen Trägerorganisation liegt auf den ersten Blick im Kern des professionellen Managens. Aus neoinstitutionaler Perspektive muss dieses Handeln jedoch auch mindestens als ein fortwährender Anpassungsprozess der Organisation an seine Umwelt verstanden werden. Wie weiter oben gezeigt (Kap. 4) kann der Übergang von der ‚flachen' Hierarchie zur neuen Ordnung mit echten Führungspositionen als Anpassungsleistung an Erwartungen der Organisationsumwelt verstanden werden. Es werden Anreizstrukturen und Differenzierung der Entscheidungsbereiche durch Zielvereinbarungen und durch die Aushandlung von Aufgaben getroffen, es werden Feedback- und Monitoringschleifen eingerichtet. Die Strukturgestaltung ist aber gleichzeitig auch ein Prozess der Aktivierung der Fachkompetenz spezifischer Leistungsbereiche der Organisation für Adressaten in der organisationalen Umwelt, eine Isomorphie an regionale Institutionen, die nach veränderten Zuständigkeiten, Nachweis von Performanz und Kommunikationen verlangt. Durch das Einrichten zusätzlicher Managementpositionen wird die Organisation mit kompetenten und fachlich spezialisierten Positionen versehen, die der Legitimationsanforderung gegenüber den Organisationsumwelten – zum Beispiel der auftraggebenden Stellen im öffentlichen Träger - weitaus besser gerecht werden können, als die zentralistische Geschäftsführungsposition im Hausvatermodell. Mit der veränderten Organisationsstruktur wird also einerseits ein „Rationalitätsmythos" (J. Meyer / B. Rowan 1977) der effektiveren und effizienteren Ausgabenbewältigung errichtet. Andererseits passt sich die Organisation den gesteigerten Kommunikations-, Beobachtungs- und Veränderungsbedarfen an, sie institutionalisiert sich also (vgl. ebd.: 344f.). Die Erwartungsstruktur kann dabei durchaus regulativer Art sein (wie z.b. durch die lokalen Policy-Akteure gegeben, als Handlungskonzept, vertragliche Vereinbarung, Verordnung usw.), normativer Art (als Leitbild wie z.b. Ableitungen der BRK) oder kognitiv (als Standard der Problemdeutung etwa durch professionelle Standards) (vgl. S. Güntner 2007, 38). Die Erwartungsstrukturen sind in verstärktem Maße durch Akteure beeinflusst, die nicht in die klassische Dienstleistungsstrukturierung zwischen öffentlichem und freiem Träger und den Dienstleistungsnutzern passen wollen. Die ‚neuen' Orientierungen wurden bereits beispielhaft genannt und drängen z.b. durch Betroffenen-Interessensorganisationen auf europäischer (Makro-)Ebene in die Leistungserstellung auf Beeinflussung, oder auf der Mikro-Ebene der Interaktion in Trialog oder Peer-Beratung oder auf der (Meso-)Ebene auf eine Rückverlagerung von Steuerung in Quasi-staatliche Zusammenhänge (vgl. 17.4).

18.5 Zwischenfazit: Governance als ein ‚Mehr' professionellen Managens gegenüber Profession und Management

Professionelles Sozialmanagement macht einen neuen Ansatz sozialer Schließung, Organisiertheit und Strukturierung sichtbar. Professionelles Sozialmanagement hebt sich von rein (betriebswirtschaftlich) organisationbezogenem Management dadurch ab, dass es organisationsübergreifende Strukturen generiert, sichert und entwickelt. Es unterscheidet sich vom professionellen Idealtypus dadurch, dass vor allem die formale Organisation in Dienst genommen wird.

Dieses ‚Mehr' kann zusammenfassend durch fünf Strukturelemente charakterisiert werden, zu denen professionelles Management beiträgt:

1) *Institutionalisierung der Organisation*. Die professionellen Organisationen sind als solche zu verstehen, die sich an Legitimationsanforderungen relevanter Umwelten anpassen. Dieser Prozess der Institutionalisierung findet ebenso seinen Ausdruck in der Etablierung professionellen Managements, wie er auch gleichzeitig durch das professionelle Management vorangetrieben wird. Professionelle Organisationen werden an den Anforderungen professioneller Leistungserbringung sowie an relevanten Legitimationserwartungen entlang gestaltet.

2) *Reproduktion professioneller Expertise und Identität*: Die Funktion Management trägt entscheidend zur Integration von Organisationen und Berufsgruppen zur (kooperativen) professionellen Leistungserstellung bei. Die Orientierungspunkte sind dabei eine übergreifenden professionelle Expertise sowie die Ermöglichung geteilter Identitäten für Angehörige unterschiedlicher Berufsgruppen sowie Organisationstypen (von öffentlich über frei bis hin zu gewinnorientiert).

3) *Governance organisationsübergreifender Leistungsprozesse und Verbundstrukturen*: Soziale Dienstleistungen aus professioneller Perspektive sind verstärkt eingebettet in organisationsübergreifende Prozesse und Strukturen, die aufwändig installiert und betrieben werden müssen. Dazu gehören z.b. institutionalisierte Verfahren oder Prozesse, wie weiter oben beispielhaft am Hilfeplanprozess gezeigt wurde, aber auch Formen integrierter Versorgung usw.

4) *Governance der Dienstleistungsmärkte*: Professionelles Sozialmanagement beeinflusst entscheidend die Gestaltung und soziale Schließung sogenannter ‚Sozialmärkte' oder

‚Quasi-Märkte' durch den Einsatz von Vertrauen und Bildung von Netzwerken. Relevant sind hier die Stärkung von Konsumentenmacht der Klienten, die Diversifizierung
von Organisationsformen, die Pluralisierung von Anbieterstrukturen sowie der Einfluß
von Nachfragemonopolen.

5) *Kontextsteuerung in und von Policy-Strukturen:* Neue politische Einflußmöglichkeiten in
Prozessen der Planung und Definition professioneller Leistungen in lokalen Policy-
Strukturen stellt eine zentrale Herausforderung für professionelles Sozialmanagement
dar. Es geht um den Einfluss in Rahmenverträgen, um das Agenda-Setting im Kampf
um neue Leistungsformen, aber auch um direkten Einfluß auf politische Steuerungs-
versuche durch Lobbying und Verhandlung.

Die genannte fünf Charakteristika organisationsübergreifender Professionalität zeigen eine
alternative Einbettung professioneller Leistung in modernen Gesellschaften erkennen. Im
Folgenden sollen nun die zusammengeführten Ergebnisse gesellschaftstheoretisch interpretiert werden.

18.6 Die Professionalisierung der Gesellschaft?

Professionelles Sozialmanagement als Kompetenz, Wissen und Governance ist ein Ausdruck moderner sozial(politisch)er Entwicklungen. Am Beispiel des Sozialmanagements
soll jedoch weitergehend die These einer ‚Professionalisierung der Gesellschaft' skizziert
werden. Wie auch A. Giddens kommt die neoinstitutionalistische Organisationsforschung
zum Ergebnis, dass gesellschaftliche Differenzierung sich zu einem wesentlichen Teil über
die Form Organisation vollzieht (vgl. J. Meyer / B. Rowan 1991) „Die moderne Gesellschaft differenziert im zunehmenden Maße institutionelle Umwelten aus, die ihre je spezifischen Rationalitätsstandards und Rationalitätslogiken entwickeln, die dann auch die Umwelten für Organisationen bilden: das Recht, die Politik, die Wirtschaft, Erziehung etc." (T.
Drepper 2010: 137). Erstaunlicher Weise bleibt auch Drepper sehr nahe am funktionalistischen Differenzierungsentwurf, wenn er sagt, dass „Organisationen entstehen, (die) sich in
dieser differenzierten Institutionenumwelt und deren dominanten Rationalitätsstandards"
bewegen und entwickeln „die prägend auf die Organisationen wirken." (ebd.)

Betrachtet man die untersuchten Professionalisierungsphänomene aber vor dem Hintergrund einer ‚Konsequenz der Moderne' (Giddens) bedeutet dies, dass gesellschaftliche
Differenzierung sich viel näher an dem Organisationsfeld entlang vollzieht – nicht notwendiger Weise als ein Teil systemischer Differenzierung abstrakter Systeme. Nach Giddens
sind es die professionelle Expertensysteme in denen sich die gesellschaftliche Institutionen
konkretisieren: „Die Institutionalisten gehen davon aus, daß Annahmen, Vorstellungen und
Erwartungen, die in einer Gesellschaft bestehen, generell festlegen, wie Unternehmen,
Schulen oder Krankenhäuser gestaltet sein sollen, warum sie nützlich sind, welche Aufgaben ihnen zukommen und welche nicht (…). Viele der in Organisationen vorzufindenden
Stellen, Abteilungen, Verfahrensweisen oder Programme werden aufgrund der öffentlichen
Meinung und der Sichtweisen wichtiger Kunden erforderlich oder durch Gesetze erzwun-
gen, sie werden adoptiert, und zwar unabhängig von ihren Auswirkungen auf das Arbeits-
ergebnis" (Walgenbach 2006: 354). Bleibt man konsequent bei der neoinstitutionalistischen
Argumentationsfigur, dann müssen die sozialen Dienstleistungsunternehmen nicht mehr
unterschiedlichen Rationalitätsstandards „gerecht" werden (T. Drepper 2010: 138) sondern

sie konstruieren ihre Einbettung im professionellen Expertensystem durch die Variation verfügbarer Rationalitäten.

Profession ist damit nicht mehr die Ausnahme eines besonderen Status, einer besonderen Organisation bestimmter - ausgewählter - Berufe, sondern konstituiert mit dem Organisationsfeld das professionelle Expertensystem als Voraussetzung, Produkt und Ergebnis voranschreitender gesellschaftlicher Differenzierung. Interpretiert man A. Giddens aus der Perspektive der Professionssoziologie, so ist die Entwicklung professioneller Expertensysteme sogar die Voraussetzung gesellschaftlicher Modernisierung. Gegen die systemtheoretische These der Sozialen Arbeit als „sekundäres Subsystem" (vgl. die Diskussion in R. Merten (Hg.) 2000) steht jedoch die professionelle Expertise im Mittelpunkt, nicht mehr die strukturelle Kopplung über formale Organisation (vgl. P. Sommerfeld 2000) und die Leitrollen symbolischer Systeme (Schimank). Vielmehr stellen professionelle Expertensysteme eine zweite Form gesellschaftlicher Differenzierung dar, in der nicht ein zentrales Kommunikationsmedium die Differenz schafft, sondern eine differenzierte Expertise als Wissen, Können, Standards, Routinen, Techniken, Institutionen die eine Loslösung von vormodernen Lebensweisen ermöglichen. Die professionellen Expertensysteme integrieren unterschiedlichste Akteure wie, Laien, Professionen bis hin zu Organisationen. Ebenso strukturieren sie Alltagsleben. Profession(alität) erscheint vor diesem Hintergrund als ein konstitutives Merkmal moderner Gesellschaften. Sie ermöglichen die Herausbildung und Stabilisierung organisatorischer Felder und sozialer Sektoren (vgl. W. Scott / J. Meyer 1991: 117f.). „Entscheidend für diese Konzeption sind nicht nur einzelne direkte Beziehungen von Organisationen zu Organisationen, sondern die umfassende Struktur, die Sektor-Struktur, in der die Organisationen sinnhaft operieren und ihre verschiedenen horizontalen (Beziehungen zu anderen Organisationen) und vertikalen (Beziehungen zum Staat) Bezüge ausbilden." (T. Drepper 2010: 139) Die professionelle Expertise spielt dabei eine entscheidende Rolle, denn die (Grenzen der) Homogenisierung (Isomorphie) des Organisationsfeldes kann nicht nur auf die Organisationen selbst zurückgeführt werden, sondern auf die Entwicklung der institutionellen Umwelt. Die Standardisierung von Innovationen in der Praxis, die entscheidend durch das Sozialmanagement gesichert wird, wirkt dadurch indirekt auf die Sozialunternehmen, weil die Entwicklung professioneller Standards deren institutionelle Umwelt selbst verändert. „Therefore (…) dominant groups will attempt to articulate institutional rules and embed them in the structure of the organization. These may include regulations about how services must be structured, requirements to employ certain professional expertise, and insulating the organization from political influence through requirements such as adherence to civil service procedures, and subjecting it to judicial review" (Y. Hasenfeld 1992b: 40). Das Gleiche gilt für Betroffenenorganisationen (vgl. B. Rowan 2006), was ich am Beispiel der ‚Independed Living'-Bewegung ausgeführt habe (vgl. A. Langer 2012a und c). Durch den europaweiten Zusammenschluss im ‚European Network Independent Living' wurden wichtige Errungenschaften unterschiedlicher Behindertenbewegungen in die UN-Behindertenrechtskonvention eingebracht, die mittlerweile als professioneller Standard gilt, aber ‚nur' noch auf die Implementierung in den Trägerorganisationen Sozialer Arbeit ‚wartet'.

Aktuelle soziologische Analysen vertreten eher die These, dass die Professionen in die Bedeutungslosigkeit verschwinden würden (Stichweh), dass immer weniger Berufe wirklich noch fähig seien professionell zu handeln (Oevermann) oder dass professionelle Organisation nach wie vor den medizinischen Berufen vorbehalten bliebe (Freidson). Mit Bezug auf die Analyse moderner Gesellschaft von Anthony Giddens werden im Weiteren die bis hier dargestellten Ergebnisse so interpretiert, dass auch aus der anhaltenden Modernisierung der Gesellschaft Konsequenzen für Professionen folgen. Der exklusive Status professioneller Organisiertheit, der der Gegenstand für die Entwicklung der professionssoziologischen Analyse in den USA und in Großbritannien gewesen ist, muss dabei aus der Sicht Giddens als Passage aufgefasst werden. Für A. Giddens sind es vielmehr die professionellen Expertensysteme, die das Projekt der Moderne weiter ermöglichen (18.4.1). Die These einer Professionalisierung der Gesellschaft lässt sich jedoch am Begriff des ‚aktiven Vertrauens' (18.4.2) sowie der ‚life politics' (18.4.3) weiterführen, und damit am veränderten Verhältnis der ‚Professionslaien' zu der professionellen Expertise diskutieren.

18.6.1 Professionelle Expertensysteme und gesellschaftliche Modernisierung
Gegen die harmonisierende strukturfunktionalistische und auch interaktionistische Interpretation von Professionen versteht Giddens Professionen als Agenten oder Motoren der gesellschaftlichen Modernisierung. Denn das „Eindringen abstrakter Systeme ins soziale Leben und die von diesem Phänomen heraufbeschworenen Reaktionen berühren nicht bloß den lokalen Lebensbereich und die Identität der Person, sondern diese Wirkungen erstrecken sich bis hin zu den umfassenden globalen Ordnungssystemen, zu denen auch die diversen Kontexte mit >>Groß-Konsequenz-Risiken<< gehören." (1997b: 140f.) Durch (professionelles) Handeln innerhalb der Expertensysteme wird der Prozess der Entbettung – des ‚disembeddings' – vorangetrieben und ermöglicht, wodurch Individuen in allen Bereichen ihrer Existenz vor eine potentielle Herausforderung gestellt werden: Das Überdenken und gegebenenfalls modifizieren ihres Lebensstiles. Professionen nehmen als Modernisierungsagenten eine ambivalente Funktion ein. Einerseits ermöglichen sie erst moderne – enttraditionalisierte - Lebensstile, andererseits entwerten sie durch neues Expertenwissen „die älteren Orientierungs- und Wissensbestände" (J. Lamla 2003: 119) und verunsichern alltägliche Lebensvollzüge. Giddens beschreibt diese Ambivalenz selbst als die „diffuse Wirkung der >>abstrakten Systeme<< (also aller möglichen Arten von Expertenwissen) auf das Leben von heute. Unter dem doppelten Einfluß der Globalisierung und der Enttraditionalisierung beruhen viele Aspekte des tagtäglichen Lebens nicht mehr auf lokal herausgebildeten Fertigkeiten, sondern werden von Systemen mit Expertenwissen erobert." (1997b: 137) In der Giddenschen Interpretation wären demnach Professionen nachhaltig daran beteiligt, Individuen aus tradierten Sicherheiten, Orientierungen und bewerteten Lebensvollzügen ‚herauszureißen' und zu der aktiven Auseinandersetzung mit den Abhängigkeiten und Interdependenzen der Moderne und ihrer Widersprüche zu ‚zwingen'. Konsequent gedacht handelt es sich dann bei Sozialer Arbeit eben nicht um ein ‚sekundäres' Subsystem, welches die Dysfunktionalität der ‚primären' Systeme auffängt, z.B. durch ‚Exklusionsverwaltung'. Sondern Soziale Arbeit ermöglicht und reproduziert die gesellschaftliche Modernisierung, unter der auch die Phänomene neuer sozialer Probleme (re)produziert werden.

Am Sozialmanagement kann dabei deutlich gemacht werden, dass Professionen – oder besser professionelle Expertensysteme – in einer modernen Gesellschaft über das Verständnis von Berufsgruppen hinausgehen. Denn der Entbettungsmechanismus bezieht sich auf Expertensysteme als ein „system of (...) professional expertise" (2009a: 27) in der Strukturationstheorie und wie gezeigt kommt dem Management die Funktion zu, Expertenwissen zu sichern und unterschiedliche Akteure durch die professionelle Organisiertheit zu integrieren. Um dies auszuführen soll kurz auf die relevanten Aspekte der Strukturationstheorie eingegangen werden.

Giddens versteht Gesellschaft als Ganzheit, die im Kontext zwischengesellschaftlicher Systembeziehungen analysiert werden muss. Der Übergang von der traditionellen zur modernen Welt besteht aus Sicht der strukturationstheoretisch angeleiteten Analyse der Moderne nicht nur in einer Differenzierung und / oder funktionalen Spezialisierung gesellschaftlicher Subsysteme, sondern in der Entwicklung moderner Gesellschaftsinstitutionen vor dem Hintergrund mehrerer Entbettungsmechanismen. Im Mittelpunkt steht dabei die Etablierung „abstrakter Systeme", die generalisierte Kommunikationen jenseits räumlich-zeitlicher Grenzen ermöglichen. Giddens unterscheidet entbettend wirkende abstrakte Systeme in doppelter Form: als die Schaffung symbolischer Zeichen einerseits, sowie als die Installierung von Expertensystemen andererseits (vgl. 1996: 34). Es ist kein Zufall, dass der Strukturierungstheoretiker hier von „creation" (2009a: 22) und von „establishment" (ebd.) spricht, was einen nach wie vor anhaltenden aktiven Prozess beschreibt. Denn Giddens postuliert keine scharfen Übergänge bei der jeweiligen Entwicklung zwischen Gesellschaftstypen. Vielmehr geht es um eine voranschreitende Modernisierung der Gesellschaft, für die entscheidende Mechanismen identifiziert werden können: die Etablierung von Expertensystemen, Vertrauen, Ent- und Rückbettung.[31]

Der zentrale Anknüpfungspunkt der Gidden'schen Gesellschaftsthorie an professionssoziologische Diskurse findet sich in seiner Abgrenzung abstrakter Systeme: „By expert systems I mean systems of technical accomplishment or professional expertise that organise large areas of the material and social environments in which we live today" (Giddens 2009a: 27). Mit der professionellen Sachkenntnis (expertise) bezieht er sich hier explizit auf Eliot Freidson (1986) und seine Studie über die Institutionalisierung formalen Wissens. Aber insbesondere in seinem Fokus auf die modernen Institutionen unterscheidet der britische Sozialforscher zwischen den Professionellen bzw. Professionsgruppen selbst und den Systemen „in die das Wissen der Experten integriert ist" (Giddens 1996: 41). Die Konstitution und Ermöglichung moderner Gesellschaften durch Expertensysteme stellt wohl den entscheidenden Unterschied zur Funktion der Professionellen an sich dar. Die ‚professionals' (Juristen, Architekten, Ärzte) werden nur gelegentlich – und in besonderen (Krisen-)Situationen – von Professionslaien zu Rate gezogen. Dagegen wirken sich die Expertensysteme in kontinuierlicher Weise aus, in der modernen Gesellschaft sind Personen immer

---

[31] Für Giddens stehen Systeme nicht gleich-‚wertig' – autopoietisch organisiert – nebeneinander. Giddens sieht vor allem bei der Differenzierung durch symbolische Kommunikation Affinitäten zu dem Strukturfunktionalismus nach Parsons oder Luhmann, und unterstellt er Parsons und Luhman einen Kategorienfehler, wenn er ihren Analyserahmen ablehnt, denn „neither power nor language is on a par with money or other disembedding mechanisms. Power and the use of Language are intrinsic features of social action on a very general level, not specific social forms." (2009a: 23) Es gilt Systeme zu identifizieren, die sich gewissenmaßen aus den Intersystembeziehungen herausheben „weil ihnen ganz bestimmte Strukturprinzipien dazu dienen, über Raum und Zeit hinweg ein bestimmtes umfassendes >Gefüge von Institutionen< zu konstituieren. Ein derartiges Institutionengefüge stellt das erste und grundlegendste Identifikationsmerkmal einer Gesellschaft dar." (1997a: 217f.)

in „ein Expertensystem oder eine Reihe von Expertensystemen verstrickt" (ebd.) auf die sich die Personen verlassen. Oder, wie er es wörtlich sagt: „But the systems in which the knowledge of experts is integrated influence many aspects of what we do in a *continuous* way" (2009a: 27). Es sind also nicht die Experten, sondern es sind die Expertensysteme, die neben symbolischen Kommunikationssystemen die moderne Gesellschaft konstituieren. Die Verlässlichkeit professioneller Expertise in einer vormodernen Welt vermittelte ein Gefühl von Sicherheit gegenüber einem nicht beeinflussbaren, gegebenen Raum von Ereignissen. Bei Schicksalsschlägen oder besonderen Ereignisse war es eine Frage des Nutzens oder der Risiken, ob sich ein Laie dem Expertenwissen anvertraute – oder eben nicht. Dagegen ist es in der modernen Welt die „expert knowledge", die „actually creates (or reproduces) the universe of events, as a result of the continual reflexive implementation of that very knowledge." (2009a: 84) Professionslaien können also nach wie vor einen (professionellen) Experten konsultieren. Es steht dem modernen Menschen allerdings nicht mehr zur Wahl, sich den Einflüssen, Konsequenzen und der entbettenden Wirkung der (professionellen) Expertensysteme zu entziehen, „no one can completely opt of the abstract systems involved in modern institutions" (ebd.)

Vor dem Hintergrund dieser Interpretation stellt sich für das professionelle Sozialmanagement nicht mehr die Frage nach Profession(alität) oder nicht. Vielmehr würde Giddens mit den Expertensystemen das Management sozialer Organisationen als einen Teil professioneller Sachkenntnis in den Blick nehmen. Denn es geht ihm nicht mehr um spezifische Berufe sondern um abstraktes Expertenwissen, welches das Zusammenwirken unterschiedlicher Akteure förmlich ‚zusammenbindet'. Als Beispiel aus dem dargestellten empirischen Material soll hier auf Aspekte der Dienstgemeinschaft und Organisation hingewiesen werden. Wie gezeigt werden Entscheidungsprozesse von den Sozialmanagementakteuren zurückverlagert in ‚Deutungs- und Wertegemeinschaften', die sie selbst innerhalb der Organisationen entwickeln. Ein charakteristisches Merkmal dieser Entscheidungskontexte ist, dass die beteiligten Berufsarten nur eine untergeordnete Rolle spielen, es waren von Sozialarbeitern, Erzieher, Verwaltungsfachkräften über Pflege- und Heilerzeihungsassistenten, Krankenpfleger, Psychologen bis Hausmeister und Hauswirtschafter eine nicht zu übersehende Heterogenität an Qualifikationen integriert. Der gemeinsame Nenner dieser Zusammensetzungen ist jedoch das gemeinsam geteilte ‚Arbeitswissen' sowie eine wertgebundene, ‚professionelle' Haltung.

Eine zentrale Rolle bei Giddens Analyse spielt die Unterscheidung zwischen den zentralen Personen des Expertensystems selbst und den Expertensystemen. Diese beiden Elemente sollen nun näher ins Augen gefasst werden, jeweils mit einem Seitenblick auf Vertrauen.

Die sozialstaatlich zur Verfügung gestellten sozialen Dienstleistungen sind in der hier skizzierten Perspektive Teil eines abstrakten Expertentums moderner Gesellschaften, das auch durch die professionelle Expertise gekennzeichnet ist. Am Sozialmanagement kann sehr deutlich gezeigt werden, dass damit natürlich und zuvorderst wissenschaftliches Wissen und die Rationalisierung des gesellschaftlichen Lebens unter humanwissenschaftlichen Vorstellungen gemeint ist. Giddens greift hier auf das Beispiel der Medizin zurück und spricht von „der Einführung professionalisierter Formen der medizinischen Versorgung". Bei der Expertise geht es nicht nur um das wissenschaftliche Wissen, sondern auch um die „Praktiken und sozialen Mechanismen", um Routinen und Orientierungen die im Hinblick auf das Fachwissen der meisten Menschen „gering oder gar nicht vorhanden ist". (1996: 113) Wie bereits weiter oben ausgeführt ist in Expertensysteme eine professionelle Expertise inkorporiert, die nicht nur durch eine Professionellen – Laien Interaktion aktiviert wird. Statt dessen geht es in Bezug auf die professionelle Expertise um jenes systemkonstituierende Wissen, welches „organise large areas of the material and social environment in which we live today" (2009a: 27) und das in einer fortwährenden und kontinuierlichen Weise. Das Vertrauen in die durch Expertensysteme gestaltete Welt richtet sich demnach zwar auf die Kompetenz der Experten, aber viel mehr noch auch auf „the authenticity of expert knowledge which they apply – something I cannot usually check exhaustively myself." (ebd.: 28) Das Vertrauen in Expertenwissen ist ein Vertrauen in das Versprechen oder die Garantie, dass einzugehende Risiken so weit wie möglich minimierbar sind – was nun den Entbettungsmechanismus der Expertensysteme erst funktionsfähig zu machen scheint „because, in common with symbolic tokens, they remove social relations from the immediacies of context." (ebd.)[32] Das Sozialmanagement ist als Repräsentation eines spezifischen Teils des Expertenwissens im System sozialer Sicherung zu verstehen, wie die Kompetenzrekonstruktion deutlich zeigt. Die Sozialmanagementakteure sind die Zugangspunkte zu den Systemen und die Betreiber der ‚backstage'-Strukturen, der Routinen, Kooperationen, Organisationen als Rahmenbedingungen klientenzentrierter professioneller Interaktion. Sie (re)produzieren die soziale Organisation der Finanzierung, der Umsetzung gesetzlicher Vorgaben, der Organisationskooperation und Prozesse. Überdeutlich wird dies bei Planungsprozessen, der Bereitstellung von Dienstleistung nach definierten Bedarfen sowie gemeinwesenorientierten Zugängen. Es wird ein System erstellt und gesichert, welches im Hintergrund wesentliche gesellschaftliche Funktionen übernimmt, ohne dass – im Extremfall – eine Klienteninteraktion nötig ist.

Sozialmanagement spielt darüber hinaus eine zentrale Rolle in der Organisation überorganisationaler Systemstrukturen, wie sie oben dargestellt wurden, hier insbesondere die Absicherung professionellen Handelns in durchlässigen Dachorganisationen, die professionelle Systemorganisation durch Prozesse, die dreifache soziale Schließung durch Vertrauen und die Aspekte der Kontextsteuerung. Auf diese Weise ermöglicht Sozialmanagement die Systemintegration (vgl. H. Esser 2001).

Die Funktion von Sozialer Arbeit als professionellem Expertensystem kann also an den Sozialmanagementakteuren deutlich gemacht werden. Soziale Arbeit als professionelle Expertise im Sinne von wissenschaftlichem Wissen, modernen Praktiken und sozialen Mechanismen, Routinen und Orientierungen ermöglicht und produziert modernes entbettetes soziales Leben durch die Konstitution von Verfahren, Organisation, Wissen, durch die Verantwortungsregulation und durch die Rückbettung abstrakten Wissens in lokale Zusammenhänge. Sozialmanagementakteure halten also einerseits das System in Betrieb, sie werden allerdings auch durch die zunehmende Komplexität des Systems ‚hervorgebracht'.

---

[32] Das Vertrauen in abstrakte Systeme und vor allem Expertenwissen ist von Anfang an ambivalent, es trägt Phänomene sozialer Schließung in sich: „Professions whose claim to specialist knowledge is seen mainly as a closed shop, having an insider's terminology seemingly invented to baffle the layperson" (2009a: 89). Giddens beschäftigt sich in seinen Ausführungen zur Expertise deutlich mehr mit der Frage danach, warum die meisten Menschen in „practices and social mechanisms" (ebd.: 88) vertrauen, über die sie nahezu nichts selbst wissen – über notwendige Differenzierungen zwischen Experten, Spezialisten und Professionelle vertieft er sich nicht.

Mit ihrem spezifischen Zugang zur professionellen Expertise sozialer Dienstleistungsversorgung sind die Sozialmanagementakteure mit ihrer Kompetenz, ihrem Arbeitswissen und dem wissenschaftlichen Wissen ein Produkt der Moderne, die sie fortlaufend produzieren. Sozialmanagementakteure sind an diesen Prozessen leitend beteiligt, weil sie einen ‚privilegierten' Zugriff auf ‚Gestaltungsressourcen' (symbolisch, legitimatorisch, herrschaftsbezogen) haben. Denn sie gestalten die Strukturen auf die sich Akteure in ihrem Handeln beziehen, auf Regeln der Sinnstiftung und Legitimation. Sie nutzen autoritative und allokative Ressourcen. Akteure wenden in ihrem Handeln Interpretationsmuster, Normen sowie allokative und autoritative Kontrollmittel an und reproduzieren so die Struktur, mit der sie sich (dann wieder) konfrontiert sehen. (vgl. A. Giddens 1996: 81)

18.6.2 Aktives Vertrauen und Rückbettung
Der Mechanismus der Entbettung wird durch den Begriff der Rückbettung ergänzt. Giddens führt mit diesem Begriff die „Rückaneignung oder Umformung entbetteter sozialer Beziehungen" ein, durch die sie (die sozialen Beziehungen bzw. Personen, sei es noch so partiell oder vorübergehend) an lokale raumzeitliche Gegebenheiten geknüpft werden" (1996: 102). Es geht hier um die Frage, auf welche Art und Weise abstraktes Expertenwissen in die lokale Alltagspraxis zurückfließt, diese gestaltet und wie Professionslaien sich das in Expertensystemen verankerte Wissen aneignen und die mit ihnen konstituierten sozialen Praktiken ausführen. Der Prozess des ‚disembedding' und ‚reembedding' verändert auf doppelte Weise die Sichtweise auf (professionelles) Vertrauen. Denn erstens geht es im Wesentlichen um das Ersetzen personalen Vertrauens durch Vertrauen in abstrakte Systeme oder Experten – der Aspekt des wohltuenden Vertrauens in Interaktionen mit vertrauten Personen in lokalen Nahbeziehungen entfällt weitestgehend – mit den Folgen psychischer Anfälligkeit. „Vertrauen in abstrakte Systeme ist die Vorbedingung der raumzeitlichen Abstandvergrößerung und der umfassenden Sicherheitsbereiche des alltäglichen Lebens, die die modernen Institutionen im Gegensatz zur traditionellen Welt bieten. Die in abstrakte Systeme integrierten Routineverfahren sind unter Modernitätsbedingungen von maßgeblicher Bedeutung für die ontologische Sicherheit. Überdies schafft diese Situation allerdings auch neuartige Formen psychischer Anfälligkeit, und das Vertrauen in abstrakte Systeme ist in psychologischer Hinsicht durchaus nicht so wohltuend wie das Vertrauen in Personen." (1996: 142). Zweitens wird das wohl zentrale Verständnis ‚professionellen Vertrauens' durch aktives Vertrauen konterkariert, was im Folgenden gezeigt werden soll.
    Es gehört zum Bestand der professionstheoretischen Diskussion, dass die Herstellung von Vertrauenswürdigkeit auf Seiten der Expertensysteme als aktiver Prozess verstanden wird (vgl. G. DiLucio 2005; J. Evetts 2008; F. Schütze 1999). A. Giddens sieht die Vertrauensaktivität der Laien nicht mehr gegenüber Experten oder Nicht-Experten. Für ihn bleibt eine Ausgeliefertheit gegenüber den Expertensystemen außerhalb der zu wählenden Alternativen. Auf Seiten der Laien steht aber nun zur Wahl, welcher der *alternativen* Expertisen (die sich auch widersprechen können) durch Experten unterschiedlicher oder auch gleicher Herkunft vertraut werden soll – dies wird als aktives Vertrauen bezeichnet. Die Menschen – und für ihn auch die Professionslaien – stehen vor der Herausforderung der „Erzeugung aktiven Vertrauens: eines Vertrauens in Andere oder in Institutionen (einschließlich politische Institutionen), das aktiv hervorgebracht und abgestimmt werden

muß." (1997a: 135). Ich gebe hier Giddens noch weiter die Stimme: „Wenn die Vergangenheit ihren Einfluß verloren hat oder zu einem unter vielen verschiedenen Handlungsgründen wird, können bereits eingebürgerte Gewohnheiten das Tun nur noch in begrenztem Maße lenken, während die Zukunft mit ihren zahlreichen offenen >>Szenarios<< das Interesse zwingend in Anspruch nimmt." (ebd.) Giddens sieht die Erzeugung aktiven Vertrauens eben im Kontext einer in der Moderne hergestellten Unsicherheit. Vor allem Expertentum setzt aktives Vertrauen voraus. Expertenmeinungen treten als bestimmte Autoritäten auf, die neben anderen Autoritäten stehen und in vielen Fällen sind Experten durchaus unterschiedlicher Meinung.[33] Mit dem Blick auf die Ärzteschaft wird dies weiter ausgeführt: „Vor dem Hintergrund aktiver Vertrauensmechanismen könnte es aber auch sein, dass sich der Betreffende entscheidend, überdies eine zweit oder eine dritte Diagnose einzuholen. Außerhalb der Schulmedizin gibt es eine Fülle alternativer Behandlungsmethoden und Therapien, die um Beachtung ringen." (1997a: 139) Abstrakten Systemen (und damit sind alle Arten von Expertenwissen gemeint) muss also eine diffuse Wirkung unterstellt werden. Viele Aspekte des alltäglichen Lebens in einer modernen Gesellschaft, unter einem zweifachen Einfluss der Prozesse der Globalisierung sowie der Enttraditionalisierung, beruhen nach Giddens nicht mehr auf der Herausbildung (nicht die Aneignung!) von Fertigkeiten, Wissen und Kompetenzen in lokalen Kontexten, sondern das alltägliche Leben wird mehr und mehr „von Systemen mit Expertenwissen erobert." (1997a: 137)

Die Konsequenzen aktiven Vertrauens sind im Sozialmanagement deutlich zu erkennen. Vertrauen in das Expertensystem sozialer Dienstleistungen ist nicht mehr nur naturwüchsig zu verstehen, sondern muss immer neu hergestellt werden. Die unterschiedlichen Kontexte der Vertrauensgenerierung, die für sozialmanageriales Handeln relevant sind, habe ich bereits an anderer Stelle skizziert (vgl. A. Langer 2006f). Aktives Vertrauen muss aber auch als Kompetenz der Professionslaien genommen werden, Expertise – also professionelles Sonderwissen einerseits, oder professionelle Problemlösungsvorschläge vor dem Hintergrund ihrer Expertise andererseits - zu bewerten. Vertrauen ist so gesehen auch immer Vertrauen in das ‚richtige' Funktionieren eines Systems (A. Giddens 1996). Die ‚Independent living'-Bewegung und ihr Einfluss auf die europäische Gesetzgebung ist ein Paradebeispiel für die Kompetenz der Menschen mit Behinderung (als ‚Professionslaien') das System sozialer Dienstleistungen zu bewerten – bzw. diverse professionelle Expertisen in der Geschichte förmlich vor sich her zu treiben (vgl. dazu A. Langer 2012a).

18.6.3 Die Konstitution sozialer Dienstleistungsstrukturen als lokale (Re)Produktion professioneller Expertensysteme

Die Grundzüge professioneller Expertensysteme für eine moderne Professionstheorie wurden mit dem Zusammenwirken von Ent- und Rückbettung, dem aktiven Vertrauen und der gestaltenden Ressourcenverfügung der Sozialmanagementakteure grob skizziert. Vor diesem Hintergrund kann nun zusammengefasst werden, wie die professionellen Akteure soziale Dienstleistungsstrukturen handelnd diese Strukturen (re)produzieren. Die zentrale These

---

[33] „Alle Formen von Expertentum setzen aktives Vertrauen voraus, denn hier tritt jeder Anspruch auf Autorität neben den weiterer Autoritäten, und oft sind die Experten selbst unterschiedlicher Meinung." (A. Giddens 1997a: 138)

vor dem Hintergrund der Strukturierungstheorie ist, dass professionelle Akteure nicht nur die professionelle Expertise (mit)gestalten, sondern auch die organisationalen Strukturen mit er-handeln. Und diese Dienstleistungsstrukturen sind gekennzeichnet durch eine dreifache soziale Schließung: Die Dienstgemeinschaft (1) die formale Organisation (2) und organisationsübergreifender Struktur (3).

(1) Wie traditionelle Professionen ist auch in der Sozialen Arbeit die Selbstorganisation als Dienstgemeinschaft vorzufinden, die Zuständigkeitsregulierung ist aber längst nicht so ausgeprägt wie z.B. in der Medizin.

(2) Der zweite Aspekt der sozialen Schließung ist die (Mit)Gestaltung formaler Organisation unter Aspekten der professionellen Expertise. Das professionelle Sozial-Management trägt durch folgende Elemente zu dieser Form der sozialen Schließung bei, durch

- die Genese und Sicherung einer professionellen Binnendifferenzierung und die Stabilisierung von Managementpositionen und –kompetenzen.
- den Aufbau und Erhalt von Vertrauen in Prozessen und das strategische Beziehungsmanagement zwischen differenzierten Managementpositionen.
- Machtkonzentration im Zugriff auf die Ressource Wissen durch Expertise, durch die Erhöhung von Informationsasymmetrien und durch die Einnahme von Ratgeberpositionen in lokalen Trägerkonstellationen.
- die Beeinflussung lokaler politischer Entscheidungsstrukturen und somit die Beeinflussung politische Kontextsteuerung.
- den strategischen Aufbau und Erhalt von Pfadabhängigkeiten und somit die Erhöhung der ‚sunk costs' bei Entscheidungen.

Diese Gestaltungsaspekte professionellen Managements stellen keine vollständige Liste dar, aber verdeutlichen den organisationsbezogenen Gestaltungsaspekt und die Strukturierung von Rückbettungskontexten professioneller Expertise. Das Sozialmanagement generiert und sichert mit den beschriebenen Mechanismen einerseits den Ort für professionelle Selbstorganisation und andererseits die Ausprägung formaler Organisation als Rahmen professionellen Handelns.

(3) Professionelle Expertise stellt ein Element der organisationsübergreifenden Kooperation dar. Insbesondere Sozialmanagementakteure greifen in die Wettbewerbsgestaltung zwischen öffentlichen und freien Trägern ein und nutzen dabei die Charakteristika dieser Märkte, vor allem die Homogenität der Ressourcen (vor allem Personalressourcen) und die Inflexibilität der Nachfrage (die Nachfrage ist abgekoppelt von Faktoren des Grenznutzens). Das an professioneller Expertise orientierte Handeln führt zur Generierung und Stabilisierung von überorganisationalen Dienstleistungsstrukturen zwischen Netzwerk und Markt, die durch folgende Charakteristika gekennzeichnet sind:

- Nachfragemonopol: Steuerungsbestrebungen von den jeweiligen Nachfrage-Monopolisten (hier zumeist die öffentlichen Träger) sind mit Wissenskonzentrationen bei Anbietern konfrontiert.
- Angebotsoligopole: der Markt der Anbieter ist politisch reguliert und führt zu einer Begrenzung der Anbieter sozialer Dienstleistungen mit temporärer Öffnung und Verschärfung von Wettbewerbselementen
- Lokale und bereichstypische Differenzierung der Sozialmarktregelungen

- Die Erreichung wechselseitiger Tauschverhältnisse (z.B. Finanzierung gegen Innovation) in der Trägerkooperation vor allem zwischen Nachfragemonopolisten
und Anbietern und Vertrauenskoordination
- Herstellung und Steuerung stabiler Personenkonstellationen über Vertrauen führen
zu sozialer Schließung
- Schaffung informeller Trägernetzwerke und Institutionalisierung von Leistungs-
prozessen in der Kooperation zwischen Anbietern sozialer Dienstleistungen
- Prozessorientierung und multidisziplinäre Integration unterschiedlichster Berufsgruppen
- Sicherung eines Mindestmaßes an übergreifender professioneller Identität und Expertise
- Institutionalisierung der professionellen Organisationseinheit im lokalen Kontext

Die professionellen Sozialmanagementakteure gestalten auf diese Weise eine ‚Bewirtschaftung' sozialer Märkte, die mehrere Funktionen hat. Erstens werden allen Beteiligten
Kosten gespart, die Leistungsanbieter sichern sich zweitens einen einigermaßen sicheren
Zugang zu relevanten Ressourcen, drittens werden im lokalen Kontext Zuständigkeiten
(durch Ausschluss anderer) und viertens Definitionshoheiten gesichert.

18.6.4 Die Allgegenwärtigkeit der professionellen Expertise und ‚life politics'

Als dritten, für die Professionstheorie relevanten Punkt, möchte ich das Konzept der „life-
politics" anführen, vor dessen Hintergrund Expertensystemen und auch Professionalität
eine neue Bestimmung gegeben werden kann. An dieser Stelle werden die jüngeren Schriften von A. Giddens für die Weiterführung professionstheoretischer Diskurse gedeutet – der
Autor selbst äußert sich in diesen Veröffentlichungen nicht mehr dezidiert zu Expertensystemen oder professioneller Expertise. Damit geht es im Folgenden auch nicht um die Bedeutung des Professionsdiskurses in der Strukturierungstheorie, sondern um Konsequenzen
der Moderne für Professionalität.

Giddens begründet seine Modernisierungsthesen unter Bezug auf Studien veränderter
individueller Lebensweisen, wie zum Beispiel die Intimbeziehungen und Sexualität, oder
auf die Analyse der Lebensstile in der globalisierten Welt und vertritt die These, das Problem der modernen Gesellschaft und seiner Wohlfahrtsstaatlichkeit sei heute nicht mehr
Mangel (und die sich darauf ergebenden sozialen Problemsituationen) sondern der Lebensstil (vgl. 2007: 135 ff.). Denn im Rahmen der hier referierten Modernisierungstheorie mündet die „reflexive Modernisierung" im Rahmen einer posttraditionellen bzw. postindustriellen Gesellschaft seit den 1970er und 1980er in einer strukturell veränderten Alltagspraxis. Das alltägliche Leben wird immer radikaler von einer Post-Traditionalität ent-
bunden. Es sind hier wiederum die modernen Expertensysteme mit humanwissenschaftli-
cher Herkunft, die eine Reflexivisierung vorantreiben – und Prozesse wie z.B. die der Globalisierung, die das Problem des Lebensstils aufwerfen. In diesem Kontext wird dann auch
von „positive welfare" (2007: 138) gesprochen, die die „classical welfare" (ebd.: 135) ergänzt oder ablöst. „But in many circumstances in post-industrial societies we are dealing
not with problems of scarcity of resources, but with issues of lifestyle." (ebd.) Mit Lifestyle
kann ein zentrales Feld – neuer – professioneller Expertise und Performanz erschlossen
werden, denn „the solution to such problems nearly all depend on lifestile change on the

part of individuals" (ebd.). Ein etwas längeres Zitat soll hier den Focus umreissen, der dann durch den Focus traditioneller Professionalität kontrastiert wird (s.u.).

> „It refers rather to the habits and orientations people follow in either everyday life – and how these relates to their senses of self, goals and aspirations. Lifestile becomes important in post-industrial societies because of everyday democratization. Most of what we do today is in some sense ,decisionalble': we take decisions each and every day, not against a relatively stable background of engrained tradition or custom, but onne of shifting information. The decision ,what to eat', for example, may for many operate a backdrop of scacity (what efford can afford), but is no longer driven by scarcity." (ebd.: 138)

Die Probleme der postindustriellen Gesellschaften lassen sich nach Giddens nicht mehr allein ,top-down' zu bewältigen, die ,positive Wohlfahrtstaatlichkeit' ist durch eine Mischung aus Anreizen und Sanktionen gekennzeichnet, die Verhaltensveränderungen zeitigen. Giddens untersucht in seinen Werken Strukturen von Intim- und Geschlechterbeziehungen, die Veränderung von Arbeits- und Erwerbsbiografie, das moderne Freizeit- und Konsumverhalten und im Kern die Selbstinterpretation moderner Individuen und kommt zu dem Ergebnis, dass sich in diesen Bereichen die Veränderungen bis hin zur Erosion soziokultureller Vorgaben diagnostizieren lassen. Andreas Reckwitz deutet diese Analyse so, „dass der Akteur die Haltung eines Möglichkeitssinns und der Notwendigkeit der Wahl zwischen Optionen einnimmt, die mit der sozialen Zurechnung individueller Verantwortung für die Konsequenzen von Entscheidungen verknüpft ist. Das Leitmodell dieses reflexiven Akteurs der Spätmoderne und seiner projekthaften Existenz ist die Suche nach „Authentizität", d.h. nach einem Lebensstil und einer Narration des eigenen Lebens, die den als individuell definierten Bedürfnissen und Selbstbildern entsprechen." (A. Reckwitz 2007: 328) Giddens nennt diese Aktivitäten 'life politics': „Life politics (...) is a politics of life decisions. (...) first and foremost, there are those affecting self-identity itself." (A. Giddens 1991: 215) Diese Politik bezieht sich nun eben auf Probleme der personalen Identität und der (Lebensbewältigungs-)Kompetenz der Menschen mit ihrem nun reflexiven Selbst und weniger auf Fragen nach (bürgerlichen) Rechten oder (sozial-)staatlichen Leistungen. Giddens sagt selbst dazu: „The narrative of self identity has to be shaped, altered and reflexively sustained in relation to rapidly changing circumstances of social life, on a local and global scale." (ebd. 1991: 215) In Folge dessen würde sich Professionalität und Lebens-Beratung nicht mehr – vordringlich auf die Sicherung dieser gesellschaftlichen Grundfunktionen, sondern auf die sich abzeichnenden Problematiken moderner Lebensstile (wie z.B. Persönlichkeit, Stil, Partnerschaft, Beruf, Freizeit, Gesundheit usw.) beziehen. Was Reckwitz als eine „Expansion hochmoderner Beratungsdiskurse" (A. Reckwitz 2007: 328) diagnostiziert, bedeutet aus Sicht der Professionstheorie jedoch eine radikale inhaltliche Verschiebung. Es geht sehr wohl um solche Expertensysteme, die bestimmte Wissensressourcen zur Verfügung stellen – die sich allerdings explizit auf Alltagsmethoden beziehen. Vermutet man nun diese Expertensysteme auch als Form von moderner Professionalität, so wird der Unterschied des Giddenschen Professionsdiskurses zum strukturfunktionalistischen Ansatz mehr als deutlich. Ich zitiere eine eher anwendungsbezogene Interpretation der Funktion von Profession aus der praktischen Theologie:

Adressatinnen „sind auf die Verläßlichkeit und Vertrauenswürdigkeit von Professionellen in besonders hohem Maße angewiesen, weil Professionelle außeralltägliche und existentielle Erfahrungen von Individuen bearbeiten. Sie begleiten kranke, trauernde oder sinnsuchende Menschen durch schwierige biographische Situationen hindurch, bieten Deutungsmuster an und vermitteln mit einer persönlich und kulturell relevanten Sachthematik. [...] Um das prekäre Vertrauensverhältnis von Professionellen und Professionslaien [Adressatinnen A.L.] zu schützen, haben die Professionen Professionsethiken entwickelt, die bestimmte Verhaltensnormen garantieren, Verhaltenserwartungen generalisieren und damit der Vertrauensbildung dienen." (I. Karle 2000: 72ff.)

Im Rahmen der ‚life politics' definiert sich Professionalität eben nicht mehr ausschließlich durch außeralltägliches oder krisenhaftes Problemlösungshandeln, sondern durch Deutungsangebote für eine Positionierung des Selbst im Alltag. Es geht um latente – die komplette Biografie umfassende – Fragen nach Identität, Authentizität und Lebensstil in gesellschaftlicher Verantwortung. Die Expertensysteme machen jedoch auch hier konkurrierende Angebote emotionaler oder auch kognitiver Natur, die abermals eine Wahl als nötig erscheinen lassen. Tatsächlich wird jedoch mit diesen Beratungsdiskursen das abstrakte kognitive Expertenwissen der Professionen hinterfragt. Damit darf nicht ignoriert werden, dass das professionelle Expertensystem immer noch seinen Hauptbeitrag zur Sicherung existenzieller Daseinvorsorge und menschenwürdigem Dasein leistet. Dennoch dürfen mindestens zwei an Bedeutung gewinnende Aspekte Sozialer Arbeit nicht vernachlässigt werden. Erstens erleben wir mit den unterschiedlichen Ansätzen der Sozialraumorientierung eine Renaissance der Gemeinwohlarbeit bis hin zur Community-Organizing, die sich eben nicht an individuellen Hilfesituationen orientieren. Zweitens zeigt die Dienstleistungsorientierung generell in die Richtung einer Anpassung der Hilfen an individuelle Lebensentwürfe (vgl. Th. Olk 2008). Drittens erlebt Soziale Arbeit als Beratung eine anhaltende Konjunktur.

A. Giddens expliziert diese Veränderungen und auch die Gestalt angewandter moderner professioneller Expertise an einem umfassenden Beratungsprozess im Gesundheitssystem. Am Problem des Übergewichts demonstriert er die neue Stoßrichtung des Einflusses von Expertenwissen auf die Lebensführung. Eine konzertierte Aktion in Finnland führte zu einer Veränderung der Lebensstile und damit zu einem Rückgang von Krankheiten durch Übergewicht. Diese Veränderung wurde allerdings durch eine umfassende Herangehensweise erreicht, in die möglichst viele der relevanten (Einfluss-)Faktoren eines schädlichen Lebensstiles integriert wurden. Es wurden Informationsbroschüren an die Bevölkerung zu dem Thema verteilt, Fernsehserien produziert in denen Experten zur Gesundheitsversorgung beraten, es wurden lokale Diskussionen über gesundheitsrelevante Probleme initiiert, die im Druck auf den Einzelhandel mündeten, eine größere Anzahl gesündere Lebensmittel zu Sonderangebotspreisen anzubieten. (vgl. A. Giddens 2007: 147)

Damit wurde aus der Richtung der zentralen Akteure eines oder mehrerer Expertensysteme in einer solchen Art und Weise Informationen gegeben, Impulse und ermöglichende Rahmenbedingungen gesetzt, die aus Sicht Giddens auf die Alltags-Rezeption moderner Individuen abgestimmt waren denn der "individual must integrate information deriving from a diversity of mediated experiences with local involvements in such a way as to connect future projects with past experiences in a reasonable coherent fashion" (ders. 1991: 215)

Die empirischen Ergebnisse um das Soziale Management sind hier wiederum an-schlussfähig. Die ‚hierarchische' Binnendifferenzierung professionellen Handelns (Kap. 21) sowie die Expansion koordinativ-managerialer Aufgaben in den sozialen Dienstleis-tungsprofessionen – allen voran die Soziale Arbeit (aber ebenso Pflege, Public Health usw.) zeigen in die Richtung, die Giddens andeutet. Vor allem durch den Dienstleistungsaspekt professionellen Handelns wurde die Qualität professioneller Leistung betont, mit der die Erhöhung von Handlungsoptionen und neuerdings auch die Befähigung der Klienten ver-bunden sein sollte. In der Sozialen Arbeit werden Diskurse um Case- und Unterstützungs-management, Sozialraum- und Gemeinwesenmanagement sowie Organisationsentwicklung bis hin zu Netzwerkmanagement an die Professionalitätsdebatte angeschlossen; Diskussio-nen also, die sich immer weiter von dem direkten Fallbezug mit den Klienten ablösen zu einer professionellen Perspektive als Antwort auf die Herausforderung, Soziale Arbeit für solche Klienten zu gestalten, die niemals direkte Nutzer der Sozialen Arbeit werden. Gera-de die Sozialmanagementakteure sind hier in den Positionen, eine neue Form moderner sozialer Dienstleistung zu entwickeln – professionelle Leistung für die Klienten, die nie-mals einen Professionellen zu Gesicht bekommen, geschweige denn sich als Nutzer in das Hilfesystem integrieren.

18.6.5 Fazit: Professionelles Sozialmanagement als Ausdruck und Beispiel der Modernisierung von Profession(alität)

Die zentrale These, die in diesem Buch dargelegt wird, lautet: Professionell managen be-deutet die Gestaltung einer Struktur sozialer Dienstleistungen und deren Elemente; die Dienstleistungsorganisation, die Kooperation diverser Organisationen und Träger, den (lokalen) Sozialmarkt, organisationsübergreifende Prozesse und eine spezifische professio-nelle Expertise. Professionelles Management referiert somit nicht (ausschließlich) auf eine bestimmte Berufsgruppe oder Organisation sondern handelt bezogen auf ein ‚Mehr': Es ist Bestandteil der Genese, Sicherung und Entwicklung eines professionellen Expertensystems in modernen Gesellschaften. Professionell managen bedeutet unterschiedliche Berufe, Or-ganisationen und Organisationsformen in einer lokalen Dienstleistungsstruktur zu integrie-ren.

Professionelles Sozialmanagement ist vor diesem Hintergrund also Ausdruck, Ergeb-nis und Gestalt einer modernen Form der Professionalität im Sinne der Konstitution profes-sioneller Expertensysteme. An den Sozialmanagementakteuren wurden wesentliche Kenn-zeichen dieser Professionalität herausgearbeitet. Die Professionalität einer sozialen Dienst-leistungsstruktur konstituiert sich nicht mehr an einem bestimmten Beruf, sondern an spezi-fischem Arbeitswissen und wissenschaftlichem Wissen. Professionelles Sozialmanagement schafft dabei Zugangspunkte zu einem System sozialer Dienstleistungen, welches nicht mehr nur in persönlichen Krisensituationen aktiviert wird. Vielmehr werden die wesentli-chen Voraussetzungen für die Entbettung traditioneller Vergesellschaftung und die Rück-bettung moderner Lebensformen in alltägliche Bezüge geschaffen. Sozialmanagement er-handelt reproduzierend die Rückbindung der Akteure an die konstituierenden Strukturele-mente sozialer Dienstleistungen.

Teil D: Methodische und analytische Anmerkungen

In Teil D werden die analytischen und methodologischen Grundlagen der Studie geklärt, das Forschungsdesign dargestellt und ein Überblick über die erhobenen und analysierten Daten gegeben. Die meisten begrifflichen Bestimmungen sowie Hinweise zum Forschungsdesign wurden an das Ende der Arbeit verlegt, soweit diese für das Verständnis im Lesefluss der Arbeit nicht unbedingt notwendig waren.

19 Zur Problemstellung: Leitungshandeln unter der Bedingung der Ökonomisierung

Gerade weil in einer Studie, die sich in der Tradition der 'grounded theory' verortet, keine Begriffe und Hypothesen geprüft werden, ist es notwendig, den Blick, mit dem in ein noch offenes Forschungsfeld im wahrsten Sinne des Wortes 'hineingegangen' wird (z.B. mit der Methode der teilnehmenden Beobachtung), zu reflektieren. Es geht darum zu wissen, was man tut und sieht, zu prüfen mit welcher metatheoretischen Brille man forschend antritt und zu klären, was in dem reichen – zu beobachteten - Alltag fokussiert werden soll.

Auf dem Weg zu dieser Klärung stößt man auf eine theoretische und methodische Diskussion um ein Sozialmanagement, die seit einiger Zeit durch ein Ringen um die Deutungshoheit managerialen Handelns sowie um die 'Besetzung' dieses, sich in einem Bedeutungszuwachs befindlichen Feldes, auszeichnet. So sind es vor allem einige Ökonome und Betriebswirtschaftler, die gebetsmühlenartig anmahnen, dass "(b)etriebswirtschaftliche Fragestellungen, die im Rahmen des Sozialmanagements zunehmend an Bedeutung gewinnen, (...) nur einen geringen Stellenwert" hätten.[34] Ein empirischer Nachweis dieser These wird allerdings an keiner Stelle erbracht – wenn man von der Plausibilität absieht, dass bestimmte Führungspositionen natürlich mit Aufgaben des ‚Finanzmanagements' betraut sind. Die Gegenspieler in diesem ‚Machtkampf' sind diejenigen Autoren und Forscher, die sich bemühen, die Theoriebildung um eine ‚Sozialwirtschaft' in die Bildung einer ‚Sozialarbeitswissenschaft' einzuordnen (vgl. hier z.B. V. Brinkmann 2010) oder jeweils bestimmte Managementmodelle, -methoden oder –techniken in den Bereich des Sozialmanagements zu übertragen (vgl. z.B. H. Fasching / R. Lange 2005). Im Gegensatz zu diesen Auseinandersetzungen könnte man auch von einer Diskussion um ‚Ökonomisierung' und ‚Professionalisierung' (A. Wöhrle 2008) beim Leistungshandeln oder in der sozialarbeiter-

---

[34] Hier z.B. G. Moos mit ihrer Rezension vom 12.04.2005 zu H. Fasching ; R. Lange (Hrsg.): Sozial managen. Grundlagen und Positionen, Haupt Verlag (Bern Stuttgart Wien) 2004, in: socialnet Rezensionen, http://www.socialnet.de/rezensionen/2088.php, (Datum des Zugriffs 01.03.2011). Ähnlich auch B. Halfar z.B. zu einer neuen Veröffentlichung zur Sozialwirtschaft von V. Brinkmann (2010).

ischen Praxis sprechen; genau diese beiden ‚metatheoretischen' Zugänge sollen im Folgenden skizziert werden.

19.1 Von der Ökonomisierung zur Professionalisierung im Sozialmanagement

Im Sozial- und Gesundheitswesen stehen die Berufe und steht das berufliche Handeln nach wie vor unter einem hohen Legitimationsdruck – der häufig mit Phänomenen der ‚Ökonomisierung' gleichgesetzt wird. Im mittlerweile privatisierten, deregulierten , (Neo)Korporatismus' sind durch die Einführung von marktbezogenen Steuerungselementen und die weitgehende Abschaffung des Kostendeckungsprinzip Trägerkonstellationen entstanden, die durch eine hohe Heterogenität und Komplexität gekennzeichnet sind. Nach wie vor werden Steuerungsinstrumente diskutiert und implementiert, die einen Rahmen darstellen, „der zu einer Freisetzung von Effizienzpotentialen führen kann und soll. Eine nennenswerte Effizienzsteigerung wird jedoch nur dann eintreten, wenn für den einzelnen Betrieb hinreichend Druck besteht, effizient zu handeln" (M. Kulosa 2003: 240f.). Verfolgt man diese Sichtweise, dann müssen vor allem NPO im System der Erstellung sozialer Dienstleistungen aktuell vor dem Hintergrund wesentlicher politischer Entscheidungen betrachtet werden. Dies lässt sich hervorragend an der Kinder- und Jugendhilfe nachvollziehen (vgl. T. Bahle 2007; A. Langer 2007). Sie kann als ein Modellbereich der Umstrukturierung des bundesdeutschen Wohlfahrtsregimes betrachtet werden, mit ihren Etappen der Fürsorgeorientierung, bundesweiten Standardisierung durch die Einführung eines separaten Sozialgesetzes (des SGB VIII (KJHG)), Implementierung der Modelle der Neuen Steuerung sowie der Herauslösung aus dem Korporatismus hin zu Trägerpluralität, Privatisierung, Wettbewerbs- und Effizienzorientierung und zur wesentlichen Veränderung der Finanzierungssysteme (vom Kostendeckungsprinzip bis hin zur Leistungsfinanzierung). Die Kinder- und Jugendhilfe kann bei den sozialen Dienstleistungen ebenso wie die Pflege bei den Gesundheitsleistungen als Vorreiter von Entwicklungen verstanden werden, die mittlerweile, teils in radikalerer Form auch in der Behindertenhilfe oder Sozialpsychiatrie vollzogen werden (hier z.B. das Modell des persönlichen Budgets oder die gemeinswesenbezogenen Ansätze der Sozialpsychiatrie).

19.1.1 Ökonomisierung als Rahmenbedingung managerialen Handelns

Ökonomisierung stellt einen zentralen Begriff dar, unter dem die politischen Reformprozesse subsummiert, aber auf den auch die Ursachen und Auswirkung von Veränderungsprozessen im Sozialsektor projiziert werden. Gleichzeitig ist Ökonomisierung ein schillernder Begriff, der außerordentlich unterschiedlich definiert wird. Die folgenden fünf Gebrauchsweisen des Begriffs bilden wesentliche Veränderungen der Rahmenbedingungen professionellen Handelns ab:

- Ökonomisierung kann erstens als ein Phänomen gesellschaftlichen Wandels begriffen werden. Vor diesem Hintergrund definieren Uwe Schimank und Ute Volkmann: „Ökonomisierung bezeichnet einen Vorgang, durch den Strukturen, Prozesse, Orientierungen und Effekte, die man gemeinhin mit einer modernen kapitalistischen Wirtschaft verbindet, gesellschaftlich wirkmächtiger werden." (ebd. 2008: 382) Die beiden Soziologen analysieren unter diesem Begriff Phänomene, die Habermas mit der ‚Kolonialisierung der Lebenswelt' bezeichnet. Als gesellschaftlicher Prozess könnte damit aber auch erinnert werden, dass „Management ein Produkt der Anwendung eines wirtschaftlichen Kalküls auf einen diesem Kalkül fremden Gegenstand, die Organisation, ist." (D. Baecker 2003)

- Besonders im Zuge politischer Reformansätze im Sozial- und Gesundheitswesen muss Ökonomisierung zweitens mit dem Versuch der Durchsetzung von Sparprogrammen gleichgesetzt werden. So hat mit dem fachlichen Perspektivenwechsel mit der Ablösung des Jugendwohlfahrtsgesetzes durch das Kinder- und Jugendhilfegesetz (SGB VIII, KJHG) auch ein Kosten dämpfender Aspekt Einzug gehalten, der sich z.B. durch die Neuordnung der Entgeltfinanzierung (SGB VIII, § 78a-g) ausdrückt. Die mögliche Kostendämpfung wurde durch Einführung von Wettbewerbselementen und Transparenz flankiert und gleichzeitig wurde Qualität als Teil der Leistungsvereinbarungen im Gesetz verankert (SGB VIII, § 78b Qualitätsentwicklungsvereinbarung).

- Unter Ökonomisierung wird drittens auch die Einführung und Durchsetzung neuer Kooperationsstrukturen zwischen den Trägern der jeweiligen Hilfen zusammengefasst. „Das Verhältnis von öffentlicher und freier Wohlfahrtspflege hat sich durch die sog. Effizienzpolitik, d.h. die Ökonomisierungstrends im sozialen Dienstleistungssektor, grundlegend gewandelt. Aus der partnerschaftlichen Zusammenarbeit auf Augenhöhe (...) hat sich eine Auftraggeber/Auftragnehmer-Beziehung entwickelt" (H.J. Dahme / N. Wohlfahrt 2009: 166). Ökonomisierung bedeutet hier kurz gesagt Formen der Neuen Steuerung, die sich an Effizienz und Effektivität orientieren sowie an der Kritik an Organisations- und Angebotsformen, an Qualität und Wirkung Sozialer Arbeit, der Kostenentwicklung usw. Ein zentraler Aspekt von Anpassung und Wandel im Bereich der sozialen Sicherungs- und Versorgungssysteme dürfte dabei übergreifend der (teilweise) Rückzug des Staates sein.[35] Die „Entstaatlichung" der sozialen Sicherung mit ihren drei Dimensionen der *Privatisierung* (Verlagerung von Kompetenzen und Ressourcen auf private Akteure), der *Dezentralisierung* (Verschiebung der Zuständigkeiten auf Regionen und Kommunen) und der *Pluralisierung* (Rückzug des Staates aus Standardisierung und Kontrolle) (vgl. S. Pinch 1997) findet sich in unterschiedlichen Reformansätzen wieder.

- Aus Sicht der Akteure, die eine betriebswirtschaftliche Aufrüstung in der Sozialen Arbeit für nötig halten, bedeutet Ökonomisierung viertens die Einführung und Durchsetzung betriebswirtschaftlicher Unternehmensführung. Dies betrifft die Seite der öffentlichen Träger ebenso wie die der freien. Bei der innerorganisationalen Steuerung kommen dabei betriebswirtschaftliche Instrumente (Kosten- und Leistungsrechnung, Controlling) zum Einsatz. Die Ausgestaltung der Trägerbeziehungen ist gekennzeichnet durch eine weitere Privatisierung der Leistungserbringung, durch die Förderung von Wettbewerb zwischen den Anbietern und durch Kontraktmanagement (Art, Umfang und Qualität der Leistungen werden in Zielvereinbarungen gefasst), Standardisierung, Verpflichtung und Überprüfbarkeit des Leistungskataloges. Unter diesem Ökonomisierungsaspekt werden nach wie vor große Defizite vermutet: „Das System sozialer Ar-

---

[35] Die gegenwärtig zu beobachtenden Reformen des Wohlfahrtsstaates werden im Folgenden nicht als Untergang (vgl. E. Huber/ J. Stephens 2001), sondern als Versuch des Umbaus des Wohlfahrtsstaates gedeutet (F.X. Kaufmann 1997).

beit leidet jedoch trotz dieser Prozesse nicht unter einer ‚Ökonomisierung', sondern unter Ökonomiedefiziten. Erst wenn die wirtschaftlichen Instrumente zum routinisierten Standardrepertoire gehören, wenn die wirtschaftlichen Konsequenzen von Entscheidungen transparent sind, lässt sich die Ökonomie relativieren. Erst wenn die ökonomischen Instrumente zu Hilfeinstrumenten in der fachlichen Entscheidungslogik der Sozialen Arbeit regrediert werden, wird der Primat der Logik sozialer Hilfe dominieren können." (B. Halfar 1999a: 29) Instrumente dieses Ansatzes sind dann auch die Abschaffung des Kostendeckungsprinzips und die potenzielle Insolvenzgefahr der Unternehmen, kaufmännische Buchführung, betriebswirtschaftliche Elemente der Unternehmensführung und die Professionalisierung des Managements.

• Als fachlich ökonomische Richtung der Verwaltungsmodernisierung müssen fünftens mittlerweile die sozialraumorientierten Ansätze gelten, deren Ziel es ist, Fehlentwicklungen der Jugendhilfereform (KJHG) wie auch des NSM zu beseitigen. Als Ziel werden meist fachliche Gründe genannt, der „soziale Raum ist zentraler Fokus für Soziale Arbeit" (W. Hinte 2002: 540). Die Sozialraumorientierung kann aber auch mit Konsequenzen für die Abrechnungsmodalitäten eingesetzt werden: Sozialräumliche Ansätze beinhalten die Einführung so genannter Sozialraumbudgets, was als eine radikale Weiterführung des Kontraktmanagements verstanden werden kann (H. Dahme et. al. 2005: 118). Dies impliziert ebenso die Bindung exklusiver Träger durch langfristige Leistungsverträge.

Diese kurze Übersicht vermittelt einen guten Eindruck darüber, dass der Begriff der ‚Ökonomisierung' für eigentlich jeden Begründungszusammenhang verwendet werden kann und von verschiedenen Lagern jeweils auch interessensbezogen verwendet wird. Die Ökonomisierungsthese bietet jedoch weder einen ausreichenden theoretischen Rahmen, noch einen ausreichend wertfreien Deutungsrahmen, um jenseits von ‚Wünschbarkeiten', normativ aufgeladenen Adaptionsempfehlungen oder Freund-Feind-Schemata eine empirische Studie fundieren zu können. Die damit beschriebenen Phänomene deuten jedoch eine Bedeutungsverschiebung in Rahmenbedingungen und beruflichem Handeln an.

19.1.2 Managementforschung unter Professionsbedingungen

Armin Wöhrle diskutiert im Jahre 2008 einen möglichen Professionalisierungsschub in der Sozialen Arbeit, der sich im Bedeutungszuwachs von Management ausdrückt. So arbeiten z.B. A. Langer / A. Manzeschke (2009; auch Krone et. al. 2009) am Beispiel der Ärzteschaft im klinischen Dienst und der Sozialberufe mit der Binnendifferenzierung und dem Sich-Herausbilden eigener Instrumente (z.B. Vertrauen) parallele Entwicklungen heraus, wie ökonomische Anforderungen von Professionen verarbeitet werden. Trotz ihrer Unvergleichbarkeit scheinen sich diese beiden Berufsgruppen aus zwei Richtungen einer ‚managerialen' Professionalisierung zu nähern: Während sich die Ärzteschaft mit neuen Steuerungspositionen innerhalb der Profession den organisatorischen Anforderungen anpasst, so könnte die Übernahme von Steuerungsfunktionen in den sozialen Berufen eher einen Gewinn an Autonomie gegenüber Organisation und Verwaltung bedeuten.

Während A. Wöhrle mit ‚Professionalisierung' die Kompetenzentwicklung und die Akademisierung von Aus- und Weiterbildung im sozialen Management meint, sieht es Uwe Schimank als dringliche Aufgabe der Professionen an, „dass sie so schnell wie möglich ihre ganze Energie dafür verwenden sollte[n], selbst definierte Kriterien für Qualität, Relevanz und Effizienz ihrer Arbeit zu entwickeln" (U. Schimank 2005a: 160). Die Gefahr besteht für Schimank in der fachfremden Definition von „Qualitätskontrollen, Relevanzanforderungen und Effizienzerfordernissen" (U. Schimank, 2005a: 159).

Binnendifferenzierung, Deutungsmonopole, Kompetenzentwicklung und auch Akademisierung von Aus- und Weiterbildung sind seit jeher zentrale Themen professionssoziologischer Studien. Es stellt sich zusammenfassend die Frage, ob der unterstellte Bedeutungszuwachs von Management im Sozial- und Gesundheitswesen als Professionalisierung oder Entprofessionalisierung verstanden werden kann. Damit würden die Fragen der genannten Zugänge von Schimank, Wöhrle, Langer/Manzeschke oder Krone et.al. aufgenommen und weitergeführt. Es geht einerseits um das ‚Wie' der ‚Verarbeitung' der genannten Kriterien und andererseits um das ‚Wer' – also die Frage danach, welche Akteure hier die entscheidende Rolle spielen oder die Veränderungen (re-)produzieren. Welche Faktoren ein professionssoziologischer Zugang fokussiert, soll im Weiteren skizziert werden.

19.2 Professionssoziologie als Deutungsrahmen für Managementhandeln
In der Entstehung der Professionssoziologie wurde 'Profession' von Arbeit und Beruf unterschieden, als eine spezielle Art und Weise Arbeit zu organisieren und Arbeitskraft zu kontrollieren. Dies wurde im Gegensatz und im Kontrast zu hierarchischer, bürokratischer und managerialer Kontrolle in industriellen und kommerziellen Unternehmen herausgearbeitet. Es wurde dabei argumentiert, dass Profession(alität) dabei einerseits sich in wesentlichen Bestandteilen und Funktionen von der Managerorganisation unterscheidet und dass, vor allem im dritten Sektor, Professionalismus große Vorteile für die Berufsausübenden und die Klienten hätte. "This interpretation of professionalism has a long history and in it professionalism is regarded as an occupational value. But professionalism is changing and being changed as public sector professionals (such as doctors, nurses, teachers, social workers) now work in organizational places of work and where organizational and managerial methods of work and worker control are affecting professionalism." (J. Evetts 2011: 33)

Mit der Aufgabe dieser Blickrichtung verliert die Professionssoziologie jedoch nicht ihren Gegenstand. Stattdessen entwickelt die jüngere anglo-amerikanische und kontinentale Professionsforschung mindestens vier neue Forschungsfoci.

- Erstens arbeitet Julia Evetts im Diskurs um die Professionalität heraus, dass Professionalität mittlerweile in vielen Handlungsvollzügen gebraucht wird und es sich durchaus unterschiedliche Bedeutungsvarianten der Begriffsverwendung über die tradierten Berufsgruppen hinaus finden.
- Zweitens weist Elliott Freidson (2001) darauf hin, dass sich professionelles Handeln nicht nur *disziplinär* (im Sinne fachlicher Spezialisierung) sondern auch *funktional* (im Sinne einer organisationalen Aufgaben- und Verantwortungsteilung) differenziert. Unter den modernen Bedingungen der Ökonomisierung kann unter dem Stichwort einer *organisational-funktionalen Differenzierung professionellen Handelns* das Managementhandeln in ‚professionellen Handlungskontexten' in den Blick genommen werden.
- Drittens werden mit Bezug auf das bundesdeutsche Professionalisierungsmodell (Merten/Olk) aber auch auf Modernisierungstheoretiker wie z.B. A. Giddens gesellschafti-

che Ausdifferenzierungsprozesse als die Durchsetzung professioneller Organisation und Expertise verstanden. Hier steht die Regelung von Problemdeutung und Berufs-ausübung, die soziale Schließung von Kontroll- und Steuerungsmodi sowie gruppen-spezifische Zurechnung von individuellem Handeln im Mittelpunkt.

- Viertens wird verstärkt der Blick auf die Kompetenzen im professionellen Handeln gerichtet, als die Wissensbasis, das Können, Dürfen, Wollen und die Haltung der Ak-teure, die mit Professionalität in Verbindung gebracht werden.

Dieser Deutungshorizont, den die moderne Professionssoziologie einnimmt, wird im nächs-ten Abschnitt weitergehend erläutert. Zuerst sollen jedoch die Fragestellungen der Studie hergeleitet werden – die mit professionssoziologischen Interessen verbunden sind. Die Herausforderungen an ein professionelles Management wurden oben unter dem Schlagwort ‚Ökonomisierung' zusammengefasst. Damit werden die Auslöser für massive Veränderun-gen verstärkt in den Rahmenbedingungen Sozialer Arbeit und des Gesundheitswesens ge-sucht, es dürfen jedoch die ‚systeminternen' Veränderungen nicht vergessen werden. Durch einen kurzen Überblick fasse ich die wichtigsten enogenen Faktoren zusammen, mit denen sich Sozialwesen und Sozialmanagement auseinandersetzen muss.

- Im Rahmen sich verändernder Bedarfe, Problemkonstellationen und einer erhöhten Dynamik im Sozialwesen geht es um das Einlösen der Rationalitätskriterien „Effektivi-tät (Zielbezogenheit und Qualität) und Effizienz (wirtschaftlicher Ressourceneinsatz)" (J. Merchel / C. Schrapper 1996b: 8-9).
- Auch sorgen gestiegene Erwartungen und erweiterte Mündigkeit bzw. Mitbestim-mungsrechte der Bürger (M. Kulosa 2003: 10f.; T. Kurtz 2002) für Legitimations-druck.
- Das anhaltende Wachstum im Sozial- und Gesundheitswesen (H. Anheier 2000; R. Fretschner/ J. Hilbert 2000; M. Schilling 2002: 429ff.) induziert einen nie gekannten Steuerungsbedarf von Verwaltung und Organisation.
- Des Weiteren ist ein ständiger Zuwachs an und Qualifizierungsbedarf von Beschäftig-ten zu verzeichnen (T. Rauschenbach 1999: 29ff.).
- Schließlich geraten die Dienstleister durch Unzufriedenheit mit der Art bzw. den Er-gebnissen der Aufgabenerfüllung und einem Modernitätsrückstand im internationalen Vergleich (J. Merchel/ C. Schrapper 1996a) vermehrt unter Druck.

Beide Faktoren, ‚Ökonomisierung' und ‚systeminterne' Veränderungen, müssen als Rah-menbedingung für die Erforschung des Handelns im System sozialer Dienste gelten. Insbe-sondere wird dabei das Managementhandeln in den Blick genommen.

19.3 Die Fragestellung der Studie

Das Sozialmanagement in Einrichtungen der Sozialen Arbeit – z.B. auch des gewählten exemplarischen Trägers, der BruderhausDiakonie - ist diesen Veränderungen, Rationalitäts-und Legitimationsanforderungen längst ausgesetzt. Für einen exemplarischen Fall ist es sogar das selbstgegebene Motto: „Es liegt in der Tradition der BruderhausDiakonie, soziale Arbeit sowie wirtschaftliches Denken und Handeln zu verbinden"[36] welches die ohnehin bestehenden Fragestellungen im Sozialmanagement nochmals verschärft. Welches Exper-

---

[36] BruderhausDiakonie (2006): Kompetenz-im-detail

tenwissen und welche Handlungskompetenzen sind also einerseits vorfindbar und andererseits also anscheinend notwendig, um adäquat auf die genannten Herausforderungen reagieren zu können? Eine anschliessende Fragestellung ist auch, wie bzw. wo können sich Mitarbeiter und Führungspersonen dieses ‚neue' Wissen und Können aneignen?

Im Jahr 2005 erarbeiteten einige führende Professorinnen und Professoren ein richtungsweisendes Curriculum Soziale Arbeit/Sozialarbeitswissenschaft für Bachelor- und Masterstudiengänge in Sozialer Arbeit (vgl. DGfS 2005). Bemerkenswert dabei muss sein, dass die akademische (Aus-)Bildung einer professionalisierten Planungs-, Organisations- bzw. Controllingkompetenz sowie das gesamte Spektrum des Sozialmanagements in diesem Curriculum nicht zu den Kernkompetenzen und notwendigen Inhalten gehören, die Bestandteil einer Ausbildung in der Sozialen Arbeit sein sollten. Spielt Führung, Leitung und wirtschaftliches Denken in der Sozialen Arbeit tatsächlich eine solchermaßen untergeordnete Rolle, wie dies durch die DGfS vermittelt wird?

Vor dem Hintergrund der aufgefalteten Diskussion zeichnet sich jedoch ein weitaus differenzierteres Bild von Aus- und Weiterbildung (Curriculum) und Kompetenzanforderungen ab: Es lässt sich einerseits eine Professionalisierungsnachfrage in der Sozialen Arbeit konstatieren. Die Konjunktur diverser Aus- und Weiterbildungsgänge in Sozialmanagement und -wirtschaft deutet zwar auf die Weiterführung der akademischen Professionalisierung des Organisationswissens- und der organisatorischen Handlungskompetenzen hin (vgl. B. Finis-Siegler 2003: 46ff.), allerdings ist hier kein Kerncurriculum erkennbar. Andererseits ist es nach wie vor nicht geklärt, welche Qualifikationsanforderungen – im Sinne empirisch erfassbarer Kompetenzen - für ein Sozialmanagement in der Diakonie tatsächlich relevant sind.

Die folgende Abbildung (Abb. 5) zeigt die Situation des professionalisierten Managements zwischen Akademisierung und sozialen Anforderungen:

Abbildung 5: Forschungskonzeption

Quelle: eigene

Vergleicht man nun die Vorschläge zum Curriculum BA/MA und die aktuellen Anforderungen an das Management in der Sozialen Arbeit, lassen sich für ein professionell ausgerichtetes Sozialmanagement zwei Forschungsfragen formulieren, die die Grundlage einer Evaluation über die aktuellen Entwicklungen der Professionalisierung bilden:

Welche Kompetenzen haben sich bei den Führungs- und Leitungskräften in Einrichtungen der Sozialen Arbeit herausgebildet, um die gegenwärtigen Herausforderungen meistern zu können? Welches systematisierte Wissen wird in akademischen Studiengängen zum Sozialmanagement vermittelt? Die adäquate Antwort für Organisationen Sozialer Arbeit unter den Rahmenbedingungen Dynamik, Wachstum und Ökonomisierungsdruck scheint ‚Sozialmanagement' zu sein – oder besser gesagt, die Professionalisierung des Managements sozialer Einrichtungen, Träger, Dienstleister, Verbände und Institutionen.

Das Diakoniewissenschaftliche Institut der Universität Heidelberg (DWI) führte zu dieser Problemstellung das hier kurz skizzierte empirische Forschungsprojekt durch. Die Studie wurde in Kooperation mit der BruderhausDiakonie (Stiftung Gustav Werner und Haus am Berg) Reutlingen sowie dem Centrum für soziale Investition und Innovation (CSI) Heidelberg aufgesetzt, die beide durch ihre Unterstützung das Forschungsvorhaben ermöglichten. Die wissenschaftliche Begleitung sowie organisatorische Anbindung wurde durch das Diakoniewissenschaftliche Institut der Universität Heidelberg (DWI, Prof. Dr. Heinz Schmidt, Prof. Dr. Johannes Eurich) geleistet. Das Projekt endete im September 2009.

Im Rahmen eines sich verändernden Sozialstaates wird hier ein doppelter Professionalisierungsprozess im Sozialmanagement vorausgesetzt: Einerseits deutet die Konjunktur und Nachfrage diverser Aus- und Weiterbildungsmöglichkeiten im Sozialmanagement auf eine akademisch-wissenschaftliche Professionalisierung hin. Andererseits differenzieren sich Leitung und Führung (Management) in öffentlichen und freien Trägern durch spezialisiertes Wissen, Kompetenz, Verantwortung und Aufgaben.

Die Studie will nun zum einen den ‚State of the art' in der Aus- und Weiterbildung im Sozialmanagement im Sinne eines ‚Kerncurriculums' empirisch erfassen und – im Sinne einer Evaluationsforschung - diese mit den beobachtbaren Kompetenzen im diakonischen Sozialmanagement kontrastieren, die mittels qualitativer Sozialforschung rekonstruiert werden. Für das Projekt sind drei Forschungsfragen leitend.

- **Fragestellung A:** Welches professionelle Wissen, welche Handlungskompetenzen und welche wertorientierte Haltung lässt sich bei den Führungskräften in sozialen Dienstleistungsorganisationen rekonstruieren?
- **Fragestellung B:** Welches ‚Kerncurriculum' für Management- und Organisationskompetenzen (insbesondere systematisiertes Wissen) lässt sich aus den Aus- und Weiterbildungsgängen im Bereich Sozialmanagement / Sozialwirtschaft ableiten?
- **Fragestellung C:** Evaluation - Welche Rückschlüsse für die Gestaltung einer adäquaten Qualifikation einerseits und einer praxisrelevanten Aus- bzw. Weiterbildung im Sozialmanagement andererseits lassen sich aus der Analyse ableiten?

20   Skizze zur analytischen und empirischen Fundierung der Forschungsfragen

20.1 Professionalisierung der Managementkompetenzen durch Aus- und Weiterbildung in Sozialmanagement/ -wirtschaft

Professionalität und Profession der Sozialen Arbeit wurde in der Vergangenheit vor allem unter dem Aspekt der Kompetenzen und des Expertenwissens diskutiert. Dies erklärt sich durch die Abwesenheit wesentlicher Merkmale einer typischen Profession wie Berufsverbände, Einsozialisierung in eine exklusive kollegiale Gemeinschaft und Selbstbindung an sanktionierbare ethische Kodizees, Merkmale, die den Merkmalsaspekt und den Status von Profession für die Soziale Arbeit als nachrangig erscheinen lassen (vgl. auch A. Langer 2004). Professionalisierungsbestrebungen in der Sozialen Arbeit müssen deshalb vor allem unter dem Aspekt der Akademisierung und der Entwicklung spezifischer fachlicher Kompetenzen betrachtet werden,[37] die als Handlungswissen und Handlungskompetenzen - in die Praxis umgesetzt - untersucht wurden.[38] Die Frage nach der Organisation bzw. Schließung des Arbeitsmarktes für Soziale Arbeit und nach der Definitions- und Deutungsmacht professionsrelevanter Problemstellungen wurde in der Professionsforschung Sozialer Arbeit seit der Diskussion um ‚Semi-, oder ‚Protoprofession' eher vernachlässigt (mehr dazu unter Punkt 21)

Vor dem Hintergrund dieser akademisierten Professionalisierung soll nun untersucht werden, welches Curriculum eines akademischen Sozialmanagements sich mit der Konjunktur der Aus- und Weiterbildungen in diesem Bereich bereits ‚implizit' etabliert hat. Der Blick auf die Professionalisierungsdebatte ist dabei in zwei Aspekten notwendig und fruchtbar.

- Einerseits folgt die Aus- und Weiterbildungsstrategie im Sozialmanagement dem Leitbild des akademischen Praktikers (hier die Theorieentwicklung nach B. Dewe; H.U. Otto u.a.) und kann damit als Professionalisierungsstrategie verstanden werden, die der Entwicklung in der Sozialen Arbeit weitestgehend folgt: Es geht um die Akademisierung des Berufes und um die Anwendung von Expertenwissen. Wöhrle (2008) vertritt die These, dass die Akademisierung in Aus- und Weiterbildung einen eindeutigen Bezug zum beruflichen Handeln in diesem Bereich hat. Eine These, die mit der vorliegenden Studie empirisch kritisiert wird.

- Andererseits stellt sich im Sozialmanagement die Frage nach der leitenden akademischen Disziplin. Die Diskussion über Sozialmanagement offenbart hier einen impliziten disziplinären Schwerpunkt in (betriebs-)wirtschaftlichen Kenntnissen und einen funktionalen Schwerpunkt in der Unternehmensführung von Nonprofit-Unternehmen. Diese geheime Schwerpunktsetzung in der Literatur findet sich in einer ersten Übersicht auch in den verschiedensten Aus- und Weiterbildungen (vgl. K.H. Boeßenecker 1999).

Nimmt man diesen beiden impliziten Schwerpunktsetzungen als Deutungshypothesen (Lamnek) muss konstatiert werden, dass damit – je nach unterlegter Sozialmanagement-Definition - nur ein Bruchteil der Führungs- und Leitungsaufgaben in der diakonischen

---

[37] Zusammenfassend in der Entwicklung z.B. B. Dewe / H.U. Otto 2001a; 2001b; B. Michel-Schwartze 2002.

[38] Es muss vermutet werden, das diese „Professionalisierungs-Strategie" sich weniger aus den tatsächlichen Bedarfen der Organisationen in der Sozialwirtschaft entwickelt hat, sondern als Gegenstrategie einer zu einseitig klientenzentrierten akademischen Berufsausbildung an Fachhochschulen. Es ist ein breit diskutiertes Problem, dass Professionelle in der Sozialen Arbeit fast ausschließlich als Angestellte in organisationalen Rahmenbedingungen arbeiten. In der akademischen Ausbildung wird ein Expertentum der organisationalen Handlungskompetenzen jedoch kaum systematisiert vermittelt (vgl. H. von Spiegel 2002: 600). Wissen und noch viel mehr Können - so muss vermutet werden - bildet sich eher im Sinne eines ‚learning by doing' aus, resultierend und unterstützt durch Einsozialisierungsprozesse in spezifische Organisationsabläufe. Die Professionalisierung für Sozialmanagement wird konsequenterweise zum wesentlichen Teil in Aus- und Weiterbildungen von Sozialarbeitern verlegt.

Managementtätigkeit abgebildet wird. Abgesehen von dieser ersten Vermutung ist es nach wie vor umstritten, welche Qualifikation, welche Wissensbestände und Kernkompetenzen konstitutiv für ein wissenschaftlich fundiertes und praktisch relevantes professionelles Sozialmanagement sind, sein sollen oder – von Trägerseite - zu verlangen sind. Im Abstand zu rein analytischen Zugängen und Definitionsversuchen, soll die erste Fragestellung durch einen empirischen Zugang bearbeitet werden:

- **Fragestellung B:** Welches ‚Kerncurriculum' für Management- und Organisationskompetenzen (insbesondere systematisiertes Wissen) lässt sich aus den Aus- und Weiterbildungsgängen im Bereich Sozialmanagement / Sozialwirtschaft ableiten? Konkreter muss also die Frage nach dem 'geheimen' Curriculum einer Professionalisierung im Sozialmanagement gestellt werden. Diese Frage kann im Überblick über den Qualifizierungsmarkt empirisch beantwortet werden.

Um diese Fragestellung zu beantworten, wurden sämtliche Curricula deutschsprachiger akademischer Aus- und Weiterbildungen im Sozialmanagement und in der Sozialwirtschaft herangezogen und analysiert. Ziel war es dabei, ein General- oder Kerncurriculum herauszuarbeiten sowie Schwerpunktsetzungen, die sich übergreifend erkennen lassen. Dazu wurden im Sinne eines qualitativen Forschungsansatzes die Curricula der ca. 80 deutschsprachigen Ausbildungsgänge systematisiert, um die impliziten Wissensbestände und Kompetenzen herauszuarbeiten, zu priorisieren und zu typisieren.

Da die Ausbildungskonzepte jedoch nicht nur durch Dokumente abgebildet werden, die Inhalte transportieren, sondern diese Dokumente auch als Ergebnisse eines Aushandlungsprozesses verstanden werden müssen, gehört zum Bestandteil der Curriculumsforschung auch die Analyse ihrer Entstehung(-sgeschichte). Hier ist vorgesehen, drei bis fünf Aus- bzw. Weiterbildungsgänge durch qualitative Befragungen der Hauptbeteiligten auf ihre Aussagekraft zu überprüfen (mehr dazu im Kapitel Forschungsdesign).

20.2 Managementkompetenzen im Führungshandeln Sozialer Arbeit am Beispiel diakonischer Institutionen

Im Sinne einer Evaluationsforschung soll dem Kerncurriculum eine empirische Rekonstruktion der Kompetenzen in diakonischen Trägern gegenübergestellt werden. Es soll auf diese Weise geprüft werden, ob die Aus- und Weiterbildungsgänge Sozialmanagement / Sozialwirtschaft im Allgemeinen und die diakonischen Qualifikationen im Speziellen Wissen, Kompetenzen und Können vermitteln, welches in den diakonischen Einrichtungen und Institutionen nachgefragt bzw. benötigt wird. Ebenso in einem empirischen Zugang wird damit die zweite Forschungsfrage bearbeitet:

- **Fragestellung A:** Welches professionelle Wissen, welche Handlungskompetenzen und welche wertorientierte Haltung lässt sich bei den Führungskräften in sozialen Dienstleistungsorganisationen rekonstruieren? Konkreter kann hier empirisch orientiert gefragt werden, welche Wissensbestände, Kompetenzen, also welches professionelle Expertentum als ein erfolgreiches Sozialmanagement betrachtet werden kann.

Über Organisationskompetenzen im Allgemeinen, Managementkompetenzen in NPO und Wissensbestände und -bedarfe im Sozialmanagement wurde bislang wenig geforscht. Stattdessen ist zu beobachten, dass vor allem Managementtheorie im NonProfit-Sektor zumeist aus der Adaption betriebswirtschaftlicher Erkenntnisse aus dem Bereich der Profit-Unternehmen für den Dritten Sektor besteht. Der Forschungsstand soll im Folgenden zusammengefasst werden.

20.3 Der Forschungsstand zum Sozialmanagement im Überblick
Es würde den Rahmen dieser Ausführungen sprengen, einen Überblick über den aktuellen Forschungsstand im Sozialmanagement zu gegeben (vgl. Wöhrle 2008). Vielmehr skizziere ich kurz analytische und empirische Erkenntnisse, die für die Arbeit an den Forschungsfragen relevant sind sowie zum Forschungsdesign und Forschungsprogramm hinführen (vgl. auch A. Langer 2006a – 2006e).
- (1) Einige eigene empirische Studien zum „Dienstleistungsmanagement" (vgl. S. Krone et.al: 2009; A. Langer 2010) weisen bezüglich wesentlicher Managementkompetenzen jedoch bereits in eine neue Richtung, wie es sich durch eine Befragung unter Leitungskräften freier und öffentlicher Träger in der Jugendhilfe (n=34) andeutet. Zusammenfassend kann hier von der These ausgegangen werden, dass die Adaption betriebswirtschaftlicher Konzepte für das Nonprofit-Management nicht der richtige Weg sein kann. Einerseits erscheint eine gründliche Analyse der jeweiligen Managementposition und Trägerstruktur (A. Langer 2006 a und d) und des zu erstellenden Produktes (A. Langer 2006 b und c) von Nöten, um die Anforderungen an die Managementqualifikationen zu konkretisieren (A. Langer 2006 e). Andererseits zeigt gerade die Einführung des Neuen Steuerungskonzeptes, dass gerade ein 'zuviel' Betriebswirtschaft in Steuerungsinstrumenten sich nicht für NPO und NPM bewährt hat. (vgl. J. Bogumil/ S. Grohs/ S. Kuhlmann 2006).
- (2) Es liegen einige theoretische und empirische Studien vor, die sich bereits mit dem Problem des Sozialmanagement befasst haben. Übergreifend lässt sich hier feststellen, dass es durchweg theoretisch nicht geklärt ist, welche Personengruppe eigentlich zu beforschen ist, wenn es um die Professionalität im Sozialmanagement geht. Zwar wird sehr wohl in der Literatur auf die Unterscheidung zwischen institutionellem/organisationalem und funktionalem Management eingegangen (vgl. J. Puch / K. Westermeyer 1999; H. Schubert 2005a), aus dieser Analyse folgt jedoch an keiner Stelle eine konsequente Differenzierung der in Frage kommenden Akteure. Man kann also erstens davon ausgehen, dass sich zur Bearbeitung der vorliegenden Forschungsfragen ein quantitatives, hypothesenprüfendes Forschungsdesign ausschließt. Es geht darum Neues zu entdecken, der Gegenstand bedarf eines explorativen Forschungsansatzes.
- (3) Vielmehr entscheidet sich der Gegenstand empirischer Forschung an der mehr oder minder pragmatischen Vorgehensweise in den wenigen empirischen Studien zu diesem Thema. Während Cornelia Bader bereits in den späten 1990er Jahren 100 ‚Mitarbeiter der Leitungsebene' in ambulanten und stationären Einrichtungen freier Träger befragte, die nach dem Zufallsprinzip ausgewählt wurden (vgl. C. Bader 1999), greifen Sandra Nüß und Herbert Schubert als Forschungsgegenstand auf Stellenanzeigen für sozialpä-

dagogische Fachkräfte sowie auf telefonische Befragung von 29 Führungskräften der Sozialen Arbeit zurück (vgl. S. Nüß / H. Schubert 2001). Von den 674 Stellenanzeigen beliefen sich nur ca. 20 % auf Leitungstätigkeiten, die Führungskräfte wurden nicht nach spezifischen Kriterien ausgewählt. Stellenausschreibungen und Curricula von Sozialmanagementausbildungen werden ebenso von Sabine Herrenbrück (nach KH. Boeßenecker / A. Markert 2007) als Forschungsgegenstand gewählt, die dann zum Ergebnis kommt, dass die Anforderungsprofile der Stellenausschreibungen mit den Curricula korrespondieren (von K.H. Boeßenecker / A. Markert zitierte Masterarbeit Herrenbrück 2004). Karin Beher, Holger Krimmer, Thomas Rauschenbach und Annette Zimmer greifen wiederum auf Telefoninterviews mit Führungskräften gemeinnütziger Organisationen zurück (vgl. K. Beher et.al 2007). Dabei wurden mehr als 2000 haupt- und ehrenamtliche Führungskräfte interviewt und quantitativ ausgewertet (73% ehren- 27% hauptamtlich). Mit diesem Forschungsdesign wurde also jeweils auf die hierarchische Spitze allerdings außerordentlich unterschiedlicher Träger zugegriffen. (Organisationstrukturell gesehen dürfte sich in dieser Studie ein Geschäftsführer mit drei freien Beschäftigten auf der gleichen hierarchischen Ebene befinden wie ein Vorstand eines Wohlfahrtskonzernes mit über 3000 Angestellten.)

- (4) In der Studie „Berufsbild und Qualifizierung von Leitungskräften in der Sozialen Arbeit" (R. Biesenkamp / J. Merchel 2007) wird die Kompetenzheuristik der Sozial-, Methoden-, Fach- und Persönlichkeitskompetenz variiert und es werden 12 Aufgabenbereiche von Leitungstätigkeit entworfen, die dann durch eine schriftliche Befragung und Gruppengespräche zu 11 Leitungsprofilen verdichtet werden. Diese Studie gibt nur wenig Aufschluß über die methodologischen, grundlagentheoretischen und foschungsleitenden Annahmen, stellt jedoch die zu diesem Zeitpunkt informativste und innovativste Studie in diesem Bereich dar. Ohne den Kompetenzbegriff abzugrenzen arbeiten die Autoren wesentliche Aufgabenbereiche im sozialen Management heraus und bewerten diese implizit durch die Befragung von Leitungskräften. Die Adressaten der Befragung sind Akteure aus dem mittleren Management und das sog. ‚Gesamtmanagement' (welches nicht näher definiert wird). Als Schlussfolgerung unterscheiden die Autoren bei ihren handlungsbezogenen Empfehlungen zwischen Wissensvermittlung, Kompetenztraining und Persönlichkeitsentwicklung. Die Erkenntnisse werden schließlich in allgemeine Managementkonzepte und –instrumente eingebettet, ohne die Spezifika des Bereiches sozialen Managements zu berücksichtigen.
- (5) Eher zufällig werden in der neuesten Studie aus der Tübinger Schule (vgl. C. Flad/ S. Schneider / R. Treptow 2007) Führungs- und Leitungskräfte fokussiert. Die ausführliche Darstellung beruht dann allerdings auf ca. zwei leitfadengestützten Interviews für den jeweiligen Arbeitsbereich.
- (6) Als Gundlage dienen selbstverständlich auch die managementtheoretischen Nonprofit Erkenntnisse aus dem ango-amerikanischen Raum, wie sie beispielhaft im „handbook of human services management" (R. Patti 2009) versammelt sind.

Aus den Erfahrungen eines Forschungsprojektes zur Umsetzung von Verwaltungsreformen und deren Auswirkung auf professionelles Handeln (vgl. S. Krone et.al. 2009) müssen die genannten Studien jedoch inszenierungstheoretisch hinterfragt werden. Die Erfahrung mit

Experten in Leitungs- und Führungspositionen in öffentlichen sowie freien Trägern war, dass die Fähigkeit (und Bereitschaft) zur Inszenierung und Darstellung der Entwicklungen in den jeweiligen Organisationen größer wurde, je höher die Position des Befragten in der Hierarchie verankert war. Erst durch die Konfrontation der Aussagen der Führungskräfte mit den Aussagen der professionellen auf der operationalen Ebene konnten die Prozesse und Reformaktivitäten rekonstruiert werden und Verzerrungen herausgearbeitet werden. Datenerhebung durch Interviews mit Führungskräften stellen also eine Herausforderung dar, der durch zwei methodologische Entscheidungen begegnet werden kann. Einerseits durch narrative (Tiefen-)Interviews und andererseits durch teilnehmende Beobachtung. Zusammenfassend lässt sich feststellen, dass eine – in dieser Art - kompetenztheoretisch orientierte Studie zum Sozialmanagement eine Forschungslücke darstellt.

21 Metatheoretische Fokussierung: Profession(alität), Management, Organisation

21.1 Grundüberlegungen zum Forschungsdesign

Die geschilderten Fragestellungen wurden im Rahmen des Forschungsprojektes „Professionelles Sozialmanagement zwischen Akademisierung und diakonischer Identität" bearbeitet, welches unter professionstheoretischen Vorannahmen von April 2007 bis September 2009 durchgeführt wurde.

Die Bearbeitung der Forschungsfragen erforderte ein empirisches Forschungsdesign, mit dem auf Gegenstandsbereiche zugegriffen wird, die bislang erst kaum im Mittelpunkt empirischer Studien standen. Deshalb bietet sich hier die Methode der qualitativen Sozialforschung an. Als Rahmen der Studien soll die Evaluationsforschung gewählt werden: Es geht um die Beurteilung und Bewertung der Curricula im Sozialmanagement / Sozialwirtschaft vor dem Hintergrund professioneller Kompetenzen der Sozialmanagementakteure in diakonischen Sozialdiensten.

Soll angesichts einer ‚Begriffsgeschichte' der Profession über die Frage nach der Professionalität beruflichen Handelns empirisch gearbeitet werden, bieten sich drei Herangehensweisen an, eben dies zu organisieren. Die erste Möglichkeit besteht darin, gewissermaßen ethnographisch vorzugehen. Dies würde mit der Rekonstruktion der empirischen Realität beginnen und in den Versuch münden, die festgestellten Gemeinsamkeiten und Unterschiede mit Bezug zu bestehenden Konzeptualisierungen theoretisch zu fassen. Zweitens besteht die Möglichkeit, durch eine der vielen Spezial-Professionssoziologien die Kriterien festzulegen, die für Professionalität gelten sollen, um dann zu prüfen, inwieweit „die empirische Realität mit dem theoretischen Entwurf übereinstimmt" (M. Meuser 2005: 253). Die dritte Alternative empfiehlt die Vorgehensweise, durch verschiedene theoretische Konzeptionen informiert zu sein, aber gleichzeitig die empirische Beobachtung zu *fokussieren* (vgl. M. Lueger 2000: 107). Die Ethnographie des professionellen Handelns findet in diesem Sinne vorselektiert statt. Mit dieser Strategie wird die Heuristik offen gelegt, die hinter einer Forschungsfrage steht. Die Beobachtung der empirischen Realität erfolgt nicht wahllos, sondern es wird unter einem *bestimmten* Fokus auf den zu untersuchenden Gegenstand geblickt. Im Kontext dieser dritten Alternative steht das hier gewählte Forschungsdesign.

21.1.1 Profession als Zuständigkeitsorganisation, Kompetenzbildung und Expertise
Der Professionssoziologie geht ihr Gegenstand verloren. Das behauptet zumindest M. Schmeiser (2006) der dabei aber nicht erwähnt, dass den Begriff ‚Professionalität' in den unterschiedlichsten Kontexten eine andauernde Konjunktur auszeichnet. Denn mit ‚professionell' wird nach wie vor eine besondere berufliche Tätigkeit bezeichnet, eine, die irgendwie spezialisiert ist, sich von anderen abhebt und ein Können bis hin zu einer Haltung erfordert, die anscheinend weder Laien noch beruflich nicht so versierten Personen zugeschrieben wird.

Die Konzepte der Profession (als Institution), Professionalität (als Kompetenz) und Professionalisierung (als Prozess) haben vor allem in der anglo-amerikanischen Soziologie eine beträchtliche Bedeutung erfahren. Die soziologische Professionsforschung hat dabei an dem Schlüsselbegriff der Professionalität angesetzt. Professionalität als Wert spielte für die Analyse der Stabilität und Zivilgesellschaft eine entscheidende Rolle (z.B. A. Carr-Saunders/ P. Wilson 1933; T. Marshall 1950). In dieser Tradition wurde Professionalität als ein wichtiger und unverzichtbarer beruflicher Wert angesehen. Professionelle Beziehungen wurden charakterisiert durch kollegiale Steuerung und Kontrolle, Kooperation und gegenseitige Unterstützung (vgl. J. Evetts 2005), der gesellschaftliche Wert professioneller Leistung als die Absicherung als wertvoll erachteter Gemeinwohlgüter. Wird also Management und Professionalität fokussiert, so ist im Sinne einer Heuristik (vgl. V. Olgiati 2006) zuerst darzulegen, welche Konzepte dazu in der Professionsforschung schon vorhanden sind. "But values change", wie Andrew Abbotts fast lakonisch feststellt – doch ändern sich damit auch die Professionen?

21.1.2 Profession und Organisation
Besonders unter Knappheitsbedingungen und Rationalitätszwängen in den Rahmenbedingungen professionellen Handelns kehrt nun die Beschäftigung mit Organisation zurück in den weiteren Diskussionszusammenhang der allgemeinen soziologischen Professionstheorie (vgl. V. Tacke/ T. Klatetsky 2005; T. Klatetsky 2010). Günter Ortmann bricht in diesem Diskussionszusammenhang mit der Ausschließlichkeit entweder professioneller oder marktlicher/administrativer Organisation. Statt dessen expliziert er drei Organisationstypen, die mit Professionen zu tun haben: (1) „die „normale" Organisation, die sich, wenn auch nicht überwiegend, Professioneller bedienen, (2) professionelle respektive Kollegialorganisationen wie Anwalts- oder Architektenbüros, die ganz überwiegend mit Professionals besetzt sind und (3) Professionsverbände" (G. Ortmann 2005: 287). Damit verschiebt sich das zentrale Legitimationsproblem und damit auch die professionelle „Kompetenzdarstellungskompetenz" (M. Pfadenhauer 2003) von der Inszenierung professioneller Gemeinwohlbezüge hin zu organisationsrelevanten und –verwertbaren Qualitäts- und Leistungsbezügen.

Die zentrale Frage hinter der Diskussion um Profession und Organisation ist jedoch das Problem, wer eigentlich das Kontroll- und Ordnungssystem bereitstellt und in Betrieb hält, durch welches professionelle Leistung reguliert wird (vgl. A. Buchner-Jeziorska / J. Evetts 1997). Es ist die zentrale Frage nach der „Division of Expert-Labour" (A. Abbott 1988), nach „The Practice of Knowledge" (E. Freidson 2001), nach der Ordnung und Kontrolle der Professionellen und letztlich nach Macht und Autorität. Die professionellen Akteure können dabei seit jeher als diejenigen gesehen werden, die durch ihre Arbeitskraft – hier insbesondere ihr Wissen und ihre professionelle Expertise – in einer Austauschbeziehung mit Organisationen stehen. Wesentlich ist dabei einerseits das Konzept der Arbeit und andererseits das Konzept der Kontrolle professioneller Leistung.

Betrachtet man professionelle Leistung als Arbeit, so zeigen sich verschiedene Alternativen eben diese zu organisieren. „Work can be defined as a set of tasks (A. Abbott 1988) or as an implementing of all technologies in order to alter energy, information or a raw material, whether personnel, symbols or things (G. Gourdin / R. Schepers 2011: 165). Dieses Konzept von Arbeit in der Moderne wird komplettiert durch die Koordinations- und Kontrollfunktion, die Organisation ausführt. Organisationen, kontrollieren Arbeit als bewusste Beeinflussung von Aktivitäten zur Erreichung spezifischer Ziele. Die Organisationsformen ‚Bürokratie' oder ‚professionalism' ermöglichen eben diese Kontrolle von Arbeit und Arbeitenden, so unterschiedlich ihre Mechanismen auch sein mögen (vgl. A. Abbott 1988; J. Evetts 2006; E. Freidson 2001). G. Gourdin und R. Schepers (2011: 166ff.) arbeiten heraus, dass Organisationen die Arbeitsteilung ebenso ermöglichen, wie die Verteilung von (Verfügungs-)Rechten. Beides ist ein Problem der Ausübung von Macht, denn „organizations are political structures operating by the distribution of authority" (ebd.: 166), was zur zentralen Frage des Managements zwischen Bürokratie und ‚professionalism' führt: „Who supplies and operates the system of regulation? In the end, then, the question of regulation and control, is related to the issue of power and authority. This means that domination and organization are interrelated" (ebd.: 166). Der viel diskutierte Gegensatz zwischen autonomer Professionsorganisation und formaler Bürokratie verdeckt – integriert man das Problem des Managements der ‚Ordnung' – eigentlich die Frage danach, ob professionelle Gruppen ihre Kontrolle über die professionelle Arbeit und Arbeitenden von ihrem Kerngeschäft ins Management ausdehnen können „literally to make the arena of organizional steering their property" (G. Gourdin / R. Schepers 2010: 167). Mit der Übernahme dieser Aufgabe würden Professionen – im idealtypischen Sinne – nicht nur eine soziale Schließung bewirken (die Zuständigkeit und exklusive Kontrolle über professionelle Ressourcen durch die Profession). Vielmehr hätten damit Professionsgruppen die Tendenz, (bürokratische) Organisationen, in denen sie arbeiten, zu beeinflussen, „to model it according to their own standards" (G. Gourdin / R. Schepers 2010: 168). Professionelle treten damit in eine politische Auseinandersetzung mit den (rechtlichen) Eigentümern der Organisation ein und in eine Auseinandersetzung um die in der Organisation verankerten (Verfügungs-)Rechte – mit allen Konsequenzen der inner- und interorganisationalen Differenzierung und Verteilung von Arbeit und Entscheidungsmacht. Die politische Perspektive auf professionelle Gruppen betont, „that professional groups, in order to impose a closure at organisational level will initiate a political struggle to influence regulation." (G. Gourdin / R. Schepers 2010: 167). Diese Perspektive fokussiert jedoch nicht die Frage, wie sich professionelle ‚agency' in diesem Prozess selbst verändert.

Fokussiert man das Problem der Kontrolle professioneller Leistung, so kommt die Frage nach Steuerung über Person oder Organisation in den Blick. Anna Henkel rezipiert die Frage nach dem Grundelement der Soziologie als die Frage nach der „freigestellten Person" als die Reflexion einer „marginalisierten Zurechnungsadresse" (Henkel 2011). Für die professionssoziologische Analyse bedeutet dies, dass Organisation die Absicherung wesentlicher Leistungsaspekte der Profession übernimmt. Am Beispiel der Pharmazie zeigt Henkel, dass Pharmazieunternehmen als Organisation das moderne Pendant der Absicherung professioneller Rollen in der strukturfunktionalen Profession zu betrachten ist. Damit geraten Personen in der Rollenwahrnehmung als Zurechungsadressaten von Verantwortung, Normkonformität und gesellschaftlicher Steuerung und Integration gegenüber formaler Organisation und standardisierten Objekten aus dem Blickfeld. Die soziologische Erklärung befreit sich gleichermaßen von Personen, als die Garanten der Funktionsfähigkeit moderner Gesellschaften.

Der Gegensatz Profession und Organisation verweist also auf die Theorie moderner Gesellschaften. Dieser droht der Personenstatus je unwichtiger zu werden, je weniger die Integration und Steuerung von Gesellschaft und ihren Systemen auf Personen zurückgeführt werden kann. Die Giddensche Strukturationstheorie versucht ja bekannlicher Weise eben diesen Gegensatz zu überwinden. Als organisationstheoretische ,Meta-Theorie' steht dieser Ansatz für die Vermittlung zwischen Handlung und Struktur, die die Organisatioinsforschung nachhaltig beeinflusst hat (vgl. Walgenbach 2005). Bis hierher sind verschiedene Alternativen der Verhältnisses Profession und Organisation benannt und noch nicht entschieden: Profession oder Organisation, Profession als Organisation, Profession in Organisation usw. Wie ab Kapitel 17 ausgeführt wird, erscheint die Perspektive Profession und Organisation unter managementsoziologischer Sicht am weitergehendsten. Professionelle Akteure sind nur in beschränktem Maße bereit, sich in und für eine Organisation zu engagieren. Professionelles managen ist ein Handeln über die Grenzen der eigenen Organisation hinaus, welches Organisation gleichzeitig mit-gestaltet und von ihr orientiert wird, welches Organisation und seine Ressourcen nutzt sowie gleichzeitig als organisationale Ressource integriert wird.

21.1.3 Binnendifferenzierung in der professionellen Arbeitsteilung

Sich wandelnde Werte in modernen Gesellschaften kommen letzlich auch in deren Differenzierung zum Ausdruck. Es ist ein viel besprochenes Phänomen, dass sich in der Arbeitsgesellschaft auch die Berufe und Professionen differenzieren, die Vielzahl hochspezialisierter Studiengänge gibt darüber Ausschluß. Aber es vollzieht sich innerhalb der Professionen nicht nur eine fachliche Aufgliederung, sondern es zeichnet sich auch eine ,hierarchische' Binnendifferenzierung ab, wie es sich in einigen internationalen Studien zu professionellem Handeln im Gesundheits- und Sozialwesen andeutet (B. Borghetto 2006; M. Robelet 2007; A. Langer 2007; L. Svensson 2006; W. Vogd 2006; S. Grohs 2007; A. Liljegren 2007). Es ist eine offene Frage, ob die Herausbildung von Managementpositionen im Bereich professioneller Berufe auch eine weitere binnenprofessionelle Differenzierung bedeutet, ob sich dadurch ein neuer Berufstand konstituiert, ob sich Berufsausübende dadurch aus dem Kern der Profession hinausbewegen oder ob sich z.B. auch eine neue Organisiertheit selbst von traditionellen Professionen abzeichnet.

Diese Studie ist von der Annahme geleitet, dass das administrative Handeln in professionalisierten Berufen einem Wandel unterzogen ist, der sich als hierarchische Binnendifferenzierung darstellt. Dies lässt sich exemplarisch an zwei aktuellen empirischen Studien zeigen: Im Kontext der DRG (Einführung von diagnoseorientierten Fallpauschalen zur Abrechnung der stationären Gesundheitsversorgung) zeigt A. Manzeschke (2006; 2008), dass sich für Angehörige der „Ärzteschaft" durch einen Wechsel in den Verwaltungsbereich neue ‚Karrieremöglichkeiten' bieten. Die Rahmenbedingung dafür ist die zunehmend am ökonomischen Erfolg orientierte organisationale Steuerung des Krankenhauses. Dies wiederum ist ohne neue – manageriale – Kompetenzen, z.B. der möglichst optimalen Codierung von medizinischen Leistungen und damit verbunden ein effizienzorientiertes Abrechnungssystem, implementierbar. Um die Organisation des Steuerungshandelns, welches medizinisches Wissen mit betriebswirtschaftlicher Kompetenz verbindet, bildet sich das Leitbild eines neuen medizinischen Managementakteurs auch unterhalb der Krankenhausleitung – in Positionen des Medical-Coders oder DRG-Beauftragten. Die Profile dieser organisationalen ‚Managementrollen' scheinen quer zu einem klassischen Professionsverständnis zu liegen.

Im Kontrast zur Ärzteschaft liegen die Auswirkungen von Verwaltungsreformen auf professionelles Handeln in der Sozialen Arbeit. Hier deutet sich eine ‚Binnendifferenzierung' in drei ‚institutionelle' Ebenen an, den Practitionern, dem eher operationalem Management (z.B. Koordination oder Fallmanagement) und der Geschäftsführung / Unternehmensleitung (z.B. dem Sozial- bzw. Publicmanagement, vgl. A. Langer 2007). Diese Binnendifferenzierung kann sich bekanntlicher Weise nur aus einer anderen Ausgangssituation wie die Ärzteschaft entwickeln. Dennoch zeichnen sich im Gesundheits- und Sozialbereich durchaus vergleichbare Wandlungsprozesse ab.

Als These lässt sich aus den vorläufigen Studien ein abstrahierendes Modell der neuen professionellen Binnendifferenzierung ableiten. Am Beispiel des Krankenhauses und der Kinder- und Jugendhilfe werden differenzierte Aufgaben- und Entscheidungskompetenzvertreilungen auf Positionen des strategischen, fallkoordinierenden Managements erkennbar.

Tabelle 12: Professionelle Binnendifferenzierung

	Kontext Krankenhaus	Kontext Kinder- und Jugendhilfe	Phänomen: Aufgaben- und Entscheidungskompetenzverteilung
(1) strategisches Management	Verwaltungs-, Bereichs-, Abteilungsleitung	Sozialmanagement / New Public-Management	Betriebswirtschaftliche Organisations- bzw. Bereichsführung
(2) fallkoordinierendes Management	Medical-Coder / DRG-Beauftragte	Case-Management / Koordination	Ökonomische Optimierung des Behandlungseinsatzes, Organisation der Versorgungskette
(3) Professionelle ‚Practitioner'	Behandelnde (Fach-) Ärzte	Leistungsart bezogene Fachkräfte	Vorgabenorientierung und Entlastung im Klientenkontakt

Quelle: nach A. Langer / A. Manzeschke 2009

Die Ausgangsposition, aus der sich beide Berufsgruppen einer solchen ‚managerialen Binnendifferenzierung' annähern, ist ebenso von Bedeutung. So zeichnet sich für den Bereich der Sozialen Arbeit eine Erweiterung von Entscheidungsmacht an, wenn Leitungspositionen und eine Professionalisierung durch manageriales und ökonomisches Wissen einen Bedeutungsgewinn verzeichnen können. In der Medizin könnte die Kompetenzdifferenzierung eher Deprofessionalisierung der leitenden Ärzteschaft bedeuten, wenn damit ein Verlust bestimmter Entscheidungskompetenzen einhergeht. Das ökonomische Wissen spielte bei den traditionellen Positionen eine untergeordnete Bedeutung und hatte eher irritierende Wirkung. In der nachfolgenden Tabelle wird die These der ‚doppelten Kompetenz' zusammengefasst.

Tabelle 13: Professionalität und doppelte Kompetenz

	Kompetenz als Wissen und Können	Kompetenz als Verantwortlichkeit und (Letzt-)Entscheidungsbefugnis
Professionelles Management	- interdisziplinäre Reflexion zwischen Politik, Ökonomie und Fachlichkeit	- politische Strategie und Kontraktmanagement - Unternehmensführung - Budget- und Kontraktmanagement
Professionelle Fall-Koordination	- Planung, Organisation, Kontrolle und Koordination des Ressourceneinsatzes	- Überwachung und Entscheidung des Ressourceneinsatzes und Marktkontrolle - Personalführung
Professionelle Interaktion	Hoch spezialisierter Methodeneinsatz	Methodeneinsatz innerhalb der Rahmenbedingungen

Quelle: A. Langer / A. Manzeschke 2009)

Mit der These der Binnendifferenzierung wird der Fokus auf die Analyse einer doppelten Kompetenzausprägung gelegt. Es geht im ersten Sinn um die Entscheidungskompetenz als Verteilung von Zuständigkeit, Deutungs- und Entscheidungsmacht und im zweiten Sinn um die Handlungskompetenz der Akteure, also um Wissen, Können und Handlungspotential.

21.1.4 Binnendifferenzierung aus dem Blickwinkel der Managementdiskussion

Aus der Perspektive einer (eher betriebswirtschaftlich orientierten) Managementtheorie kann diese sichtbare Form der Arbeitsteilung unterschiedlich gefasst werden. Das ‚alte' institutionelle Management im Sinne des tayloristischen "Scientific Management" konzeptualisiert die Steuerung von Organisationen und deren Teileinheiten. Während im Sinne der Ausbau- und Ablauforganisation die positionale ‚mechanistische' Aufteilung von Weisungsbefugnissen, Verantwortung und Entscheidungsmacht eine *Machtverschiebung* innerhalb der Profession bedeuten würde, kommt in der funktionalen Sichtweise eher die Frage nach den Managementkompetenzen in den Blick, denn es geht hier um die „Planung, Organisation und Kontrolle" von Leistungserbringung (W. Staehle 1999).

Die Managementsoziologie bringt anstelle des Machtbegriffs den der Herrschaft ins Spiel. Herrschaft wird hier für Phänomene in Anschlag gebracht, „für welche die freiwillige Anerkennung und die Einsicht in die (begründbare) Geltung einer Ordnung – in die Über-, Unterordnung und Weisungsbefugnis des Managements – konstitutiv ist." (M. Pohlmann 2002: 236). Versteht man die Annahme der Herrschaftssoziologie radikal, nämlich dass Hierarchie und ‚Vorgesetztheit' nicht ohne die freiwillige Anerkennung der Untergebenen aufrechtzuerhalten ist, muss berechtigterweise auch von Führung von unten gesprochen werden (vgl. ebd.).

Während also dem ökonomisch orientierten Managementbegriff eine fast ‚mythische' Verklärung des Führungshandelns implizit ist, hinterfragt die Managementsoziologie die ‚ideologischen' Vorannahmen in Managementbegriffen, wie z.B. die „Ideologie der technischen Machbarkeit, die Vorannahme einer grundsätzlich vorausgesetzten Überlegenheit der Führungsspitze" sowie dem „Postulat (eines) wertfreien Managements" (A. Langer / A. Schröer 2010: 23). zu bedenken. Diese Vorannahmen werden in der modernen Managementliteratur kritisch diskutiert – jedoch ist eine Rezeption der Kritik durch die ökonomisch orientierte Sozialwirtschaftsforschung kaum zu sehen, wie es hier an dem Konzept eines entwicklungsorientierten Managements gezeigt werden soll. „Das Konzept des Entwicklungsorientierten Managements strebt die Effektivität (Wirksamkeit) und Effizienz (Wirtschaftlichkeit) einer" sozialen Einrichtung an. „Allerdings geht es eben nicht von einer grundsätzlichen Steuerbarkeit von Organisationen aus, sondern sieht Organisationen als Gebilde an, die zwar beeinflussbar, aber nicht in engerem Sinne steuerbar sind. Insofern bedeutet Entwicklungsorientiertes Management eine Vorstellung davon zu entwickeln, wie sich eine Organisation unter Berücksichtigung ihrer Identität aktiv verändern kann, welche Aufgabenbereiche zur Wertestruktur der Organisation passen, worin die besonderen leistungsbezogenen Qualitätsmerkmale liegen und wie eine effektive Kommunikation mit allen Ansprechpartnern zu erreichen ist" (K. Grunwald/ E. Steinbacher 2007: 89f.). Die beiden zitierten Autorinnen nehmen nicht auf die Managementsoziologie Bezug, die hier noch radikaler formuliert. Anstatt den Führungskräften die Autorität gegenüber einem unsteuerbaren Gebilde grundsätzlich vorauszusetzen, geht die Soziologie von einer Autorität aus die zugewiesen wird und „als Zurechnung von Weisungs- und Beratungskompetenz auf eine Person verstanden werden" (M. Pohlmann 2002: 237) kann.

Die Abkehr vom klassischen Management bedeutet hier:

- Führungskräfte sind nicht nur „angewiesen auf die rechtzeitige und angemessene Einbeziehung von MitarbeiterInnen im Sinne einer sozialen, kommunikativen und reflexiven Kompetenz" (K. Grunwald/ E. Steinbacher 2007: 87). Statt dessen gilt es die Wechselwirkung „zweier strategiefähiger Akteure im Kontext komplexer Organisationen" (M. Pohlmann 2002: 238) zu untersuchen, wenn es um das Problem der Führung geht.

- Das entwicklungsorientierte „Management bezieht sich aufgrund immer komplexer werdender Aufgabenstellungen nicht nur auf die Leistungen der Führungskräfte, sondern auf die vielfältigen Handlungen von verschiedenen Akteuren im System des Unternehmens" (K. Grunwald/ E. Steinbacher 2007: 88). Dieser personenübergreifende Zugang muss aus der Perspektive der Managementsoziologie darüber hinaus mit der Rekonstruktion und Theorie der Organisation verbunden werden.

- K. Grunwald / E. Steinbacher bleiben bei einem Bild der Managementakteure, welche Entscheidungsprozesse „nicht als wertneutrales Handeln (...) verstehen, sondern (...) laufend Sinnangebote machen und diese gegenüber allen AkteurInnen inner- und außerhalb der Organisation kommunizieren und vertreten" (K. Grunwald/ E. Steinbacher 2007: 88). Die Managementsoziologie schreibt den Akteuren auch eine Zielorientierung zu, dreht das Problem der Sinnangebote jedoch förmlich um: Die Managementakteure „können im Nachhinein deutend für die Organisation festlegen, was richtig und was falsch war." (M. Pohlmann 2002: 233)

Dieser erste Zugang zu einem professionellen Management schärft den Fokus, unter dem die Binnendifferenzierung als ‚Professionalisierung' eines Sozialmanagements jenseits des traditionellen Managements vorzubereiten ist. Es kann nicht darum gehen, ein Management entsprechend der ‚traditionellen' Vorannahmen zu entwickeln, sondern gegebenenfalls die impliziten Setzungen kritisch zu reflektieren und anerkennungsbezogene Kompetenzen bzw. Haltungen in der Alltagspraxis zu entschlüsseln. Diese managementsoziologische Reflexion über den Managementbegriff gibt Anlass dazu, die bereits bestehenden Angebote zur Deutung managerialen Handelns kritisch zu untersuchen. Es muss deutlich danach gefragt werden, wie sich der Einfluss des ökonomischen, organisationalen bzw. politischen Bezugswissens auf das professionelle Handeln einerseits auswirkt und ob sich die genannten Ökonomisierungsprozesse andererseits auch in der höheren beruflichen Qualifikation zum Sozialmanagement abbilden. Gleichzeitig empfiehlt die Managementsoziologie, dass Management nur im Rahmen von Organisationstheorie adäquat zu deuten sei. Deshalb soll hier kurz zusammenfassend die organisationstheoretischen Vorannahmen dargelegt werden, auf die im Verlauf der Studie näher eingegangen wird.

21.1.5 Organisationstheoretische Konzeptionen aus dem Blickwinkel des Managementhandelns

In der Studie werden unterschiedliche Organisationstheorien herangezogen, um das Handeln der Führungskräfte zu interpretieren und theoretisch weiterzuführen. Dabei liegt ein Schwerpunkt auf differenzierungstheoretischen (wie z.B. die soziologische Systemtheorie nach Niklas Luhmann, Klaus Türk, Dirk Baecker) und neoinstitutionalen Ansätzen (wie z.B. Paul DiMaggio Walter Powell; William Scott, Lynne Zucker) um einige Hauptvertreter zu nennen. Die systemtheoretische Sichtweise wird vor allem herangezogen, um die ‚Operation' Entscheidung organisationstheoretisch zu begründen und einzuordnen (vgl. Kap. 2). Das systemtheoretische Entscheidungskonzept wird jedoch durch akteurtheoretische Ansätze organisations- und gesellschaftstheoretisch erweitert, hier ziehe ich vor allem Renate Mayntz und Uwe Schimank heran. Der Prozess des Entscheidens wir durch verhaltenswissenschaftliche Organisationstheorien eingebettet, hier vor allem mit Referenz auf James March aber auch Karl Weick. Die neoinstitutionalen Ansätze sind für Non-Profit-Organisationen und Sozialunternehmen besonders relevant, weil sie den Legitimationsaspekt eben dieser Unternehmen hervorheben. Konzepte wie ‚Isomorphie', ‚organisationales Feld',‚lose Koppelung', ‚institutionalisierte Institutionen', Organisationslernen und ‚Organisationspädagogik', ‚organisationale Anarchien, ‚Papierkörbe der Entscheidung' bis hin zu ‚Hybridität' gehören zu dem Modellrepertoir und werden im deutschsprachigen Diskurs mit Referenz auf Stefan Wolff, Thomas Klatetzki, Adalbert Evers oder auch Simon Güntner unterlegt (vgl. vor allem Kap. 18 und 19). Gerade die Konsequenzen ‚Neuer Steuerung' machen es aber auch notwendig, eine mögliche Bewegung loser zu ‚enger' Koppelung in sozialen Organisationen zu bedenken und sich in diesem Kontext auf moderne Ansätze des ‚scientific Managements' zu beziehen. Gerade wenn es um formalisiertes Qualitätsmanagement oder Unternehmensstrukturen geht, kann hier fruchtbar auf betriebswirtschaftliche Literatur zurückgegriffen werden, wie diese vor allem durch Friedhelm Knorr im sozialen Bereich eingeführt wurde (vgl. Kap. 4).

Um in einer explorativen Studie nicht ein verkürztes Managementverständnis in den beobachteten Alltag der Führungskräfte hinein zu transportieren, werden neben den management- und organisationssoziologischen Einlassungen professionstheoretische Grundlegungen für die Fokussierung beruflichen Handelns bevorzugt. Diese werden im Folgenden dargelegt.

21.2 Drei professionstheoretisch begründete Deutungsmodi managerialen Handelns

Die Entscheidung für die teilnehmende Beobachtung beim professionellen Handeln, aber auch die offene Kodierung von Modulhandbüchern hat zur Folge, dass einerseits eine metatheoretische Klärung dessen, was man eigentlich untersuchen will, Voraussetzung ist und dass andererseits ein langer und sorgfältiger Auswahlprozess des Feldzugangs von Nöten ist. Im Folgenden werden die professionssoziologischen Grundlegungen dieser Studie skizziert.

21.2.1 ‚The System of Professions' als exklusive Organisiertheit spezifischer Berufsgruppen

Für jedes professionstheoretische Forschungsprojekt dürfte es unerlässlich sein, sich die Diskussion um den ‚Idealtyp' der ‚traditionellen' Professionstheorie zu vergegenwärtigen. Etwa zur gleichen Zeit wurden im anglo-amerikanischen Raum diejenigen Kriterien der besonderen Berufe herausgearbeitet, die in Folge für das was als ‚professionell' bzw. ‚Profession' gelten darf, leitend waren. Die berufsständische Selbstverwaltung, die Begründung des Handelns in ausgewiesener Wissenschaftlichkeit, funktionale Spezialisierung, Abgrenzung der Definitionsmacht und Arbeitsmärkte, ein Universalitätsanspruch, überpersonale Standards sowie Autonomie im beruflichen Handeln waren die Kennzeichen die an der Ärzteschaft, den Juristen, Theologen oder Architekten im anglo-amerikanischen Raum entwickelt wurden (vgl. J. Evetts 2004 / 2005). T. Parsons (1951) und E.C. Hughes (1958) hoben die Legitimation beruflichen Handelns durch *Lizenz* und *Mandat* heraus. Es ist E. Freidson der diesen Modus von Selbstorganisiertheit und Binnendifferenzierung für bestimmte Berufe nach wie vor erklärungsrelevant hält. Trotz aller Veränderungen zieht er abschließend am Beispiel der medizinischen Profession Resumee: „It has hardly lost all control over its work, and its institutions can still be said to resemble those of the ideal type" (E. Freidson 2001: 198). Es ist fruchtbar auf diese Diskussion zu verweisen - obwohl es als fraglich gelten muss, dass in modernen Gesellschaften noch von einer zentralen Funktionswahrnehmung ausgegangen werden kann - weil sie die machttheoretische Kritik hervorgebracht hat, durch die wesentliche Kennzeichen der Professionen eine alternative – und handlungstheoretisch bedeutsame - Interpretation erfahren.

Wie auch durch die machttheoretische Kritik gezeigt wurde, waren es weniger die funktionalen Notwendigkeiten der Absicherung gesellschaftlich zentraler Werte, sondern die staatlicherseits zugebilligte exklusive Berufsausübung, die dem Ärztestand aber auch anderen Professionen diese genannte Kontrolle garantierte. So kann an der Pädagogik, der Sozialen Arbeit oder auch der Pflege deutlich gemacht werden, wie diesen wissensbasierten Berufen durch staatliche Eingriffe ein professionsähnlicher ‚Status' eingeräumt wurde. Dazu zählen die Akademisierung und Selbstorganisation der Ausbildung, die Herausbildung und Systematisierung eigener Wissenschaftlichkeit, die (teil-)autonome Selbstorganisation, die Herstellung von Definitionsmacht über die Probleme und deren Lösung gegenüber anderen Berufsgruppen und die Einbettung individueller Berufsausübung in ein organisationales Dach einer Profession, unter welchem Standards, Richtlinien bis hin zu Verfahren guter professioneller Leistung zur Verfügung gestellt wird und die Berufsausübenden auf diese verpflichtet werden. Es geht dann aber nicht mehr um eine „ideal typical position of professionalism" die "a foundation in abstract concepts and formal learning" (E. Freidson 2001: 34) benötigt. Vielmehr geht es um den Ausbau und den Erhalt von Zuständigeit und Arbeitsmarktkontrolle, wie dies A. Abbott durch seine "System of Profession" (1988) analysiert. Für ihn findet sich die maßgebliche Unterscheidung in der organisatorischen gegenüber der professionellen Kontrolle von Wissensarbeit: Erstere ist maßgeblich durch eine vertikale Differenzierung der Arbeitsteilung gekennzeichnet. Wesentliche Organisations-Elemente im Arbeitsmarkt sind Hierarchie, Management und Bürokratie. Professionalität bestimmt sich dagegen nach wie vor durch die eher horizontale Differenzierung des Arbeitsmarktes. Es geht um die berufsinterne Definition von spezifischen Qualifikationen, die Erfüllung bestimmter Aufgaben und vor allem die autonome Definitionsmacht über die Arbeit selbst. Dabei ist es nicht funktional notwendig, hochspezialisierte Wissensarbeit professionell zu organisieren, sondern es birgt Vorteile gegenüber einem anderen Modus.

Für die bundesdeutschen Verhältnisse ist jedoch noch ein alternativer Weg der Professionalisierung relevant. Professionalisierungsprozesse und -phänomene sind hier einerseits durch die staatliche Anerkennung von Berufen mit geregelten Ausbildungsgängen gekennzeichnet (vgl. zusammenfassend R. Merten/ Th. Olk 1999). Die Entwicklung von Professionalität geht einher mit einer Berufsaufwertung durch ein Mehr an Ausbildung und deren Akademisierung (Hochschulabschlüsse) sowie „die staatliche Anerkennung von Examens abschlüssen, Diplomen, Titeln und Berechtigungen" (A. Combe / W. Helsper 1999: 17). Staatliche Lizensierung kann sowohl Abbau als auch Schließung ‚ständischer' Bildungsgrenzen bedeuten. Andererseits lässt sich an der Sozialen Arbeit zeigen, dass sich die Weiterentwicklung der Professionalität – neben der Verortung der Berufsausbildung an die (Fach-)Hochschulen bzw. die Lizensierung von Prüfungsordnungen - im Rahmen der „Herausbildung und Konsolidierung kommunaler Hilfeagenturen, der Gründung eines Berufsverbandes" und der Mitwirkung bei bzw. Verabschiedung der großen Gesetzeswerke (von RJWG bis zum SGBVIII), also unter „Bedingungen eines etablierten und sich modernisierenden Wohlfahrtsstaates" (ebd.) vollzieht.

Der Unterschied zwischen ‚Beruf' und ‚Profession' als organisationales Dach unter dem sich die Praktizierenden zur Ausübung ihrer Interessen versammeln (M. Pfadenhauer 2003), kann dann auch an der Sozialen Arbeit deutlich gemacht werden. Insbesondere im Zuge der Diskussion um die Fälle von Kindswohlgefährdungen und –misshandlungen wird die Delegation der Verantwortung an die Profession und weg von den indivuell Handelnden deutlich. Allen beteiligten professionellen Akteuren wurde jeweils, durch Gutachten aber auch in Gerichtsverfahren, bescheinigt, sich an die Regeln der Kunst, an die professionellen Standards, an die leitenden Verfahren gehalten zu haben und vor dem Hintergrund der bescheinigten Qualifikation, durch die lizensiert korrekte Problemdeutung und einen vorgegebenen Handlungsrahmen fehlerfrei gearbeitet zu haben. Das es dennoch zu den Todesfällen kam wird also nicht als individuelles Verschulden oder Versagen, sondern als hinzunehmende Ausnahmefälle innerhalb professionell standardisierter Qualität gewertet. Eine besondere Stellung nimmt dabei die professionelle wissenschaftliche Expertise ein die, so analysiert A. Abbott (1988), eben auch Zuständigkeiten und Verantwortungsübernahme regelt. Zusammen mit der Regelung des Arbeitsmarktes, der Abgrenzung von Problemdefinition und Aufgabenteilung sowie der Sicherung bzw. Entwicklung professioneller Standards stellt damit das ‚System of Professions' ein Kontroll- und Organisationsmechanismus jenseits funktionaler Notwendigkeit dar. Das ‚System of Professions' sichert dabei vor allem die „Inversion" (A. Abbott 1988: 48ff.) ab, den risikobehafteten Schritt zwischen Diagnose und Maßnahme. Die Mechanismen dieser Absicherung sind soziale Schließung der Berufsausübung durch exklusive Ausbildung, Sicherung der Expertise, Herstellung von Definitions- und Deutungsmacht, berufliche Selbstorganisation und Verlagerung der Kontrolle auf Berufsverbände und Professionsorganisation.

Man kann die Entwicklung der Arbeit über Beruf(lichkeit) hin zur Profession zusammenfassend lesen „als Geschichte der Ablösung von Laienlösungen durch Formen rationalisierter Expertenlösungen von Problemen" (T. Luckmann / W. Sprondel 1972: 15). Ob Problemlösungshandeln in der Form von Profession in modernen Gesellschaften noch die Ausnahme oder eher die Regel darstellt, wird mit einem Rekurs auf A. Giddens Werk skizziert (vgl. Kapitel 18). Im Fokus einer weitergeführten professionstheoretisch ausgerichteten Sozialforschung sind also nach wie vor neue Probleme, die auftauchen und bearbeitet werden „aufgrund der Art, sie zu lösen" und wie diese Problemlösungen legitimiert sind; dies beinhaltet auch die machttheoretische Reflexion über die Wirkungen der Professionalisierung selber.

Im Konzert der Arbeits- und Berufsforschung fokussiert die Professionsforschung dabei vor allem
➢ Soziale Verfestigung von *Berufsrollen* und Herausbildung einer beruflichen Identität
➢ Systematisierung von *Wissensgebieten* und Entwicklung einer (akademisch begründeten) professionellen Expertise
➢ Länge, Komplexität und Regelung der *Ausbildung* und Einsozialisierung in das berufliche Handeln
➢ Lizensierung (Legitimierung) der *Berufsausübung* und Kontrolle des Arbeitsmarktes zumeist über Exklusivität der Zuständigkeit und soziale Schließung
➢ Geflecht von *Sonderwissen, beruflichem Status* und der *exklusiven Deutungs- bzw. Definitionsmacht* eines bestimmten Arbeitsgebietes
➢ *Kollektive Organisiertheit des Handelns* als Absicherung und Unterordnung des individuellen Handelns unter institutionalisierte Standards, Regeln, Verfahren
➢ Kontrolle des beruflichen Handelns über eine professionelle Ethik
Mit dieser unvollständigen Liste ist ein Kanon eines ‚engen' Professionsbegriffs beschrieben, mit dem Profession(alität) von beruflichem Handeln unterschieden werden kann. Die Diskussion zwischen anglo-amerikanischen und deutschen Ansätzen um ‚professionalism' zeigt sich nicht zuletzt darin, dass im Zuge des englischsprachigen Diskurses das Professionskonzept radikal geöffnet wurde. Das deutschsprachige Bemühen um eine Präzisierung der Begriffe droht dagegen in indikatorische Ansätze ‚zurückzufallen'. Die entscheidende Frage ist jedoch, ob und wie Professionalität weiterhin als herausgehobene Beruflichkeit analysiert werden kann, auch wenn sich die gesellschaftlichen Bedingungen verändert ha-

ben, unter denen die traditionellen Professionen entstanden sind. Es ist also die Frage nach der Gestalt der Professionen in der modernen (Wissens-)Gesellschaft.

21.2.2 Management der Professionalität

Die ‚traditionelle' Professionsforschung hat sich bislang weniger dem Phänomen gewidmet, dass in vielfältigen gesellschaftlichen Kontexten auf den Professionsbegriff Bezug genommen wird, ohne dabei noch an das Konzept der klassischen Profession anzuschließen. Dies hat Julia Evetts (2004 / 2005 / 2006) aufgenommen und den angloamerikanischen Professionalitätsdiskurs zur Analyse eines Management-Tools weitergeführt. Nach wie vor kann das Management nicht als ‚Profession' bezeichnet werden. Markus Pohlmann konstatiert aus managementsoziologischer Sicht, dass „eine Professionsbildung mit ausschließlichem Charakter nie gelungen ist. Die Mechanismen zur Statussicherung der Manager müssen deshalb umso mehr sozialstrukturelle und ständische sein, als professionspolitische nie gegriffen haben." (ebd. 2007: 6). Stattdessen bescheinigt der Managementsoziologe den Führungskräften einen Erfolg darin „Intuition und Risikobereitschaft mit der Vorstellung überlegener, wissenschaftlich geschulter Professionalität zu verbinden." (ebd.: 7)

J. Evetts fokussiert statt dessen unter der Problemstellung „The Management of Professionalism: a contemporary paradox" den „discourse of professionalism". Sie vergleicht die Verwendung von ‚professionalism' in Gegenwartsgesellschaften: *occupational* versus *organizational Professionalism*. Als ein neues Steuerungsinstrument entlarvt sie in vom Management initiierten Professionalitätskonzepten die Divergenz zwischen Mythos und Realität (vgl. J. Evetts 2005). Die Verwendung von Professionalität als Steuerungsinstrument des Managements produziert einen Mythos der Selbststeuerung in Arbeitsprozessen durch Verteilung exklusiver Verantwortung über einen bestimmten qualifizierten Aufgabenbereich (*area of expertise*), Zubilligung höheren Status und Bezahlung, Autonomie und berufsinterne bzw. teamorientierte Kontrolle der Arbeit. Die Realität dieses Professionalismus unterscheide sich jedoch wesentlich von solchen Vorstellungen. Reden Managementakteure von Professionalität, meinen sie zumeist die Substitution professioneller Werte durch organisationale; bürokratische, hierarchische und manageriale anstatt kollegialer Kontrolle; manageriale und organisationale Ziele anstatt Klientenvertrauen und Autonomie basierend auf Kompetenz und Expertise; Budgetierung und finanzielle Rationalisierung anstatt professioneller Effizienz; Standardisierung der Arbeit, Accountability und größere politische Kontrolle anstatt Selbstkontrolle. Die Dualität des managerialen Professionalitätsdiskurses in hierarchisch strukturierten Organisationen beinhaltet also Kontroll- und Steuerungsmodi im Sinne von Fremdkontrolle und gleichzeitig „a discourse of self-control which enables self-motivation and sometimes even self-exploitation" (J. Evetts 2005). Diese Ergebnisse finden eine Entsprechung in den Erkenntnissen Michael Meusers (2005), der die Bedeutung der Begriffsverwendung ‚professionell' und ‚Professionalität' im Bereich der Wirtschaftswissenschaften herausgearbeitet hat. Er zeigt, dass mit Professionalität deutlich andere Schwerpunkte gesetzt werden, als dies nach traditioneller Auffassung selbstverständlich ist. (1) Professionalität gibt es demnach nicht unabhängig von Expertenwissen, jedoch außerhalb von Professionen. Entweder es geht also um den Expertenstatus eines Akteurs oder um die Verfügbarkeit von Expertenwissen. (2) Mit Professionalität wird den

Akteuren auch eine relative Autonomie zugesprochen, obwohl sie sich in Befehls- und Abhängigkeitsstrukturen hierarchischer Organisationen befinden. Diese relative Autonomie gründet sich auf die Expertenkompetenz und Wissensbasis (nicht auf die Zugehörigkeit zu einer Berufsgruppe). (3) Es ist eine Verschränkung „von kognitiv-wissenschaftlichen und praxisbezogenen Komponenten" (M. Meuser 2005: 260) festzustellen. (4) Entscheidend für Professionalität scheint die Bereitschaft, flexibel, bereitwillig und fähig zu sein, „sich immer neues Wissen anzueignen, immer auf dem aktuellen Stand zu sein" (ebd.). Von zentraler Bedeutung sei das innovatorische Element des Handelns. (5) Sozialorientierung und Zentralwertorientierung spielen dagegen kaum eine Rolle. Die manageriale Professionalität steht nicht im Bezug zu dem Umgang mit abhängigen Personen (Klienten), sondern kann sich auch auf die Professionalität von Produkten und Produktion beziehen. Ebenso ist in gewisser Weise eine Wertorientierung durch die Vorgabe von Unternehmenskultur und -zielen vorausgesetzt. (6) Zuletzt wird Professionalität in verstärktem Maße als individuelle Kompetenz bestimmt. Sie wird je nach Handlungskontext konzeptualisiert und ist ein graduelles Phänomen. Professionalität „kann mehr oder weniger gegeben sein, je nach Bereitschaft und Fähigkeit des konkreten Akteurs (…) – wobei der Akteur eine Person, ein einzelnes Unternehmen" (ebd., 261) und auch ein bestimmtes Produkt sein kann. Meuser nimmt allerdings nicht die Frage nach der Organisation in den Blick, in die das Managementhandeln eingebettet ist.

J. Evetts konstatiert nun ein modernes Paradoxon: die Konzepte Profession und Professionalität würden einerseits für (und in) immer mehr Tätigkeitsbereiche(n) in Anschlag gebracht, gleichzeitig werden „aber die bislang untrennbar mit diesen Konzepten verbundenen Kategorien Vertrauen, Autonomie und Kompetenz einem Wandel unterzogen" (A. Langer / A. Schröer 2010: 15).

Mit dem managerialen Professionsdiskurs wird der Fokus der Analyse auf alternative Steuerungs- und Kontrollformen von Arbeit gelenkt und gleichzeitig Aspekte von Professionalität hervorgehoben, die von der idealtypischen Diskussion eher vernachlässigt wurden. Es geht um kontextspezifische professionelle Kompetenz und Wissensbestände in und über unterschiedlichen organisationalen Einbettungen, um Innovation. Mit J. Evetts lassen sich aus dem Diskurs um Profession entscheidende Forschungsfragen formulieren:

- „Welche Bedeutung hat Vertrauen in wissensbasiertem Expertenhandeln (als professionellem Handeln) in modernen Demokratien und Dienstleistungsbereichen mit hoher Arbeitsteilung?
- Wie weit können Autonomie und Vertrauen durch Hierarchie, Bürokratie, Managerialismus, Zielbestimmung, Verantwortlichkeit und Marktsteuerung ersetzt werden?
- Sollten eher die individuellen Akteure oder die institutionellen Rahmenbedingungen als Fokus gelten, wenn es um den Erhalt, die Genese und die Kontrolle von Macht, Vertrauen und Kompetenz geht?" (A. Langer / A. Schröer 2010:16; vgl. auch A. Langer / A. Manzeschke 2009)

21.2.3 Professionalität als Kompetenz
Es ist wohl Michaela Pfadenhauer, die mit ihrer Arbeit „Professionalität" im Jahre 2003 die kompetenztheoretische Wende in der Professionsforschung für den deutschsprachigen

Raum vollzieht. Dabei verbindet sie auf ganz spezifische Weise die ‚traditionelle' Professionstheorie mit dem Ansatz einer kompetenzbegründeten Professionalität, indem sie die These herausarbeitet, dass die spezifische Kompetenz der Professionen darin besteht, Expertise für sich reklamieren zu können und Kompetenz darstellen zu können, sie spricht hier von der „Kompetenzdarstellungskompetenz" (M. Pfadenhauer 2003). Im Grunde geht es also um Legitimierung professioneller Leistung in einem gesellschaftlichen Kontext, in dem berufliche aber auch tradierte professionelle Legitimationsformen erodieren. Das Zusammendenken von Professionalität und Management deckt vor allem den neuen Rekurs auf Professionalität auf, mit dem durch bestimmte Akteure auf Professionalität als normativer Wert Bezug genommen wird, ebenso steht Professionalität aber auch als Signum einer erwünschten Kompetenz. Die Sozialisation der Akteure im expertokratischen Kontext, Prozesse der Standardisierung und Abgrenzung beruflicher Tätigkeiten aber auch die Genese professioneller Identitäten spielen dabei jeweils eine Rolle (vgl. Blümel et. al. 2011). Pfadenhauer fasst in ihrem inszenierungstheoretischen Ansatz diese beiden Perspektiven in der These von Professionalität als Darstellungsproblem zusammen. Professionalität sei demnach „ein Anspruch, den einzelne oder Kollektiv-Akteure für sich bzw. ihr Handeln erheben und für den sie - interagierend und kommunizierend- je situativ um Zustimmung bzw. Anerkennung werben müssen" (M. Pfadenhauer 2003: 207).

Die professionelle Kompetenzdebatte ist eng verbunden mit Expertenhandeln. Wenn professionelle Leistung als Expertenhandeln betrachtet wird geht es mehr oder minder um die „Anwendung einer hoch spezialisierten, wissenschaftlichen Fachkompetenz" (K. Dröge 2003: 253). Durch den Hinweis auf Professionelle als Experten hat die Wissenssoziologie dazu beigetragen, die Art derjenigen Kompetenzen genauer zu umreißen, die es letztlich erfordern, für die Erkenntnisgewinnung einen explorativen Forschungszugang zu wählen. Denn es geht um ein Wissen und ein Können, dass zu einem bestimmten Teil als Sonderwissen subjektgebunden bleibt. „Der Experte ist ein Akteur, dem attestiert wird, dass er über Kompetenzen verfügt, auf die sich andere angewiesen sehen, welche als nicht kompetent gelten, über diese Kompetenzen (adäquat) zu befinden" (R. Hitzler 1994: 27). Der Experte „kennt (also) typischerweise den Wissensbestand, der für ein bestimmtes Gebiet ‚bezeichnend' bzw. ‚relevant' ist, er hat sozusagen einen Überblick über einen Sonderwissensbestand und kann innerhalb dessen prinzipielle Problemlösungen anbieten bzw. auf Einzelfragen applizieren" (R. Hitzler 1994: 26). Es geht also um einen exklusiven Wissensbestand als Wissen, das nicht mehr jedem zugänglich ist, es gibt privilegierte Informationszugänge (vgl. M. Meuser / U. Nagel 1991: 443). Kompetenzforschung, die es mit diesen Kontexten zu tun hat, nimmt also ganz bestimmte Wissensformen und -bestände, aber auch Handlungsformen, Instrumente, Fähigkeiten usw. unter Betracht. Es geht um das Herausarbeiten von Alltagswissen als eigentheoretische, argumentative Einlassungen des Informanten, Orientierungs-, Verarbeitungs-, Deutungs-, Selbstdefinitions-, Legitimations-, Ausblendungs-, und Verdrängungsfunktionen, um berufliches Erfahrungswissen als gemeinsam geteiltes professionelles Wissen, aber auch bereits systematisiertes Sonderwissen.

Die Kompetenzdebatte in der Sozialen Arbeit wies unter dem Stichwort „Deutungskompetenz" schon früh über den Individualbezug professionellen Handelns hinaus. Wilfried Ferchhoff (1993: 713) erweitert die „Kunstlehre des Fallverstehens" (R. Gildemeister 1992: 214) in Richtung eines lebenskontextlichen ‚Feldverstehens', in dem professionelles

Handeln sich auf „strukturell verursachte Konfliktlagen sowie auf einzelne Subjekte" beziehen muss und zu einer lebensweltthermeneutischen „diskursiven" Dimension gelangen kann. Das bedeutet in der Konsequenz, dass der Fallbezug eine Beschäftigung mit Einzelpersonen, Kleingruppen (Familie), Peergroups, Schichtungen usw. sein kann. Nur vor dem Hintergrund der Einflüsse der Dienstleistungstheorie auf die professionstheoretische Kompetenzdiskussion lässt sich die erweiterte Diskussion in der Sozialen Arbeit verstehen. Wie schon mit dem Zitat von Ferchhoff angedeutet, wandelt sich der Fokus professionellen Handelns vom Fall(-verstehen) zu den Rahmenbedingungen sozialer ‚Problemfälle'.

Unter dem Schlagwort ‚vom Fall zum Feld' ist in der Sozialen Arbeit derzeit eine Abkehr von der reinen Fallarbeit zu beobachten. Professionelles Handeln ist in der Sozialraumorientierung auf präventive und problemverhindernde Arbeit ausgerichtet, die das soziale Umfeld aktivieren und Unterstützungspotenziale im sozialen Nahraum gezielter nutzen soll. Sozialraumkonzepte stehen für das Versprechen, „durch Feldarbeit Fälle zukünftig erst gar nicht mehr entstehen zu lassen" (H.J. Dahme / N. Wohlfahrt 2005: 265). Nach Wolfgang Hinte entsteht aus der Krise gemeinwesenorientierter Konzepte zu Beginn der achtziger Jahre die stadtteilbezogene Soziale Arbeit, die den sozialen Raum als zentrale Bezugsgröße aktivierenden sozialarbeiterischen Handelns begreift. „Sozialraumorientierung" steht dabei für den Versuch, gemeinwesenarbeiterisches Gedankengut im Alltagshandeln der Institutionen zu verankern (vgl. W. Hinte 2002: 539). Professionelle Intervention richtet sich in dieser Konzeption auf Veränderung sozialer Räume und nicht auf die Veränderung psychischer Strukturen beim Menschen. „Der soziale Raum ist zentraler Fokus für Soziale Arbeit." (ebd.: 540) Dementsprechend ist dem Kompetenz-approach in der Sozialen Arbeit die Frage nach Managementkompetenzen förmlich ‚eingeschrieben'. Die Relationierungsherausforderung (vgl. B. Dewe/ H.U. Otto 2001a: 1414ff.) resultiert aus den gesellschaftlichen Rahmenbedingungen, die durch politische, gesetzliche, wirtschaftliche oder auch organisatorische Steuerung – oder auch Bedingungen eines spezifischen Sozial- oder Lebensraumes – eine immer neue Kontextualisierung des Handelns verlangen. In der Sozialen Arbeit werden Diskurse um Case- und Unterstützungsmanagement, Sozialraum- und Gemeinwesenmanagement sowie Organisationsentwicklung bis hin zu Netzwerkmanagement an die Professionalisierungsdebatte angeschlossen; Diskussionen also, die sich immer weiter von dem direkten Fallbezug mit den Klienten ablösen zu einer professionellen Perspektive als Antwort auf die Herausforderung, Soziale Arbeit für solche Klienten zu gestalten, die niemals direkte Nutzer der Sozialen Arbeit werden.

Es ist deutlich zu erkennen, dass die Debatte um die Handlungskompetenzen in der Sozialen Arbeit eine längere Tradition hat, sich jedoch an einer anderen Frage wie die Professionssoziologie abarbeitet. Ein Kern der „Kompetenzdarstellungskompetenz" (M. Pfadenhauer 2003) besteht darin, dass Professionsangehörige fähig sind, ihre Leistung gegenüber sehr verschiedenen Publika legitimationswirksam darzustellen.[39] M. Pfadenhauer stellt damit implizit in Rechnung, dass Legitimationhandeln nicht nur ausschließlich im Problemlösungshandeln, sondern auch explizit in einer professionspoliti-

---

[39] Ich danke R. Hitzler für die Diskussion über diese Aspekte des wissenschaftssoziologischen Professionskonzeptes im Rahmen des Workshops „Professionelle und Experten" des Arbeitskreises Expertenwissen der Sektionen Professions- und Wissenssoziologie im Januar 2011 in Bielefeld.

schen Performance besteht. Ein Aspekt, der der sozialarbeiterischen Kompetenzdebatte vollkommen fehlt – aber für die Managementanalyse von Bedeutung ist.

21.2.4 Metatheoretische Orientierung: professionstheoretische Heuristik als Deutungsmacht, Organisationsprinzip und Expertenkompetenz

Mit der Unterscheidung der drei genannten Zugänge fokussiert die Professionsforschung in einer eigenen Art und Weise das Wechselverhältnis von Beruf und Gesellschaft. Es ist einerseits anzunehmen, dass sich professionelles Handeln in veränderten gesellschaftlichen Rahmenbedingungen transformiert. Die traditionelle Profession ist nicht mehr uneingeschränkt legitimationsfähig. Stattdessen ist zu fragen, wie jenseits des Idealtypus von Profession soziale Schließungsmechanismen wirken. Dennoch sollen die Kriterien als Merkmale von Professionalität für die empirische Untersuchung forschungsleitend sein, damit also eine Fokussierung im Rahmen eines ‚engen' Verständnisses von Professionalität.

Die Professionsforschung fokussiert aber ebenso den Beitrag der professionellen Akteure zur Deutung und Entwicklung der Bearbeitung veränderter gesellschaftlicher Rahmenbedingungen. Sie entwickeln eine Kompetenzdeutungskompetenz, sie entwickeln neue Arten der Legitimierung, sie entwickeln neue Arten der legitimierten Rückbettung der professionellen Leistung in wahrscheinlich neue organisatorische Rahmenbedingungen.

In der folgenden Tabelle 14 sind die drei Zugänge zu Profession und Professionalität zusammengefasst.

Tabelle 14: Professionsheuristik

	System der Professionalität	Manageriale Professionalität	Professionalität und Kompetenz
Phänomen – Leistung der Profession	Soziale Schließung, professionelle Standards, exklusive Berufsausübung, Autorität der Expertise und Sicherung der Deutungsmacht	Hierarchische Kontrolle und Selbstdisziplinierung innerhalb der Binnendifferenzierung - Legitimität der Führungskräfte	Professionelle Arbeit als Herausbildung und Anwendung spezifischen Wissens, Könnens, Wertens
Verantwortung in und Entscheidungsmacht	Bindung an professionelle Standards, Verfahren, Kunstlehre	Differenzierung der Verantwortung innerhalb der professionellen Organisation	Herstellung und Nachweis von Expertenkompetenz gegenüber diversen Publika
Fragerichtung	Verlagerung der Verantwortung vom Individuum unter das organisatorische Dach	Zielbestimmte, hierarchische Leistungsorganisation vs. Vertrauensorganisation, Dienstgemeinschaft	Spezifisches Potential für ‚Leistung' der professionellen Akteurgruppe

Quelle: eigene

Die beobachtbare Professionalitätsverteilung, Qualifikation und Karriereverläufe sowie der Innovationsaspekt markieren nun zentrale Themen einer *fokussierten* Professionsforschung. Dieser Zugang zeichnet sich durch seine Offenheit im Forschungsdesign und durch seine Heuristik für die theoretische Konzeptionalisierung aus. Vier zentrale Elemente moderner Professionalität, die

* *Verantwortungsverteilung* als doppelte Kompetenz und Binnendifferenzierung,

- *Soziale Schließung* und Mechanismen zum Erhalt und zur Sicherung der Deutungshoheit
- *Organisation professioneller Leistung und deren Wirkungen*; Vertrauen und Kritik des technischen Managements
- *Kompetenz* z.B. Integration der ökonomischen Rationalität in professionelles Handeln

weisen darauf hin, dass dem professionellen Management in Zukunft eine besondere Bedeutung zukommen dürfte. Für die Erforschung eines professionellen Managements scheint mit diesen Erkenntnissen eine adäquate Grundlage gegeben zu sein, um neue Phänomene der Professionalität weiterführend bearbeiten zu können.

So wird aktuell auch international diskutiert, dass angesichts der gesellschaftlichen Veränderungen eine neue Art der Professionalität erkennbar wird (vgl. dazu J. Evetts 2006). So schlägt M. Pfadenhauer vor, professionelles Wissen und Handeln als reflexive Professionalität zu rekonstruieren: Ein reflexiver „professional is an expert, who recognises 'the relativity of all knowledge and the permanence of all cultural pluralism' and takes this into consideration in decisions and actions" (M. Pfadenhauer 2006: 575). Die skizzierte Heuristik stellt die Fragerichtung des Konzeptes Profession(alität) – trotz seiner Offenheit – für die Analyse von Handlungskonzepten moderner Arbeit und Beruf heraus.

22 Zum Forschungsdesign

Zur Bearbeitung der oben hergeleiteten Fragestellungen wurde vor allem mit qualitativen Daten gearbeitet, die mit unterschiedlichen Erhebungsmethoden generiert wurden. Für die Curriculaanalyse (Fragestellung B) wurden vor allem Dokumente herangezogen, aber auch durch Interviews akteurbezogene Perspektiven erhoben. In der Kompetenzforschung professionellen Handelns (Fragestellung A) wurden Daten durch teilnehmende Beobachtung und narrative Interviews mit Akteuren des 'mittleren' Managements (Führungsebene 2 und 3; Dienststellenleitungen, Bereichsleitungen) gewonnen.[40] Im Folgenden wird ergänzend zur Darstellung der Ergebnisse die Datenbasis und Forschungsmethode dargelegt.

22.1 Curriculaanalyse

Der explorative Zugang zu den akademischen Sozialmanagement-Kompetenzen erfolgte im Zuge einer Studiengangsrecherche und –analyse. Hier wurde die qualitative in eine quantitative Analyse weitergeführt. Das Erkenntnisziel der Studie war es hier, ein Kerncurriculum 'Sozialmanagement' zu rekonstruieren, welches sich durch die Auswertung von allen deutschsprachigen Bachelor- und Masterstudiengängen in diesem Bereich zusammensetzt. Im Sinne des explorativen Forschungsansatzes auch bei der Curriculaanalyse wurden im

---

[40]   Die teilnehmende Beobachtung startete im Dezember 2007 und wurde mit fünf Wochen in der ersten Jahreshälfte 2008 sowie zwei Wochen im Sommer 2008 fortgesetzt. Die Beobachtungen wurden mittels 101 Beobachtungsprotokollen festgehalten. Im Juli 2008 wurden insgesamt 11 biografisch-narrative Interviews mit den Managementakteuren geführt. Die Interviews wurden jeweils digital aufgezeichnet, transkribiert und erzählanalytisch nach Fritz Schütze (1983) ausgewertet. Als weitere Datengrundlage wurden Dokumente herangezogen, die von der untersuchten Organisation zur Verfügung gestellt wurden. Als Auswertungsverfahren der Dokumente und Beobachtungsprotokolle wurde nach Prinzipien der 'grounded theory' vorgegangen. Zur Verdichtung und Typisierung des Kompetenzprofils wurden die Ergebnisse der Interviewanalyse mit in die Kategoriebildung einbezogen und theoretisch eingebettet.

Laufe der Modulhandbuch-Auswertung Kategorien gebildet, die sich im Fortgang der Auswertungsarbeit verdichteten und mit theoretischem Wissen angereichert wurden.

22.1.1 Dokumentenanalyse im Rahmen der Methode qualitativer Sozialforschung

Die Grundüberlegung des Forschungsdesigns besteht darin, dass die zu erhebenden Forschungsgegenstände einerseits als Dokumente (auch Routinen und Kompetenzen) in einem spezifischen organisationalen Handlungskontext von Hochschulen bzw. Nonprofit-Organisationen aufzufassen sind. Andererseits werden sie als das Ergebnis eines Veränderungsprozesses aufgefasst, als die Passage in der Umsetzung einer politischen Hochschulreform. Die Curriculaanalyse konzentriert sich dabei zuerst auf die Deskription von Inhalten durch Dokumente. Interessant sind dabei vor allem die Curricula als ein Ausdruck institutionalisierter Lehr- und Studieninhalte, die auf Expertenwissen und Expertenkompetenz im Sozialmanagement abzielen. Deshalb werden als Forschungsmethoden zuerst Instrumente der qualitativen Sozialforschung angewendet, wie z.B. Leitfadeninterviews, ‚grounded theory', teilnehmende Beobachtung.

Curricula müssen aber ebenso als Ausdruck eines hochschulinternen Verhandlungsprozesses aufgefasst werden. Handlungsbezogenes Sozialmanagement kann vor dem Hintergrund professionstheoretischer Forschung immer zu einem gewissen Maße als durch ‚learning by doing' angeeignete Kompetenzen oder als das Ergebnis der Erfahrung von Adaptionsprozessen von fachfremden Instrumenten und Wissen aus dem Profit-Bereich (Expertenwissen (z.B. BWL) in der Anwendung auf den ‚Fall' einer spezifischen Organisation, Träger, Einrichtung) für Nonprofit Kontexte konzeptualisiert werden. Als Forschungsinstrument hat sich in professionstheoretisch verorteten Studien hier das narrative Interview bewährt, weil vor allem auf Passagen abgezielt wird, also Phasen des Übergangs, der Entwicklung und der Veränderung.

22.1.2 Dokumentenanalyse zur Erhebung und Analyse relevanter Curricula

Die Datenerhebung für die Deskription der Curricula und der Systematisierung im Sinne eines General- oder Kerncurricullum bestand in der Auswertung der Studieninhalte, wie sie bei den Hochschule jeweils vorgefunden werden können. Dazu stellten die Modulhandbücher der relevanten Studiengänge die zentrale Datenbasis für die Analyse der Bachelor- und Masterprogramme dar. Im Sinne eines explorativen Forschungsansatzes folgte das Sampling und die Analyse den Vorschlägen und dem Konzept der 'grounded theory' nach B. Glaser / A. Strauss (1998), bei dem Datenerhebung und -analyse verschränkt werden. Die Auswertung des Datenmaterials erfolgte nach dem Konzept-Indikator-Modell[41], mit dem Ziel einer thematischen Konkretisierung.[42]

Dazu war vorgängig eine gründliche Recherche der Aus- und Weiterbildungsangebote nötig. Bevor weiter auf die Forschungsmethode eingegangen wird, soll noch ein kurzer

---

[41] Dies ist eine Grundidee der Datenanalyse nach der Grounded Theory (vgl. A. Strauss 1994: 51ff.). Im Konzept-Indikator-Modell werden die Daten nach Phänomenen (Interaktionsweisen, Ausdrucksweisen etc.) ausgewertet, die Indikatoren (Hinweise) für zugrundeliegende Konzepte sind.

[42] Die im Konzept-Indikator-Modell entstehenden "Kategorien" werden verdichtet, ausgewählt und zu einem (Gesamt-) Modell angeordnet. Im Fortgang des Kodierens und Modellbildens wird darüber entschieden, welche neuen/anderen Daten, Datenquellen etc. benötigt werden („theoretical sampling").

Hinweis den zur Verfügung stehenden Datentyp genauer umreißen. Für die Curriculaanalyse werden die "ECTS Informations- Packages" sowie die Modulhandbücher herangezogen, die auch als zentrale Dokumente für alle Studierende und Hochschulangehörige gelten (vgl. HRK 2006a: 87). Diese Dokumente bestehen im Wesentlichen aus den Studiengangsbeschreibungen (course of study) der Module (modules), und die Lehreinheiten (course units) oder auch Untermodule. Das Modulhandbuch beinhaltet in jedem Fall Informationen über das Studienprogramm sowie die notwendigen Beschreibungen der Module und Lehreinheiten. Die Kurse (Course units) sind der Lehreinheiten oder auch Seminare im Ausbildungsprogramm. Der Bolognaprozess sieht vor, dass die Lehreinheiten kohärente and explizite Einheiten der Lernergebnisse beinhalten sollen. Diese Ergebnisse sollen in beschriebenen Kompetenzen einerseits und in einer Anzahl an Credit-Punkten dargelegt werden. Die Credits sind notwendig für das 'European Credit Transfer and Accumulation System' (ECTS), welches eines der wichtigsten Ziele des Bolognaprozesses abbildet, nämlich das Potential zur Vergleichbarkeit und Standardisierung im europäischen Vergleich. Credits sind gleichzeitig mit den sog. 'workload' Informationen verbunden, Angaben also darüber, welche Arbeitszeiten den Credits zugerechnet werden. "The concept of workload is also the basis for allocating credits within a credit system such as the ECTS" (ebd.: 182).

Gleichzeitig muss jedoch auch die Aussagekraft der Daten problematisiert werden. Wie jeder, der jemals innerhalb eines Modulsystems eine Lehrveranstaltung ausgefüllt hat, weiß, dass die Module hoch interpretationsbedürftig sind. Die Lehrrealität wird in jedem Fall anders sein, als die Beschreibungen in Modulhandbüchern. Die Modulbeschreibungen zu untersuchen bedeutet also nicht, eine Lehrrealität zu beschreiben und zu analysieren, sondern eine soziale Konstruktion zu rekonstruieren, in die die verschiedensten Interessen und Traditionen einfließen dürften, es handelt sich also eigentlich um politische Dokumente.

Gemäß dem Vorgehen der 'grounded theory' setzte die Curriculaanalyse mit einem offenen Kodieren an elf sehr detaillierten Master-Handbüchern und Kursbeschreibungen an. Besonders im Kontrast zum Paradigma des 'no pre-research litrature review', war es notwendig auf die Kursinhalte zu fokussieren mit einer Heuristik, die auf die Managementtheorie basiert. Als ein Beispiel für dieses offene Kodieren sind im Folgenden Kurse aufgelistet, die später die Kategorie "6. Methodenlehre / Forschung" bilden. In der folgenden Tabelle 15 sind beispielhaft die zusammengefassten Inhaltsbeschreibungen aufgeführt, die in die Kategorie „Methodenlehre / Forschung" eingeflossen sind.

Tabelle 15: Exemplarische Kategorieinhalte

Begriffe und Methoden
Einführung in das Studium, IT-gestütztes Lernen und Methoden
Einführung in das wissenschaftliche Arbeiten
Einführung in den Studiengang, Praxis und wissenschaftliches Arbeiten, Bearbeitung einer Hausarbeit
Empirie und Befragung
Empirische Forschungsmethoden
Empirische Forschungsmethoden für die Caritaswissenschaft
Empirische Sozialforschung
Erkenntniszugänge und Methoden
Forschung und Evaluation
Forschungsmethoden in der Sozialen Arbeit
Forschungsmethoden und schließende Statistik
Forschungswerkstatt
Forschungswerkstätten
Forschung, Planung, Projektmanagement
Grundlagen der empirischen Sozialforschung/Evaluation
Grundlagen der Handlungsforschung
Grundlagen der quantitativen und qualitativen Forschung
Grundlagen wissenschaftlichen Arbeitens
Grundlagen, Theorien und Prinzipien wissenschaftlichen Arbeitens
Mathematik und Operations Informatik
Methoden der Datenerhebung
Methoden der Praxisreflexion und des selbstorganisierten Lernens
Methoden der Sozialforschung
Methoden der Sozialwissenschaften
Methoden und Techniken qualitativer und quantitativer Sozialforschung in ihrer Bedeutung für das Sozialmanagement
Mitarbeiterbefragung
Planung und Koordination
Qualitative und quantitative Datenerhebung
Qualitative und quantitative Forschungs- und Entwicklungsmethoden
Qualitative und quantitative Methoden
Quantitative Grundlagen
Quantitative Methoden: Mathematik, Statistik & Empirische Sozialforschung
SPSS
Statistik, Mathematik
Theorien und Methoden der Empirischen Sozialforschung
Theorie-Praxis-Transfer und Empirie
Umgang mit Daten (erstes Teilmodul)
Umgang mit Daten (zweites Teilmodul)
Wirtschaftsmathematik
Wissenschaftliches Arbeiten
Wissenschaftliches Arbeiten und empirische Sozialforschung
wissenschaftliches Arbeiten und Statistik
Wissenschaftliches Denken und Arbeiten
Wissenschaftstheorie
Wissenschaftstheorie und Evaluation
Wissenschaftstheorie, empirische Methoden

Quelle: Eigene

Die verdichteten Kategorien wurden auf die weiteren Curricula angewendet, durch diese verfeinert, reflektiert und weiterentwickelt. Es konnten Hauptkategorien erarbeitet werden, die aus jeweiligen Modulbezeichnungen resultieren und unter die sämtliche Studienmodule untergeordnet sind.

Da jedem Modul innerhalb der ECTS-Systematik Bewertungen in Form von Creditpunkten und Workload zugeordnet sind, konnte die qualitative in eine quantitative Analyse übertragen werden. Ergebnis ist hier eine erste Typenbildung durch Mittelwerte / Mediane und deren Überprüfung bzw. eine statistische Auswertung mit Hilfe von SPSS. Die Ergebnisse finden sich in Teil B.

22.1.3 Überprüfung der Curricula durch Triangulierung

Durch die Übertragung der qualitativen in eine quantitative Datenbasis zeichneten sich bestimmte Typen von Studiengängen ab, die als Cluster bestimmter inhaltlicher Schwerpunktsetzungen zusammengefasst werden könnten. Diese möglichen Idealtypen wurden in einem ersten Schritt einer semantischen Überprüfung durch die Selbstbeschreibungen der Studiengänge im Internet unterzogen. Hierfür wurde das Textanalyseprogramm TEXPACK genutzt (1). Desweiteren wurden narrative Interviews mit Studiengangsleitungen merkmalsstarker Studiengänge geführt (2) und die gebildeten Hypothesen mittels statistischer Verfahren überprüft (3).

Um eine umfangreiche Datenbasis für die Analyse zu gewinnen, bedurfte es zunächst der Internetrecherche. Aus den Netzpräsenzen diverser Universitäten, Hochschulen für angewandte Wissenschaften und Fachhochschulen wurden die Studiengangsbeschreibungen herauskopiert und in eine Gesamtdatei gefügt. In einem zweiten Schritt wurden dann Gesamtdateien der sich abzeichnenden Idealtypen erstellt. Zu einem späteren Zeitpunkt folgte dann auf selbigem Wege die Erstellung einer Vergleichsdatei, welche die Beschreibungen von weiteren Studiengängen der oben erwähnten Hochschulen enthielt. Diese Studiengänge zeichnet allerdings aus, dass sie gerade nicht im Managementbereich, wenn auch im sozialen Sektor anzusiedeln sind.

(1) Mit der Analyse durch TEXPACK sollten sich abzeichnende Cluster bestimmter Merkmalskonzentrationen überprüft und verdichtet werden. Bei dem Programm Textpack handelt es sich um ein englischsprachiges Textanalyseprogramm, welches mit speziellen Text-Dateien – ASCII – arbeitet. Sämtliche erstellte Dateien müssen für eine Weiterarbeit somit in dem genannten Format gespeichert werden. Aus bereinigten Ergebnislisten wurde eine Anzahl von 17 Begriffen für die Analyse der Studiengansbeschreibungen, welche sich zum einen in der Gesamtdatei aller Studiengangsbeschreibungen fanden und zum anderen als beschreibend für die Cluster erachtet wurden.

Im Anschluss wurde aus diesen gewonnenen Ergebnissen eine komplette Go-Liste erstellt, welche sämtliche in den Beschreibungen vorkommenden Erscheinungsformen der 17 Begriffe enthielt. Diese wurde dann als Filter für die Analyse der Häufigkeit des Auftretens der gewählten Wörter in vier Idealtypen, in der Gesamtbeschreibung aller Studiengänge sowie in der, der Vergleichsstudiengänge aus dem Nicht-Management-Bereich, eingesetzt. Da sich jedoch in den unterschiedlichen Dateien unterschiedlich viele Studiengänge befanden, war es für eine exakte Darstellung der Verteilung der Indexbegriffe - speziell auf die Idealtypen - wichtig, vergleichbare Daten zu erhalten. Nachdem die absolute Darstellung der Häufigkeit der Begriffe samt ihrer Variationen in den einzelnen Dateien vorhanden war, konnte mittels Hochrechnung die Relation des Auftretens der Begriffe - insbesondere unter den Clustern – dargestellt werden. Den Faktor für die Hochrechnung gab der Studientyp Sozialmanagement vor, da von diesem die meisten Beschreibungen vorlagen. Als Hypothese ergab die Analyse, dass sich die vier inhaltlichen Schwerpunkte von Studiengängen auch in den Inhaltsbeschreibungen wiederfinden.

(2) Ein Curriculum für Aus- und Weiterbildungsgänge im Sozialmanagement bildet nicht unmittelbar die Vorstellungen über Wissen bzw. Kompetenzen in diesem Handlungsbereich ab. Vielmehr muss vermutet werden, dass die Curricula ebenso Ergebnisse eines hochschulbezogenen Aushandlungsprozesses sind. Deshalb erscheint es notwendig, um die Validität der dokumentierten Inhalte zu prüfen, den Entstehungsprozess ausgewählter (typischer) Curricula zu untersuchen. Hier bietet es sich an, auf den Entstehungsprozess der Studienrichtlinien einzugehen. Es wurden zur Kontrastierung und Überprüfung der Curriculaanalyse drei narrative Interviews mit Studiengangsleitungen solcher akademischen Angebote geführt, die nach der ersten Clusterung herausragende Merkmale besaßen. Als Erhebungsmethode wurde das narrative Interview angewendet, als Auswertung die Erzählanalyse. Die Ergebnisse sind nicht im Einzelnen dargestellt sondern fließen in Teil B ein.

(3) Die Datenbeschaffenheit der Curriculaanalyse ließ es zu, die qualitative Rekonstruktion des Kerncurriculums in eine quantitative Analyse zu überführen. Denn den jeweiligen Modulen sind innerhalb des ETCS-Systems jeweils Gewichtungen durch Workload und Creditpoints zugeordnet. Diese implizit gegebene Quantifizieurng von Studiengangsinhalten lässt es zu statistische Verfahren anzuwenden. Hier wurde auf die Standardauswertungsmethode zurückgegriffen, die EDV-unterstütze Analyse durch SPSS. Ziel der Anwendung statistischer Verfahren war es hier, die gebildeten Hypothesen zu prüfen und strukturelle Interdependenzen (Korrelationen) zwischen den Studiengangsmerkmalen herauszuarbeiten. Als abhängige sowie unabhängige Variablen kamen bei den Stichproben weitere Indikatoren zur Anwendung, wobei sich die Analyse auf die weiterbildenden Angebote konzentrierte. Neben den inhaltlichen Ausprägungen wurden folgende Merkmale erhoben und einbezogen: Gründungsjahr, Studiengangsart (MA/MBA; konsekutiv/nichtkonsekutiv), Institution (privat/staatlich; konfessionell/nicht konfessionell), Bundesland, Höhe der Studiengebühren.

Die statistischen Analysen wurden jeweils für die komplette Stichprobe, aber auch für die MA- und MBA-Studiengänge differenziert ausgeführt, die MBA-Studiengänge zeigten sich als nicht relevant für die jeweiligen Korrelationen. Ebenso wurde eine Regressionsanalyse durchgeführt, um Störvariablen zu identifizieren. So lässt sich z.B. die Variation in der Höhe der Gebühr zu 36,9% durch die Variablen Ausland, MBA und Anteil WIWI erklären - alle anderen Einflüsse verschwinden bzw. sind nicht signifikant, wenn man sie in die Regression einführt. Die erkennbaren Korrelationen sind also nicht durch Störvariablen beeinflusst, die Ergebnisse finden sich in Abschnitt 15. Die Einzelauswertungen sind hier tabellarisch zusammengefasst.

Tabelle 16: Korrelation

		Gründungs-jahr	Methoden MW / Mittelwert CP Prozent	Praxis MW / Mittelwert CP Prozent	SAW-Prozent / Mittelwert CP Prozent
WiWi MW / Mittelwert CP Prozent	Korrelation nach Pearson	-,332(*)	-,317(*)	-,562(**)	-,668(**)
	Signifikanz (2-seitig)	0,016	0,018	0	0
	N	52	55	55	55

		Politik MW / Mittelwert CP Prozent	Orga MW / Mittelwert CP Prozent
Führung MW / Mittelwert CP Prozent	Korrelation nach Pearson	-,397(**)	,454(**)
	Signifikanz (2-seitig)	0,003	0,001
	N	55	55

** Die Korrelation ist auf dem Niveau von 0,01 (2-seitig) signifikant.

Die zusammengefassten Ergebnisse der Dokumentenauswertung bilden die Grundlage einer Evaluation durch die empirischen Ergebnisse der professionellen Kompetenzforschung im Sozialmanagement (vgl. M. Meuser / U. Nagel in: Bogner et al 2002: 80ff).

22.2 Kompetenzrekonstruktion: Wissen, Können und Haltung im Sozialmanagement
Durch die Vorarbeiten (Kapitel 20) sind drei Hinweise für die empirische Arbeit an der Kompetenzproblematik (Fragestellung A) zu berücksichtigen. Erstens ist ein explorativer Forschungsansatz aufgrund der Neuheit angezeigt. Zweitens greift das Erkenntnisinteresse auf einen komplexen sozialpolitischen und organisationssoziologischen Gegenstandsbereich zu, wo ebenso komplexe Fragen aufgeworfen werden. Drittens lässt sich bezüglich der entscheidenden Akteure in diesem Feld die Vermutung formulieren, dass es nicht ausreichen wird, durch Interviews die adäquaten, tieferen Einblicke in die Logik der Praxis zu bekommen. Diese Erkenntnisse legen ein ethnografisches Vorgehen nahe. „Methodologisch ist zudem davon auszugehen, dass die Selbstbeschreibungen der befragten Akteure oftmals im Widerspruch zur gelebten, alltäglichen Praxis stehen, die diese *de facto* durch ihr Handeln reproduzieren." (W. Vogd 2005: 89).

Vor dem Hintergrund der Heterogenität der diakonischen Einrichtungen im dritten Sektor ist es notwendig, nicht nur die Organisationskompetenzen der individuellen Sozialmanagementakteure zu erforschen. Vielmehr sind zum Verständnis der Professionalität die Anforderungen an das Sozialmanagement im organisationalen Kontext zu beachten. Wenn sich Wissen und Kompetenzen tatsächlich im Sinne eines ‚learning by doing' entwickeln, muss eben dieses Handeln in den jeweiligen Interaktionen, Strukturen und vorhandenen Deutungsmustern untersucht werden. Dies wird durch den Fokus auf die jeweilige Organisationsethnographie diakonischer Einrichtungen gewährleistet. Um das Managementhandeln im Kontext der spezifischen Einrichtung erheben zu können, stehen unterschiedlichste organisationale Aktivtäten oder Ereignisse zur Verfügung, die mittels teilnehmender Beobachtung begleitet werden können.

Wählt man also die Methode der teilnehmenden Beobachtung, öffnet sich die Möglichkeit, dass sich die Logik einer (Alltags-)Praxis anders darstellt. So kann ein professioneller Akteur in der Jugendhilfe gar nicht anders, als in einem Interview vollmundig die Klienten als ersten Orientierungspunkt seiner Handlungen darzustellen. Das professionelle Handeln orientiert sich aber häufig genug, wie zu beobachten, an Professions- oder Organisationslogiken, die mit der Klientenorientierung im Widerspruch stehen. „Die Logik der gelebten Praxis ist eine andere als der (Akteurs-)Theorien *über* die Praxis." (W. Vogd 2005: 90). (Einzel-)Interviews können und müssen so ausgewertet werden, dass nicht nur die Inhalte, also das, was gesagt wird, interpretiert wird. Vielmehr sollte auch dem modus operandi Aufmerksamkeit geschenkt werden, dem also, wie etwas gesagt wird, also wie performativ Wirklichkeit hergestellt wird und welche Orientierungen hier zur Geltung kommen. So bleibt die „teilnehmende Beobachtung der Königsweg, um die Details der gelebten Praxis beziehungsweise die vielfältigen Kontexte und Differenzierungen dieser Praxis zu rekonstruieren." (ebd.) Aufgrund der dargestellten Komplexität der zu untersuchenden Handlungskontexte erscheint die teilnehmende Beobachtung deshalb als die Erhebungstechnik der Wahl.

22.2.1 Teilnehmende Beobachtung: Organisationethnographie für SozialmanagerInnen

Obwohl zu professionellem Handeln in der Sozialen Arbeit bereits eine Reihe empirischer und analytischer Studien vorliegen, wird auch für die Erforschung professionellen Handelns im Sozialmanagement die qualitative Methode gewählt.

Aus formaler Sicht wird dieses Verfahren gewählt, um neue, randständige oder noch unerschlossene Phänomene zu erforschen (Exploration). Für das Sozialmanagementhandeln gilt dies, weil die Management-Kompetenzen im diakonischen Bereich bislang noch nicht Inhalt einer professionstheoretisch angelegten, empirischen Studie waren.

Aus inhaltlicher Sicht bietet sich das Verfahren an, weil mit dem Forschungsdesign auf Deutungen, Wahrnehmungen und komplexe Deutungssysteme in strukturierten sozialen Gebilden und Interaktionssystemen zugegriffen wird (Deutungen der professionellen Akteure) (vgl. B. Hollstein 2006). Dies folgt der These, dass Managementhandeln im diakonischen Nonprofit-Bereich von Managementhandeln in einem Profit-Kontext unterschieden werden muss. Es geht um ein Handeln in einem wertgebundenen Umfeld, den diakonischen Nonprofit-Unternehmen.

22.2.1.1 Datenerhebung

Die Entscheidung für die teilnehmende Beobachtung hat zur Folge, dass einerseits eine metatheoretische Klärung dessen, was man eigentlich untersuchen will, Voraussetzung ist und dass ein langer und sorgfältiger Auswahlprozess des Feldzuganges von Nöten ist. Werner Vogd hat dies treffend beschrieben: „Die „Tugend" der teilnehmenden Beobachtung besteht darin, den vollen Detailreichtum der Praxis wahrnehmen zu können. Dies stellt gleichzeitig jedoch ihr methodologisches Problem dar: Der Beobachter mag zwar nun alles

Mögliche erkennen. Doch nun droht die Gefahr, den Wald vor lauter Bäumen nicht zu erkennen. So mag dem Beobachter dann beispielsweise auffallen, dass das Stationszimmer mit Weihnachtsdekoration geschmückt ist, dass im Arztzimmer ein Playboy Kalender hängt und dass man während der Betriebsfeier gerne Weizenbier trinkt. Auf diese Weise gelangt der Forscher jedoch, um mit Paul Atkinson (...) zu sprechen, schnell in die Situation, alles Erdenkliche zu erforschen, nur nicht jedoch das, worum es im Krankenhaus eigentlich geht. Ohne methodologische Kontrolle läuft der Forscher Gefahr, sich in der Vielfalt beliebiger Details zu verlieren.

Aus den genannten Grunde erscheint gerade für die teilnehmende Beobachtung die metatheoretische Klärung dessen, was man eigentlich untersuchen will und auf welcher Ebene sich die zu untersuchenden Phänomene zeigen, besonders wichtig. Beobachtung ist also immer fokussierte und selektive Beobachtung (dies gebietet allein schon die Ökonomie des Forschungsprozesses)." (W. Vogd 2005: 90) Die von Vogd geforderte metatheoretische Klärung wurde mit dem Punkt Professionsforschung und Management dargelegt und geklärt (vgl. Punkt 21).

22.2.1.2 Feldzugang zum professionellen Handeln im Sozialmanagement
Die Kriterien des Feldzugangs für die teilnehmende Beobachtung richten sich nach den schon genannten Punkten und Schwierigkeiten. Mit der BruderhausDiakonie hat sich ein großer Träger zur Verfügung gestellt, der unter seinem Dach die unterschiedlichsten Hilfearten vereint, aber dennoch eine gemeinsame Organisationskultur sowie eine organisationsweite Struktur sowie Strategie vorweisen kann. Aus dem Hilfespektrum wurde eine Einrichtung der Jugendhilfe, Behindertenhilfe sowie der Sozialpsychiatrie zur Auswahl vorgeschlagen. Die Altenhilfe wurde nicht berücksichtigt, da in diesem Hilfebereich zu unterschiedliche sozialpolitisch-rechtliche Rahmenbedingungen vorherrschen. Durch die Auswahl der Einrichtungen wird eine Vergleichbarkeit gewährleistet, die bestimmte externe Faktoren möglicher Differenzen einschränkt. Eine teilnehmende Beobachtung von Führungskräften in einer Dachorganisation kann grundsätzlich dem Verdacht ausgesetzt sein, dass die Ergebnisse zur Disziplinierung der Akteure eingesetzt werden könnten. Deshalb wurden die Einrichtungen nach dem Kriterium ausgesucht, einen Vergleich zwischen dem (vom Feldzugang selber angenommenen) Best-Practice-Management in einem Träger zu ermöglichen. Weil zur Dateninterpretation die dokumentarische Methode zum Einsatz kommen soll, wird die Beobachtungszeit pro Einrichtung auf 10-14 Tage begrenzt, dafür werden aber drei Organisationen beobachtet, um einen Vergleich möglich zu machen (die Dauer spielt da nicht die entscheidende Rolle, wenn die Beobachtung 'gesättigt' ist, kann die Beobachtung auch schon früher als geplant abgebrochen werden).

Mit der Gesamtleitung der Trägerorganisation wurden fünf Kriterien besprochen, nach denen die Organisationen, hier Dienststellen, ausgesucht werden sollten. Der Auswahlprozess war von den Verantwortlichen im Träger so geplant, dass zuerst fünf Dienststellenleitungen zu einem Informations-Gespräch geladen werden sollten. Die fünf Leitungen sollten sich dann untereinander einigen, wer an der Beobachtung teilnimmt und wer nicht. In einem Vorbereitungsgespräch wurde von der Forscher-Seite angeregt, drei Dienststellenleitungen direkt anzusprechen, um nicht unnötig viel Öffentlichkeit zu erzeugen und gruppendynamische Effekte in einem Auswahltreffen zu vermeiden.

1. Arbeitsschwerpunkt der Einrichtung: Es wurde jeweils eine Einrichtung ausgewählt, die schwerpunktmäßig in dem Bereich Jugendhilfe, Behindertenhilfe, Sozialpsychatrie arbeitet und die jeweils als 'best practice' Einrichtung wahrgenommen wird.

2. Einrichtungsgröße: Die Einrichtungsgröße wurde berücksichtigt, weil mindestens zwei Führungsebenen zu finden sein sollten (z.B. ein oder mehrere Geschäftsführende und mehrere AbteilungsleiterInnen/KoordinatorInnen).

3. Lokale Verortung: Ob städtischer oder ländlicher Einzugsbereich der Einrichtung spielt keine entscheidende Rolle. Ein mögliches Kriterium war aber, ob es Einrichtungen sind, bei denen es sich vermuten lässt, dass ihr Erfolg aus der Vernetzung mit anderen Einrichtungen herrührt oder aus der besonderen Einbettung in die lokale Institutionenlandschaft (Gemeinwesenbezug). Solche Organisationen waren zu bevorzugen.

4. Beobachtungszeitpunkt: Der Zeitpunkt der Beobachtung war von großer Bedeutung für die Auswahl, denn es sollten Managementtätigkeiten und Prozesse fokussiert werden. Es wäre also besonders fruchtbar, wenn wichtige Prozess- oder Projektschritte in den Beobachtungszeitraum fallen (Innovationsworkshops; Kick-Off Veranstaltungen; Projektmonitoring durch Teamsupervision, Feed-Back-Meetings, Qualitätsentwicklung; Projektabschlüsse; usw.). Auch waren die Vorfindlichkeit wesentlicher Managementtätigkeiten auswahlentscheidend (hier sind für mich insbesondere Ereignisse der Mitarbeiterführung, Qualitätskontrolle, Netzwerkbewirtschaftung, Kostenträgerverhandlungen und Mikropolitik von Interesse).

5. Routinetätigkeit: Zudem wurde die Bereitschaft von den beteiligten Akteuren abgefragt, dass sie sich als Führungskräfte jeweils bei Routinetätigkeiten begleiten lassen, wie z.B. bei einer Tagesroutine.

Die Person der Dienststellenleitung wurde zwar auch in den Vorbereitungsgesprächen als mögliches Kriterium diskutiert. Letztlich konnte aber die Auswahl der Fallstudien sich nicht auf diese Kriterien stützen. Alter / Geschlecht / Dauer der Zugehörigkeit / Qualifikation / biographischer Hintergrund wurden aber als mögliche Faktoren in die Auswertung integriert und bei nachgelagerten Interviews mit den Akteuren explizit abgefragt.

Das entscheidende Gespräch mit den Dienststellenleitungen fand Ende September 2007 statt, nach mehr als einem Jahr, nachdem zum ersten Mal im Rahmen des Forschungsprojektes Kontakt zum Träger aufgenommen wurde. Die Dienststellenleitungen holen für ihre Zusagen die Bereitschaft ihrer Mitarbeiterschaft ein. Im Zuge der Gespräche wurde eine Datenschutzvereinbarung getroffen.

22.2.1.3 Datenerhebung und -auswertung

Die teilnehmende Beobachtung startete vom 17.-19. Dezember 2007 und wurde mit fünf Wochen in der ersten Jahreshälfte 2008 sowie zwei Wochen im Sommer 2008 fortgesetzt (14-17.01.2008; 21.-24.01.2008; 11.-15.02.2008; 25.-29.02.2008; 16.-18.07.2008; 21.-25.7.2008). Die Beobachtungen wurden mittels 100 Beobachtungsprotokollen festgehalten. Die Beobachtungen wurden im Sinne der ‚grounded theory' ausgewertet, wobei flankierend diverse Dokumente in die Auswertung eingeflossen sind.

22.2.2 Narrative Interviews: Professionelles Handeln im Entstehungsprozess und als Routine
22.2.2.1 Zur Methode der Datenerhebung und -auswertung

Anknüpfend an die methodischen Ausführungen zum Entstehungsprozess der Curricula kommt die narrative Erzählanalyse nochmals zum Einsatz, um das professionelle Handeln der SozialmanagerInnen zu analysieren. Nach Fritz Schütze produzieren Leitfadeninterviews – wie bereits erwähnt - einen ‚Schemasalat', weil man bei den Interviewten ein Gemisch aus den Schemen Deskription, Argumentation und Narration provoziert. Statt dessen hat Fritz Schütze mit der narrativen Erzählanalyse eine Interview- und Auswertungsmethode entwickelt, mit der sich die Problematik der Retrospektivität[43] und des impliziten Charakters[44] vermeiden lassen. Er geht davon aus, dass es bei dem Erzählen einer Geschichte immer eine Erzählstruktur gibt, die zu „narrativen Zugzwängen" führt. Unter diesem Zugzwang sieht sich ein Erzähler genötigt, auch „unangenehme, als unbedeutend eingeschätzte oder lieber verschwiegene Begebenheiten" (D. Manger 2006: 229) zu erzählen oder erzählen zu müssen, weil dies für die Erzählung (zum Verständnis) erforderlich erscheint. Schütze unterscheidet den Detaillierungszwang, den Kondensierungszwang und den Gestaltschließungszwang (vgl. F. Schütze 1983). Zur Auswertung nach Schütze ist es notwendig, Interviews komplett zu transkribieren und nach einer Aufteilung in Erzählsequenzen zu analysieren. Schütze hatte die Methode bekanntlich zuerst bei einer Untersuchung kommunaler Machtstrukturen vor dem Hintergrund der kommunalen Gebietsreform in den 70er Jahren entwickelt. Die Annahme war, dass die Interviewten bei einer selbstgesteuerten Erzählung mehr Details als in den kleiner portionierten Sequenzen von Leitfadeninterviews offenbaren, weil sie dem „Gestaltschließungzwang" unterliegen. Die Ergebnisse Schützes zum professionellen Handeln gehören zum ‚state of the art' sozialarbeitswissenschaftlicher Forschung in der Gegenwart.

Die narrativen Interviews mit den Leitungspersonen diakonischer Einrichtungen sind durch die teilnehmende Beobachtung eingebettet in die Rekonstruktion unternehmenskultureller Bedingungen organisationalen Handelns.[45] Die organisationalen Rahmenbedingungen professionellen Handelns müssen vermehrt als Netzwerkstrukturen aufgefasst werden (vgl. H.J. Dahme 1998; ders. et.al 2004; 2005). Vor allem die Forschungsergebnisse des Projektes DiSo (DFG-Projekt Dienstleistung in der Sozialen Arbeit zwischen Verwaltungsreform und professionellem Handeln, vgl. S. Krone et.al. 2009) zeigen, dass die Dienstleistungserbringung in Nonprofit-Unternehmen einerseits mehr und mehr einer produktspezifischen Differenzierung und Spezialisierung unterliegt. Andererseits wird internes (innerhalb einer Organisationseinheit) und externes (verschiedene Organisationseinheiten) Schnittstellenmanagement zu einem entscheidenden Faktor im Handeln der Sozialmanagementakteure.

---

[43] Es handelt sich hier um das Problem, ob es gelingt die Meinung des Interviewten über kausale Zusammenhänge von den ‚objektiven' Wirkungszusammenhängen zu unterscheiden.

[44] Dabei wird implizit allen Sozialarbeiterinnen die Grundannahme unterstellt, dass Organisationsstrukturen, Träger und Institutionen für das ‚eigentliche' Arbeiten eher störend sind.

[45] Es wurden vorgängige, aber auch retrospektive Analysen unterschiedlichsten Datenmaterials durchgeführt: Materialien über Deutungsrahmen und Strukturen, Organisationsverfassung, Projektbeschreibungen bis hin zu Arbeitsverträgen, die Personalstruktur, Jahresberichte, Werbemittelkartei, Aufzeichnungen und Protokolle bis hin zu Öffentlichkeitsarbeit, Website, Angebotsstruktur oder Kursprogramme usw.

Die narrativen Interviews mit den Führungskräften wurden zeitlich nachfolgend an die Datenerhebung im Sinne der Organisationsethnologie angeschlossen. Dies ermöglicht es, anschließend an die Narrationen organisationsspezifische und auf die diakonischen Einrichtungen zugeschnittene Fragen anzuschließen.

22.2.2.2 Datenerhebung und erzählanalytische Datenauswertung der Interviews

Im Juli 2008 wurden insgesamt 11 biografisch-narrative Interviews geführt. Die Interviews wurden jeweils digital aufgezeichnet. Die narrativen Interviews wurden erzählanalytisch nach Schütze ausgewertet, die wichtigsten Analyseschritte sind:

1. Auswahl von zwei „Eckfällen" nach formalen und inhaltlichen Gesichtspunkten; Volltranskription der Eckfälle und Teiltranskription der weiteren Interviews.
2. Interviewkritik und formale Textsortendifferenzierung
3. Bestimmung der globalen Textsorten bzw. Kommunikationsschemata nach Erzählung, Beschreibung, Argumentation.
4. Detaillierte textformale und inhaltliche, strukturelle Beschreibung der Erzählsegmente, Subsegmente und suprasegmentalen Darstellungszusammenhänge.
5. Analytische Abstraktion auf Basis der strukturellen Beschreibung
6. Erstellung einer biografischen Gesamtformung; Differenzierung und Identifikation erkennbarer Beziehungen zwischen biographischen Prozessen; Wissensanalyse: eigentheoretische argumentative Einlassungen des Informanten, Orientierungs-, Verarbeitungs-, Deutungs-, Selbstdefinitions-, Legitimations-, Ausblendungs-, und Verdrängungsfunktionen
7. Theorie- und Konzeptvergleiche zwischen den Eckfällen und mit den weiteren Interviews.

Die Datenauswertung wurde durch eine Rekonstruktionswerksatt in der Gesamthochschule Kassel, geleitet durch Prof. Dr. Werner Thole und Dr. H.J. Glinka begleitet. Ab Herbst 2007 bis Frühling 2009 wurde die Auswertung durch insgesamt 15 Sitzungen der Forschungswerkstatt begleitet.

22.3 Evaluation

In einer Gesamtauswertung wurden die Forschungsergebnisse der Curriculaanalyse und der Managementkompetenzanalyse im Sinne einer Evaluation zusammengeführt. Ziel dieser Gesamtauswertung ist es, die Professionalisierungsphänomene der Akademisierung der Aus- und Weiterbildung der impliziten Kompetenzentwicklung zu kontrastieren. Aus professionstheoretischer Sicht könnte die Studie Erkenntnisse liefern, um die Qualifikation und Professionalisierung in der Aus- und Weiterbildung im Sozialmanagement an die Bedarfe der Einrichtungen und Träger sowie den Anforderungen eines sich wandelnden Sozialstaates zu vermitteln. Für diese Gestaltungstätigkeit bilden die empirischen Erkenntnisse eine Grundlage. Um zu Gestaltungsempfehlungen zu kommen müssen die deskriptiven Erkenntnisse jedoch erst in einem normativen Rahmen bewertet und diskutiert werden. Aus der professionstheoretischen Sicht ist dies ohne weiteres vor dem Hintergrund der aufgefalteten Heuristik möglich. Für die trägerspezifischen Anforderungen und Strategien wird eine spezifische, unternehmenssensible Interpretation der Ergebnisse nötig sein.

23 Datenverzeichnis

23.1 Studiengangsanalyse

23.1.1 Curricula und Selbstdarstellungen der Hochschulen

Auf das zur Verfügung stehende Datenmaterial zur Studiengangsanalyse wurde bereits unter eingegangen. Deswegen sei an dieser Stelle auf die Liste der relevanten Studiengänge verwiesen, die als Anlagen dem Abschlußbericht des Projekte beigefügt sind. Ebenso wurden von den relevanten Master-Studiengängen die Selbstdarstellungen für eine semantische Analyse mit TEXPACK herangezogen.

23.1.2 Interviews

Aufgelistet sind im Folgenden die narrativen Interviews mit leitfadengestütztem Nachfrageteil zur Erhebung politisch-strategischer Gesichtspunkte der Studiengangsausprägungen in charakteristischen Studiengängen. Aufgrund des außerordentlich schwierigen Feldzugangs konnten zwei der geplanten Interviews nicht durchgeführt werden.

Interview 1: Studiengangsleitung eines Master-Studiengangs mit fachlicher Ausrichtung (27.05.2008) (IS1)

Interview 2: Studiengangsabsolvent eines Master-Studiengangs mit betriebswirtschaftlicher Ausrichtung (12.7.2008) (IS2)

Interview 3: Studiengangsabsolvent eines Master-Studiengangs mit fachlicher Ausrichtung (14.7.2008) (IS3)

Interview 4: Studiengangsleitung eines Master-Studiengangs mit politischer Ausrichtung (14.08.2008) (IS4)

23.2 Vorbereitende Daten zum Feldzugang

Gespräche, Telefonate, Treffen sowie Dokumente mit Vertretern der oberen und mittleren Führungsebenen der BruderhausDiakonie sowie den Dienstleistungszentren zur Vorbereitung der Feldforschung.

September 2006 – Januar 2008

Telefonat des Vorstandsvorsitzenden mit der Forschungsprojektleitung AL über die Ziele des Forschungsprojektes, der Eröffnung von Feldzugängen und möglichen Rahmenbedingungen (7.9.2006), Forschungstagebuch AL, kurzes Ergebnisprotokoll und Zusendung eines Artikels per E-Mail

Elektronisches Dokument: Festschriftbeitrag „Die Steuerung Diakonischer Einrichtungen zwischen Rezeption des Unternehmensparadigmas und spezifischer „Kulturprägung"" von Lothar Bauer, Vorstandsvorsitzender BruderhausDiakonie. Stiftung Gustav Werner und Haus am Berg. 2. , Korrektur gelesene Fassung, Stand 24.08.2005 (7.9.2008), Forschungstagebuch AL, D_01: Word-Dokument per E-Mail

Gespräch zwischen der oberen Führungsebene / Repräsentanten der BruderhausDiakonie und Langer zu Konzeption, Zielen, Rahmenbedingungen der Feldforschung, Zentrale BD Reutlingen (20.10.2006), Forschungstagebuch AL

Elektronisches Dokument: Gesprächsprotokoll des Treffens vom 20.10.2006 „ Gespräch mit Herrn Langer" von Vorstandsassistenz (24.10.2006) Forschungstagebuch AL, D_02: E-Mail

Elektronisches Dokument: Korrigiertes Gesprächsprotokoll des Treffens vom 20.10.2006 „ Gespräch mit Herrn Langer" von Vorstandsassistenz (27.10.2006), Forschungstagebuch AL, D_03: E-Mail

E-Mail Korrespondenz zur Kooperation mit dem CSI-Heidelberg und zur Finanzierungszusage des Projektes (18.12.2006; 21.12.2006), Forschungstagebuch AL

Gespräch zwischen den Projektkooperationspartnern und AL zu Konzeption, Zielen, Rahmenbedingungen des Forschungsprojektes, CSI Heidelberg (18.04.2007), Forschungstagebuch AL

Elektronisches Dokument: Ergebnisprotokoll Gespräch zwischen den Projektkooperationspartnern und Langer zu Konzeption, Zielen, Rahmenbedingungen des Forschungsprojektes (20.04.2007), Forschungstagebuch AL, D_04

E-Mail Korrespondenz zu Kriterien des Feldzugangs zwischen den Kooperationspartnern (18.12.2006; 21.12.2006), Forschungstagebuch AL

E-Mail Korrespondenz zur Veröffentlichung des Forschungsexposes (31.5.2007), Forschungstagebuch AL

Gespräch zwischen der oberen Führungsebene / Repräsentanten der Bruderhausdiakonie und Langer zum Datenschutz, ‚Früh' Köln (5.6.2007), Forschungstagebuch AL,

Elektronisches Dokument: Datenschutz, Vertraulichkeit und Überprüfbarkeit der Daten im Forschungsprojekt „Professionelles Sozialmanagement zwischen Akademisierung und diakonischer Identität" erster Entwurf 28.5.2007 zur Vorlage und Diskussion mit der BruderhausDiakonie, Pdf-Dokument (28.8.2007), Forschungstagebuch AL, D_05

E-Mail Korrespondenz über Personalmanagement mit der Leiterin Personalmanagement mit Weitergabe Dokumente Personalführung, -management,- entwicklung, Unternehmenskultur, (19.7.2007), Forschungstagebuch AL

Elektronisches Dokument: Handbuch Führung von Mitarbeitenden, Power-Point-Folien „1 Handbuch-Logo Inhalt Stand 12.03.07" (19.7.2007), Forschungstagebuch AL, D_06

Elektronisches Dokument Handbuch Führung von Mitarbeitenden, Liste der im Handbuch befindlichen Dokumente (mit Sortierfunktion), Excell Datenblatt „3 Liste mit Dokumenten (Handbuch Führung) " (19.7.2007), Forschungstagebuch AL, D_07

Elektronisches Dokument: Dokument Einladungs-Flyer: Kirchberger Impulse „kirchberg_07_k2", Pdf_Dokument (19.7.2007), Forschungstagebuch AL, D_08

Elektronisches Dokument: Dokument Synopse der Leitbilder der beiden Träger, Word-Dokument „Leitbild Synopse GWS und HAB" (19.7.2007), Forschungstagebuch AL, D_09

Elektronisches Dokument: Leitsätze der BruderhausDiakonie, Power-Point-Folien: „Leitsätze – PE" (19.7.2007), Forschungstagebuch AL, D_10

Elektronisches Dokument: Offizielles Organigramm der BruderhausDiakonie, Power-Point-Folie: „Organigramm_2007_201206" (19.7.2007), Forschungstagebuch AL, D_11

Elektronisches Dokument: Organigramm als Organisationsmodell der BruderhausDiakonie, Power-Point-Folie: „Organisationsmodell Organigramm 061110" (19.7.2007), Forschungstagebuch AL, D_12

Informelles Gespräch: Einführung in das Personalmanagement der BruderhausDiakonie, informelles Gespräch mit der Leiterin Personalmanagement, Einsicht in Dokumente Personalführung, -management, -entwicklung, Unternehmenskultur, (25.9.2007), Forschungstagebuch AL, D_13a

Gespräch zwischen Führungsebene 1 / Repräsentanten der Bruderhausdiakonie, den Dienststellenleitungen und Langer zur teilnehmenden Beobachtung und zum Feldzugang, Zentrale BD Reutlingen (26.9.2007), Forschungstagebuch AL, Zusage der Dienststellen und Einverständnis zum Forschungsansatz (Behindertenhilfe 26.10.2007; Jugendhilfe 2.10.2007; Sozialpsychatrie 5.11.2007), D_13b

Dokument: Konzept der Personalentwicklung für den Unternehmensverbund GWS und HaB, beschlossen von der Geschäftsleitung am 8.12.2003, (26.9.2007), D_13, S. 1-6

Dokument: Diakonische Identität stärken – Handlungskonzept für die BD, Überarbeitung 29.5.2007 (26.9.2007), D_14, S.1-3

Dokument: In Verschiedenheit und Vielfalt erfüllen wir einen Auftrag, vom VS beschlossen 10.10.2005 (26.9.2007), D_15, S.1-3

Dokument: Standards Führung, Übersicht, Stand 25.9.2007 (26.9.2007), D_16, S.1-4

Dokument: Führungsleitlinien der BruderhausDiakonie. Stiftung Gustav Werner und Haus am Berg (26.9.2007), D_16, S.1-4

Dokument: Prozesse Strategie und Zielvereinbarung, Entwurf , Stand 8.1.2007 (26.9.2007), D_17a, S.1-3

Dokument: Schulungen für Führungskräfte in der BruderhausDiakonie 2007 und 2008, 23.9.2007 (26.9.2007), D_17b

Dokument: Führung im Wandel – Wandel der Führung. Konzept Führungslernen der BD, 9.10.2005 (26.9.2007), D_18, S.1-12

Dokument: Führung(lernen) in der BruderhausDiakonie, Vorschlag für die Entwicklung eines Curriculum und seine Umsetzung, August 2004 (26.9.2007), D_19, S.1-5

Interview 16: Biografisches Interview mit dem Vorstandsvorsitzenden, geführt im Rahmen eines anderen Forschungszusammenhanges und als zusätzliche Information zur Verfügung gestellt

23.3 Sozialmanageriales Handeln in organisationalen Rahmenbedingungen

23.3.1 Beobachtungsprotokolle

BP 1 Morgendliche Kommunikation und Information zwischen Tür und Angel in der Dienststelle (17.12.2007)

BP 2 Begehung einer Einrichtung mit einem Vertreter öffentlicher Träger (17.12.2007)

BP 3 Begehung einer Einrichtung mit einem Vertreter öffentlicher Träger (17.12.2007)

BP 4 Gespräch Dienststellenleitung mit einem Vertreter öffentlicher Träger (17.12.2007)

BP 5 Wöchentliches Bereichsleitungsteamtreffen (17.12.2007)

BP 6 Leitungsrunde der Dienststellenleitung mit Bereichsleitungen (18.12.2007)

BP 7 Außenwohngruppe und Bereichsleitung Teamtreffen (18.12.2007)

BP 8 BJW und Bereichsleitung Teamtreffen (18.12.2007)
BP 9 Treffen Projektgruppe Kinderschutz (18.12.2007)
BP 10 Außenwohngruppe und Bereichsleitung Teamtreffen (19.12.2007)
BP 11 Treffen Informationsgespräch Vorstand mit Dienststellenleitung (19.12.2007)
BP 12 Personalgespräch Dienststellenleitung mit Stellvertretung (19.12.2007)
BP 13 Treffen Tagesgruppe Team mit Bereichsleitung (19.12.2007)
BP 14 Treffen Tagesgruppe Team mit Bereichsleitung (19.12.2007)
BP 15 Wöchentliches Bereichsleitungsteamtreffen (14.01.2008)
BP 16 Leitungsrunde der Dienststellenleitung mit Bereichsleitungen (14.01.2008)
BP 17 Fachpolitisches Informationstreffen Erziehungsstellen (14.01.2008)
BP 18 Organisationstreffen aller Tagesgruppen zur Fortbildung und Information mit Be-
   reichsleitung (15.01.2008)
BP 19 Treffen Tagesgruppe Team mit Bereichsleitung (15.01.2008)
BP 20 Konzeption einer Kooperation mit der Schule Bereichsleitung und Dienststellenlei-
   tung (15.01.2008)
BP 21 Treffen Kindergartenteam-Leitung (15.01.2008)
BP 22 Konflikt - Schlichtungstermin Personalangelegenheit (15.01.2008)
BP 23 Teamsitzung in der Wohngruppe (16.01.2008)
BP 24 Personalgespräch Assistenz im Kindergarten (16.01.2008)
BP 25 Weiterbildungsgespräch Dienststellenleitung und Stellvertretung mit Mitarbeiterin
   (16.01.2008)
BP 26 Kooperationstreffen Tagesgruppen und öffentliche Träger mit Bereichsleitungen
   (16.01.2008)
BP 27 Theorie-Praxis-Messe Fachhochschule (16.01.2008)
BP 28b Teambesuch Dienststellenleitung in Tagesgruppe (21.01.2008)
BP 28 Tagesgruppe Fallbesprechung (21.01.2008)
BP 29 Kooperationstreffen Schule Jugendhilfe (21.01.2008)
BP 30 Großteam teilstationäre Hilfen (21.01.2008)
BP 31 Treffen Tagesgruppe Team mit Bereichsleitung (22.01.2008)
BP 32 Zielerreichungsgespräch Balanced Score Card (22.01.2008)
BP 33 Der zentrale Ort die Dienststelle, Flur Erdgeschoß (23.01.2008)
BP 34 Begehung Außenwohngruppe (23.01.2008)
BP 35 Krisensitzung Innenwohngruppe (24.01.2008)
BP 36 Teamsitzung Krise Innenwohngruppe (24.01.2008)
BP 37 Leitungstreffen Jugendhilfe Schule (24.01.2008)
BP 38 Evaluation Zwischenergebnisse Mitarbeiterjahrestreffen (19.02.2008)
BP 39 Evaluation Zwischenbericht (19.02.2008)
BP 41 Jour Fix Bereichsleitung Assistenz (11.02.2008)
BP 42 Mitarbeiterjahresgespräch Zielvereinbarung (11.02.2008)
BP 43 Bereichsleitung Leitungsrunde (11.02.2008)
BP 44 Mitarbeiterjahresgespräch Zielvereinbarung (11.02.2008)
BP 45 Mitarbeiterjahresgespräch Zielvereinbarung (11.02.2008)
BP 46 Konzeptionstreffen Vollversorgungsfähigkeit in der Behindertenhilfe (12.02.2008)
BP 47 Teamtreffen Pflegestation der Dienststellenleitung (12.02.2008)

BP 48 Mitarbeiterjahresgespräch Zielvereinbarung (12.02.2008)
BP 49 Bewerbungsgespräch Koordinationsstelle offene Hilfen (13.02.2008)
BP 50 Mitarbeiterjahresgespräch Zielvereinbarung (13.02.2008)
BP 51 Abschlußtreffen AG Sucht (13.02.2008)
BP 52 Zwischenauswertung Forschungsprojekt Biografiearbeit (13.02.2008)
BP 53 Hilfeplankonferenz Region (14.02.2008)
BP 54 Treffen Wohngruppe mit Mitarbeitern im Sanierungskontext (14.02.2008)
BP 55 Teamtreffen ambulante Betreuung (14.02.2008)
BP 56 Mitarbeiterklausur Werkstätten für Behinderung (15.02.2008)
BP 57 Jour Fix Bereichsleitung Assistenz (18.02.2008)
BP 58 Bewerbungsgespräche (18.02.2008)
BP 59 Leitungsrunde Dienststellenleitungen (18.02.2008)
BP 60 Implementierungsgespräch Balanced Score Card (18.02.2008)
BP 61 Bereichsleitungsteam (20.02.2008)
BP 62 Drittmittelantrag, Dienststellenleitung und Stiftungsmanagement Bereich Sozialpsy-
   chiatrie (20.02.2008)
BP 63 Bewerbungsgespräch Hauswirtschaft (20.02.2008)
BP 64 Implementierungsgespräch Balanced Score Card (20.02.2008)
BP 65 Exkursion Wäscherei Best Practice (21.02.2008)
BP 66 Beratungsgespräch BA Student (22.02.2008)
BP 67 Nachfolgegespräch Gruppenleitung (22.02.2008)
BP 68 Begleitung eines Klienten bei einem Erstgespräch Rechtliche Betreuung
   (23.02.2008)
BP 69 Erstellen und Prüfen des Wirtschaftsplanes ambulante Hilfen 2008 (23.02.2008)
BP 70 Besuch Kirchensynode (23.02.2008)
BP 71 Verwaltungstätigkeit Dienststellenleitung (25.02.2008)
BP 72 Begleitung Umbauarbeiten Tagesstruktur Behindertenhilfe (25.02.2008)
BP 73 Treffen lokaler Bürgermeister in der sozialräumlichen Einrichtung (25.02.2008)
BP 74 Gottesdienstvorbereitung mit dem Gemeindepfarrer der örtlichen Gemeinde
   (26.02.2008)
BP 75 Mitarbeiterjahresgespräch Zielvereinbarung (26.02.2008)
BP 76 Verwaltungstätigkeit Dienststellenleitung (26.02.2008)
BP 77 Mitarbeiterjahresgespräch Zielvereinbarung (26.02.2008)
BP 78 Leitungsrunde Bereichsleitungen (27.02.2008)
BP 79 Mitarbeiterjahresgespräch Zielvereinbarung (27.02.2008)
BP 80 Mitarbeiterteamtreffen in der Dienststelle (28.02.2008)
BP 81 Organisations-Treffen Telefonanlagensanierung (28.02.2008)
BP 82 Organisation und Betrieb einer Werkstatt für Behinderte (29.02.2008)
BP 83 Organisation und Strukturierung Schließanlage Außenwohngruppe (16.07.2008)
BP 84 Teamkoordination Sozialdienst (16.07.2008)
BP 85 Verwaltungstätigkeit Bereichsleitung (16.07.2008)
BP 86 Fallbesprechung ambulant Betreuung (17.07.2008)
BP 87 Treffen Konzeption Weiterführung Sucht und Behinderung (17.07.2008)

BP 88 Reflexionsbespräch Mitarbeiter Gruppenleitung (17.07.2008)

BP 89 Gespräch Gruppenleitung, Werkstatt für Menschen mit Behinderung (17.07.2008)

BP 90 Büro- und Verwaltungstätigkeit, Pflegedienstleitung (18.07.2008)

BP 91 Projektkoopeation Projekt Selbständiges Leben für Menschen mit Behinderung
(21.07.2008)

BP 92 Teamtreffen Verwaltungsmitarbeiterinnen (21.07.2008)

BP 93 Behindertenhilfe Bereichsleitungstreffen (21.07.2008)

BP 94 Fachkonferenz Eingliederungshilfe (22.07.2008)

BP 95 Abschlußgespräch HEP-Ausbildung (22.07.2008)

BP 96 Beratungsgespräch Gruppenleitung (22.07.2008)

BP 97 Leitungsteam Sozialpsychiatrie Bereichsleitungen und Dienststellenleitung
(23.07.2008)

BP 98 Büro- und Verwaltungstätigkeit Bereichsleitung (23.07.2008)

BP 99 Gruppenleitungskreis (24.07.2008)

BP 100 Büro- und Verwaltungstätigkeit Bereichsleitung (24.07.2008)

BP 101 Gespräche mit den Managementakteuren im Rahmen der Ergebnisrückmeldung
(18.-20.1.2010)

23.3.2 Interviews

Interview 5: biografisch-narratives Interview mit einer Dienststellenleitung im Bereich A
(15.07.2008), (IS)

Interview 6: biografisch-narratives Interview mit einer stellvertretenden Dienststellenleitung / Bereichsleitung im Bereich A (15.07.2008), (IB6)

Interview 7: biografisch-narratives Interview mit einer Bereichsleitung im Bereich A
(15.07.2008), (IB7)

Interview 8: biografisch-narratives Interview mit einer Bereichsleitung im Bereich B
(16.07.2008), (IB8)

Interview 9: biografisch-narratives Interview mit einer Bereichsleitung im Bereich B
(17.07.2008), (IB9)

Interview 10: biografisch-narratives Interview mit einer Bereichsleitung im Bereich B
(17.07.2008), (IB10)

Interview 11: biografisch-narratives Interview mit einer Bereichsleitung im Bereich B
(18.07.2008), (IB11)

Interview 12: biografisch-narratives Interview mit einer stellvertretenden Dienststellenleitung / Bereichsleitung im Bereich C (21.07.2008), (IB12)

Interview 13: biografisch-narratives Interview mit einer Dienststellenleitung im Bereich C
(23.07.2008), (IZ)

Interview 14: biografisch-narratives Interview mit einer Bereichsleitung im Bereich C
(23.07.2008), (IB14)

Interview 15: biografisch-narratives Interview mit einer Bereichsleitung im Bereich C
(25.07.2008), (IB15)

23.3.3 Dokumente

Dokument: Manual Qualitätssicherung (18.12.2007), D_20

Dokument: Leistungsübersicht Dienststelle Jugendhilfe, Stand November 2007
    (19.12.2007), D_21

Dokument: Organigramm Dienststelle Jugendhilfe, Stand 14.11. 2007 (19.12.2007), D_22

Dokument: Kinder- und Jugendhilfepolitik in Baden-Würtemberg. Ein Positionspapier,
    LIGA der freien Wohlfahrtsverbände e.V. (14.1.2008), D_23

Dokument: Einladungsschreiben Gesamtbesprechung Jugendhilfe Qualitätssicherung
    (11.2.2008), D_24

Dokument: Organigramm Dienststelle Sozialpsychiatrie (19.12.2007), D_25

Dokument: Organigramm Organisationsuntereinheit Bereich Sozialpsychatrie Stand 14.11.
    2007 (19.12.2007), D_26

Dokument: Gliederungsentwurf Forschungsprojekt Sozialpsychiatrie (13.02.2008), D_27

Dokument: Einrichtungszeitung Nr. 19, 22, 24; Sozialpsychiatrie (13.02.2008), D_28 S.1-8

Dokument: Trägerzeitung ,sozial' BruderhausDiakonie (13.02.2008), D_29

Dokument: Protokoll BLR Nr.3, Sozialpsychiatrie (20.02.2008), D_30 S.1-6

Dokument: Informationsflyer Sozialraumcafe Sozialpsychiatrie (20.02.2008), D_31

Dokument: Informationsheft für Freunde und Förderer (20.02.2008), D_32

Dokument: Organigramm Dienststelle Behindertenhilfe (25.02.2008), D_33

Dokument: Einladungsflyer ,Forum' Behindertenhilfe (25.02.2008), D_34

Dokument: Informationsbroschüre ,Gemeinsam trauen wir uns was' BruderhausDiakonie
    Behindertenhilfe (25.02.2008), D_35

Dokument: Informationsbroschüre ,Werkstätten' BruderhausDiakonie Behindertenhilfe
    (25.02.2008), D_36

Dokument: Einladungsflyer Projektvorstellung Dienststelle Behindertenhilfe (25.02.2008),
    D_37

Dokument: Tagesordnung / Protokoll Behindertenhilfe (28.02.2008), D_38 S.1-2

Dokument: PowerPoint Folien ausgedruckt, Handreichung Heimgesetz Behindertenhilfe
    (22.07.2008), D_39 S.1-5

Dokument: gedrucktes Faltblatt, Konzeption Behindertenhilfe (22.07.2008), D_40

Dokument: gedrucktes Faltblatt, Thesen Behindertenhilfe (22.07.2008), D_41

Literaturverzeichnis

Abbott, Andrew (1991): The order of professionalization. In: Work and Occupations, 18, 4, 355-384.

Abbott, Andrew (1988): The System of Profession: An Essay on the Division of Expert Labor. Chicago, IL ; London: University of Chicago Press.

Abels, Heinz (2010): Identität: Über die Entstehung des Gedankens, dass der Mensch ein Individuum ist, den nicht leicht zu verwirklichenden Anspruch auf Individualität und die Tatsache, dass Identität in den Zeiten der Individualisierung von der Hand in den Mund lebt. Wiesbaden: VS Verlag.

Ackermann, Friedrich / Owaczarski, Silke (2000): Soziale Arbeit zwischen Allmacht und Ohnmacht. Eine exemplarische Fallrekonstruktion zur Logik sozialarbeiterischen Handelns. In: Kraimer, Klaus (Hrsg.): Fallrekonstruktion. Frankfurt/M. 321-344.

Aderhold, Jens (2003): Organisation als soziales System. In: Weik, Elke / Lang, Rainhart (Hrsg.): Moderne Organisationstheorien. Wiesbaden: Gabler. 153-188.

Alesi, Bettina / Bürger, Sandra / Kehm, Barbara / Teichler, Ulrich (2005): Bachelor and Master Courses in Selected Countries Compared with Germany. Bonn/ Berlin: Bundesministerium für Bildung und Forschung/ Federal Ministry of Education and Research.

Anheier, Helmut K. (2000): Wandlungsprozesse im Dritten Sektor: Ein organisationstheoretischer Versuch. In: Schauer, Reinbert / Blümle, Ernst-Bert / Witt, Dieter / Anheier, Helmut (Hrsg.): Nonprofit-Organisationen im Wandel. Herausforderungen, gesellschaftliche Anforderungen, Perspektiven. Freiburg/Schweiz. 15-30.

Arnold, Ulli / Maelicke, Bernd (1998): Lehrbuch der Sozialwirtschaft. Baden-Baden:

Arnold, Ulli (2003): Qualitätsmanagement in sozialwirtschaftlichen Organisationen. In: Arnold, Ulli / Maelicke, Bernd (Hrsg.): Lehrbuch der Sozialwirtschaft. Baden-Baden: Nomos. 236-275.

Arnold, Ulli (2000): Ökonomische Grundlagen der Produktion sozialer Dienstleistungen im Non-Profit-Bereich. In: Wilken, Udo (Hrsg.): Soziale Arbeit zwischen Ethik und Ökonomie. Freiburg i.B. 53-78.

Arnold, Ulli (1997): Sozialwirtschaft und Betriebswirtschaft - Gibt es eine Konvergenz? In: Maelicke, Bernd (Hrsg.): Qualität und Kosten sozialer Dienstleistungen. Baden-Baden. 17-29.

Aßmann, Barbara (2003): Die Zukunft der Qualitätsgemeinschaft Soziale Dienste Berlin 2003. In: http://www.evfh-berlin.de/evfh-berlin/QSDB/assmann.htm (Zugriff 01.05.2009).

Baake, Dieter (1999): Medienkompetenz als zentrales Operationsfeld von Projekten. In: Bundeszentrale für politische Bildung (Hrsg.): Handbuch Medien: Medienkompetenz. Modelle und Projekte. Bonn. 31-35.

Bader, Cornelia (1999): Sozialmanagement. Anspruch eines Konzepts und seine Wirklichkeit in Non-Profit-Organisationen. Freiburg i. Br.: Lambertus.

Baecker, Dirk (2003): Organisation und Management. Frankfurt am Main: Suhrkamp.

Baecker, Dirk (2000): "Stellvertretende" Inklusion durch ein "sekundäres" Funktionssystem: Wie "sozial" ist die soziale Hilfe? In: Merten, Roland (Hrsg.): Systemtheorie Sozialer Arbeit. Neue Ansätze und veränderte Perspektiven. Wiesbaden: VS- Verlag. 39-46.

Baecker, Dirk (2009): Die Sache mit der Führung: Vortrag im Wiener Rathaus am 27. November 2008. Wien: Picus-Verl.

Baecker, Dirk (2005): Organisation als System: Aufsätze. Frankfurt am Main: Suhrkamp.

Baecker, Dirk (2004): Management der Organisation: Handlung, Situation, Kontext. Wiesbaden: Dt. Univ.-Verl.

Baecker, Dirk (1994): Soziale Hilfe als Funktionssystem der Gesellschaft. In: Zeitschrift für Soziologie, 2, 93-110.

Baecker, Dirk (1994): Postheroisches Management: ein Vademecum. Berlin: Merve-Verl.

Bahle, Thomas (2007): Wege zum Dienstleistungsstaat. Deutschland, Frankreich und Großbritannien im Vergleich. Wiesbaden: VS Verlag.

Baraldi, Claudio / Corsi, Giancarlo / Esposito, Elena (1997): GLU: Glossar zu Niklas Luhmanns Theorie sozialer Systeme. Frankfurt/M: Suhrkamp.

Bartel, Karlheinz (1990): Gustav Werner. Eine Biographie. Stuttgart: Quell.

Bassarak, Herbert / Fröse, Marlies W. / Schellberg, Klaus. (2009): Qualifikationsprofil Sozialmanagement / Sozialwirtschaft (QP SMW), verabschiedet vom Fachbereichstag Soziale Arbeit am 3.12.2009.

Bauer, Rudolph (2003): Höher, weiter, schneller! Olympiade der Freien Träger? In: Sozial Extra, 7, 13-18.

Bea, Franz X. / Scheurer, Steffen / Hesselmann, Sabine (1997): Projektmanagement: Grundwissen der Ökonomik. Stuttgart: UTB.

Beck, Ulrich (1993): Die Erfindung des Politischen. Zu einer Theorie reflexiver Modernisierung. Frankfurt/M.: Suhrkamp.

Becker, Michael / Schmidt, Johannes / Zintl, Reinhard (2006): Politische Philosophie. Paderborn.

Beckert, Jens (2002): Vertrauen und die performative Kontruktion von Märkten. In: Zeitschrift für Soziologie, Heft 1/31. 27-43.

Beckmann, Christof / Otto, Hans-Uwe / Schaarschuch, Andreas / Schrödter, Mark (2007): Qualitätsmanagement und Professionalisierung in der Sozialen Arbeit. Ergebnisse einer Studie zu organisationalen Bedingungen ermächtigender Formalisierung. In: Management professioneller Leistung – Professionalität durch Management? Schwerpunktheft der Zeitschrift für Sozialreform, 53/3. 275-296.

Beher, Karin / Krimmer, Holger / Rauschenbach, Thomas / Zimmer, Annette (2007): Die vergessene Elite. Führungskräfte in gemeinnützigen Organisationen. Weinheitm: Juventa.

Bellermann, Martin (2001): Sozialpolitik. Eine Einführung für soziale Berufe. Freiburg i.Br.: Lambertus.

Benz, Arthur / Lütz, Susanne / Schimank, Uwe / Simonis, Georg (2007): Einleitung. In: Benz, Arthur / Lütz, Susanne / Schimank, Uwe / Simonis, Georg (Hrsg.): Handbuch Governance. Theoretische Grundlagen und empirische Anwendungsfelder. Wiesbaden: VS Verlag. 9-26.

Berger, Ulrike / Bernhard-Mehlich, Isolde (2002): Die Verhaltenswissenschaftliche Entscheidungstheorie. In: Kieser, Alfred. Organisationstheorien. 5. Auflage. Stuttgart: Kohlhammer. 133-168.

Bieker, Rudolf (2006): Kommunale Sozialverwaltung. München: Oldenbourg.

Biesenkamp, Rainer / Merchel, Joachim (2007): Berufsbild und Qualifizierung von Leitungskräften in der Sozialen Arbeit. Bielefeld.

Blümel, Albrecht / Kloke, Katharina / Krücken, Georg (2011): Professionalisierungsprozesse im Hochschulmanagement in Deutschland. In: Langer, Andreas / Schröer, Andreas (Hrsg.): Professionalisierung im Nonprofit Management. Wiesbaden: VS Verlag. 105-130.

Bock, Thomas (2012): Partizipation in Klinischer und Sozialpsychiatrie – Impulse aus dem Trialog. In: Rosenbrock, Rolf / Hartung, Susanne (Hg.), Handuch Partizipation und Gesundheit. Bern. Verlag Hans Huber. 365-380

Bödege-Wolf, Johanna / Schellberg, Klaus (2010): Organisationen der Sozialwirtschaft. Baden-Baden: Nomos-Verl.-Ges.

Boeßenecker, Karl-Heinz (1999): Studiengänge Sozialmangement und Sozialwirtschaft. Modewelle oder erneuter Paradigmenwechsel? In: Soziale Arbeit: deutsche Zeitschrift für soziale und sozialverwandte Gebiete, 12, 426-432.

Boeßenecker, Karl-Heinz / Markert, Andreas (2011): Studienführer Sozialmanagement: Studienangebote in Deutschland, Österreich und der Schweiz: Befunde, Analysen, Perspektiven. Baden-Baden: Nomos.

Boeßenecker, Karl-Heinz / Markert, Andreas (2008): Entwicklungstendenzen und Perspektiven der Aus- und Weiterbildung in der Sozialwirtschaft: Die neuen Unübersichtlichkeiten. In: Brinkmann, Volker (Hrsg.): Personalentwicklung und Personalmanagement in der Sozialwirtschaft. Tagungsband der 2. Norddeutschen Sozialwirtschaftsmesse. Wiesbaden: VS Verlag. 163-182.

Boeßenecker, Karl-Heinz / Markert, Andreas (2007): Sozialmanagement studieren. Düsseldorf: Nomos.

Boeßenecker, Karl-Heinz / Markert, Andreas (2003): Studienführer Sozialmanagement/Sozialwirtschaft an Hochschulen in Deutschland, Österreich und der Schweiz. Baden-Baden: Nomos.

Bogaschewsky, Roland / Rollberg, Roland (1998): Prozessorientiertes Management. Berlin: Springer.

Bogumil, Jörg / Grohs, Stefan / Kuhlmann, Sabine (2006): Ergebnisse und Wirkungen kommunaler Verwaltungsmodernisierung in Deutschland - Eine Evaluation nach zehn Jahren Praxiserfahrung. In: Bogumil, Jörg / Jann, Werner / Nullmeier, Frank (Hrsg.): Politik und Verwaltung, PVS Sonderheft. Wiesbaden. 1-33.

Bogumil, Jörg / Naschold, Frieder (2000): Modernisierung des Staates. New Public Management in deutscher und internationaler Perspektive. Opladen: Leske & Budrich.

Bohnsack, Ralf (2000): Rekonstruktive Sozialforschung. Einführung in die Methodologie und Praxis qualitativer Forschung. Opladen: Leske & Budrich.

Bohnsack, Ralf / Nentwig-Gesemann, Iris / Nohl, Arnd-Michael (2001): Einleitung: Die dokumentarische Methode und ihre Forschungspraxis. In: Bohnsack, Ralf / Nentwig-Gesemann, Iris / Nohl, Arnd-Michael (Hrsg.): Die dokumentarische Methode und ihre Forschungspraxis. Grundlagen qualitativer Sozialforschung. Opladen: Leske & Budrich. 9-26.

Böhret, Carl / Jann, Werner / Kronenwett, Eva (1988): Innenpolitik und politische Theorie. Opladen: Leske & Budrich.

Bokranz, Rainer / Kasten, Lars (2003): Organisations-Management in Dienstleistung und Verwaltung. Gestaltungsfelder, Instrumente und Konzepte. Wiesbaden: Gabler.

Bommes, Michael / Scherr, Albert (2000): Soziale Arbeit, sekundäre Ordnungsbildung und die Kommunikation unspezifischer Hilfsbedürftigkeit. In: Merten, Roland (Hrsg.): Systemtheorie Sozialer Arbeit. Neue Ansätze und veränderte Perspektiven. Wiesbaden: VS-Verlag. 67-86.

Bommes, Michael / Scherr, Albert (1996): Exklusionsvermeidung, Inklusionsvermittlung und/o. Exklusionsverwaltung. Zur gesellschaftlichen Bestimmung Sozialer Arbeit. In: Neue Praxis, 2, 107-123.

Bommes, Michael / Scherr, Albert (2000): Soziologie der sozialen Arbeit: eine Einführung in Formen und Funktionen organisierter Hilfe. Weinheim u.a.: Juventa-Verl.

Borgetto, Bernhard(2006): Ökonomisierung, Verwissenschaftlichung und Emanzipation. Die Reformen im deutschen Gesundheitswesen und das Rollengefüge von Arzt und Patien. In: Medizinische Professionalität unter der Bedingung fallpauschalisierter Verwaltung. Themenschwerpunkt der Zeitschrift Sozialer Sinn. In: Sozialer Sinn, Jg. 7, 2, 231-250.

Braun, Ulrich (2004): Zur Zukunft von Qualitätssicherung in Kindertageseinrichtungen. In: Textor, Martin R. (Hrsg.): Kindergartenpädagogik –Online-Handbuch. http://www.kindergartenpädagogik.de/1325.html (Zugriff 05.06.2009),

Brink, Alexander / Eurich, Johannes / Hädrich, Jürgen / Langer, Andreas / Schröder, Peter (Hg.) (2006): Gerechtigkeit im Gesundheitswesen. Berlin: Duncker & Humblot.

Brinkmann, Volker (2010): Sozialwirtschaft. Grundlagen – Modelle – Finanzierung. Wiesbaden: Gabler.

Bruch, Michael / Türk, Klaus (2005): Organisation als Regierungsdispositiv der modernen Gesellschaft. In: Jäger, Wieland / Schimank, Uwe (Hrsg.): Organisationsgesellschaft. Wiesbaden: VS Verlag. 89-123.

BruderhausDiakonie, Stiftung Gustav Werner und Haus am Berg (2006a): Sozial und Wirtschaft. In: http://www.bruderhausdiakonie.de/satellitenbereich/sozial_und_wirtschaft/ (Zugriff 20.07.2006).

BruderhausDiakonie, Stiftung Gustav Werner und Haus am Berg (2006b): Kompetenz im Detail. In: http://www.kompetenz-im-detail.de/ (Zugriff 20.7.2006).

BruderhausDiakonie, Stiftung Gustav Werner und Haus am Berg (2006c): Teil haben. Teil sein. In: http://www.bruderhausdiakonie.de/ (Zugriff 20.07.2006).

Buchner- Jeziorska, Anna / Evetts, Julia (1997): Regulating professionals: the Polish example. In: International Sociology, 12, 1, 61-71.

Buestrich, Michael / Burmester, Monika / Dahme, Heinz-Jürgen / Wohlfahrt, Norbert (2008): Die Ökonomisierung Sozialer Dienste und Sozialer Arbeit. Entwicklung, Theoretische Grundlagen, Wirkungen. Baltmannsweiher: Schneider Verlag.

Burrage, Michael / Torstendahl, Rolf (Hg.) (1990): Professions in theory and history: Rethinking the study of the professions. London: Sage.

Carr-Saunders, Alexander M. / Wilson, Paul A. (1933): The Professions. Oxford: Clarendon Press.

Cohen, Michael / March, James /Olsen, Johan (1972): A Garbage Can Model of Organizational Choice. In: Administrative Science Quarterly. Band 17, 1972, 1–25

Combe, Arno / Helsper, Werner (1999): Einleitung: Pädagogische Professionalität. Historische Hypotheken und aktuelle Entwicklungstendenzen. In: Combe, Arno / Helsper, Werner (Hrsg.): Pädagogische Professionalität; Untersuchungen zum Typus pädagogischen Handelns. Frankfurt am Main: Suhrkamp. 9-48.

Comelli, Gerhard / von Rosenstiel, Lutz (2003): Führung durch Motivation. Mitarbeiter für Organisationsziele gewinnen. München: Verlag Franz Vahlen.

Corsten, Hans (1997): Dienstleistungsmanagement. München/Wien: Oldenbourg.

Covey, Stephen (2008): Die effektive Führungspersönlichkeit. Frankfurt am Main: Campus Verlag.

Dahme, Hans-Jürgen / Wohlfahrt, Norbert (2009): Zwischen Ökonomisierung und Teilhabe. Zum aktuellen Umbau der Eingliederungshilfe für behinderte Menschen. In: Teilhabe. Die Fachzeitschrift der Lebenshilfe, 48. Jg., 4, 171.

Dahme, Heinz-Jürgen (2008): Organisations- und Professionswandel im sozialen Dienstleistungssektor. Folgen der staatlichen Effizienzpolitik für die sozialarbeitsbasierten Dienste. In: Schwerpunkt Sozialer Fortschritt. Politische Steuerung professionellen Handelns. Positive und problematische Effekte. 9-14.

Dahme, Heinz-Jürgen (1998): Kooperation und Vernetzung im sozialen Dienstleistungssektor. Soziale Dienste im Spannungsfeld "diskursiver Koordination" und "systemischer Rationalisierung". In: Dahme, Heinz-Jürgen / Wohlfahrt, Norbert (Hrsg.): Netzwerkökonomie im Wohlfahrtsstaat. Wettbewerb und Kooperation im Sozial- und Gesundheitssektor. Berlin. 47-67.

Dahme, Heinz-Jürgen / Kühnlein, Gertrud / Wohlfahrt, Norbert (2005): Zwischen Wettbewerb und Subsidiarität. Wohlfahrtsverbände unterwegs in die Sozialwirtschaft. Berlin: Ed. Sigma.

Dahme, Heinz-Jürgen / Kühnlein, Gertrud / Wohlfahrt, Norbert (2004): Die sozialwirtschaftliche Modernisierung der bundesdeutschen Wohlfahrtspflege - ein weiterer Schritt auf dem >>Holzweg in die Dienstleistungsgesellschaft<<. In: Neue Praxis, 34. Jg./5. 409-425.

Dahme, Heinz-Jürgen / Schütter, Silke / Wohlfahrt, Norbert (2009): Lehrbuch Kommunale Sozialverwaltung und Soziale Dienste. Weinheim: Juventa.

Dahme, Heinz-Jürgen / Otto, Hans-Uwe / Trube, Achim / Wohlfahrt, Norbert (2003): Soziale Arbeit für den aktivierenden Staat. Opladen: Leske und Budrich.

Dahme, Heinz-Jürgen / Wohlfahrt, Norbert (2005): Recht und Finanzierung. In: Kessl, Fabian / Reutlinger, Christian / Maurer, Susanne / Frey, Oliver (Hrsg.): Handbuch Sozialraum. Wiesbaden: VS-Verlag. 278.

D'Anno, Thomas (1992): The Effectiveness of Human Service Organizations. A comparison of models. In: Hasenfeld, Yeheskel (Hrsg.): Human Services As Complex Organizations. Newbury Park (u.a.): Sage Publications. 341-361.

Deutsche Gesellschaft für Sozialarbeit (DGfS) (2005): Kerncurriculum Soziale Arbeit/Sozialarbeitswissenschaft für Bachelor- und Masterstudiengänge in Sozialer Arbeit, vorgelegt am 28.01.2005, auch http://www.webnetwork-nordwest.de/dokumente/kerncurriculum.pdf. In: Sozialmagazin, Jg. 30/4. 15-23.

Deutscher Bundestag, Drucksache 16/3991, 16. Wahlperiode (2007): Antwort der Bundes-
regierung auf die Kleine Anfrage der Abgeordneten Dr. Harald Terpe, Elisabeth
Scharfenberg, Birgitt Bender, weiterer Abgeordneter und der Fraktion BÜNDNIS
90/DIE GRÜNEN – Drucksache 16/3918 –Finanzierung, Versorgungsstrukturen und
Versorgungsqualität im Krankenhausbereich nach Einführung der diagnose-bezogenen
Fallpauschalen (DRG). 1-14.

Deutsches Krankenhausinstitut e. V. (2006): Krankenhaus Barometer, Umfrage.

Dewe, Bernd (2005): Perspektiven gelingender Professionalität. In: Neue Praxis, 35. Jg./3.
257-266.

Dewe, Bernd / Otto, Hans-Uwe (2002): Reflexive Sozialpädagogik. Grundstrukturen eines
neuen Typs dienstleistungsorientierten Professionshandelns. In: Thole, Werner (Hrsg.):
Grundriss Soziale Arbeit. Ein einführendes Handbuch. Opladen. 179-198.

Dewe, Bernd / Otto, Hans-Uwe (2001a): Profession. In: Otto, Hans-Uwe / Thiersch, Hans
(Hrsg.): Handbuch der Sozialarbeit/Sozialpädagogik. Neuwied; Kriftel. 1399-1423.

Dewe, Bernd / Otto, Hans-Uwe (2001b): Wissenschaftstheorie. In: Otto, Hans-Uwe /
Thiersch, Hans (Hrsg.): Handbuch der Sozialarbeit/Sozialpädagogik. Neuwied ; Kriftel.
1966-1979.

Dewe, Bernd / Otto, Hans-Uwe (1986): Professionalisierung. In: Eyferth, Hanns / Otto,
Hans-Uwe (Hrsg.): Handbuch der Sozialarbeit/Sozialpädagogik. Neuwied ; Kriftel. 775-
811.

di Luzio, Gardia (2005): Professionalismus - eine Frage des Vertrauens? In: Pfadenhauer,
Michaela (Hrsg.): Professionelles Handeln. Wiesbaden. 69-86.

Die Akademie für Führungskräfte (2009): Akademie-Studie 2009: Führungsrollen- Beruf
und Berufung deutscher Manager: Befragung von 547 Führungskräften der Wirtschaft.
In: http://www.die-akademie.de/servlet/servlet.FileDownload?file=0152000000102BO
(Zugriff 4.12.2009). 36.

Diefert, Kerstin / Rapp, Boris (2008): DRG-Dokumentation: Hoffnung für genervte Ärzte.
In: Deutsches Ärzteblatt, Jg. 105/3. A-121.

DiMaggio, Paul J. / Powell, Walter W. (Hg.) (1993): The new institutionalism in organizational analysis. Chicago: Chicago Univ. Press.

DiMaggio, Paul J. / Powell, Walter W. (1983): The Iron Cage Revisited: Institutional Iso-
morphism and Collective Rationality in Organizional Fields. In: American Sociological
Review, 48, 147-160.

Dingeldey, Irene (2006): Aktivierender Wohlfahrtsstaat und sozialpolitische Steuerung. In:
In: Aus Politik und Zeitgeschichte, 8-9, 3-9

Drepper, Thomas / Tacke, Veronika (2010): Zur gesellschaftlichen Bestimmung und Fragen der Organisation ›personenbezogener sozialer Dienstleistungen‹. Eine systemtheoretische Sicht. In: Klatetzki, Thomas (Hrsg.): Soziale personenbezogene Dienstleistungsorganisationen. Wiesbaden: VS Verlag. 241-284.

Dröge, Kai (2003): Wissen - Ethos - Markt. Professionelles Handeln und das Leistungs-
prinzip. In: Mieg, Harald / Pfadenhauer, Michaela (Hrsg.): Professionelle Leistung –
Professional Performance. Positionen zur Professionssoziologie. Konstanz: UVK. 249-
266.

EFQM (2011): European Foundation for Quality Management. In: http://www.efqm.org
(Zugriff 26.04.2011).

Endreß, Martin (2001): Vertrauen und Vertrautheit. Phänomenologisch-anthropologische Grundlegung. In: Hartmann, Martin / Offe, Claus (Hrsg.): Vertrauen. Die Grundlage sozialen Zusammenhalts. Frankfurt/New York: Campus. 161-203.

Esser, Hartmut (2001): Integration und ethnische Schichtung. Arbeitspapiere - Mannheimer Zentrum für Europäische Sozialforschung. Nr. 40. Mannheim

Eurich, Johannes (2008): Gerechtigkeit für Menschen mit Behinderung. Ethische Reflexionen und sozialpolitische Perspektiven. Frankfurt/New York: Campus Forschung.

Eurich, Johannes / Langer, Andreas / Brink, Alexander / Schröder, Peter (2003): Ethische Aspekte des Ökonomisierungsprozesses in der Medizin: Eine Analyse des sich verändernden Arzt-Patient-Verhältnisses aus Sicht der doppelten Prinzipal-Agent-Theorie. In: Zeitschrift für Evangelische Ethik, 47. Jg., 1, 21-32.

European Commission (2004): COM(2004) 374 final, 12.5.2004, Communication from the Commission to the European Parliament, the Council, the European Economic and Social Committee and the Committee of Regions, White Paper on services of general interest.

European Commission (2003): COM(2003) 270 final of 21.5.2003 Green Paper on services of general interest.

European Commission (2001): COM(2001) 598 final, Report to the Laeken European Council « Services of general interest ».

Evers, Adalbert / Heinze, Rolf G. / Olk, Thomas (Hrsg.)(2011): Handbuch Soziale Dienste: Sozialpolitik und Sozialstaat, 1 Aufl. Wiesbaden: VS Verlag

Evers, Adalbert / Ewert, Benjamin (2010): Hybride Organisationen im Bereich sozialer Dienste. Ein Konzept, sein Hintergrund und seine Implikationen. In: Klatetzki, Thomas (Hrsg.): Soziale personenbezogene Dienstleistungsorganisationen. Wiesbaden: VS Verlag. 103-128.

Evetts, Julia (2011): Professionalism and Management in Public Sector (Not-for-Profit Organizations): Challenges and Opportunities. In: Langer, Andreas / Schröer, Andreas (Hrsg.): Professionalisierung im Nonprofit Management. Wiesbaden: VS Verlag. 33-44.

Evetts, Julia (2009): Professionalitätsdiskurs und Management.: Ein Paradoxon der Moderne. In: Brink, Alexander / Eurich, Johannes (Hrsg.): Leadership in sozialen Organisationen. Wiesbaden: VS- Verlag. 159-167.

Evetts, Julia (2008). Professionalität durch Management? Neue Erscheinungsformen von Professionalität und ihre Auswirkungen auf professionelles Handeln. Ein Nachtrag zum ZSR-Schwerpunktheft 3/2007. In: Zeitschrift für Sozialreform, 54, 1, 97-106.

Evetts, Julia (2006): Introduction. Trust and Professionalism: Challenges and Occupational Changes. In: Current Sociology, 54, 4, 515-532.

Evetts, Julia (2005): The Management of Professionalism: a contemporary paradox. Manuskript. DGS Section Sociology of Professions, Workshop December 2005, Gelsenkirchen.

Evetts, Julia (2004): Organizational or Occupational Professionalism: Centralized Regulation or Occupational Trust. In: Manuskript, ISA RC52 Interim Conference, 22.-24.09.2004, Versailles, France.

Evetts, Julia (1999): Professions: Changes and Continuities. In: International Review of Sociology, 9, No. 1, 75-84.

Fasching, Harald / Lange, Reingard (2005): Sozial managen. Grundlagen und Positionen des Sozialmanagements zwischen Bewahren und radikalem Verändern. Bern: Haupt Verlag.

Feil, Hans Joachim (2005): Regional Governance am Beispiel der Motropolregion Hamburg: Münster.

Ferchhoff, Wilfried (1993): Was wissen und können Sozialpädagogen? Weinheim: Juventa.

Finis-Siegler, Beate (2003): Musterstudiengänge zwischen "Professionalisierungsgewinn", "Arbeitsmarktorientierung" und Mainstream: Beispiel: Sozialmanagement. In: Archiv für Wissenschaft und Praxis der sozialen Arbeit: Vierteljahreshefte zur Förderung von Sozial-, Jugend- und Gesundheitshilfe, Jg. 33, 2, 39-52.

Finis-Siegler, Beate (2001c): NPOs ökonomisch betrachtet. In: Münsteraner Diskussionspapiere zum Nonprofit-Sektor – Nr. 15 August 2001, Nr. 15, Münster: Arbeitsstelle aktive Bürgerschaft an der Westfälischen Wilhelms – Universität Münster. 1-30.

Finis-Siegler, Beate (2001a): Ökonomik Sozialer Arbeit. Freiburg/Br.: Lambertus.

Finis-Siegler, Beate (2001b): Soziale Arbeit als Praxis der Wohlfahrtsproduktion - Eine Problemskizze. In: Schulz-Nieswandt, Frank (Hrsg.): Einzelwirtschaften und Sozialpolitik zwischen Markt und Staat in Industrie- und Entwicklungsländern: Festschrift für Werner Wilhelm Engelhardt zum 75. Geburtstag. Marburg. 245-256.

Flad, Carola / Schneider, Sabine / Treptow, Rainer (2007): Handlungskompetenz in der Jugendhilfe. Eine qualitative Studie zum Erfahrungswissen von Fachkräften. Weinheim: Juventa.

Fließ, Sabine (2006): Prozessorganisation in Dienstleistungsunternehmen. Stuttgart: Kohlhammer.

Freidson, Eliot (1994): Professionalism Reborn. Chicago: University of Chicago Press.

Freidson, Eliot (1986): Professional Powers: A Study of the Institutionalization of Formal Knowledge. Chicago: University of Chicago Press.

Freidson, Elliot (2001): Professionalism: The Third Logic. Chigago: University of Chigago Press.

Fretschner, Rainer / Hilbert, Josef (2000): Zukunftsbranche Gesundheit und Soziales. Modernisierungs- und Wachstumsstrategien auf betrieblicher und regionaler Ebene. In: Sozialer Fortschritt, 11-12, 284-288.

Freund, Ferdinand / Knoblauch, Rolf / Eisele, Daniela (2003): Praxisorientierte Personalwirtschaftslehre. Stuttgart: Kohlhammer.

Frey, Bruno S. (1997): Moral und ökonomische Anreize: Der Verdrängungseffekt. In: Hegselmann, Rainer / Kliemt, Hartmut (Hrsg.): Moral und Interesse. Zur interdisziplinären Erneuerung der Moralwissenschaften. München. 111-132.

Friedrich, Andrea (2011): Soziale Arbeit auf dem Weg in die Professionalisierung des Personalmanagements - Irritationen des professionellen Selbstverständnisses am Beispiel leistungsorientierter Vergütungsbestandteile. In: Langer, Andreas / Schröer, Andreas (Hrsg.): Professionalisierung im NPO-Management. Wiesbaden: VS Verlag. 67-86.

Fürstenberg, Conrad v. (2005): Qualitätsmanagement. In: Schubert, Herbert (Hrsg.): Sozialmanagement. Zwischen Wirtschaftlichkeit und fachlichen Zielen. Wiesbaden. 87-106.

Gadamer, Hans-Georg (1993): Behandlung und Gespräch. In: Gadamer, Hans-Georg (Hrsg.): Über die Verborgenheit der Gesundheit. Frankfurt am Main: Suhrkamp. 159-175.

Gäfgen, Gérard (1992): Wirtschaftlichkeit und medizinische Berufsethik. In: Homann, Karl (Hrsg.): Aktuelle Probleme der Wirtschaftsethik. Berlin. 121-142.

Galuske, Michael (2008): Fürsorgliche Aktivierung – aber kostengünstig! Zur Kritik der Dienstleistungsorientierung. In: Brinkmann, Volker (Hrsg.): Personalentwicklung und Personalmanagement in der Sozialwirtschaft. Tagungsband der 2. Norddeutschen Sozialwirtschaftsmesse. Wiesbaden: VS Verlag. 185-198.

Gartz, Katja (2006): Lernen und Aufsteigen. In: Wohlfahrt intern, Ausgabe 5, 11-15.

Gehrmann, Gerd / Müller, Klaus D. (2006): Management in sozialen Organisationen. Regensburg: Walhalla.

Geißler, Harald (2000): Organisationspädagogik. München: Oldenbourg.

Giddens, Anthony (2009a): The Consequences of Modernity. Cambridge: Polity Press.

Giddens, Anthony (2009b): The Politics of Climate Change. Cambridge: Polity Press.

Giddens, Anthony (2007): Europe in The Global Age. Cambridge: Polity Press.

Giddens, Anthony (2006): Sociology. Cambridge: Polity Press.

Giddens, Anthony (2005): Modernity and Self-Identity Revisited. ESRC Identities and Social action Programme Launch. Speech Lord Anthony Giddens. Cambridge:

Giddens, Anthony (2002): Where now for New Labour? Cambridge: Fabian Society.

Giddens, Anthony (2001a): Sociology. Introductory Readings. Revised Edition. Cambridge: Polity Press.

Giddens, Anthony (2001b): The Scope of Sociology. In: Giddens, Anthony (Hrsg.): Sociology. Introductory Readings. Revised Edition. Cambridge: Polity Press. 3-6.

Giddens, Anthony (1997a): Die Konstitution der Gesellschaft. Frankfurt/Main: Campus.

Giddens, Anthony (1997b): Jenseits von Links und Rechts. Frankfurt am Main: Suhrkamp.

Giddens, Anthony (1996): Konsequenzen der Moderne. Frankfurt/Main: Suhrkamp.

Giddens, Anthony (1991): Modernity and Self-Identity. California: Stanford University Press.

Giddens, Anthony (1983): New Rules of Sociological Method. Cambridge: Polity Press.

Gildemeister, Regina (1992): Neuere Aspekte der Professionalisierungsdebatte. In: Neue Praxis, 22, 3, 207-219.

Gildemeister, Regina (1983): Als Helfer überleben. Beruf und Identität in der Sozialarbeit/Sozialpädagogik. Neuwied: Luchterhand.

Glaser, Barney G. / Strauss, Anselm L. (1998): Grounded Theory. Strategien qualitativer Forschung. Bern [u.a.]: UVB.

Glinka, Hans-Jürgen (2009): Das narrative Interview im Arbeitsschritt der strukturellen Beschreibung. Manuskript.

Glinka, Hans-Jürgen (1998): Das narrative Interview: Eine Einführung für Sozialpädagogen. Weinheim: Juventa.

Göhlich, Michael (2003): System, Handeln, Lernen unterstützen. Eine Theorie der Praxis pädagogischer Institutionen. Weinheim: Beltz.

Gourdin, Gregory / Schepers, Rita (2011): The medical council in Belgian hospitals: a political perspective. In: Management & organizational history, Vol. 6, No. 2, 163-181.

Grimm, Petra / Rhein, Stefanie (2007): Slapping, Bullying, Snuffing! Zur Problematik von gewalthaltigen und pornografischen Videoclips auf Mobiltelefonen von Jugendlichen. Berlin: VISTAS Verlag.

Groddeck, Norbert (1994): Expansion, Qualifizierungsfalle und unterentwickelte Fachkultur. Stichworte zur gegenwärtigen Situation der Sozialarbeit/Sozialpädagogik als Arbeitsfeld und Fachdisziplin. In: Groddeck, N. / Schumann, M. (Hrsg.): Modernisierung Sozialer Arbeit durch Methodenentwicklung und -reflexion. Freiburg/Br. 26-40.

Grohs, Stephan (2007): Reform der Jugendhilfe zwischen Neuer Steuerung und Professionalisierung. Eine Bilanz nach 15 Jahren Modernisierungsdiskurs. In: Management professioneller Leistung – Professionalität durch Management? Schwerpunktheft der Zeitschrift für Sozialreform. In: Zeitschrift für Sozialreform, 53, 3, 247-274.

Grunwald, Klaus (2006): Organisationsentwicklung/-beratung. In: Otto, Hans- U. / Thiersch, Hans (Hrsg.): Handbuch Sozialarbeit/ Sozialpädagogik. Neuwied-Kriftel. 1312-1329.

Grunwald, Klaus / Steinbacher, Elke (2007): Organisationsgestaltung und Personalführung in den Erziehungshilfen. Grundlagen und Praxismethoden. Tübingen: Juventa.

Güntner, Simon (2007): Soziale Stadtpolitik. Institutionen, Netzwerke und Diskurse in der Politikgestaltung. Bielefeld: Transkript.

Halfar, Bernd (2003): Finanzierungsmanagement. In: Arnold, Ulli / Maelicke, Bernd (Hrsg.): Lehrbuch der Sozialwirtschaft. Baden-Baden: Nomos. 362-400.

Halfar, Bernd (1999a): Geld und das System sozialer Arbeit. In: Halfar, Bernd (Hrsg.): Finanzierung sozialer Dienste und Einrichtungen. Baden- Baden: Nomos. 21-42.

Halfar, Bernd (1999b): Finanzierungsarten und Finanzierungsformen in der Sozialen Arbeit. In: Halfar, Bernd (Hrsg.): Finanzierung sozialer Dienste und Einrichtungen. Baden- Baden: Nomos. 43-64.

Hanesch, Walter (1999): Strategische Dimensionen kommunaler Sozialberichterstattung und Sozialplanung. In: Dietz, Berthold / Eißel, Dieter / Naumann, Dirk (Hrsg.): Handbuch der kommunalen Sozialpolitik. Opladen. 45-60.

Hasenfeld, Yeheskel (2000): Organizational Forms as Moral Practices: The Case of Welfare Departments. In: Social Service Review, September, 329-351.

Hasenfeld, Yeheskel (1992): Theoretical Approaches to Human Service Organizations. In: Hasenfeld, Yeheskel / Abbott, Andrew D. (Hrsg.): Human services as complex organizations. Newbury Park, Calif: Sage Publications. 3-23.

Hasenfeld, Yeheskel (1992): The Nature of Human Service Organizations. In: Hasenfeld, Yeheskel (Hrsg.): Human Services as Complex Organizations. Newbury Park/London/New Delhi: Sage. 24-44.

Hasenfeld, Yeheskel (1983): Human service organizations. Englewood Cliffs, N.J.: Prentice-Hall.

Heiner, Maja (2004): Professionalität in der Sozialen Arbeit. Theoretische Komzepte, Modelle und empirische Perspektiven. Stuttgart: Kohlhammer.

Heiner, Maja (Hrsg.) (1996): Qualitätsentwicklung durch Evaluation. Freiburg: Lambertus.

Heinze, Rolf G. / Schmid, Josef / Strünck, Christoph (1997): Zur politischen Ökonomie der sozialen Dienstleistungsproduktion. Der Wandel der Wohlfahrtsverbände und die Konjunkturen der Theoriebildung. In: Kölner Zeitschrift für Soziologie und Sozialpsychologie, Jg. 49, 242-271.

Heinze, Rolf G. Rückkehr des Staates? (2009): Politische Handlungsmöglichkeiten in unsicheren Zeiten. Wiesbaden: VS Verlag für Sozialwissenschaften.

Held, David / Thompson, John B. (Hrsg.) (1994): Social Theory of modern Societies. Anthony Giddens and his Critics. Cambridge: University Press.

Henkel, Anna (2011): Freigestellte Person. Soziologische Reflektion einer marginalisierten Zurechnungsadresse. In. Lüdtke, Nico / Matsuzaki, Hironori (Hrsg.): Akteur – Individuum – Subjekt, Wiesbaden: VS Verlag für Sozialwissenschaften. 369-383

Hentze, Joachim / Graf, Andrea / Kammel, Andreas / Lindert, Klaus (2005): Personalführungslehre. Bern/ Stuttgart/ Wien: Haupt Verlag.

Herrmann, Peter (2002): Soziale Dienstleistungen im Mittelpunkt. In: SOCIALmanagement, 2, 22-25.

Hinte, Wolfgang (2002): Von der Gemeinwesenarbeit über die Stadtteilarbeit zum Quartiermanagement. In: Thole, Werner (Hrsg.): Grundriss Soziale Arbeit. Ein einführendes Handbuch. Opladen: Leske + Budrich. 535-548.

Hinte, Wolfgang (2000): Kontraktmanagement und Sozialraumbezug. Zur Finanzierung von vernetzten Diensten. In: Dahme, Heinz-Jürgen / Wohlfahrt, Norbert (Hrsg.): Berlin\: Ed. Sigma\. 151-167.

Hitzler, Ronald (1994): Wissen und Wesen des Experten. Ein Annäherungsversuch – zur Einleitung. In: Hitzler, Ronald / Honer, Anne / Maeder, Christoph (Hrsg.): Expertenwissen. Opladen. 13-30.

Hitzler, Ronald (1992): Der Goffmensch. In: Soziale Welt, 43, 449-461.

Hollstein, Betina (2006): Qualitative Methoden und Netzwerkanalyse - ein Widerspruch? In: Hollstein, B. / Straus, F. (Hrsg.): Qualitative Netzwerkanalyse. Konzepte, Methoden, Anwendungen. Wiesbaden. 11-37.

Holm, Andrej (2006): Die Restrukturierung des Raumes. Stadterneuerung der 90er Jahre in Ostberlin: Interessen und Machtverhältnisse. Bielefeld: Transcript Verlag.

Hölzle, Christina (2006): Personalmanagement in Einrichtungen Sozialer Arbeit. Grundlagen und Instrumente. Weinheim, München: Juventus.

Honneth, Axel (1990): Integrität und Missachtung. Grundmotive einer Moral der Anerkennung. In: Merkur, 501, 1043-1054.

Hood, Chris (1995): Contemporary Public Management: A New Global Paradigm? In: Public Policy and Administration, 10, 2, 104-117.

HRK. German Rectors' Conference. The Voice of the Universities (2006a): Glossary in the Bologna Process. English - German - Russian. Bonn:

HRK, Hochschulrektorenkonferenz (2006b): Glossary at the official Bologna Process web site for the period January 2004 - June 2005. In: http://www.bologna-bergen2005.no/ (Zugriff 05.04.2006).

Huber, Evelyne / Stephens, John D. (2001): Development and Crisis of the Welfare State: Parties and Policies in Global Markets. Chicago: The University of Chicago Press.

Hübner, Jörg (2006): Artikel „Beruf". In: Heun, Werner / Honecker, Martin / Morlok, Martin / Wieland, Joachim (Hrsg.): Evangelisches Soziallexikon. Stuttgart: Kohlhammer. 188-192.

Hughes, Everett C. (1958): Men and their Work. Glencoe: Free Press.

Imker, Henning (1999): Sozial Management: Aspekte der Personalführung, der Organisationsentwicklung und des Controllings in Nonprofit-Organisationen. Braunschweig: Schmidt Buchbinderei&Druckerei.

Jäger, Wieland / Schimank, Uwe (Hrsg.) (2005): Organisationsgesellschaft: Facetten und Perspektiven. Wiesbaden: VS Verlag.

Jakobsen, Gurli (2002): On the Dynamics between the Public Sector and the Social Economy in Denmark and New Organisational Patterns. In: Herrmann, Peter (Hrsg.): European Services of General Interest. Touchstone for the German Social Economy. Baden-Baden: Nomos. 122-128.

Jung, Hans (2001): Personalwirtschaft. München: Oldenburg Wissenschaftsverlag.

Kälble, Karl (2006): Gesundheitsberufe unter Modernisierungsdruck – Akademisierung, Professionalisierung und neue Entwicklungen durch Studienreform und Bologna-Prozess. In: Pundt, Johanne (Hrsg.): Professionalisierung im Gesundheitswesen. Positionen – Potenziale – Perspektiven. Bern: Hans Huber. 213-233.

Karle, Isolde (2000): Der Pfarrberuf als Profession. Eine Berufstheorie im Kontext der modernen Gesellschaft. Gütersloh: Vandenhoek&Ruprecht.

Kaufmann, Franz-Xaver (1997): Herausforderungen des Sozialstaates. Frankfurt/ Main: Suhrkamp.

Kirchler, Erich (2005): Arbeits- und Organisationspsychologie. Wien: Facultas.

Klatetzki, Thomas (1996): Qualitätsmanagement in der Jugendhilfe. In: Maelicke, Bernd (Hrsg.): Qualitätsmanagement in sozialen Betrieben und Unternehmen. Baden-Baden. 55-64.

Klatetzki, Thomas (Hrsg.) (2010): Soziale personenbezogene Dienstleistungsorganisationen. Wiesbaden: VS Verlag.

Klatetzki, Thomas (2010): Zur Einführung: Soziale personenbezogene Dienstleistungsorganisation als Typus. In: Klatetzki, Thomas (Hrsg.): Soziale personenbezogene Dienstleistungsorganisationen. Wiesbaden: VS Verlag. 7-24.

Klatetzki, Thomas (1993): Wissen, was man tut: Professionalität als organisationskulturelles System- eine ethnographische Interpretation. Bielefeld: Böllert, KT-Verl.

Klatetzki, Thomas / Nokielski, Hans (2010): Soziale personenbezogene Dienstleistungsorganisationen als bürokratisch-professionelle Handlungszusammenhänge: Weber und die Folgen. In: Klatetzki, Thomas (Hrsg.): Soziale personenbezogene Dienstleistungsorganisationen. Wiesbaden: VS Verlag. 25-60.

Klatetzki, Thomas / Tacke, Veronika (2005): Organisation und Profession. Wiesbaden: VS Verlag.

Klaus, Hans (2008): Qualitätsentwicklung durch Personalentwicklung. Oder: Vom organisationalen Umgang mit Unbestimmtheit und Unbestimmbarkeit. In: Brinkmann, Volker (Hrsg.): Personalentwicklung und Personalmanagement in der Sozialwirtschaft. Tagungsband der 2. Norddeutschen Sozialwirtschaftsmesse. Wiesbaden: VS Verlag. 141-162.

Kleve, Heiko (2000): Paradigmawechsel in der Systemtheorie und postmoderne Sozialarbeit. In: Merten, Roland (Hrsg.): Systemtheorie Sozialer Arbeit. Neue Ansätze und veränderte Perspektiven. Wiesbaden: VS- Verlag. 47-66.

Knauf, Helen (2009): Educal Change 0 bis 6: Wie Veränderungen im Elementarbereich durch Personal- und Organisationsentwicklung nachhaltig verankert werden können. In: http://www.kindergartenpädagogik.de/1993.html (Zugriff 06.05.2009).

Knorr, Friedhelm (2001): Organisation in der Sozialwirtschaft: Grundlagen und Anwendungen. Frankfurt am Main: Eigenverl. des Dt. Vereins für öffentliche und private Fürsorge.

Koch, Albert (2008): Die Universität. Geschichte einer europäischen Institution. Darmstadt: Wissenschaftliche Buchgesellschaft.

Kohlhoff, Ludger / Kortendieck, Georg (2006): Personalmanagement und Personalwirtschaft. Baden- Baden: Nomos- Verlag.

Kolhoff, Ludger (2004): Projektmanagement. Baden Baden: Nomos.

Kolhoff, Ludger (2002): Finanzierung sozialer Einrichtungen und Dienste. Augsburg: ZIEL-Verlag.

Krämer, Michael (2007): Grundlagen und Praxis der Personalentwicklung. Göttingen: Vandenhoek&Ruprecht.

Krappmann, Lothar (1997): Die Identitätsproblematik nach Erikson aus einer interaktionistischen Sicht. In: Keupp, Heiner / Höfer, Renate (Hrsg.): Identitätsarbeit heute. Frankfurt/M.: Suhrkamp

Krauss, Paul (1980): Gott im Maschinensaal. Der Christ Gustav Werner. Pfullingen: Neske.

Kretschmer, Rainer / Nass, Gertrud (2005): DRGs im Krankenhausalltag – Ärztliche Entscheidungen im Spagat zwischen knappen Ressourcen und Ethik. In: Eurich, Johannes / Brink, Alexander / Hadrich, Jürgen / Langer, Andreas / Schröder, Peter (Hrsg.): Soziale Institutionen zwischen Markt und Moral. Führungs- und Handlungskontexte. Wiesbaden: VSW. 247-263.

Kromrey, Helmut (2009): Wissenschaftstheoretische Anforderungen an empirische Forschung und die Problematik ihrer Beachtung in der Evaluation. In: Rehberg, Karl-Siegberg (Hrsg.): Die Natur der Gesellschaft. Verhandlungen des 33. Kongresses der Deutschen Gesellschaft für Soziologie in Kassel 2006. Teilbd. 1 u. 2, (in: CD-ROM des Verhandlungsbandes des 33. Soziologiekongresses 2006); auch veröff. in: Informationszentrum Sozialwissenschaften (Hg.): soFid Sozialwissenschaftlicher Fachinformationsdienst: Methoden und Instrumente der Sozialwissenschaften, Heft 2007/1, : Campus

Krone, Sirikit / Langer, Andreas / Mill, Ulrich / Stöbe-Blossey, Sybille (2009): Jugendhilfe und Verwaltungsreform. Zur Entwicklung der Rahmenbedingungen Sozialer Dienste. Wiebaden: VS Verlag.

Kroselberg, Mathias (1999): Rechtliche, wirtschaftliche und organisatorische Aspekte wirtschaftlicher Geschäftsbetriebe. In: Halfar, Bernd (Hrsg.): Finanzierung sozialer Dienste und Einrichtungen. Baden- Baden: Nomos. 95-107.

Krüger, Rolf (2005): Finanzierung freier Träger der Sozialen Arbeit. In: Kreft, Dieter / Mielenz, Ingrid (Hrsg.): Wörterbuch soziale Arbeit: Aufgaben, Praxisfelder, Begriffe und Methoden der Sozialarbeit und Sozialpädagogik. Weinheim u.a.: Juventa. 301-307.

Krüger, Wolfgang (2002): Teams führen. Freiburg: Haufe.

Kuhlmann, Ellen (2007): Gender, Law, Policy and Professionalism: Intersecting Areas of Changing Governance Practices in Europe. In: Olgiati, Vittorio (Hrsg.): Higher Legal Culture and Postgraduate Legal Education in Europe. Napoli. 67-82.

Kühn, Dietrich (2006): Organisationen der Sozialen Arbeit: Administrative Strukturen und Handlungsformen im Sozialwesen. In: Biermann, Benno / Bock-Rosenthal, Erika u. a. (Hrsg.): Soziologie. Gesellschaftliche Probleme und sozialberufliches Handeln. München, Basel. 314-364.

Kulosa, Marco (2003): Die Steuerung wirtschaftlicher Aktivitäten von Kommunen. Eine betriebswirtschaftliche Analyse. Stuttgart.

Küpper, Willi / Ortmann, Günter (1992): Mikropolitik. Rationalität, Macht und Spiele in Organisationen. Oppladen: Westdeutscher Verlag.

Kurtz, Thomas (2002): Berufsoziologie. Bielefeld.

Lahusen, Christian / Stark, Carsten (2010): Die funktionalistische Analyse sozialer personenbezogener Dienstleistungsorganisationen. In: Klatetzki, Thomas (Hrsg.): Soziale personenbezogene Dienstleistungsorganisationen. Wiesbaden: VS Verlag. 167-198.

Lallinger, Manfred / Rieger, Günter (2007): Repolitisierung Sozialer Arbeit. Engagiert und professionell. Stuttgart: Akademie der Diözese Rottenburg-Stuttgart.

Lamla, Jörn (2003): Anthony Giddens. Frankfurt/ Main.

Lampert, Heinz / Althammer, Jörg (2007): Lehrbuch der Sozialpolitik. Berlin.

Langer, Andreas (2012a): Transnationale Professionalisierung oder Behinderte Transnationalisierung? Professionelles Wissen und professionelles Handeln im Lichte lokaler Sozialpolitik und selbst bestimmten Menschen mit Behinderung. In: im Erscheinen (Hrsg.): Verhandlungen des 34. Kongresses der Deutschen Gesellschaft für Soziologie in Frankfurt 2010. Nachmittagsveranstaltung Professionssoziologie. Im Erscheinen. Campus.

Langer, Andreas (2012b): Sozialraumorientierung und Effizienz. In Neue Praxis. Jg. 42 Heft 2. 164-189

Langer, Andreas (2012c): Persönlich vor ambulant und stationär. Über Personen im System sozialer Dienstleistungen. Wiesbaden: VS-Verlag. Im Erscheinen

Langer, Andreas (2008): Implikationen von Basel II für die Professionalisierung im Sozialmanagement. In: Politische Steuerung professionellen Handelns. Positive und problematische Effekte. Schwerpunktausgabe der Zeitschrift Sozialer Fortschritt. In: Sozialer Fortschritt, 1, 3-9.

Langer, Andreas (2007): Dienstleistungsstrukturen in der Sozialen Arbeit zwischen Verwaltungsreform und Professionalisierung. In: Management professioneller Leistung-Professionalität durch Management? Schwerpunktausgabe der Zeitschrift für Sozialreform. In: Zeitschrift für Sozialreform, 53, 3, 223-246.

Langer, Andreas (2006f): Leadership und interpersonales Vertrauen am Beispiel der Prozessorganisation sozialer Dienstleistungen. In: Brink, Alexander / Eurich, Johannes (Hrsg.): Leadership in sozialen Organisationen. Wiesbaden: VS Verlag. 169-189.

Langer, Andreas (2006e): Dienstleistungsorientiertes Sozialmanagement. Vertrauensgüter - Führungspersonen - Professionalisierung. In: Zeitschrift für Sozialpädagogik, Jg. 4, 3, 276-304.

Langer, Andreas (2006d): Dienstleistungsorientiertes Sozialmanagement zwischen Ressourcen- und Kundenintegration, Führungspersonen und Professionalisierung. In: Zeitschrift für Sozialpädagogik, 4. Jg, 3, 276-304.

Langer, Andreas (2006c): Professionsmanagement, Professionsethik und öknomische Ethik. Vorbereitende Thesen zum (Sozial-)Management professioneller Dienstleistungserbringung vor dem Hintergrund von Ökonomisierungsprozessen in der Sozialen Arbeit. In: Neue Praxis, Jg. 36, 4, 393-412.

Langer, Andreas (2006b): Trust as a Criterion and heuristic Approach to Sociopolitical Consultation. An Alternative View on Ethics and Values of Professionalism in Social

Work. In: Current Sociology, 54, 4, 663-678. xx

Langer, Andreas (2006a): Leadership zwischen Anreizmoral, Wohlfahrtsverlusten und Effizienz sozialer Institutionen. In: Zeitschrift für Wirtschafts- und Unternehmensethik, 7, 1, 35-58.

Langer, Andreas (2005): Soziale Gerechtigkeit als Anforderung und Herausforderung: gerechte Verfahren, Befähigung, „anständige Institutionen". In: Sozial Extra, 7/8, 21-25.

Langer, Andreas (2004): Professionsethik und Professionsökonomik: Legitimierung sozialer Arbeit zwischen Professionalität, Gerechtigkeit und Effizienz. Regensburg:

Langer, Andreas (2003): Professionsethik und Professionsökonomik. Regensburg: Transfer Verlag.

Langer, Andreas / Eurich, Johannes / Brink, Alexander / Schröder, Peter (2009): The Agency Problem and Medical Acting: An Example of Applying Economic Theory to Medical Ethics. In: Medicine, Health Care and Philosophy, Vol. 12, 1, 99-108.

Langer, Andreas / Manzeschke, Arne (2009): Professionelles Management in der Medizin und der Sozialen Arbeit. In: Scheffler / Pfadenhauer, Michaela (Hrsg.): . 153-180.

Langer, Andreas / Stövesand, Sabine (Hrsg.) (2009): Sozialarbeitspolitik. Schwerpunktausgabe Standpunkt Sozial 1/2009. Hamburg: Eigenverlag HAW Hamburg.

Larrá, Franziska / Cleuvers, Birgitt (2005): Stark im Team- Personalmanagement und Mitarbeiterführung für Kitaleitungen. Kronach: Wolters Kluwer Deutschland.

Leinemann, Martin (1999): Investitionsfinanzierung sozialer Einrichtungen und sozialer Dienste im Immobilienbereich. In: Halfar, Bernd (Hrsg.): Finanzierung sozialer Dienste und Einrichtungen. Baden- Baden: Nomos. 78-94.

Lerche, Wolfgang / Engel, Ralf / Wollmer, Bianca (2004): Projekte sozialer Arbeit - Entwickeln, Organisieren, Finanzieren. Frankfurt am Main:

Liebig, Brigitte (2001): 'Tacit Knowledge' und Management. Ein wissenssoziologischer Beitrag zur qualitativen Organisationskulturforschung. In: Bohnsack, Ralf / Nentwig-Gesemann, Iris / Nohl, Arnd-Michael (Hrsg.): Die dokumentarische Methode und ihre Forschungspraxis. Grundlagen qualitativer Sozialforschung. Opladen: Leske & Budrich. 143-164.

Liga der freien Wohlfahrtspflege in Baden-Württemberg e.V., (2005): Konsequenzen der Arbeitsmarktreformen für die berufliche Bildung und Integration junger Menschen in Baden-Württemberg. In: https://premium-link.net/registration/popup1/newauth/http-%3a//premium-link.net/$117615$0$/050519-Arbeitsmarktreformen_und_junge_Menschen.pdf$$$http%3a//www.liga-bw.de/neu/liga_wohlfahrtspflege/download.htm (Zugriff 20.06.2005).

Liljegren, Andreas (2007): Professions and micro level professionalism: The case of social work. In: Manuskript. 8th Conference of the European Sociological Association Glasgow, Scotland, 3-6 Sept 2007 RN Sociology of Professions Professions and Civic Society in Transition: Conflict, Strategy and Dynamics. Im Erscheinen.,

Lown, Bernard (2004): Die verlorene Kunst des Heilens. Anleitung zum Umdenken. Stuttgart/New York: Schattauer.

Luckmann, Thomas / Sprondel, Walter M. (1972): Berufssoziologie. In: Luckmann, Thomas / Sprondel, W. M. (Hrsg.): Berufssoziologie. Köln: Kiepenheuer & Witsch

Lueger, Manfred (2000): Grundlagen qualitativer Feldforschung. Wien: UTB.

Luhmann, Niklas (1995a): Die gesellschaftliche Differenzierung und das Individuum. In: Luhmann, Niklas (Hrsg.): Soziologische Aufklärung 6. Opladen. 121-136.

Luhmann, Niklas (1995b): Die Tücke des Subjektes und die Frage nach dem Menschen. In: Luhmann, Niklas (Hrsg.): Soziologische Aufklärung 5. Opladen. 155-168.

Luhmann, Niklas (1995c): Organisation und Entscheidung. Bielefeld:

Luhmann, Niklas (1989): Vertrauen. Ein Mechanismus der Reduktion sozialer Komplexität. Stuttgart:

Luhmann, Niklas (1988a): Die Wirtschaft der Gesellschaft. Frankfurt/M: Suhrkamp.

Luhmann, Niklas (1988b): Organisation. In: Küpper, Willi / Ortmann, Günter (Hrsg.): Opladen: Wetsdeutscher Verlag. 165-185.

Luhmann, Niklas (1987a): Zwischen Gesellschaft und Organisation. Zur Situation der Universitäten. In: Luhmann, Niklas (Hrsg.): Soziologische Aufklärung 4. Opladen,. 202-211.

Luhmann, Niklas (1987b): Soziale Systeme. Frankfurt/M: Suhrkamp.

Luhmann, Niklas (1984): Individuum und Gesellschaft. In: Universitas, Jg. 39, 1, Stuttgart: 1-11.

Luhmann, Niklas (1983): Legitimation durch Verfahren. Frankfurt: Suhrkamp.

Luhmann, Niklas (1982): Autopoiesis, Handlung und kommunikative Verständigung. In: Zeitschrift für Soziologie, Jg. 11, 4, Stuttgart: 366-379.

Luhmann, Niklas (1981a): Organisation und Entscheidung. In: Luhmann, Niklas (Hrsg.): Soziologische Aufklärung 3. Opladen: Westdeutscher Verlag. 335-379.

Luhmann, Niklas (1981b): Schematismen der Interaktion. In: Luhmann, Niklas (Hrsg.): Soziologische Aufklärung 3. Opladen. 81-100.

Luhmann, Niklas (1975): Interaktion, Organisation, Gesellschaft. In: Luhmann, Niklas (Hrsg.): Soziologische Aufklärung 2. Opladen. 9-20.

Maelicke, Bernd (2004): Führung und Zusammenarbeit. Baden-Baden: Nomos.

Maeliecke, Bernd (2008): Lexikon der Sozialwirtschaft. Baden- Baden: Nomos.

Manger, Daniela (2006): Entstehung und Funktionsweise eines regionalen Innovations netzwerkes. Eine Fallstudienanalyse. In: Hollstein, Bettina / Straus Florian (Hrsg.): Qualitative Netzwerkanalyse. Konzepte, Methoden, Anwendungen. Wiesbaden: VS Verlag. 221-242.

Manzeschke, Arne (2008): DRG und die Folgen der Deprofessionalisierung in den Gesundheitsberufen. In: IPPNW (Hrsg.): Medizin und Gewissen. Zwischen Markt und Solidarität. Marburg: Mabuse Verlag

Manzeschke, Arne (2006): „Wenn das Lächeln verloren geht." Beobachtungen zu Profession und Ethos in den Gesundheitsberufen. In: Sozialer Sinn: Themenschwerpunkt- Medizinische Professionalität unter der Bedingung fallpauschalisierter Verwaltung, Jg. 7/2. 251-272.

March, James (1994): A primer on decision making. How decisions happen. New York 1994

Margalit, Avishai (1999): Politik der Würde: Über Achtung und Verachtung. Frankfurt am Main:

Margalit, Avishai (2000): Menschenwürdige Gleichheit. In: Krebs, A. (Hrsg.): Gleichheit oder Gerechtigkeit. Texte der neuen Egalitarismuskritik. Frankfurt am Main. 107-116.

Marshall, Thomas H. (1950): Citizenship and Social Class and Other Essays. Cambridge: Cambridge University Press.

Maus, Friedrich / Nodes, Wilfried / Röh, Dieter (2008): Schlüsselkompetenzen in der Sozialen Arbeit für die Tätigkeitfelder Sozialarbeit und Sozialpädagogik. Schwalbach/Tr.: Wochenschau Verlag.

Mayntz, Renate (1971): Max Webers Idealtypus der Bürokratie und die Organisationssoziologie. In: Mayntz, Renate (Hrsg.): Bürokratische Organisation. Köln/Berlin. 27 ff.

Merchel, Joachim (2005): Sozialmanagement. In: Kreft, Dieter / Mielenz, Ingrid (Hrsg.): Wörterbuch soziale Arbeit: Aufgaben, Praxisfelder, Begriffe und Methoden der Sozialarbeit und Sozialpädagogik. Weinheim u.a.: Juventa. 850-857.

Merchel, Joachim (2004a): Qualitätsmanagement in der Sozialen Arbeit. Ein Lehr- und Arbeitsbuch. Weinheim, München: Juventa.

Merchel, Joachim (2004b): Leitung in der Sozialen Arbeit: Grundlagen der Gestaltung und Steuerung von Organisationen. Weinheim: Juventa.

Merchel, Joachim (1996): Wohlfahrtsverbände auf dem Weg zum Versorgungsbetrieb? - Auswirkungen der Modernisierung öffentlicher Verwaltung auf Funktionen und Kooperationsformen der Wohlfahrtsverbände. In: Merchel, Joachim / Schrapper, Christian (Hrsg.): "Neue Steuerung". Tendenzen der Organisationsentwicklung in der Sozialverwaltung. Münster. 296-311.

Merchel, Joachim / Schrapper, Christian (Hrsg.) (1996a): "Neue Steuerung". Tendenzen der Organisationsentwicklung in der Sozialverwaltung. Münster:

Merchel, Joachim / Schrapper, Christian (1996b): Einleitung: "Neue Steuerung" in der Sozialverwaltung - Hoffnungen, Skepsis und Fragen gegenüber einem neuen Modernisierungskonzept. In: Merchel, Joachim / Schrapper, Christian (Hrsg.): "Neue Steuerung". Tendenzen der Organisationsentwicklung in der Sozialverwaltung. Münster. 7-17.

Merten, Roland / Olk, Thomas (1999): Sozialpädagogik als Profession. Historische Entwicklung und künftige Perspektiven. In: Combe, Arno / Helsper, Werner (Hrsg.): Pädagogische Professionalität; Untersuchungen zum Typus pädagogischen Handelns. Frankfurt am Main. 570-613.

Merten, Roland (Hrsg.) (2000): Systemtheorie sozialer Arbeit: neue Ansätze und veränderte Perspektiven. Opladen: Leske + Budrich.

Meuser, Michael (2005): Professionelles Handeln ohne Profession? Eine Begriffsrekonstruktion. In: Pfadenhauer, Michaela (Hrsg.): Professionelles Handeln. Wiesbaden: VS Verlag. 253-264.

Meuser, Michael (2001): Repräsentation sozialer Strukturen im Wissen. Dokumentarische Methode und Habitusrekonstruktion. In: Bohnsack, Ralf / Nentwig-Gesemann, Iris / Nohl, Arnd-Michael (Hrsg.): Die dokumentarische Methode und ihre Forschungspraxis. Grundlagen qualitativer Sozialforschung. Opladen: Leske + Budrich. 207-221.

Meuser, Michael / Nagel, Ulrike (2002): Vom Nutzen der Expertise. Experteninterviews in der Sozialberichterstattung. In: Bogner, Alexander / Littig, Beate / Menz, Wolfgang (Hrsg.): Das Experteninterview. Opladen: Westdeutscher Verlag 257-272.

Meuser, Michael / Nagel, Ulrike (1991): ExpertInneninterviews – vielfach erprobt, wenig bedacht. Ein Beitrag zur qualitativen Methodendiskussion. In: Garz, Detlef / Kraimer, Klaus (Hrsg.): Qualitativ-empirische Sozialforschung. Konzepte, Methoden, Analysen. Opladen: Westdeutscher Verlag. 441-471.

Meyer, John W. / Rowan, Brian (1991): Institutionalized Organizations: Formal Structure as Myth and Ceremony. In: Powell, Walter W. / DiMaggio, Paul J. (Hrsg.): New Institutionalism in Organizational Analysis. Chicago/London: The University of Chicago Press. 40-62.

Meyer, Michael / Leitner, Johannes (2011): Warnung: Zuviel Management kann Ihre NPO zerstören. Managerialismus und seine Folgen. In: Langer, Andreas / Schröer, Andreas (Hrsg.): Professionalisierung im Nonprofit Management. Wiesbaden: VS Verlag. 87-104.

Michael Vilain (2006): Finanzierungslehre für Nonprofit-Organisationen. Wiesbaden: VS Verlag.

Michel-Schwartze, Brigitta (2002): Handlungswissen der Sozialen Arbeit. Deutungsmuster und Fallarbeit. Opladen: Westdeutscher Verlag.

Mieg, Harald (2008): Professionalisation and professional identities of environmental experts: the case of Switzerland. In: Environmental sciences, 5, 1, 41-51.

Mintzberg, Henri (1971): Managerial work: Analysis from observation. In: Management Science, 18, 2, 97-110.

Mintzberg, Henry (2010): Managen. Offenbach: Gabal.

Moos, Gabriele / Peters, André (2008): BWL für Soziale Berufe- Eine Einführung. Frank Peters Verlag.

Mühlbauer, Bernd H. (2003): Managementkonzepte und -strategien im Gesundheitswesen am Beispiel des Krankenhauses. In: Kerres, Andrea / Seeberger, Bernd H. / Mühlbauer, Bernd (Hrsg.): Lehrbuch Pflegemanagement III. Berlin/Heidelberg: Springer. 181-210.

Müller, Siegfried (1984): Verstehen oder kolonialisieren? Grundprobleme sozialpädagogischen Handelns und Forschens. Bielefeld:

Nagel, Alexander- K. (2006): Der Bologna-Prozess als Politiknetzwerk. Akteure, Beziehungen, Perspektiven. Wiesbaden: VS Verlag.

Nerdinger, Friedemann W. (2000): Erfolgreich führen- Grundwissen, Strategien, Praxisbeispiele. Weinheim und Basel: Beltz.

Neubauer, Walter (2006): Führung, Macht und Vertrauen in Organisationen. Stuttgart: W. Kohlhammer.

Neuffer, Manfred (2009): Case Management: Soziale Arbeit mit Einzelnen und Familien. Weinheim u.a.: Juventa-Verlag.

Nodes, Wilfried (2007): Masterstudiengänge für die Soziale Arbeit. München: Reinhardt.

Nohl, Arnd-Michael (2008): Interview und dokumentarische Methode. Wiesbaden: VS Verlag.

Nüß, Claudia / Schubert, Herbert (2001): Managementkonzeptionen in der sozialen Arbeit – was verlangt die Praxis? Zur Logik des modernen Managementbegriffs. In: Schubert, H. (Hrsg.): Sozialmanagement: zwischen Wirtschaftlichkeit und fachlichen Zielen. Opladen: Leske + Budrich. 143-171.

Nullmeier, Frank (2011). Governance sozialer Dienste, In: Evers, Adalbert et.al. (Hrsg.) Handbuch sozialer Dienste, Wiesbaden, VS-Verlag 284-298.

Oevermann, Ulrich (1999): Theoretische Skizze einer revidierten Theorie professionalisierten Handelns. In: Combe, Arno / Helsper, Werner (Hrsg.): Pädagogische Professionalität; Untersuchungen zum Typus pädagogischen Handelns. Frankfurt/M.: Suhrkamp. 70-182.

Offermanns, Claus (2006): Die zukünftige Rolle der Health-Professionals aus Sicht der Betriebswirtschafts- und Managementlehre. In: Pundt, Johanne (Hrsg.): Professionalisierung im Gesundheitswesen. Positionen – Potenziale – Perspektiven. Bern: Hans Huber. 36-60.

Olgiati, Vittorio (2006): Shifting Heuristics in the Sociological Approach to Professional Trustworthiness: The Sociology of Science. In: Current Sociology, 54, 4, 533-5548.

Olk, Thomas (2008): Soziale Arbeit und Sozialpolitik. In: Bielefelder Arbeitsgruppe 8 (Hrsg.): Soziale Arbeit in Gesellschaft. Wiesbaden: VS- Verlag. 287-298.

Olk, Thomas (1986): Abschied vom Experten. Sozialarbeit auf dem Weg zu einer alternativen Professionalität. Weinheim [u.a.]: Juventa.

Olk, Thomas (2008): Soziale Arbeit und Sozialpolitik: Notizen zu einem ambivalenten Verhältnis. In: Bielefelder Arbeitsgruppe 8 (Hrsg.): Soziale Arbeit in Gesellschaft. Wiesbaden: VS-Verlag. 287-298.

Ortmann, Günter (2005): Organisation, Profession, bootstrapping. In: Klatetzki, Thomas / Tacke, Veronika (Hrsg.): Organisation und Profession. Wiebaden: VS-Verlag. 285-298.

Ortmann, Günter (1988): Handlung, System, Mikropolitik. In: Küpper, Willi / Ortmann, Günter (Hrsg.): Opladen. 217 ff.

Parsons, Talcott (1951): The Social System. New York: Free Press.

Patti, Rino J. (2009) (Hg.): The handbook of human services management. Los Angeles, Sage.

Pfadenhauer, Michaela (2009): Einleitende Überlegungen im Rekurs auf Bourdieus Habitus-Konzept. In: Scheffler, Thomas / Pfadenhauer, Michaela (Hrsg.): Profession, Habitus und Wandel. Frankfurt am Main. 7-20.

Pfadenhauer, Michaela (2008): Organisieren. Eine Fallstudie zum Erhandeln von Events. Wiesbaden: VS Verlag.

Pfadenhauer, Michaela (2006): Crisis or Decline? Problems of Legitimation and Loss of Trust in Modern Professionalism. In: Current Sociology, 54, 4, 565-579,

Pfadenhauer, Michaela (2003): Professionalität. Eine wissenssoziologische Rekonstruktion institutionalisierter Kompetenzdarstellungskompetenz. Opladen: Leske & Budrich.

Pfadenhauer, Michaela (2002): Auf gleicher Augenhöhe reden. Das Experteninterview – ein Gespräch zwischen Experte und Quasi-Experte. In: Bogner, Alexander / Littig, Beate / Menz, Wolfgang (Hrsg.): Das Experteninterview. Theorie, Methode, Anwendung. Opladen. 113-130.

Pilz, Frank (2004): Der Sozialstaat. Ausbau – Kontroversen – Umbau. Berlin:

Pinch, Steven (1997): Worlds of welfare: understanding the changing geographies of social welfare provision. London.

Pohlmann, Markus (2007): Management und Führung. Eine managementsoziologische Perspektive. In: Berufsverband deutscher Soziologinnen und Soziologen e.V. (Hrsg.): Sozialwissenschaften und Berufspraxis, Vol. 30, Nr. 1, 5-20.

Pohlmann, Markus (2002): Management, Organisation und Sozialstruktur – Zu neuen Fragestellungen und Konturen der Managementsoziologie. In: Schmidt, Rudi / Gergs, Hans-Joachim / Pohlmann, Markus (Hrsg.): Managementsoziologie. Perspektiven, Theorien, Forschungsdesiderate. München und Mering: Rainer Hampp Verlag. 227-244.

Porter, Michael E. / Kramer, Mark R. (2011): Creating Shared Value, How to reinvent capitalism – and unleash a wave of innovation and growth. In: Harvard Business Review, Jan-Feb 2011.

Powell, Walter W. (1998): The new institutionalism in organizational analysis. Chicago: Chicago Univ. Press.

Pries, Ludger (2008): Die Transnationalisierung der sozialen Welt: Sozialräume jenseits von Nationalgesellschaften. Frankfurt am Main: Suhrkamp.

Prölß, Reiner (1999): Finanzierung im Bereich der Erzieherischen Hilfen, Kinder- und Jugendnotdienste. In: Halfar, Bernd (Hrsg.): Finanzierung sozialer Dienste und Einrichtungen. Baden- Baden: Nomos. 111-138.

Puch, Hans-Joachim / Westermeyer, Katharina (1999): Managementkonzepte. Eine Einführung für soziale Berufe. Freiburg i.B.: Lambertus.

Rauschenbach, Thomas (1999): Dienste am Menschen - Motor oder Sand im Getriebe des Arbeitsmarktes. In: Neue Praxis, Jg. 29, 2, 130-146.

Rauschenbach, Thomas / Schilling, Matthias (2001): Soziale Dienste. In: Böttcher, Wolfgang / Klemm, Klaus / Rauschenbach, Thomas (Hrsg.): Bildung und Soziales in Zahlen. Statistisches Handbuch zu Daten und Trends im Bildungsbereich. Weinheim u.a.: Juventa. 207-270.

Reckwitz, Andreas (2007): Anthony Giddens. In: Kaesler, Dirk (Hrsg.): Klassiker der Soziologie, Band II. Von Talcott Parsons bis Anthony Giddens. München: C.H. Beck. 311-337.

Reckwitz, Andreas (2001): Der Identitätsdiskurs. Zum Bedeutungswandel einer sozialwissenschaftlichen Semantik. In: Rammert, Werner (Hrsg.): Kollektive Identitäten und kulturelle Innovationen. Ethnologische, soziologische und historische Studien. Leipzig. 21-38.

Reichert, Sybille / Tauch, Christian (2005): Trends IV: europäische Hochschulen setzen "Bologna" um. In: URL: http://www.eua.be/eua/jsp/en/upload/ TrendsIV_FINAL.-1117012084971.pdf (Zugriff 3.4.2007)

Robelet, Magali. (2007): La métamorphose inachevée du clinicien en gestionnaire : le médecin coordonnateur en maison de retraite. Glasgow, Scotland.

Rosa, Hartmut (1998): Identität und kulturelle Praxis. Politische Philosophie nach Charles Taylor. Frankfurt/M.: Campus Verlag.

Rose, Barbara (2003): Der gar nicht diskrete Charme von Markt und Modernisierung. In: Sozial Extra, 7, 6-9.

Rowan, Brian (2006): The New Institutionalism and the Study of Educational Organizations:Changing Ideas for Changing Time. In: Meyer, Heinz-Dieter / Rowan, Brian (Hrsg.): The New Institutionalism in Education. New York: State University of New York Press. 15-32.

Rüegg-Stürm, Johannes (2003): Das neue St. Galler Management-Modell. Grundkategorien einer integrierten Managementlehre. Der HSG-Ansatz. Bern: Haupt.

Rugor, Regina / Studzinski, Gundula v. (2003): Qualitätsmanagement nach der ISO Norm. Weinheim: Beltz.

Saam, Nicole J. (2002): Prinzipale, Agenten und Macht. Tübingen: Mohr Siebeck Verlag.

Saam, Nicole J. (2001): Agenturtheorie als Grundlage einer sozialwissenschaftlichen Beratungsforschung. In: Degele, N. / Munch, T. / Pongratz, H. / Saam, N. J. (Hrsg.): Soziologische Beratungsforschung. Perspektiven für Theorie und Praxis der Organisationsberatung. Opladen: Leske + Budrich. 15-37.

Saitta, Pietro (2007): Between Promises and Reality. Supply and Demand of Masters and Refreshment Courses in Legal Matters in Four European Countries. In: Oligiati, Vittorio (Hrsg.): Higher Legal Culture and Postgraduate Legal Education in Europe. Napoli: Edizioni Scientifiche Italiane. 189-204.

Schaarschuch, Andreas / Flösser, Gaby / Otto, Hans-Uwe (2001): Dienstleistung. In: Otto, Hans-Uwe / Thiersch, Hans (Hrsg.): Handbuch der Sozialarbeit/Sozialpädagogik. Neuwied ; Kriftel. 266-274.

Schellberg, Klaus (2008): Betriebwirtschaftslehre für Sozialunternehmen. Augsburg: Ziel-Verlag.

Scherr, Albert (2009): Leitbilder der politischen Debatte: Integration, Multikulturalismus und Diversity. In: Gesemann, Frank / Roth, Roland (Hrsg.): Lokale Integrationspolitik in der Einwanderungsgesellschaft. Wiesbaden: VS-Verlag. 71-88.

Schilling, Matthias (2002): Die Träger der Sozialen Arbeit in der Statistik. In: Thole, W. (Hrsg.): Grundriss Soziale Arbeit. Ein einführendes Handbuch. Opladen. 415-430.

Schimank, Uwe (2005a): Die akademische Profession und die Universitäten: „New Public Management" und eine drohende Entprofessionalisierung. In: Klatetzki / Tacke (Hrsg.): Organisation und Profession. Wiebaden. 143-164.

Schimank, Uwe (2005b): Die Entscheidungsgesellschaft- Komplexität und Rationalität der Moderne. Wiesbaden: VS Verlag.

Schimank, Uwe (2000): Handeln und Strukturen. Einführung in die akteurtheoretische Soziologie. Weinheim: Juventa.

Schimank, Uwe (1996): Theorien gesellschaftlicher Differenzierung. Opladen: Westdeutscher Verlag.

Schimank, Uwe / Volkmann, Ute (2008): Ökonomisierung der Gesellschaft. In: Maurer, Andrea (Hrsg.): Handbuch der Wirtschaftssoziologie. Wiesbaden: VS Verlag. 382-393.

Schipperges, Heinrich (1985): Der Garten der Gesundheit. Medizin im Mittelalter. München/Zürich: Artemis.

Schmidt, Walter (2002): Entwicklung zur Führungspersönlichkeit. Individuelle Personalentwicklung durch Eigeninitiative. Heidelberg: I.H. Sauer- Verlag GmbH.

Schneider, Hubert / Halfar, Bernd (1999): Ein "Finanzierungsportfolio" am Beispiel eines Freien Trägers. In: Halfar, Bernd (Hrsg.): Finanzierung sozialer Dienste und Einrichtungen. Baden-Baden: Nomos. 65-77.

Schnurr, Stefan (1998): Jugendamtsakteure im Steuerungsdiskurs. In: Neue Praxis, 4, 362-382.

Schrapper, Christian (2001): Wohin steuert die Jugendhilfe? In: Nachrichtendienst des Deutschen Vereins für öffentliche und private Fürsorge, 5, 154-162.

Schreyögg, Georg (1993): Normensysteme in der Managementpraxis. In: Fuchs, Max (Hrsg.): Zur Theorie des Kulturmanagements. Remscheid: Akademie Remscheid. 21-34.

Schroedter, Rolf (1997): Qualitäts- und Kostenentwicklung aus kommunaler Sicht. In: Maelicke, Bernd (Hrsg.): Qualität und Kosten sozialer Dienstleistungen. Baden-Baden. 109-113.

Schubert, Herbert (2005a): Einführung. In: Schubert, Herbert (Hrsg.): Sozialmanagement. Zwischen Wirtschaftlichkeit und fachlichen Zielen. Wiesbaden. 7-25.

Schubert, Herbert (2005b): Zur Logik des modernen Managementbegriffs. In: Schubert, Herbert (Hrsg.): Sozialmanagement. Zwischen Wirtschaftlichkeit und fachlichen Zielen. Wiesbaden. 63-86.

Schultz, U. (2007): Legal Education in Germany – an Ever (Never?) Ending Story of resistance to Change. In: Olgiati, V. (Hrsg.): Higher Legal Culture and Postgraduate Legal Education in Europe. Napoli. 125-150.

Schulz-Nieswandt, Frank (2008): Behindertenhilfe im Wandel. Zwischen Europarecht, neuer Steuerung und Empowerment. Wien:

Schulz-Nieswandt, Frank (1993): Zur Theorie der Wohlfahrtspolitik. Teil 1. Weiden und Regensburg:

Schütze, Fritz (2000): Schwierigkeiten bei der Arbeit und Paradoxien des professionellen Handelns. Ein grundlagentheoretischer Aufriss. In: Zeitschrift für qualitative Bildungs-, Beratungs- und Sozialforschung, 1, 49-96.

Schütze, Fritz (1999): Organisationszwänge und hoheitsstaatliche Rahmenbedingungen im Sozialwesen: Ihre Auswirkungen auf die Paradoxien des professionellen Handelns. In: Combe, Arno / Helsper, Winfried (Hrsg.): Pädagogische Professionalität- Untersuchungen zum Typus pädagogischen Handelns. Frankfurt am Main: Suhrkamp. 183-275.

Schütze, Fritz (1993): Die Fallanalyse. Zur wissenschaftlichen Fundierung einer klassischen Methode der Sozialen Arbeit. In: Rauschenbach, Thomas / Ortmann, Friedrich / Karsten, Maria-Eleonora (Hrsg.): Der Sozialpädagogische Blick. Weinheim. 191-222.

Schütze, Fritz (1983): Biografieforschung und narratives Interview. In: Neue Praxis, Jg. 13, 3, 283-293.

Schwartz-Hahn, S. / Rehburg, M. (2004): Bachelor und Master in Deutschland. Empirische Befunde zur Studienstrukturreform. Münster: Waxmann.

Schweppe, Cornelia (2001): Biographie und Studium; vernachlässigte Zusammenhänge in der Ausbildung von Sozialpädagoginnen oder: über die Notwendigkeit biographischer Irritationen. In: Neue Praxis, Heft 3, Jg. 31, 271-286.

Scott, William R. / Meyer, John W. (Hg.) (1994): Institutional Environments and Organizations. Structural Complexity and Individualism. Thousand Oaks: Sage.

Scott, William R. (1995): Institutions and organizations. Thousand Oaks: Sage.

Scott, William R. (2001): Institutions and organizations. Thousand Oaks, Calif. u.a.: Sage.

Seukwa, Louis H. (2005): Der Habitus der Überlebenskunst. Münster: Waxmann.

Sickendiek, Ursel / Engel, Frank / Nestmann, Frank (2008): Beratung. Eine Einführung in sozialpädagogische und psychosoziale Beratungsansätze. Weinheim: Juventa.

Simsa, Ruth / Patak, Michael (2008): Leadership in Nonprofit-Organisationen. Die Kunst der Führung ohne Profitdenken. Wien: Linde Verlag.

Soeffner, Hans-Georg (1989): Auslegung des Alltags - Alltag der Auslegung: Zur wissen schaftlichen Konzeption einer sozialwissenschaftlichen Hermeneutik. Frankfurt/M.: Suhrkamp.

Sommerfeld, Peter (2005): Introduction. In: Sommerfeld, Peter (Hrsg.): Evidence-Based Social Work - Towards a New Professionalism? . Bern u.a.: Peter Lang. 7-30.

Sommerfeld, Peter (2004): Soziale Arbeit - Grundlagen und Perspektiven einer eigenstän-digen wissenschaftlichen Disziplin. In: Mühlum, Albert (Hrsg.): Sozialarbeitswissen-schaft. Wissenschaft der Sozialen Arbeit. Freiburg i.br. 175-203.

Sommerfeld, Peter (2000): Soziale Arbeit als sekundäres Primärsystem und der "very strange loop" sozialarbeiterischer Profis. In: Merten, Roland (Hrsg.): Systemtheorie Sozialer Arbeit. Neue Ansätze und veränderte Perspektiven. Wiesbaden: VS- Verlag. 115-136.

Sommerfeld, Peter / Haller, Dieter (2003): Professionelles Handeln und Management. Oder: Ist der Ritt auf dem Tiger möglich? In: Neue Praxis, H. 1, 33, 61-89.

Sprenger, Reinhard (2002): Mythos Motivation. Wege aus einer Sackgasse. Frankfurt am Main: Campus Verlag.

Sprenger, Reinhard K. (2000): Aufstand des Individuums. Frankfurt am Main: Campus.

Staehle, Wolfgang H. (1999): Management: eine verhaltenswissenschaftliche Perspektive. München: Vahlen.

Stahmer, Ingrid (2005): Teamarbeit. In: Kreft, Dieter / Mielenz, Ingrid (Hrsg.): Wörterbuch soziale Arbeit: Aufgaben, Praxisfelder, Begriffe und Methoden der Sozialarbeit und So-zialpädagogik. Weinheim u.a.: Juventa. 962-965.

Steiner, Manfred (1993): Konstitutive Entscheidungen. In: Bitz, Michael et.al. Vahlens Kompendium der Betriebswirtschaftslehre. Band 1. 3. Aufl. München. Verlag Vahlen. 115-170.

Stichweh, Rudolf (2000): Professionen im System der modernen Gesellschaft. In: Merten, Roland (Hrsg.): Systemtheorie Sozialer Arbeit. Neue Ansätze und veränderte Perspekti-ven. Opladen. 29-38.

Stichweh, Rudolf (1994): Wissenschaft, Universität, Professionen. Soziologische Analysen. Frankfurt/ Main:

Strauss, Anselm L. (1994): Grundlagen qualitativer Sozialforschung, Datenanalyse und Theoriebildung in der empirischen soziologischen Forschung. München: UTB.

Sünker, Heinz (1984): Und wo bleibt das Subjekt? In: Müller, Siegfried (Hrsg.): Verstehen oder kolonialisieren? Grundprobleme sozialpädagogischen Handelns und Forschens. Bielefeld. 71-99.

Svensson, Lennard G. (2006): New Professionalism, Trust and Competence: Some Concep-tual Remarks and empirical Data. In: Current Sociology, 54, 4, 579-594.

Svensson, Lennard G. / Evetts, Julia (2003): 'Introduction'. In: L. Svensson and J. Evetts (eds): Conceptual and Comparative Studies of Continental and Anglo-American Profes-sions. In: Goteborg Studies in Sociology, 129, Goteborg: Goteborg University Press. 5-20.

Sydow, Jörg / van Well, Bennet (2003): Wissensintensiv durch Netzwerkorganisation. Strukturationstheoretische Analyse eines wissensintensiven Netzwerks. In: Sydow, Jörg (Hrsg.): Management von Netzwerkorganisationen- Beiträge aus der Managementfor-schung. Wiesbaden. 107-150.

Tacke, Verena / Klatetzky, Thomas (2005): Organisation und Profession. Wiesbaden: VS Verlag.

Taylor, Charles (1999): Quellen des Selbst. Die Entstehung der neuzeitlichen Identität. Frankfurt/M.:

Teubner, Gunter (1989): Recht als autopoietisches System. Frankfurt/M. Suhrkamp.

Then, Volker/Kehl, Konstantin (2012): Soziale Investitionen, Ein konzeptioneller Entwurf; in: Anheier, Helmut K., Schröer, Andreas und Then, Volker (Hrsg.): Soziale Investitionen; Wiesbaden, 39 86.

Thole, Werner / Küster-Schapfl, Ernst-Uwe (1997): Sozialpädagogische Profis. Beruflicher Habitus, Wissen und Können von PädagogInnen in der außerschulischen Kinder- und Jugendarbeit. Opladen:

Thompson, L. L. (2004): Making the team. A guide for managers. Upper Saddle River: Pears Education.

Treptow, Rainer (2001): Handlungskompetenz. In: Otto, Hans- U. / Thiersch, Hans (Hrsg.): Handbuch der Sozialarbeit/Sozialpädagogik. Neuwied/ Kriftel. 757-771.

Triandis, Harry C. (1975): Einstellungen und Einstellungsänderungen. Weinheim/ Basel: Beltz.

Türk, Klaus (1992): Organisationssoziologie. In: Frese, Erich (Hrsg.): Handwörterbuch der Organisation. Stuttgart. 1633-1648.

Vaudt, Susanne / Rasche, Carsten (2011): Professionalisierung des Controllings in der Behindertenhilfe: Verfeinerung der Kostenrechnung nach Einführung von Persönlichen Budgets. In: Langer, Andreas / Schröer, Andreas (Hrsg.): Professionalisierung im Nonprofit Management. Wiesbaden: VS Verlag

Vilain, Michael (2006): Finanzierungslehre für Nonprofit-Organisationen. Wiesbaden: VS Verlag.

Vogd, Werner (2006): Verändern sich die Handlungsorientierungen von Krankenhausärzten unter den neuen organisatorischen und ökonomischen Rahmenbedingungen? Ergebnisse einer empirisch rekonstruktiven Längsschnittstudi. In: Medizinische Professionalität unter der Bedingung fallpauschalisierter Verwaltung. Themenschwerpunkt der Zeitschrift Sozialer Sinn. In: Sozialer Sinn, Jg. 7, 2, 197-230.

Vogd, Werner (2005): Qualitative Forschungsmethoden: Teilnehmende Beobachtung. Auch In: http://userpage.fu-berlin.de/~vogd/Teilnehmende-Beobachtung.pdf (Zugriff 27.10.2007). In: Schmitz, Sven-Uwe / Schubert, Klaus (Hrsg.): Einführung in die Politische Theorie und Methodenlehre. Opladen: Verlag Barbara Budrich. 89-110.

Volz, Fritz-Rüdiger (2000): Professionelle Ethik in der Sozialen Arbeit zwischen Ökonomisierung und Moralisierung. In: Wilken, Udo (Hrsg.): Soziale Arbeit zwischen Ethik und Ökonomie. Freiburg i.B. 207-222.

Volz, Fritz-Rüdiger (1996): Professionelle Standards in der Sozialen Arbeit zwischen Ökonomisierung und Moralisierung. Ethische Aspekte. In: Gilde Soziale Arbeit, 1, 50, 24-33.

von Dick, Rolf / West, Michael A. (2005): Teamwork, Teamdiagnose, Teamentwicklung. Praxis der Personalpsychologie. Göttingen: Hogrefe Verlag.

von Eckardstein, Dudo / Simsa, Ruth (2002): Entscheidungsmanagement in NPOs. In: Badelt, Christoph (Hrsg.): Handbuch der Nonprofit Organisationen. Strukturen und Management. Stuttgart: Schäffer / Poeschel. 427-442.

von Spiegel, Hiltrud (2002): Methodisches Handeln und professionelle Handlungskompetenz im Spannungsfeld von Fallarbeit und Management. In: Thole, W. (Hrsg.): Grundriss Soziale Arbeit. Ein einführendes Handbuch. Opladen: VS Verlag. 589-602.

Walgenbach, Peter (2005): Giddens' Theorie der Strukturierung. In: Kieser, Alfred. Organisationstheorien. 5. Auflage. Stuttgart: Kohlhammer. 355-414

Walgenbach, Peter (2006): Neoinstitutionalistische Ansätze in der Organisationstheorie. In: Kieser, Alfred (Hrsg.): Organisationstheorien. Stuttgart, Köln, Berlin: Kohlhammer. 353-401.

Weber, Max (1987): Politik als Beruf. Berlin.

Weber, Max (1947): Wirtschaft und Gesellschaft- Grundriss der verstehenden Soziologie, Grundriss der Sozialökonomie. Tübingen: Mohr.

Wegrich, Kai (2006): Steuerung im Mehrebenensystem der Länder. Governance-Formen zwischen Hierarchie, Kooperation und Management. Wiesbaden: VS Verlag.

Weibler, Jürgen (2001): Personalführung. München: Vahlen.

Weick, Karl E. (1985): Der Prozeß des Organisierens. Frankfurt am Main: Suhrkamp.

Weick, Karl E.(1976): Educational organizations as loosly coppeled systems. In: Administrative Science Quaterly, 21, 1-19.

Weik, Elke / Lang, Rainhart (2003): Moderne Organisationstheorien. Wiesbaden: Gabler.

Weinert, Ansfried B. (2004): Organisations- und Personalpsychologie. Weinheim: Beltz.

Weissbach, Hans-Jürgen (2000): Kulturelle und sozialanthroplogische Aspekte der Netzwerkforschung. In: Weyer, J. (Hrsg.): Soziale Netzwerke. Konzepte und Methoden der sozialwissenschaftlichen Netzwerkforschung. München/ Wien

Wendt, Wolf R. (2003): Sozialwirtschaft – Eine Systematik. Baden- Baden:

Wendt, Wolf R. (2001): Case Management im Sozial- und Gesundheitswesen: eine Einführung. Freiburg im Breisgau: Lambertus-Verl.

Wendt, Wolf R. (1999): Sozialwirtschaft und Sozialmanagement in der Ausbildung. Baden-Baden: Nomos-Verl.-Ges.

Wernet, Andreas (2000): Einführung in die Interpretationstechnik der objektiven Hermeneutik. Opladen:

Wilensky, H. L.(1964): The professionalization of everyone? In: The American Journal of Sociology, 70, 2, 137-158

Wilkens, Uta / Lang, Rainhart / Winkler, Ingo (2003): Institutionensoziologische Ansätze. In: Weik, Elke / Lang, Rainhart (Hrsg.): Moderne Organisationstheorien. Wiesbaden: Gabler. 189-242.

Willke, Helmut (1998): Systemtheorie III: Steuerungstheorie. Stuttgart/Jena:

Willke, Helmut (1996): Systemtheorie I: Grundlagen. Stuttgart/Jena:

Willke, Helmut (1993): Systemtheorie. Stuttgart/Jena:

Witt, Dieter (2000): Organisationskultur Sozialer Dienstleister. In: Hauser, Albert / Neubarth, Rolf (Hrsg.): Sozial-Management. Praxis-Handbuch soziale Dienstleistungen. Neuwied- Kriftel. 92-110.

Wöhrle, Armin (2008): Der zweite Professionalisierungsschub durch Sozialmanagement. In: Brinkmann, Volker (Hrsg.): Personalentwicklung und Personalmanagement in der Sozialwirtschaft. Tagungsband der 2. Norddeutschen Sozialwirtschaftsmesse. Wiesbaden: VS Verlag. 13-40.

Wolff, Franziska (2001): Dimensionen des Governance-Konzepts. Freiburg, Öko-Institut. Im Auftrag des BMBF, Berlin.

Wolff, Stephan (2010): Soziale personenbezogene Dienstleistungsorganisation als lose gekoppelte Systeme und organisierte Anarchien. In: Klatetzki, Thomas (Hrsg.): Soziale personenbezogene Dienstleistungsorganisationen. Wiesbaden: VS Verlag. 285-336.

Böwer, Michael / Wolff, Stephan (2011): Führung in Zeiten enger(er) Kopplung. Über 'Erfindungen' im Management Allgemeiner Sozialer Dienste. In: Göhlich, Michael / Weber, Susanne M. / Schiersmann, Christiane / Schröer, Andreas (Hrsg.): Organisation und Führung. Wiesbaden: VS Verlag. 143-154.

Wunderer, Rolf (2003): Führung und Zusammenarbeit. Eine unternehmerische Führungslehre. München und Neuwied: Luchterhand.

Zucker, Lynne G. (1977): The role of institutionalization in cultural persistence. In: American Journal of Sociology, 42, 726-743.

The manufacturer's authorised representative in the EU is Springer
Nature Customer Service Centre GmbH, Europaplatz 3, 69115 Heidelberg,
Germany. If you have any concerns regarding our products, please
contact ProductSafety@springernature.com

Printed and bound by CPI Group (UK) Ltd, Croydon, CR0 4YY

27/04/2026

02097610-0010